THE REED
POCKET
DICTIO
OF

⌐RI

THE REED POCKET DICTIONARY OF MODERN MĀORI

MĀORI-ENGLISH
ENGLISH-MĀORI

P.M. Ryan

REED

Published by Reed Books, a division of Reed Publishing (NZ) Ltd, 39 Rawene Rd, Birkenhead, Auckland. Associated companies, branches and representatives throughout the world.

ISBN 0 7900 0668 5

Edited by Peter Dowling
Designed by Jerry Haimona Rota

First published 1999

Printed in New Zealand

CONTENTS

PREFACE — KUPU WHAKATAKI

This pocket dictionary is designed to give enough words and phrases for visitors to enjoy their first contact with the Māori language. It is quite possible that your Māori guide or host will know more English than you do, so learning a few phrases is not necessary to find your way around. But it is a sign of respect for the ancestors of this land of Aotearoa and will be much appreciated by the Māori people.

A word of warning! Don't overdo it on the first Māori you meet. Some Māori have only come lately to their own language. For the first half of this century the Māori language was not part of the education system. There are elders who are very fluent in spoken Māori but find it difficult to read. In the early 1960s I had the experience of Māori parents asking that their children be excused from taking Māori as a school subject. Luckily they were only a few and gradually it dawned on people that their language was a beautiful treasure with its own special ideas and poetry. More than that, it's also a wonderful language to sing because it floats on vowels, like Italian. So please enjoy it.

P.M. Ryan

PRONUNCIATION OF MĀORI —
KO TE WHAKAHUA KUPU

The main stumbling block for Pākehā or anyone else who has not grown up hearing Māori spoken is the pronunciation of the vowel sounds. Correct vowel sounds are absolutely essential and will only come easily after much practice, listening to the experts and, if possible, listening to ourselves on tape recorders.

However, once the correct pronunciation is achieved we can tackle new words with confidence, because the pronunciation of each vowel is absolutely constant, apart from its length.

In this dictionary a lengthened vowel is indicated by a macron over the vowel and it is most important to recognise this. For example, compare 'anā te hōiho — there is a horse' with 'he ana tēnei — this is a cave' (ana = cave). In some publications a double vowel is used instead: 'anaa te hooiho — there is a horse'.

The vowel *a*   is pronounced as in the English *far*. Avoid all trace of the flat *a* such as in *hat*.

The vowel *e*   is pronounced like the *ea* in *leather*. Avoid the double sound of the vowel as found in *hay* and *may*.

The vowel *i*   is pronounced as in the Latin languages. It is equivalent to the vowel sound in the English words *me* or *he*.

The vowel *o*   is pronounced as the English word *awe*. Avoid all trace of the English pronunciation of *oh!* This is the most abused vowel sound when one is learning Māori; take great care with it.

The vowel *u*   is pronounced like the double *o* in *moon*. Avoid saying it like the *ew* in *few*.

When two vowels occur together, begin by practising each separately until you can speed up without spoiling the clarity of the vowels when they are run together, e.g., 'koe' should be practised as 'ko - e' until the vowels can follow each other smoothly.

The only consonants to worry about are the following:

r   must not be trilled. It is pronounced quite close to the sound of *l* in English. The tongue is near the front of the mouth.

p   is generally softer than in English, not an explosive sound at all.

wh   is usually pronounced like *f*. In some districts it is spoken like an *h* (e.g., in Hokianga) and in others like a *w* (e.g., in Taranaki), in others again like *wh* in *when*.

ng   is a softer sound than in English, especially with regard to the *g*. The sound is similar to the middle *ng* in *singing*.

A Brief Grammar —
Papa Wetereo Poto

These are general rules with many local variants.

THE VERB
The verb form does not change in Māori. Changes of time, etc., are indicated by the particles used with the verb.

Simple statements

a. Past, present of future   — use ka + verb, e.g., ka kai ia — he will eat *or*
he eats/he ate

b. Past only   — use i + verb, e.g., i kai ia — he ate

c. Completed   — use kua + verb , e.g., kua kai ia —
he has eaten/he had eaten

Negatives of **a.**   — *kāhore + subject + e + verb,
e.g., kāhore ia e kai — he will not eat

       a. and **b.**   — kāhore ano + subject + verb,
e.g., kāhore ia i kai — he did not eat

       c.   — kāhore anō + subject + kia + verb,
e.g., kāhore anō ia kia kai

* Kāhore can be replaced by kāore; hore kau; kīhai (for past); e kore (future).

Continuous action

d. Past, present or future   — use e + verb + ana, e.g., e kai ana ia —
he is eating/was eating/will be eating

e. Present only   — use kei te + verb,
e.g., kei te kai ia — he is eating

f. Past only   — use i te + verb,
e.g., i te kai ia — he was eating

g. Habitual   — use verb + ai, e.g., haere ai ia i nga Mane —
he goes on Mondays

Negatives of **d.**	— kahore + subject + e + verb + ana,
	e.g., kāhore ia e kai ana — he is not eating
e. and **f.**	— kāhore + subject + i te + verb, e.g., kāhore ia
	i te kai — he is not/was not eating
g.	— kāhore + subject + e + verb + ana,
	e.g., kāhore ia e haere ana i nga Mane —
	he does not go on Mondays

Emphatic subject

h. Future	— use mā + subject + e + verb, e.g.,
	you will call— māu e karanga
	John will call — mā Hone e karanga
i. Past	— use nā + subject + verb, e.g.,
	you called — nāu i karanga
	John called — nā Hone i karanga

Negatives as **a.** and **b.** above

Commands

E + verb (used with verbs of one or two syllables) E noho — Sit
Verb alone (with longer verbs) Waiata — Sing
Verb with passive ending: Noho*ia* — Sit (used when there is a sub-
   ject of the verb, even when not expressed); Noho*ia* (te tūru)
Kia + verb (rather strong) Kia mōhio koe! — Understand!
Kia + adjective (rather mild exhortation) Kia pai! — Be good!
Me + verb (also rather mild) Me noho — Please sit down

There are also several words which are implicit commands, e.g.,
Kāti! — That's enough! *or* Stop!
Anō — Say it again
Turituri! — Shut up that noise!
Negative commands: Kaua e + verb e.g., Kaua e karanga — Do not call
Instead of Kaua one may use Aua *or* Kauaka. Instead of e one may use hei.
Also use Kei + verb, e.g., Kei noho — Be careful not to sit

Conditional (if)

Future	— use ki te, *or* mehemea, *or* mena + verb
	e.g., ki te haere mai koe — if you are coming
Past	— use me i *or* mehemea i + verb
	e.g., me i kai koe — if you had had a meal
Negatives: future	— use ki te kore
	e.g., ki te kore ia e kai — if he doesn't eat
past	— use me i kāhore
	e.g., me i kāhore ia i kai — if he didn't eat

Sentences containing only the verb 'to be'

English structure:	John is good.	The house was big.
Māori formation:	Good/John	Big/the house
	He pai/a Hone.	He nui/te whare.

Negative: use ehara i + subject, and change 'he' to 'te' e.g.,

That house is not big — Ehara tērā whare i te nui

or — Ehara tērā i te whare nui

Passive verbs

The Māori verb is changed to the passive by adding a passive ending to it. These endings vary with each verb and have to be learned: they are all in the order of -tia, -ria, -ia, -ngia, -ina. If you cannot remember the correct version for the verb you want to use, append -ngia to it and it will be understood quite well. (In this dictionary passive endings are given in brackets after the verbs.)

e.g., e kimi ana te tangata i te kurī — the man is looking for the dog

e kimihia ana te kurī e te tangata — the dog is being sought by the man

If a passive ending is used, the word 'by' which follows in English will have to be translated by using the following: 'e' for people or animals, 'ki' for instruments.

After verbs formed from particles and adjectives (see end of this brief grammar) 'by' is translated by 'i' for people, animals and instruments. With the past emphatic, 'by' is translated by 'nā', e.g., nā te taraka i tō te waka — the truck pulled the canoe.

The verb 'to have'

As there is no direct equivalent of the verb 'have', the following methods are used to express this meaning:

1. kei + subject, e.g., I have — kei ahau; John has — kei a Hone
2. he + possessive pronoun, e.g., I have a dog — he kurī tāku
3. kua whai + object, e.g., kua whai moni ahau — I have some money (kua whiwhi can be used in the same sense)
4. I will have, i.e., future is expressed by hei, e.g., I'll have the boat, *or* let me have the boat — hei ahau te poti
5. Past tense 'I *had*' may be understood using construction 2. (he + possessive pronoun) or one may say i + subject (e.g., i a au te mea — I had the thing)
6. whiwhi (+ ki), e.g., ka whiwhi motokā ia — he has a car, *or*, ka whiwhi ia ki te motokā

ADJECTIVES

In Māori the adjective is always placed after the word which it describes, e.g., a red car — he mōtoka whero.

Positive:	pai — good
Comparative:	pai ake, pai atu; pai kē, pai kē atu — better
Superlative:	pai rawa, tino pai — very good; te tino pai — the best

Adjectives in Māori do not stand alone — use 'he' or 'te' with them. In the comparative form, some adjectives add 'iho', e.g., kino iho — worse.

NUMERALS

1	tahi, kotahi	first	tuatahi, te tahi
2	rua	second	tuarua, te rua
3	toru	third	tuatoru, te toru
4	whā	fourth	tuawhā, te whā
5	rima	fifth	tuarima, te rima
6	ono	fixth	tuaono, te ono
7	whitu	seventh	tuawhitu, te whitu
8	waru	eighth	tuawaru, te waru
9	iwa	ninth	tuaiwa, te iwa
10	tekau	tenth	te tekau
11	tekau mā tahi	eleventh	te tekau mā tahi
12	tekau mā rua	twelfth	te tekau mā rua
13	tekau mā toru	thirteenth	te tekau mā toru
20	rua tekau	twentieth	te rua tekau
21	rua tekau mā tahi	twenty-first	te rua tekau mā tahi
30	toru tekau		
100	rau, kotahi rau	hundredth	te rau
200	e rua rau	two hundredth	te rua rau
300	e toru rau		
1000	kotahi mano	thousandth	te mano
1,000,000	miriona	millionth	te miriona

From rua to iwa — 'e' is use before them when speaking of things, e.g., e rua ngā whare — two houses; ngā whare e rua — the two houses

— 'toko' may be used prefixed to the number when speaking of people, e.g., tokorima ngā tāngata — there are five men.

To multiply, place the numbers side by side without any connecting words, e.g., 20 x 5 — rua tekau rima.

To say 'in ones', 'in twos', etc., place 'taki' before the number, e.g., takirua — in twos.

When asking how many are wanted, and the reply, use 'kia' — let it be, e.g., kia hia putu — how many feet? Answer: kia toru — (let it be) three.

13

PRONOUNS

Singular (one person)

Personal   Possessive

			(one thing)	*(several)*
I, me	au, ahau	my, mine	tōku, tāku	ōku, āku
you	koe	your, yours	tōu, tāu	ōu, āu
he, she, him, her	ia	his, her, hers	tōna, tāna	ōna, āna

Dual (two people)

Personal   Possessive

			(one thing)	*(several)*
we (you & I), us	tāua	our, ours	tō tāua, tā tāua	ō tāua, ā tāua
we (he & I), us	māua	our, ours	to māua, tā māua	o māua, ā māua
you	korua	your, yours	to kōrua, tā kōrua	o korua, ā korua
they, them	raua	their, theirs	to rāua, tā rāua	o rāua, ā rāua

Plural (three or more)

Personal   Possessive

			(one thing)	*(several)*
we (you & I), us	tātou	our, ours	tō tātou, tā tātou	ō tātou, ā tātou
we (they & I), us	mātou	our, ours	tō mātou, tā mātou	ō mātou, ā mātou
you	koutou	your, yours	tō koutou, tā koutou	ō koutou ā koutou
they, them	rātou	their, theirs	tō rātou, tā rātou	ō rātou, ā rātou

In the possessives one has to choose between the 'o' form. The list below will give you some idea.

When to use the 'o' or 'a' form

'o' form used with	*'a' form used with*
things inherited	*things produced by one's own effort*
qualities	movable property
transport	food

14

clothing	tools

relatives not mentioned in 'a'
  in 'a' column; also with 'hoa'
	husband, wife, children,
	  grandchildren, nieces, nephews,

land, country, town, city	slaves, servants
buildings	activities
water for drinking	animals, not used for transport
people in authority	nouns formed from transitive
organisations one belongs to	verbs and used in an active sense

nouns formed from adjectives,
  participles, intransitive verbs, and
  transitive verbs used in a passive sense	

Note: There are alternative forms, with a shortened vowel (taku, to, tana) which can substitute for the singular possessives.

THE NOUN

In Māori there are three points to note about nouns:

1. Nouns do not change in the plural (with the single exception of tamariki). The plural is indicated by the word preceding the noun.

    e.g., te whare — the house, ngā whare — the houses

        to koutou whare — your house, ō koutou whare — your houses
    Sometimes when the indefinite article 'he' precedes the noun it can be ambiguous, meaning 'a' or 'some' e.g., he whare, which can mean either 'a house' or 'some houses'. In such cases there are usually other words in the sentence to give the clue. Compare

        he whare tēnei   with   he whare ēnei
        this is a house   these are houses

2. A noun never stands alone as, for example, with the English 'roads', 'houses', 'trees'. In Māori these would be preceded by the indefinite article, e.g., he rori, he whare, he rākau.

3. Quite often a noun may be used as a verb, e.g., kōrero, he kōrero — a speech; e kōrero ana ia — he is speaking; e kōrerotia ana e te iwi — it is being said by the people.

Note that in this dictionary passive endings are given in brackets after the verbs, and alternatives of these are separated by commas.

Local nouns (place or time)

The following nouns do not take 'te' or 'nga' or any other definitive and cannot be qualified by an adjective. Note that this rule does not apply when the word is considered as a thing in its own right, and not just a place, e.g., tai — the tide, roto — the inside, muri — the rear.

runga	top	kō	that place/time
raro	bottom	kōnei	this place
roto	inside	kōnā	that place (near you)
waho	outside	kōrā	that place (away)
mua	front	reira	that place (away)
muri	rear	tai	seawards
waenga, waenganui		tahaki	on one side, the shore
or waengarahi	the middle	pahaki	near distance
tua (taitua)	other side	tawhiti	far off
	(of solid object)	āianei	now, just now
tāwāhi (rāwāhi)	other side	aoake	following day
	(of sea, river,	nahea?	what time (past)?
	valley)	inanahi	yesterday
uta	inland from	inapō	last night
	coast, shore	tahirā	day after tomorrow, *or*
	from sea		day before yesterday
hea, whea?	what place?	nehe, neherā,	
		or onamata	long ago

Participles and adjectives used as verbs

Many adjectives can be used as verbs in Māori; if they are followed by an agent or instrument by which the action is done, the word 'by' is translated by 'i'. This applies also to the following:

mutu ended	marara scattered	pakaru smashed	pā struck
oti completed	riro happened	poto dealt with	whara injured
pau used up	whati broken	ea paid for	marū bruised
mahue left behind	tū wounded	takoki sprained	mau fixed
rupeke assembled	mākona satisfied	rato provided	motu snapped

16

KEY VOCABULARY — RĀRANGI KUPU MATUA

Days of the week — Ngā rā o te wiki

In Māori, 'te' or another definite article always precedes the day of the week.

Sunday Rātapu
Monday Mane, Rā tuatahi
Tuesday Turei, Rā tuarua
Wednesday Wenerei, Rā tuatoru

Thursday Tāite, Rā tuawhā
Friday Paraire, Rā tuarima
Saturday Hātarei, Rā horoi

Months — Ngā marama

January Hānuere, Kohi tātea
February Pepuere, Hui tanguru
March Maehe, Poutu te rangi
April Aperira, Paenga whāwhā
May Mei, Haratua
June Hune, Pipiri
July Hūrae, Hōngongoi

August Ākuhata, Here turi kōkā
September Hepetema, Mahuru
October Oketopa, Whiringa ā nuku
November Noema, Whiringa ā rangi
December Tīhema, Hakihea

Seasons of the year — Ngā wa o te tau

spring kōanga
summer raumati

autumn ngahuru
winter hōtoke, takurua, makariri

Points of the compass — Ngā topito o te ao

north raki, tokerau, raro
south tonga, runga

east rāwhiti
west hauāuru, uru

Parts of the body — Ngā wāhi o te tinana

head māhunga, matenga, upoko
face kanohi, mata
hair huruhuru makawe
eye kanohi, karu
ear taringa

nose ihu
mouth māngai, waha
neck kakī
throat korokoro
shoulder pakihiwi, pokowhiwhi

chest uma
breast ū, uma
back tuarā
waist hope
stomach puku
arm/hand ringaringa
elbow tuke

finger matihao (and many dialect words)
thumb kōnui
leg/foot waewae
knee turi
toes matikara

Colours — Ko nga kara

black mangu, pango
brown parāone
grey pūmā, kerei
blue purū, kahurangi

green kakariki, kirīni
red whero
yellow kōwhai
white mā

Personal names — Ingoa tāngata

Adam Ātama
Albert Arapeta
Alfred Arapeti
Alice Ārihi
Andrew Ānaru
Ann Ani
Anthony Ātoni
April Āperira
Benjamin Beniamine
Bernard Perenara
Caroline Karoraina
Catherine Katarina
Charles Hāre
Charlotte Hārata
Christopher Kiritopa
Daniel Rāniera
Dave Rewi
David Rāwiri
Diana Raiana
Dorothy Tārati
Edward Eruera
Elizabeth Irihāpeti
Esther Ehetere

Ezra Ētera
Francis Werahiko
Gerard Kereti
Harry Hāre
Henry Hēnare
Isabel Ihāpera
Isaiah Ihaia
Jack(ie) Haki
James Hēmi
Jane Hēni
Jason Hahona
John Hone, Hoane
Joseph Hōhepa
Joshua Hōhua
Judith Hutita
Lawrence Raureti
Louise Ruiha
Lucy Ruihi
Luke Ruka
Margaret Makareta
Mark Maaka
Martin Mātene
Martha Maata

Mary Mere, Maria
Mary Anne Mereana
Michael Mikaere
Nicholas Nikora
Paul Paora
Peter Pita, Petera
Philip Piripi
Polly Pare
Queenie Kuini
Rachel Rāhera
Ralph Rau
Rebecca Ripeka
Richard Rihari
Robert Rāpata
Ruth Rutu
Samuel Hamuera
Sarah Hera
Selwyn Herewini
Sophia Te Paea
Stephen Tipene, Tewano
Susan Huhana
Theresa Terehia

Thomas Toma, Tāmati
Timothy Timoti
Victoria Wikitoria

Walter Waata
Winston Winitana

New Zealand place names — Ingoa wāhi o Aotearoa

Alexandra Areketānara
Ashburton Hakatere
Auckland Ākarana, Tāmaki-
makau-rau
Banks Peninsula Hakaroa
Bastion Point Takaparawha(u)
Bay of Islands Teketetonga
Peiwhairangi
Birkenhead Kaimoeone
Blenheim Wairau, Waiharakeke
Bluff Murihiku
Brown's Island Motukorea
Cambridge Kēmureti
Canterbury Kautāpere, Waitaha
Canterbury Plains Nga Pākihi-
whakatekateka-a-Waitaha
Cape Runaway Whangaparāoa
Chatham Is Whare Kauri,
Rēkohu, Arekohu
Christchurch Ōtautahi
Cook Strait Moana o Raukawa
Coromandel Moehau
Dannevirke Taniwaka
Dargaville Takuira
Dunedin Ōtepoti
Featherston Kaiwaewae
Feilding Aorangi
Fiordland Whakataka Kārehu o
Tamatea, Rua o te Moko
Flaxmere Waiharakeke
Galatea Kuhāwea
Gisborne Whatu-i-āpiti,
Turanga nui-a-Kiwa
Great Barrier Island Aotea
Greymouth Māwhera

Greytown Kuratawhiti, Houhou-
Pounamu
Hamilton Hāmutana, Kirikiriroa
Hastings Heretaunga
Hawke's Bay Matau-a-Māui
Huntly Rāhui-pokeka
Invercargill Waihopai
Katikati Nga Kuri a Whārei
Levin Horowhenua
Little Barrier Island Hauturu
Lower Hutt Awakairangi
Masterton Te Oreore
Mayor Island Tuhua
Mercury Island Ahuahu
Milford Sound Piopiotahi
Mt Aspiring Tititea
Mt Albert Ōwairaka
Mt Cook Aoraki, Aorangi
Mt Eden (hill) Maungawhau
Mt Eden (jail) Mautīni
Mt Edgecumbe Putauāki
Mt Egmont Taranaki
Mt Hobson Remuera
Mt. Smart Rarotonga
Mt. St John Te Kopuke
Mt. Wellington Maungarei
Napier Ahuriri
Nelson Whakatū
New Plymouth Ngā motu
New Zealand Aotearoa, Te Ika a
Māui, Niu Tireni
North Cape Muriwhenua
Northcote Onewa
North Head Maunga Uika
North Island Aotearoa

Northland Tai Tokerau, Te Hiku o
te Ika
Oamaru Te Oha a Maru
One Tree Hill Maungakiekie
Otago Otākou
Palmerston North Te Papa-i-Oea
Poor Tawhiti Rahi
Poverty Bay Tūranga-nui, Pawati
Pei
Riverton Aparima
Russell Kororāreka
South Island Te Waipounamu
Southern Alps Nga Puke
Māeroero
Spirits Bay Kapo Wairua
Stewart Island Rakiura, Te Puka a
Māui

Taupo Taupō-nui-a-Tia
Tauranga Tauranga Moana
Thames Pārāwai, Hauraki
Three Kings Tirikingi
Tikirau Tihirau
Tolaga Bay Uawa
Tokoroa Kaokaoroa o Pātetere
Upper Hutt Whakatiki
Wairoa Te Wairoa
Wanganui Whanganui, Wainui-ā-
rua
Wellington Poneke, Whanganui-
ā-Tara
Whangarei Whangarei Terenga
Parāoa

A

a used before personal names

ā and, until, with regard to (*shows future time*)

ā (-ia) drive, collect, sweep over, drive off

ā + *noun* in form of, (ā-wairua = in spirit)

ā + *personal pronouns* indicates possession

ā + *plural pronouns* belonging, (ā rāua = their/theirs), of

ā iwi national, racial, tribal

ā mate noa lifelong

ā muri ake nei hereafter

ā rohe territorial, in districts, local

ā tau annual, yearly

ā tinana incarnate, in the flesh, in reality

ā ture institutional, legally speaking

ā waho exterior, openly, outwardly

aata/āta altar

āe yes, agree

aha what, anything, what sort

aha tia what can be done, so what

ahakoa although, in spite of, except, nonetheless

ahakoa he aha whatever

ahakoa pēhea any kind, no matter what

ahau I, me

āhea? when?, at what stage?

āhei is able, is possible, bird snare, clavicle

āhere angel

ahi fire

ahi kā occupation rights

Ahia Asia

ahiahi evening, afternoon

ahikirīmi ice-cream

ahipihopa archbishop

aho fishing line, clause, chord (maths), weft

aho rino steel wire

aho tātea spermatic cord

aho whākau catgut

ahorangi enlightened teacher, guru, professor

ahu to face, heap, care for, move towards

ahu atu get stuck in

ahu whakamua progressive

āhua shape, nature, aspect, species

āhua + *adjective* fairly, quite, rather + *adjective*

āhua o naianei status quo

āhua o te rangi weather, climate

āhua riri toey, irritable

ahuahi smoke

ahuahu (-ngia) heap up, tend, earth up crops, set of sun

āhuareka pleasant, delighted, agreeable, interested

āhuatanga aspects, elements, mechanisms, dimension

āhuatanga-ā-iwi social policy

ahumāra horticulture

āhumehume petticoat, lingerie, underwear, suitable

ahumoana fishing industry

ahunga generation, heap

ahurangi unsettled, paragon of perfection

ahurei chief, glow

ahurewa sacred place, shrine

ahuriri fish (similar kahawai), weir, dyke

ahuwhenua hard-working, agriculture

ai sexual intercourse, possess, procreate

ai *(after verb in sub. clause)* which, where (i haere ai au = where I went, along which I went etc.)

ai *(after verb) shows habitual action* (mahi ai i nga Mane = works on Mondays)

āianei today, soon, now, at present

aianei tonu immediately

aihe dolphin

aihikirīmi ice-cream

aikiha handkerchief

āinga violence, driving force

āio peaceful, calm

Airihi Irish

aitanga descendants

aitu sickness, mishap, demon

aituā accident, nemesis, evil omen, disaster

aituā waka motor vehicle accident, car crash

aka vine, various climbing plants

āka ark, clean off, yearning

āka a Noa Noah's Ark

aka tawhiwhi rata vine

aka waina grape vine

akaaka fibre, roots

aka kaikū N.Z. passionfruit

aka pirita supplejack

aka pōhue bindweed

akatawhiwhi climbing plant

akatea white rata

ākau shore, beach, riverside

ake upwards, -self

ake *(after adj.)* more (comparative)

āke tonu atu for ever and ever

āke, āke, āke forever

akeake hopbush, barren land

ākene soon

āki(-na) crash upon, slam into, urge, abut

akiaki coerce, manipulate, red-billed gull

akiakitanga motivation

ākihau exhaust stroke

akinga force

akinga tō gravity

ākiri(-tia) throw away, rebuff, dermis (skin)

akitō drag out, trail garment

akitū vertex, close in on, come to point

ako(-na) learn, teach

akoako consult, practise, split

ākonga pupil, disciple

akoraiti benzine lamp, pressure lamp

akoranga learning, lesson

akoranga karihi nuclear physics

āku my *(pl.)*, mine *(pl.)*

ākuanei presently, shortly

ākuarā soon

akutō lagging behind, late

ama outrigger of canoe

āmai giddy, sea swell, dizzy

amaia halo

amana almond

amapaea umpire

amarara umbrella

āmengemenge curled

āmi(-tia) gather

amiami scented shrub

āmine(-tia, -ia) amen, agree

amio wander, circle around

āmiomio giddy, spinning round

amo carved upright posts

amo(-hia) carry on litter, stretcher, carry on shoulder

amohanga food rack

amokapua leader, priest

amokura red-tailed tropic bird

amorangi priest, spiritual leader

āmua future, hereafter

amuamu(-tia) grumble

āmuri ake nei henceforth, future

ana cave, burrow, lair

ana (*after verb*) implies movement (e.g. going)

anā take that!, there!

āna his/hers, yes it is!, just so!

anahe alone, only, sole

anahere/a angel, archangel

anake alone, only, unaccompanied

anana! well well!

ānao very true

ānau curve, wander, restless

anei here it is

ānewa reel about, dizzy, listless

ānewanewa dazed, reel, totter

anga confront, enamel, eggshell, nutshell, skeleton

ānga driving force

anga atu/mai responsiveness, turn to

anga kōngohe paperback

anga mārō hardback (book)

anga whakamua progress

angaanga skull, skeleton, chief

angai north by northwest wind

anganui face towards, opposite, to address

angarau tika structural accuracy

angiangi thin (of things), loose

aniana onion

anihau gentle wind, zephyr

ānini headache, dizziness

anipā anxious

aniroro dizzy

anitirinamu antirrhinum

āniwa bright, reckless, halo

āniwaniwa rainbow, halo, aura, nebula

anō again/yet, like, ...self, as though

anō te + adjective exclamation of admiration, what a - !, how - !

anu cold

anuanu cold, offensive, aversion

anuhe caterpillar, mackerel markings

ao world, daylight, bud, cloud

ao(-hia) to scoop, suitable

ao ātea planet, aerospace, outer-space

ao manaaki supportive environment

ao Māori Māori world

ao mārama the human world, world of light

aoake next day, previous day

aonga dawn

aonga ake following day, next day

aorangi iti asteroid

aorere scudding cloud

aotea white cloud, variety of thistle

aotūroa world of light

apa working group, slave, spirit

āpā not as if

apaapa level (stratum), layer

apakura lament, dirge, elegy

āpānoa until

apārangi group of noble people, entourage

25

apareka asparagus

aparua doubled, folded, row of posts

apataki retinue, supporters

aperikota apricot

apiapi crowded, impenetrable

āpiha officer, official

āpiha tiaki huarahi traffic officer

āpiha toko i te ora officer of health

āpiha uiui mō te tūpāpaku inquest officer, coroner

āpiti(-tia) connect, put side by side, radius bone, supplementary

apitihana parliamentary opposition

apitireihana arbitration

apititū standing toe to toe, scuffle

apo grasping, mean, extort

apoapo(-hia) entangle, heap, collect, roll up

aponga stack, pile

āpōpō tomorrow

āporo apple

āpotoro apostle

apu(-a) cram into mouth, gobble, glut onself, burrow

apū working (contracts)

apuapu stuffed, palatable

apuhau squall

apumatangi squall

āpure, computer field

āpuru(-a, -tia) crowd together, block up, overwhelm

ara pathway, trail, system, grayling

ara(-hia) arouse, get up, rise

arā over there, namely

ara hīkoi pedestrian crossing

ara hipa passing lane

ara io nervous system

ara kaiwaewae walkway, pedestrian crossing

ara kōpae traffic roundabout

ara kūiti lane, narrow track

ara raro underpass, subway

ara runga flyover, viaduct

araara trevally

arahanga bridge, ladder

araheke stairs, gangway

ārahi(-na) guide, lead, train, teach

arahi tika discipline

ārai(-a) insulate, defend, curtain

ārai curtain, defence

ārai ahi fender, fire screen

ārai hapū contraceptive

ārai huarahi road-block

ārai kanohi face guard, face mask

ārai karihi nuclear deterrence

ārai makariri anti-freeze

ārai mamae anaesthesia, anaesthetic

ārai waha mouth guard

ārai werawera anti-perspirant

ārai whakamātau pahū kariki test ban

arakiore dreadlocks

ārama aluminium

aramoana 'path of the sea' tāniko

aranga resurrection, Easter, rise to top

ārangirangi apathetic, idle

ārani orange

Arapa Arab

arapaka alpaca

arapiki stairs

arapoka tunnel

ararā! look there!

ararangi air-corridor

ararewa elevator

araroa corridor, passage

ararōau railway lines

ararōau hīkoi railway crossing
arata lettuce
arataki(-na) lead, guide, guidline
aratau contour line, runway
aratuku radio airwaves
ārau block (volleyball), entangled
arawa famous canoe, type of shark
arawaru freshwater eel
arawhata ladder, bridge
arawhata tūnoa step ladder
are overhang, open
areare clear of obstruction, arch, concave (lens)
arearenga hollow, cavity
areinga cricket (insect)
aremiere honeycomb
arenga point of weapon
arepa alpha
arero tongue
arero tehe lisp
arewhana elephant
ariā shadow, spirit manifestation, theory
āria deep water
ariari visible, clear, shining
ariki lord, noble, first born, chief of chiefs
ariki tamaroa first born (male)
ariki tapairu sovereign lady
arikiwi kiwi feather cloak
āriponga conduction
ārita over-eager, keen on
aritahi single crease, one fold
āritarita over-eager, touchy
aro heart (metaphorical), front
aro (-ngia) turn over, show interest, take notice of, pay attention
aro attend to
aro atu pay heed
aro mātao cold front (weather)

aroākapa row, rank, front row, ill omen in weaving
aroaro presence, front of person
aroarorua vacillating, wavering
aroarotea pied shag
aroha(-tia, -ina) love, sympathise, relent, pity
aroha atu sympathy, sympathise
arohaki tremble, flap
arohanui compassion, great love, devotion
arohata ladder, bridge
arohi explore, reconnoitre
ārohirohi turn back and forth
arokura moonfish
aromahana warmth, springtime, warm front
aromaunga mountain face
aronga in the direction of
aronga kē non-standard
aronui directly facing, education unit, sail before wind
aropā friendly greeting
aropari cliff face
aropereina aeroplane
arorangi heavenwards, straight
arotahi lens of eye, focus, contact lens, innocuous
arotake evaluate, assess
arotakenga evaluation, assessment
aru(-mia) follow, chase, consecutive, pursue
aruaru keep following, interrupt, woo
aruhe fern root, bracken
ata morning, shadow, reflection, silhouette
atā! how horrible
āta slowly, carefully, gently, clearly
āta haere amble, cruise

āta noho live happily, sit quietly, quiet

ata pō early morning darkness

āta tiro(-hia) check, examine

āta titiro check, examine, scan

ata tū just after daybreak

āta tuku oblige

āta whakarite whānau family planning

āta whiriwhiri(-a) hand pick

ātaahua attractive, graceful

ataarangi shadow

ataata video cassette, shadow, reflection

ataata-rongo audio-visual

ātae! wonderful!

ātahirā day after tomorrow

ātahu love charm

atamaha crystal

atamai disdain, ridicule

atamira stage, dais, platform, mezzanine

ātamira admiral

ata pongipongi daybreak

ātārangi shadow

atarau moonlight, moonbeam

atarua double vision, dim-sight, myopia

atawhai(-tia) kindness, look after, merciful, tender-hearted

atawhai tamariki childcare

atawhai, tamaiti-, orphan child, adopted

ate liver, heart of hearts, edge of weapon

ate, tau o te - seat of emotions, darling, high spirits

ātea space, clear, untrammelled, blank

ateate (nga) chest, bosom

āteha assessor

ateroa pancreas

ātete oppose, resist, treat roughly

atewhanewhane liver

atewharowharo lungs

atewhatukuhu kidney

ati then

āti tribe, descendant, aunt

atiati(-tia) huntaway, herd animals, repellent

ātirikona archdeacon

atitirauhea wander hopelessly about

ato(-hia) thatch, fence about

atoato organise formation of troop

atu away (from speaker), (*comparative* – pai atu = better)

atu anō i... apart from

atu i as well as, in addition to

atua god, uncanny, virus

atua piko rainbow

atuapo mean, stingy

atuatanga divinity

Atutahi Canopus (star)

atutai whitebait

ātute to elbow, jostle

au I, me, current, smoke

āu your (*pl.*), yours (*pl.*)

au moana open sea

au te moe heavy sleep

aua those mentioned, herring, mullet

aua (hoki) don't know!

aua atu nevertheless, furthermore, further on

aua e ... do not

auaha symmetry, system, state

auahatanga creativity

auahi smoke

auātu never mind!

auau bark of dog, often, disgusting

auē oh dear!, wail, cry, bleat

auētanga outcry
auhaha look for
auheke surf, climb down, short descent
auhi distress, burdened with
auhoki returning, current, eddy
aukaha(-tia) to tie, the ties, string
aukati constraint, discriminatory, injunction
aukatinga stopboard, restriction
aumanga smoke-hole, chimney
aumihi long for, welcome
aumoe at ease, asleep
aunihi ounce
aunoa automatic, default
aupaki sloping ground, close quarters, hold closely
aupatu bundle
aupēhi(-a) squash, press down on, repress
aupiki climb, overcome, obstacle
auporo cut short
aupuru cushion, protective pad, corner pad (boxing ring), pad
auraki turn to, hurry to, lament, mainstream
aurara clutch
aurere moan, groan
auroa lengthened
auroro slope
auru(-tia) break off, pluck, destroy, carry off
auta out! (in games), edge forward
autaha to one side
autaia strange fellow, unfamiliar, weird, misfit, beatnik
autaki round-about, long-winded
autāne brother-in-law (of woman)
aute mulberry bark
autō magnet, tow behind

autō-ā-hiko electro magnet
autui cloak pin, brooch, safety pin
auwahine sister-in-law (of man)
awa river, channel, yellow-eyed mullet
awa ihu nasal passage
awa mimi ureter
awaawa valley, groove, ravine
awai crayfish, water-logged
a wai rānei anyone, someone
awāke next day
awakeri ditch, drain, gutter
awanga southwest wind, variety of flax
āwangawanga qualm, uneasy, misgiving, irresolute
awanui trumpet shell
awarua drain, aisle, dogskin cloak
awatea daylight
awe soot, white feather, straggling cloud
aweke perverse, idle, frivolous, tantalize
āwenewene artificial sweetener
āwhā storm, gale, blizzard, tornado
āwhato lettuce caterpillar
awhe(-a) hem in, scoop up, encircle
āwhea when
awheawhe work together
awheo halo, nimbus
awhero hope, desire
āwheto lettuce caterpillar
awhi(-tia) embrace, aid, help, cuddle
awhiawhi(-tia) embrace
āwhina(-tia) help, abet, assist, provide relief
āwhina-ā-moni legal aid
āwhina-ā-ngutu lip service
āwhio(-tia) go round about, circuitous, orbit, circle

A

āwhiotanga perimeter
āwhiowhio winding, whirlwind, spiral, cyclone
āwhiowhio nuku whirlwind of earth
āwhiowhio rangi whirlwind of heaven

awhireinga embrace in spirit
awhitireinga embrace in spirit world
āwhitu feel hurt
āwhiwhi resemble, approximate

E

e by (agent — *after passive verb*), eh! well well!

e + *verb future form of verb* when, if

e + *numerals (cardinal numbers)* 2, 3, 4, etc.

e + *verb of 1 or 2 syllables imperative of the verb*

e + *verb + ana expresses continuous action*

e hia? how may?

e ko! girl!

e koe! serves you right!

ea paid for, avenged, done, appear as star

ea te mate death is avenged, death duties fulfilled

eā! (express surprise)

eara earl

ehake (ehara kē) not

ehara ... i not

ehara i te tika unworthy, unjustified

ehara! look at that!, lo and behold!, (express surprise)

ehē! no!

ēhea? which one?

ehu muddy water, discoloured

ehu(-a) bail water, exhume

ei! well now!

eka acre

ēkara eagle

ekareta escalator

eke(-ngia) climb, mount, thicken (sauce), rise (dough)

eke hōiho horse riding

eke ki uta come ashore

ekore will not

ekore e mate immortal

ekore e pīrau incorruptible

ekore e taea impossible

ekore e taea te tatau incalculable

ekore e taea te tutuki inaccesible

ekore e taea te whakamārama inexplicable

ekore e tango inalienable

eku ague, fever, malaria

emarara emerald

emepaea empire

emi assembled

emiemi be gathered, assemble, neinei tree

ēnā those (near you)

ene anus, flatter

ene (tou ene) exclamation of contempt

eneene boot licking

ēnei these

enetinia engineer

engari but, however, on the other hand

engari rawa ia provided always

enge serves you right!

ēngia yes, is that so?

eo louse

epa(-ina) throw/pelt, bowl/pitch, thunderbolt, post

epaepa(-ina) throw, thunderbolt

epeepe distant relations

ērā those (over there)

ērangi on the other hand, but

eremita hermit
ero pus, to rot, emaciated, skinny
ētahi some
ētahi atu others
ete jell, thicken (of sauce)
eti loathsome, feel disgust, shrink
from

etia as if, just like, how great
etieti horrible
eto thin
etoeto volatile
ewe placenta, afterbirth, womb,
motherland
eweewe blood relations

H

hā essence, breath, taste, purport
hā whakaora rescue breathing
haapa harp
hae(-a) cut, split, jealous, shine, erode
haeana(-tia) iron, press
haeana ngarungaru corrugated iron
haeana rāti harpoon
haeata dawn, ray of light, laser beam
haeatatanga beam of light
haehae(-a) rip up, jealous, pattern of parallel grooves
haemata(-tia) growing strongly, chop up raw
haere(-tia) move, motion, depart, become (*after quantity words*), travel
haere atu go away, farewell, depart
haere hāngai direct approach
haere ma raro walk, hike
haere mai welcome, come here
haere noa iho ramble
haere rā farewell, adieu
haere tahi i accompany, escort
haere tonu play on (games), continuing, ongoing
hāereere stroll, travel, stray, roam
haerenga journey, voyage
haetanga pollination
haetara envied, admired
hāhā(-ria) devastate land, catch breath, warn off

hahaetanga first gleam of light
hahake naked, unbecoming
hahaki ostentatious
hahana glowing
hahani nasty remarks, beat about the bush, miss the point
hāhau(-ria) seek, hollow out, hack
hāhi church (denomination)
hāhira carburettor
hāhore bare, simple
hahu(-a) dig up, disinter
hahunga exhumation, disinterment of corpse
hai ace (cards), pinch hitter (softball)
hai (hei) as, for, let it be
haiana hyena
haihana sergeant
haihana-meiha sergeant major
haika anchor
haikiha handkerchief
haikura high school
haina(-tia) sign
Hainamana Chinese
hainatanga signature
haipū(-tia) stack
haira scythe, undercut (gymnastics)
hairo ace low (card game)
haka fierce rhythmical dance, misshapen
hāka jug, groundsel
haka a Tāne-rore quiver of hot air
hakahaka low, shallow

hakakao godwit
hākari feast, gift, fish roe
hākaro(-a) dig trench
hākawa fool
hake crooked, naked, deformed, grotesque
hākeke jews ear
hakere greedy, depressed, cropped hair
hākerekere depressed
haki flag, cheque, Jack
hakihaki scabby, itchy, sore, scabies
hakihaki kanohi acne
hākihi husky dog, arrogant
hakikoko shoulder blade, scapula (bone), corner flag (sports)
hākinakina fun, sport
hakinono small kumara
hakirara annoy, insincere, shallow
hakiri hear vague sound
hākirikiri nebulous
hako monkey, ugly
hākoakoa happy, skua sea hawk, puffin
hakoko bent, concave, twisted
hākona second (of time)
hakorā red-billed gull, silver gull
hakorea lazy
hākoro old man
hākorukoru wrinkled
haku grieve, complain, kingfish, colic, sheikh (*fig.*)
hakuhakutai slapdash
hākui old woman
hakurā large groper, scamper-down whale
hākure lice, delouse
hakuturi, tini o te birds
hama(-ia) hammer
hāmaka hammock

hāmama shout, open wide, cheer, free from
hāmanu ammunition
hamapaka hamburger
hamarara umbrella
hāmaremare cough
Hamaritana Samaritan
hāmene(-tia) summons (legal), receive a summons
hāmene-ā-tuhi writ
hamo back of head
hāmoemoe sleepy
hamumu speak softly, mutter
hāmumumumu incoherent
hamupaka humbug
hamuti dung, shit, toilet
hana glow, fine cloak, painted red, pink
hanahana shine, garment, female sex parts
hanake grow
hānara sandal
hānarete hundredweight, 1 cwt
hanatu go forward, go away
hanaweiti hundredweight
hanawiti sandwich
hane unmentionable, rotten, shamed
hāneanea pleasant, cosy, armchair
hanehane putrefaction, decay
hānene exhale, blow gently
hanga(-ia) build, transform (maths), make
hanga (*n.*) demeanor, habit, utensil, construction
hangahanga frivolous, improvise
hangahou(-tia) reconstitute, remake
hāngai vice versa, athwart, comply, relevant
hāngai pū directly affect, relevant

hāngai tonu effective
hāngaitanga adequacy
hanganga creation
hanga noa despicable, of little worth
hangarau technology, joke
hangawai (v.) transform (maths)
hangehange māori privet, nikau tree
hangenge garfish, piper fish
hāngenge out of sorts, powerless, listless
hangere half full
hāngi earth oven, food from earth oven
hango shovel
hangohango planting stick
hangore flexible
hāngū reticent, silent, dumb
hāngurunguru grumble
hani long club, speak ill of
hanihani scandalous
hānihi harness
hānihi paki buggy harness
hanimūnu honeymoon
hanumi swallowed up, engulfed, assimilated, disappeared
hanuwiti sandwich
hao (n.) net, snare, basket, mud eel
hao(-a) catch in net, encircle, capture a pa
haohao chopsticks, small basket, defamation
haona horn
haora hour, howl
hāora oxygen
hapa (n.) supper, crooked, fault (sport), shortage
hapa (v.) make a false start, make a mistake

hapahāpai sacrificial offering
hāpāhi half-past
hāpai(-tia) lift up, start song, raise up, sunrise
hāpainga shoulder loads and set out
hapanga default, loss
Hapanihi Japanese
hāpara(-tia) shovel, slit, daybreak
hāparangi bawl, cheer, shout, scream
hāparu desecrate
hāpati sabbath
hape deformed, handicap, beside the point, cull
hapehape bandy legged, crooked
hāpeta nuisance!, fed up
hapī earth oven, hangi
hāpiapia sticky
hāpiripiri viscous
hapori small clan, family group, community
hapū pregnant, sub-tribe
hāpua lagoon, valley
hāpuku groper, hapuka
hapuru thud
hapūtanga obstetrics
hara sin, excess, foul (sport), crime
hara hangahanga infringement, less serious offence
harakeke flax leaf
hārakiraki inconsistent
harakore innocent, flawless, perfect
haramai come, welcome
haramaitanga incoming
haranga sin, crime
hārapa lead the way, gallop
harapaki slope, begin fight, crack kutus

H

harare bleary eyed, red sealing-wax, red-eyed

hararei holiday

haratau suitable, deft, handy, authorized

haratu whakarawarawa violent crime

haratua dress planks with adze

haratūtanga criminality

hārau grope for, light touch, whisper

harawene jealous(y), small-minded

harehare rash (itch)

hārere celery

hari happy, cheerful, dance for joy

hari(-a) take, carry, bear

harihari vivacious

haringa bliss

harirū shake hands

hāro(-a) scrape clean, skim along

harore mushroom, fungus

haruru roar, heavy sound, rumble

Hāta Maria Holy Mary, Madonna

hātana demon, satan

Hātarei Saturday

hāte shirt, heart (cards)

hāte kēhi hard-case, funny, zany

hātepe(-a) split off, straight flush (cards)

hatete chip heater

hau wind, air, atmosphere, famous

hau(-a) hit, serve (tennis), overhang

hau-ā-papa natural resource

hau ārai ozone

hau āwhiowhio whirlwind, twister

hau huripari typhoon

hau kōwhai fluorine

hau māori methane, natural gas

hau piro stuffy air

hau tūmū headwind

hau whakarua north-east sea breeze

haua don't know

hauā crippled, lame, anti-social, mental handicap

hauaitu freezing, wasted away, weak

hauangi cool, airy, minimal stress

hauanu frigid, wintry

hauare spit, saliva

hauarea insignificant, clumsy, coward, trivial

hauata accident, mishap

hāuaua drizzle, rainy

hauāuru west, west wind

hauhā carbon dioxide

hauhake(-a) dig up, harvest, reap

hauhanga frost

hauhapa outside tee

hauhau windy, whip, draught, mudfish

hauhauā argon

hauhiko electrical fan

hauhiku tailwind

hauhō neon

hauhunga frost, type of green-stone

hauhuri rotation, revolution (turn)

hauī liquid petroleum gas (LPG)

haukā condensed natural gas (CNG)

haukai feast

haukāinga true home

haukeke meddle, handle carelessly

haukino carbon monoxide

haukoti(-a) intercept, curtail, cut off, obstruct

haukotinga impedance

haukū dew, damp
haukume(-a) pull
haukupu word stress
haukuru smash
haumākū get wet, humidity
haumāmā helium
haumi join, alliance, canoe sections
haumiaroa guardian spirit of fern root
haumiatiketike guardian spirit of wild food
haumiri caress, hug the shore
haumotu clammy
haumura flammable gas
haunga stink, foul smell, reek
hāunga not only, besides, except, excluding
hauora healthy, good spirits, health service
hauora kararehe veterinary science
hauoratanga health
hauota nitrogen
hāupa cogwheel
haupapa ice, frost, flat surface, sane
haupatu(-a) attack, hit, roof over
haupepe ambush, quiet
haupitonga south east wind
haupoi hockey
hauporo cut off
haupū(-ria) heap, place in heap
haupuru penned in, enclosed
hāura brown
hāurahina grey-brown
haurākau club (weapon), bat, hockey-stick
haurangi drunk, maudlin, intoxicated, tipsy
haurapa search for

hauraro north wind, capitulate, low down
hauripo wind eddy
haurua hemisphere
hautai sponge, rain-cloak
hautai mangu ink pad, stamp pad
hautau fraction
hautepe split off
hautō drawer of desk, drag
hautope(-a) cut off, cut down
hautū guide, timing chant
hauture jack mackerel
haututū insubordinate, nuisance, impertinent
hauwai hydrogen, damp, shellfish
hauware saliva, spit
hauwarea irrelevant, clumsy, coward, uncouth
hauwere dangling down
hauwhenua dew, land breeze
hawa chipped, smeared on, pelvic fin, excrete
hawahawa lichen
hāwato caterpillar
hawene tease, disturb
hawere slobber
hāwere hang down
hāwhe(-tia) half, halve
hāwhe-kaihe half-caste
hāwhepāhi half past
hāwini servant, valet
hāwiniwini shiver
he a, an, some
hē wrong, err, unjust, fault, inaccurate, fallacy
he aha? what?
hea share, dividend, hare
hea? where?, when?
heahea sob, naive, preposterous, facetious
heamana chairperson

H

hēhē not up to scratch, wrong

hei hay, amulet, as a ..., let it be for..

hei aha (atu) never mind, what for?, don't worry

hei mahi duty, training exercise, practice

heihei hen, rooster, poultry

heipū on target, straight for

heira birthmark

heitara accusation

heitiki greenstone pendant

heka fungus, mould

hekaheka mildew, mould

heke (*n.*) rafter, thigh

heke(-a) (*v.*) descend, migrate, dismount, miss target

heke pī beehive

hēkena to second (support), second (for boxer)

hēkene (*see* hēkena) moment (of time), second

hekenga migration

hekere shekel

hekeretari secretary, clerk

hekeri testicle

heketā hectare

heketanga incline, descent, migration

heketau (*n. & v.*) parachute

heketua lavatory, privy

hēki egg

heki kapu mussel dredger

hēko sago

hema taper down, bevel cut, female sex parts

hemahema vacant, bare, needy, sexy suggestions

hēmana chairperson

hēmanawa breathless, disheartened, angina

hemo die, in coma, consumed, gone

hemokai starving, hungry, malnutrition

hemonga death, heart's desire

hemoreke hemlock

henekeriti centigrade

heneti cent

hengahenga (*see* hangehange) girl, māori privet

hēngia be mistaken for another

heni Tiapani Japanese yen

henimeta centimetre

heoi however, that's that!

heoi ano/oti that's all, the only thing

hepapa zebra

hēpara shepherd

hepareta separator

hepeta sceptre

hēramana sailor

here(-a) tie, bind, mooring line, lien, leash

here cherry

here waka mooring line, painter, tether

herehere prisoner, captive

herenga tether, rope, noose

hereni shilling

herepū(-tia) tie in bundles

herepuru caulking

hererapa rubber band

heri jelly

hēri sherry

herikopeta helicopter

hero cello

heru comb

hēteri sentry

heti shed

hetiheti hoe

hēti hedge

heu   razor, overgrown
heuheu (heua)   shave, clear scrub,
  separate, pull apart
hewa   mistaken, fooled
hī(-ia)   fishing, angling, shine
hia, te - reka/nui/pai!   how tasty!
  how big! how good!
hia?   how many?
hiahia(-tia)   wish for, require,
  desire, need
hiainu   thirsty, thirst
hiakai   hungry, hunger, appetite
hiako   skin, leather, rind, tree bark
hiamoe   sleepy, drowsy
hīanga   raising
hīanga   (*n.*) deception, teasing,
  mischief, fishing
hiato   gathered, asssembled
hieke   rain cape
hihi   sun's rays, tentacles, stitch
  bird, plumes
hihī   hiss, diarrhoea, fizz
hihiko   brisk, keen
hihiri(-tia)   desire, brisk, energetic,
  avid
hihō   donkey
hihore   strip, peel
hiti/hīti   sheet
hika (*n.*)   girl, female sex parts
hika(-ia)   kindle fire by rubbing
  sticks, rub vigorously, sexual
  intercourse
hika e - !   form of address to girl
  or boy
hikā   cigar
hika kikokiko   masturbate
hikahika   rub, chafe
hīkaka(-tia)   incite
hīkaka   rash, malicious, angry,
  incautious
hikareti   cigarette

hikareti rauhea   reefer
hīkaro(-hia)   pull out, extract
hiki   asthma
hiki(-tia)   lift, carry in the arms,
  adjourn, hoist
hikinuku   lurch
hikirangi   lift heavenwards, move
  vigorously
hiko(-a, -ia),   zigzag, snatch, move
  restlessly
hiko   (*n.*) electricity, flash of light-
  ning, current
hiko karihi   nuclear energy
hikohiko   twinkle (*see* hiko),
  dodge about, zig-zag
hīkoi   step out, plod, pace,
  stepping (netball)
hikoki   stagger
hikonga huahuaki   electro-
  cardiogram
Hikonga Uira   Electricity Corp. of
  New Zealand
hīkori   endive
hiku   fishtail, bird tail
hiku timo   scorpion
hikuawa   head of river
hikuhiku   lace (fabric)
hikurere   blouse, shoulder cape
hikuwai   source of river, light rain
hīmene   hymn
himeporo   cymbal
himi   singlet, undershirt, vest
hīmoemoe   acid
hīmoemoetanga   acidity
himu   hip, carved gargoyles
hina   grey hair, moon, dim light
hīnaki   eel-pot, trap eels
hinamona   cinnamon
hīnana   scowl, look protectively
hinapō   poor sight
hinapōuri   very dark, sad, pathetic

hinatea pale grey
hinātore phosphorescence, twinkle, young toetoe shoots
hīnau hinau tree
hinauri dark grey
hine form of address to girl
Hine-i-te-iwaiwa patron of childbirth and women's arts
hine kōrako moon halo
hinehou baby girl
hinengaro mind, heart, intellect, conscience, psychology, spleen
hinga(-ia) topple, be defeated, fail, bowled out
hingareti singlet, undershirt, slip
hīnota synod
hinu oil, lard, lubricant, brains
hīoi mint, skinny, pipit
hīoioi shake
hiore tail (animal)
hipa pass by, leave, jump aside, bye (sports draw)
hīpae lie across, broadside on, slice (utensil)
hīpae huamanu/hēki egg slice
hīpae ika fish slice
hīpane apron
hipi sheep, mutton
hipi toa ram
hipi uha ewe
hipo hippopotamus
hīpoki(-na) cover, canopy
hira important, lavish
hīra shield, sealed off, hallmark
hirahira great, important
hīrairaka fantail
hiraka silk
hīrau trip up, entangle, become entangled, implicate
hirāwhe giraffe
hīrere gush out, rush, torrent

hīri(-a) seal (stamp)
hiri/hihiri energetic
hirihiri(-a) recite spells, charms
hiripa slipper
hiriwa silver
hirou dredge net
hīta cedar
hitari sieve, strainer, collander
hītau short slip, apron, flax fibre
hītekiteki tiptoe
hītengi squat (weightlifting)
hīti sheet
hītimi glass-marble, game of marbles
hītoki hop
hitori history
hiwa cheerful, alert, steering paddle, dark coloured
hiwete civet cat
hiwi hill, hump, ridge
hiwi(-a) jerk line
hiwihiwi kelpfish
hō shout, pout, droop, spade
hoa friend, spouse, partner
hoa mahi colleague
hoa takatāpui best man, close friend of same sex
hoa tāne husband
hoa wahine wife, mistress
hoahoa(-ina) layout, architecture, diagram, aim to throw
hoake give, go on ahead
hōanga huri revolving grindstone
hoari sword
hoariri enemy, opponent
hoatu give away, go away, put into (*i.e.* add), offer
hoe(-a) paddle, oar
hoe tuarā water boatman
hoe urungi tiller
hoeha saucer

hoeroa curved throwing weapon

hōhā bored, monotony, pest

hohere lacebark

hohipere hospital

hohō buzz, trickle, drip, waterfall

hōhonu deep, depth

hohoro quick, hurry

hohou rongo make peace, conciliate, reconcile, pacify

hoi deaf (*see* heoi), earwax, far off, form fitting cape

hōia soldier

hoihere lacebark, skirt made of strips of bark

hōiho horse, yellow-eyed penguin

hoihoi keep quiet!

hoipū blister

hoka ling, red cod

hoka sticking up, screen of stakes, feint with weapon, run out net

hokahoka flap wings, stick in, large type of fish

hokahokai stretch, large stride

hōkai go smartly, spread wide, ling fish

hōkakatanga sexuality

hōkeke jews ear fungus

hoki also, because, likewise

hoki hoki fish, blue hake, whiptail

hoki(-a) return, repeat, prayer to invigorate

hōki hockey

hōkio messenger bird

hokioi mysterious night bird

hoko (+ *numeral*) multiply *numeral* by 20

hoko(-na) buy, alienate, barter, trade

hokohoko barter, reciprocal, retail trade

hokorari ling

hokorīhi hire purchase

hokowhitu war party

Hokowhitu-a-Tū army (of Tūmatauenga), Māori Battalion

hōmai give to me/us, provide

hōmiromiro tomtit

honae small basket, wallet

hone (moana) swell of the ocean

hongi(-a) smell, press noses

hongihoni hākino glue sniffing

Hōngoingoi July, Hurae, hunch up with cold

honi honey, nibble, mole cricket

honihoni scrape, sex intercourse

honikoma honeycomb

hono(-a) join, form network, append, prayer to mend limbs

hono-i-wairua spirit's gathering place, spirit world

honohono continue a line, join together

hononga link, joinder (legal), union of sets (maths), network

hōnore honour, honourable

honu turtle

honu whenua tortoise

hōpa sofa

hōpane saucepan

hōpani saucepan

hōpara belly, thorax, paunch, investigate

hope waist, hip, loins, main body of army

hopēkē carry on back, hump

hōpēwai sodden, watery

hopi soap

hopohopo overawed, afraid, revere

hopu(-kina, -kia) catch, snatch, capture

hōpua pool, lagoon

H

hopuhopu keep on catching, Hector's dolphin, mullet

hōpuni camping

hōpuru mouldy

hora(-hia) spread out, lie like a corpse, expanded, low-pitched roof

horahora disseminate, plant, widespread

hore not, emptiness, negative, bald

horehore bare, smooth, fire-poker, white-head

hōrete stone, type of drill, slippy, screwdriver

hori mistaken, false, artificial

hori(-a) slit, slip by, speak falsely, ear mark

horihori rubbish!, false

horo quick, differ

horo(-a) fall (capture), slip away, crumble down

hōro hall

horoeka lancewood

horohoro remove ceremonial stricture

horoi(-a) wash, cleanse, flush out, toiletries

horoi noa self cleaning

horoinga ablution, hygiene

horokawa bulrush

horomatua expert of third class

horomi(-a) swallow, ingestion, devour

horopeka bronze whaler

horopito pepper tree

horopū swallow whole

horopuehu vacuum cleaner

horowai waterfall

horowhenua drowned, landslide, avalanche

horu grunt, roar of ocean, rankle

hōrua go down, toboggan

horuhoru weep bitterly, fungus, wild turnip, grunt

hōtēra hotel, inn

hotete sphinx moth, convolvulus hawk moth

hoto preposition, beginning, jump with fright, wooden spade

hōtoke winter

hotu sob, desire, feel irritated, welling emotion

hotuhotu weeping and sobbing

hōtuku data

hotumanawa pulse

hou(-hia) bind together, make peace

hou/hōu new, enter, innovation, feather

houanga overtime, interval

houanga rongo peace making

houhere lacebark tree

houhi lacebark tree

hounga a year ago, a year ahead

houru hole

hourua double canoe

houtapu genuine

hōutuutu rifleman

howaka beetle

hū shoe, eruption, earth subsidence, call

hū, noho - keep silent, sit still

hū, oma - run secretly

hua fruit, egg, outcome (accounting), wrecking bar

hua(-ina, -ia) (v.) name, outline, guess, lever up

hua maitai pinchbar

hua paru fish roe (milt)

hua rākau spawn, fruit

hua whenua vegetables

huahae catkin

huahua birds preserved in own fat, pimple, lumpy

huakanga naming

huaki(-na) open up, assault, uncover, incursion

huaki kēne can opener

huakitanga onset, onslaught, rampage

huakiwi kiwifruit, kiwi egg

huakore non-profit making, unproductive

huamanu egg

huamata offering of first fruits, good harvest

huamoni interest (finance)

huamutu lined whelk

huanga profit, name, prerogative

huānga relative, element of a set (maths), member of set

huanga, no whea te whoever heard of

huangi cockle

huangō asthma

huanui road, pathway, perchtrap

huaota botany

huapae horizontal, skyline, horizontal rail, horizontal position of taiaha

huapapa flat rocks

huaparu milt

huapī pea

huarahi road, procedure, circuit (cycling), course (athletics)

hūare saliva, spit

huarere weather, meteorology

huarewa raised aloft

huarua double, two edged, poison of tutu berries

huata spear, plant-shoots

huatahi only child

huataki raise, begin

huatau realise, ladylike, beauty, rap (wordflow)

huatawa dark silica

huatea milt (roe), childless

hue gourd

hūhā thigh

hūhē weary, embarassed

hūhi discomfort

huhu grub of beetle, peel

huhū buzz

huhua numerous, free of tapu, miscellaneous

huhua noa heaps, galore, prolific

huhuti (hutia) (see huti) pull up

hui(-a) gather, meeting, add up, maomao, sweep

hui uiui mō te tūpāpaku inquest

hūia huia bird

huinga set (maths), perineum area

huirapa webfoot, greedy

huirau fernroot

huirua meet together, bend over

huka sugar, snow, lather, last man slain

hūka hook

huka + numeral almost, short of (lacking)

huka hori saccharine

hukahuka froth, fringe of cloak, lock of hair, inner palisade

hukākapu hailstones

hukanga foam

hukapapa ice, frost, frosty

hukarere snow, sleet, wind-driven foam

huke(-a) excavate, bolt, uncover

hukehuke idiotic

hākeke staggering

hukere cascade, rapids, steep, curled, paddle vigorously

H

hūkeri waves breaking
hūkerikeri stormy
huki(-a) pierce, avenge, spell to staunch blood, transfix on spit
hukihuki(-a) roast on a spit, have convulsion, epileptic fit, spasm,
hūkui rub, scrub, top of ko (digging stick)
hūmārie peaceful, beautiful, pleasant, modest
hūmārietanga beauty, charm, allure
hūmarika inoffensive, gentle
hume(-a) bring to a point, taper off
humehume frill, lacy
humenga sea anemone, frizzled hair
humi abundance, plentiful
humu hip bone, hum
huna(-ia) conceal, moon night 11, hide oneself, clandestine, lay waste
hunahuna unexplained, seldom seen, undetected
hunaonga son-in-law, daughter-in-law
hunarei (*see* hungarei) father/mother-in-law
Hune June, fibre tufts of raupo, feather-down
hunga people
hunga mate deceased
hunga o ngā moutere Pacific Islanders
hunga whai pānga share holders, users
hunga whakawā jury
hungahunga fluff, nap
hungarei father-in-law, mother-in-law

hungawai father-in-law, mother-in-law
hūngere variety of lacebark
hunu ray of sun
hunuhunu(-a) to singe
hūnuku family
hūoro murmur of wind
hupa soup
hupana spring up, recoil (of spring)
hūpē mucus, snot, catarrh, nose tattoo
hūpeke bend, jump, vault
hūpenupenu mashed
hūpiro stinkwood
hura uncover, unveil, begin to flow, Jude
hura kōhatu unveil gravestone
hurahanga kōhatu unveiling memorial stone
hurahura(-hia) probe, search, recce party, twitch
hūrangi (*n.*) flying insect
hūrau interface
huri(-hia) revolve, change, close subject, innings, trump
hūri jury
huri hiko generate electricity
huri kōaro turn inside out, anticlockwise
huri whakamua turn clockwise
hurihanga rotation, conversion (computer), turning
hurihuri rolling, rotary, unstable, volatile
hurikoaro turn inside out
hurikōtua turn the back
huringa mutation, rotation
huripapa knucklebones (game)
huripara wheelbarrow
huripoki turn over, capsize

huripuru corkscrew

hurirapa horizontal turn, back to front

hurirere propeller

hurirua turn inside out, wrong way round

huritau birthday, anniversary

huritua turn the back

hūrokuroku uninterrupted

hurori unreliable

huru undergrowth, coarse hair, feather, cloak

huruhuru feather, undergrowth, hair, fur

hurukurī dogskin cloak

hurungutu moustache

hururua wig, brushwood

huti(-a) (v.) pull up, fish

hutiwai bidibidi

hūto judo

hūtoi stunted, dishevelled

hūtu suit

hutukawa pohutukawa tree, wreath, headdress of pohutukawa leaves

hutupaoro rugby football

hūri jury

hūwai fat pipi, cockle

hūware spittle

hūwiniwini goose-pimples

H

I

i by, from, than, with, during, (*indicates obj. of verb*)

ī seethe, ferment, sensation, thrill

i + *verb* *indicates past time*

i ētahi wā at times

i mua formerly

i te ao, i te pō by day and night

ia he, she, him, her, each, indeed, trend, current

ia pō, ia pō nightly

ia rā, ia rā daily

ia toto blood pressure, blood-stream

iaia vein, tendon, vascular

iāri yard

iheihe scamperdown whale

ihi power, essential force, shudder, sun's ray, tendril, awe-inspiring

īhi yeast

ihi me te wehi dignity and worth

ihiihi dread, power, exciting feeling, insect feelers, decorative plumes

ihipani marmite, vegemite

iho downwards, umbilical cord, essence, kernel

ihonui main area of house, space between fireplace and entrance

Ihowa Jehovah, Yaweh

ihu nose, prow, nozzle, snout

ihu waka prow

ihumoana large jellyfish, Portuguese man-of-war

ihupuku abstemious, inexperienced, scrupulous, fur seal

ihupuni dogskin cloak

ihuroa elephant's trunk, proboscis

ika fish, victim

Ika a Māui North Island of N.Z., Aotearoa

Ika o te Rangi Milky Way

ika pāhau catfish

ikaika terrestrial orchid

ikapahi assemble, gather together

Ikaroa Milky Way, gourd

ike lofty, high

ikeike high, lofty

ikura haemorrhage

imurangi broken rainbow

ina for, inasmuch, since, when, if

inā because of, when

inā tata nei recently

inahea? when? (past time)

inahi(-a) (*n. & v.*) scale fish

inaho dandruff, scurf, shrub

ināhoki because, since

ināia tata nei just lately

ināianei currently, lately, today

inaina warm oneself

inakuanei just now

inakuarā recently

inamata formerly, suddenly, forthwith

inanahi yesterday

inanga whitebait, grass-tree, bamboo

inaoake two days ago, recently

inaoake nui three days ago

inapō last night

inarapa rubber, eraser

inati! too much!, gross!, great!, share of food

īne measure, compare

inē really?!

ine hauroa odometer

ine, taura - ruler (measure), measuring tape

īnei is that so!

inemahana thermometer

inetohu graph

inewhenua geometry

Ingarihi English

ingiki/iniki ink

ingo (*n. & v.*) desire

ingoa name, nominal, title

ingoakore anonymous, unnamed

īnihi inch, hinge

inihua insurance

initia engine, engineer

inohi (*see* unahi) fish scale (*n. & v.*)

īnoi(-a) pray, plead, beg, request, solicit

īnoinga prayer

inu(-mia) drink, tipple

io muscle, nerve, strand of rope, hanging thread, tough, ridge, nervous system, tendon

Io God

ioio muscular, hard, peristalsis, cut strips

ioka yoke

iorangi cirrus cloud, god emblem

iota yacht

ipo darling, lover

ipu bottle, calabash, container, urn, cup

ipuipu test tube, phial, hollow, ulcerated

ira life principle, gene, gender, freckle, dot

ira tangata human life

irahiko electron

iramoe neutron

irāmutu nephew, neice

irawaru incest

irewaru spirit voice

iri(-a) hang, suspend, spell to control at a distance

iri kākahu clothes rack, coat hanger

iriiri(-a) baptise, baptism, christen

iriiringa baptism

iringa hook

iringa koti coat hanger

iringatau wax-eye

irirangi (reo) radio, spirit voice, restless

iro thread-worm, vermin, maggot

iroiro swarming, writhing, threadworm

iroiro(-ngia) infest with worms

ita compact, tight, holdfast, stuck

itahirā day before yesterday

itarēte interest (money)

iti small

iti te utu cheap

itinga minority, childhood

ito enemy, object of revenge, trophy of revenge

iwa nine

iwa tekau ninety

iweri hell

iwi tribe, bone, people, nation, strength

iwi maha multiracial

iwikore weak, namby-pamby

iwingohe discouraged, listless

iwituararo backbone

iwituaroa backbone

K

kā(-ngia) on fire, burn, lit up, bird screech

ka + *verb* (*action begins*) *verb particle for narrative*, let us e.g., ka haere tāua = let us go

kaanga burning

kaata cart, waggon

kaea haka leader, roam about

kāea long wooden trumpet

kāeaea (*n.*) bush hawk, minnow, fry of inanga, idiot

kāeo freshwater mussel, sea squirt

kaha (*adj.*) strong, capable, effectual, potent

kaha (*n.*) strength, boundary, noose, ancestral line, navel cord

kaha (*v.*) be able, have ability, have talent

kāha grebe

kaha rawa almighty, powerful

kāhaka calabash, pitcher

kahakaha inner garment, waistcoat, undies, perching lily

kāhakahaki(-na) drive by force

kāhaki(-na) abduct, bolt (run off), fastener, strap

kahakore feeble

kaharoa large dragnet, driftnet, large seine net

kahawai kahawai

kāheru spade, wreath of green leaves

kahi wedge

kāhi/kātahi then

kahika white pine

kahikatea white pine

kahikātoa manuka, red tea-tree

kāhikuhiku tail of dart, upper trunk of tree

kāhiti gazette

kāhiwahiwa very dark

kaho batten, crossbar

kāho keg, cask, barrel, vat

kāhore no, not, nil

kāhore anō not yet

kāhore ekore doubtless

kahotea aqueous humour (eye), type of greenstone

kahu (-ria) dress (*n. & v.*) foetal membrane, stillborn, spirit of stillborn

kāhu harrier-hawk, kite, chief

kahu kaukau swimming togs, swim suit

kāhui flock, swarm, herd, cluster

kāhukahuka resemble, parallel

kahuki involuntary jump, startled

kahuku monarch butterfly

kahukura rainbow, red admiral, multicoloured

kahunga slave

kahupapa raft, tree platform, protective screen, isthmus

kahupeka linoleum, flax armour

kahurangi noble, precious jewel, pale greenstone

Kahurangi Dame (title)

kahurau long-sighted

kahurua myopia, short-sighted

kai(-nga) food, eat, dine, nutrient

kai *(adj.)* prolific, working well
kāī black pine, young white pine
kai + *noun* influencing (kai whenua = controlling land)
kai + *verb* *(indicates the DOER of the verb)*, kaihanga = creator
kai-ā-kiko casualty
kai-ā-kiri flesh wound, civil war
kai paipa smoke tobacco
kai pārana barium meal
kai te + *verb* *(continuous tense)* e.g., kai te mahi = is working
kaiā steal, plunder, biddy bid, sneaky
kaiahuwhenua farmer, farm worker, peasant
kaiaka athletics, clever person, adept, competent
kaiakiaki taskmaster
kaiako teacher
kaiao alive
kaiapa self-centred
kaiapo mean, selfish
kaiārahi leader, guide, sports official, ringleader
kaiārai defender, guard (sport)
kaiariki moon on night 9
kaiatua black magic
kaiawa bush hawk
kaiawe out of reach
kaiāwhina helper, benefactor, assistant
kaieke rider (person)
kaiepa pitcher (softball), bowler
kaihāhā destroyer
kaihana cousin
kaihanga creator, maker, builder
kaihāpai waiata cantor, choir leader
kaihau batsman, sacrificial priest
kaihaukai present of food

kaihautū leader, representative, controller, steersman
kaihe ass, donkey
kaiherehere captors, carry to captivity
kaiheu barber
kaihī fisherman
kaihiki lifter, weightlifter, nurse, dandle
kaihiko electrician
kaihoahoa architect
kaihoe rower, oarsman
kaihohou peacemaker
kaihoko salesman, vendor
kaihomai donor
kaihopu captives, catcher (softball), fielder (cricket)
kaihoro(-tia) glutton, gulp food, work fast
kaihuihui musterer
kaikā enthusiasm, eager, hasten, impetuous
kaikaiatua N.Z. gloxinia
kaikaiwaiū betray, plotter, plot
kaikākahu wearer
kaikamo eye
kaikape outrun, method of attack, rugby hooker
kaikarakia worshipper, prayer leader
kaikaro goal keeper, protect by spell, turpentine tree
kaikaute accountant
kaikauwhau preacher
Kaikauwhau Book of Ecclesiastes
kaikawaka N.Z. cedar
kaikawe bearer, carrier
kaikawe poi/paoro ball carrier
kaikāwhaki plunderer
kaikeri miner
kaikikini gatherer

K

kaikiko vendetta, vengeance, implacable
kaikino cold-blooded, merciless, spite, ill-treat
kaikohikohi collector
kaikōhuru sanguinary, villain, thug, murderer
kaikōmako fire making tree
kaikōpere archer, Sagittarius
kaikora loafer, idler
kaikōrero speaker, announcer, advocate, narrator
kaikori jelly
kaikuia kikuyu grass
kaikuru bowler, striker
kaikuti shearer, hairdresser
kaimahi worker, operator, employee, staff
kaimakamaka knucklebones
kaimākutu sorcerer, witchdoctor
kaimanu N.Z. passion-vine
kaimārire generous
kaimata raw, unripe, uncooked, green timber
kaimataara watchman, lookout
kaimātaitai seafood
kaimātakitaki spectator, observer
kaimatire sentry
kaimatū chemist, pharmacist
kaimau carrier, bearer
kaimeke boxer
kaimiri uaua physiotherapist
kaimomotu long for
kaimōwhiti optician
kainatu anxiously
kainga eat!, area of operation, dose medicine, eating
kāinga home, residence, village, settlement
kāinga noho home address, abode, address

kāinga rua o te Kāwanatanga High Commission
kāinga taiohi hostel
kaingākau value, cherish, popular, dedicated
kaingaki cultivator
kaingārā yellow moray eel
kainoho occupant, tenant
kaioati oath taker
kaioma runner
kaiora fearsome, ominous
kaioraora cursing, derisive chant
kaiota uncooked, raw, fresh
kaipāho conductor (physics), newsreader
kaipahua brigand, robber
kaipakihi business, concerns
kaipākūhā bride price, presents to bride's family
kaipani plasterer
kaipānui announcer
kaipaoe rolling stone, loafer, tramp, hobo
kaipaoke sponge off friends
kaipaowe wanderer, loafer, rolling stone
kaipapa headwind, squall
kaiparaurehe junk food
kaiparo tramp, nomad
kaipātari tempter
kaipatokupu typist
kaipatu batsman (cricket)
kaipauna paymaster
kaipāwe(-tia) become a loafer
kaipiko being fed by another, method of eating when tapu
kaipirau indignity offered to the dead, dishonour a corpse
kaipiu maitai hammer thrower
kaipo kumara variety
kaipohau talk gibberish

kaipokepoke potter
kaiponu(-hia) withhold, possessive, venal, niggardly
kaiponu moni usury
kaipōti elector, voter
kaipuke sailing ship, liner
kaipuke rukuwai submarine
kaipupuhi marksman, markswoman, shooter
kaipupuri holder
kaipūrākau story teller
kairākau battle hardened warriors, party of warriors
kairangahau researcher, boffin
kairangi wonderful, chief, greenstone, wandering
kairau prostitute, harlot, variety of crab
kairauhī consul, protector, collector
kairēhita clerk
kairēhita whakaemi moni registrar
kaireka dessert
kairere whaitua astronaut, spaceman
kairerehuka skier
kairetireti tobogganist
kairiri(-tia) criticise, hostile, critical
kairīwhi deputy, proxy, understudy, heir
kairomiromi physiotherapist
kairongoā embalmer
kairota linesman
kairūri surveyor
kairutu judoist, judoka
kaitā printer (person), excellent, prime, large
kaitāhae thief, burglar
kaitaka fine flax cloak, decorated borders, whipping top
kaitakaporepore gymnast, acrobat

kaitākaro player
kaitakawaenga liaison person, race relations conciliator
kaitakitaki avenger
kaitangata cannibal, cat's eye mollusc
kaitango receiver
kaitango mōkete mortgagee
kaitango rīhi lessee
kaitango-whakaahua photographer
kaitapere actor, actress
kaitātai moni cashier
kaitātari selector, selection panel
kaitātari kaute accountant, auditor
kaitatau moni bank teller
kaitau bob for eels
kaitaua belligerent, warlike
kaitautoko supporter, seconder, accomplice, advocate
kaitea kōkiri pacemaker (runner)
kaitiaki guard, caretaker, trustee, manager
kaitiki carrier
kaitīmata starter
kaitiri cursor (computer)
kaitirotiro inspector, investigator
kaititiro spectator, eyewitness
kaititiro o te ora sanitary inspector
kaitito artist, author
kaitito waiata composer
kaitoa serves you right!, warrior
kaitohatoha distributor
kaitohe protestor
kaitohe mana wahine feminist
kaitohutohu sports coach, advisory officer, counsellor
kaitono client, claimant, usher, tenderer

K

kaitonotono servant, waitress
kaitorangapu politician
kaituhi author, clerk, scribe, marker (games)
kaitui seamstress, tailor
kaituki fugleman, front line players
kaituku traitor, sender, informer, server (tennis)
kaituku rīhi lessor
kaitukuata film producer
kaitunu parāoa baker
kaitūpeke high jumper
kaitūpekepeke acrobat
kaitūrama gaffer (television)
kaitūtae spy
kaitutei spy
kaitūtoko pole vaulter
kaiure chant to remove tapu, ward off a curse
kaiurungi helmsman, pilot
kaiuta (poti) wharfie, docker
kaiutu customer
kaiwaenga go-between, hindrance
kaiwaiata singer
kaiwaka lowering clouds, hollow (*n.*), star of late winter
kaiwarawara addict
kaiwawao defender, advocate, referee, umpire
kaiwero challenger
kaiwhaaki informant
kaiwhakaahua cameraman, camera-person, platemaker
kaiwhakaako teacher, coach, trainer, tutor
kaiwhakaatu commentator, witness
kaiwhakahaere administrator, MC, conductor, executive officer
kaiwhakahau leader
kaiwhakahoki receiver (tennis)

kaiwhakahoki waea telephonist
kaiwhakairo carver
kaiwhakakapi assessor
kaiwhakakata clown
kaiwhakamahi executor
kaiwhakamahi rorohiko computer programmer/analyst
kaiwhakamāori interpreter, translator
kaiwhakamārie comforter
kaiwhakamātau instructor, examiner
kaiwhakamōhio education officer
kaiwhakaora saviour, healer
kaiwhakapae complainant, plaintiff
kaiwhakapapa panelbeater
kaiwhakarato service provider
kaiwhakarite administrative officer, organiser
Kaiwhakariterite Book of Judges
kaiwhakarua related to both sides, swap sides
kaiwhakataetae competitor, athlete, contestant
kaiwhakatau umpire, proponent
kaiwhakatau kaupapa policy maker
kaiwhakatika pukapuka editor
kaiwhakaue steersman, helmsman
kaiwhakawā judge (of guilt), adjudicator
kaiwhakawā mana iti justice of the peace
kaiwhakawai tempter, agent provocateur
kaiwhakawhānau midwife
kaiwhakawhiwhi mahi employer
mātauranga opportunities officer
kaiwhāki informant

kaiwhana kicker

kaiwhanga ambusher, bush-
  whacker

kaiwharawhara wing feather of
  albatross

kaiwhiore incest

kaiwhiriwhiri selector, judge,
  arbitrator, adjudicator

kaiwhiu prosecutor

kaiwhiwhi user

kaiwhiwhi takuhe beneficiary

kaiārai guard (sport)

kaka clothing, fibre, line

kakā red hot

kāka cork

kākā parrot

kakaha owl, mountain astelia

kākahi freshwater mollusc,
  mussel

kakaho blonde

kākaho jointed stem of reed,
  batten

kākahu(-ria) dress, put on clothes,
  clothing, cloak

kākahu moe pyjamas, nightdress

kākahu moenga bedclothes

kākahu taratara sackcloth

kākahu tauwhainga tracksuit

kākahu whakataetae sportswear

kākāiti parakeet

kākaka brown, stem of fern

kakama astute, cunning, alert,
  acumen

kakamu blink, open and close

kākanapa gleaming, sea-green

kākano seed, berry, embryo, pip

kākano rui spore

kākano tini multi cultural

kākanorua bi-cultural

kakapa quiver

kākāpō ground parrot

kakapu small food-container,
  trencher

kakara pleasant flavour, aroma,
  fragrance, deodorant

kākaramea red-coloured, scent of
  feathery spaniard

kakaramū shrub (coprosma)

kakarauri dusk, dark, dimly
  visible

kākarauri shield shell

kākarepō bogey-man

kakari single combat, battle,
  rugby scrum

kākari urgent, combat, wrestle,
  hand-to-hand fight

kākāriki parakeet, green lizard,
  green

kakaro parry a blow

kakaru spongy matter

kakaru moana jellyfish

kakata chuckling, cracks, crevices

kākata brown, rust coloured

kākatai blue heron

kakati sting, zip, chew, sour taste

kākati constricted, grip, squeeze,
  tie in bundle

kākatikati chewy

kakau handle, stem, pommel, axle

kakau wīti straw

kakauri dusk

kakawa sweat, harsh

kake(-a) climb, overcome, beat to
  windward, female sea-lion, bird
  snare support

kakenga ascent, Ascension

kakerangi seal

kakere child's game, hammer-
  head shark

kaketū half-cocked position, lull
  in hostilities

kakī neck, black stilt

K

kakī mārō bloody-minded, thick-skinned, red-necked
kakū croak
kaku/kaku scrape, bruise, flax scrapings, rough cloak
kākura scarlet fever
kama quick, clever, eager
kāmaka boulder, rock, stone
kamakama quick, happy
kamakama, ringa - light fingered
kāmana crested grebe
kamareihana accommodation
kāmehameha priceless
kāmera camel, camera
kāmeta scarf
kamikami smack the lips
kamo eyelash, eyeball, bubble up, wink
kamo ake effervesce
kamokamo marrow, cucumber, wink repeatedly
kamonga eyelash
kamorā green potato
kamu close hand/mouth, seed perfume shrub, beggars ticks,
kamupene enterprise, company, business
kamupūtu gumboot
kāmura carpenter, joiner, burn leaves
kana stare wildly, bewitch
kanae mullet
kānahi jersey
kanakana stare wildly, evil-eye, lamprey
kanapa shine, gleam, radiant, resplendant
kanape abate (of wind)
kanapihi cannabis
kanapu brilliant, flash (lightning), bright

kānara colonel, candle
kanawa white-skinned kumara
kane feel choked, head
Kanehiana Canadian
kāneihana carnation
kānekeneke move along
kanene cunning, sly
kanewaha! damn cheek!
kanewai creepy feeling
kānewha unripe, immature, doze
kānewhanewha witchcraft, dozing
kanga(-a) to curse, swear
kānga corn, maize
kānga pirau fermented corn
kangakanga blaspheme, abuse, curse
kāngarere kornies, cornflakes
kangarū kangaroo
kani(-a) (n. & v.) saw
kani tūtengi ballet
kānihi patch clothing
kanikani dance, ballet, jig, sciatica
kanikani kirikau stripper
kanikani pātōtō tap-dance
kanioro grind back and forth
kāniwha barb, barbed spear, notch, slot
kāniwhaniwha dark (deep hole)
kano berry seed, ovum, species (type), colour
kanohi eye, face
kanohi ārai cataract (eye)
kanohi tāhiko electric eye
kanohi, kainga - view
kanopio kaleidescope
kanoti cover-up fire
kanukanu ragged, dilapidated
kānuku engine clutch, white tea tree
kāo! no!

kao kumara　dried kumara pieces, collected
kāoa　coral
kaokao　rib, armpit, lateral, side
kaokaoroa　chiton, long-ribs
kāore　not, but (*to express surprise*)
kāore anō　not yet
kāore i ārikarika　what a lot
kāore i pūāwai　retarded
kaoriki　little bittern (extinct)
kaotia　be denied
kapa　copper, penny, procession, team
kapakapa　flutter, wing, locust, bird snare
kapamuri　backline player, back row
kāpanapana　scintillate
kāpara　corporal, heartwood totara, resinous wood, soot
kaparua　second row
kāpata　cupboard
kāpātāu　but if ...
kape　eyebrow, socket, pole-net, hook, replica
kape(-a)　reject, omit, separate with stick, hook ball
kapehau　extractor fan, air extractor
kāpehau　compass
kāpene　captain
Kāpene Kuki　Captain Cook
kāpene kuki　wild pig
kapeneihana　compensation
kapenga　passover feast
kapenga ture　transgression
kapetā　flutter, writhe, dogfish, spotted smoothhound
kapetau　move to and fro quickly, babble
kāpeti　cabbage, kale

kapeu　ear pendant of greenstone
kapi　top off, close, bails (cricket), occupied
kāpia　kauri gum, ear wax, cellulose adhesive, glue
kapiti　crevice, join, radius (bone)
kapiti o te waewae　fibula
kapo(-hia)　snatch, flash
kāpō　blind
kapohau　parachute
kāpohū　gelignite
kāpoi　throw up (netball)
kapokapo　hand signal, clutch, twinkle
kapokapowai(-tia)　smoke, preserve head
kaponga　tree fern
kaporeihana　corporation, incorporation
Kaporeihana āwhina hunga whara　A.C.C.
kapowai　dragonfly
kapu　cup, hollow of hand, cabbage tree, crayfish tail, scoop water
kapu piripiri　afro haircut
kapua　cloud
kāpui(-a)　gather, earth up
kāpuka　broadleaf
kapukapu　sole, curl of wave, gush, gleam
kapunga　handful, scoop with both hands
kāpūngāwhā　sedge, hollow-stem sedge
kāpunipuni　assembly
kāpura　fire, flashlight
kapuranga　take by handful, sunrise
kapurangi　rubbish, weed
kaputī　cuppa (tea)

K

kaputino　cappucino
kapuwae　instep
kara　collar, form of address to man, flag
karā　basalt
karae　type of seagull
karaehe　grass, class, glassware
karaehe rae　ryegrass
karaehe taurua　bi-focals
karaehe toroi　ensilage
karahi　minnow
karāhi　glass
karahini　kerosene
karahipi　scholarship, bursary
karahiwi　spur of hill, pink paua
kāraho　flooring, stage
karahū　mudsnail
karahui　congregate, gather
karaihi　grass, glass, class
karaipiture　scripture
Karaitiana　Christian
karaka　clock, clerk, tree, dark greenstone
karakahia　grey duck, white-eyed duck
karakaraka　crock pot
karake　gannet
karakia　prayer-chant, religious service, incantation
karama　gram
karamata　tree top
karamea　red ochre, caramel, feathery spaniard
karamū　shrub (coprosma), stinkwood
karamui　swarm around
kāramuramu　irregular meals, squeeze in hand
karanga(-tia)　call, shout, related person
karanga-rua　doubly related

karangahape　type of shellfish
kārangaranga　repeated calls
karangatā　not responding to call
karangatanga　relationship, vocation, relative
kārangi　restless, irritated
kārangirangi　intolerance, unsure
kārani　gallon
karaone　hoe, sovereign coin
karapa　squint, glance
kāraparapa　flashing
karapēpē　fizz, ferment
karapetapeta　move quickly, scurry
karapetapetau　wriggle, flutter
karapetau　quaff, gulp, flutter
karapiti　fasten side by side, sandwich
karapoi　surround, be surrounded
karapoti(-tia)　surround, be surrounded
karapotinga　cage, safety cage
karapu　club (cards), group, glove, north-east direction
karapuke　small hill
kararaha　wide and shallow
kararehe　mammal, animal, beast
kāraroraro　low-born commoner
karatī　small snapper
karāti　karate, garage
karatiti(-a)　(v.) peg down, bolt, pin
karatiwha　deep black
kārau　grapnel, shellfish dredge, comb, mesh gauge
karauna　crown, to crown, diadem
karauria　rock oyster
kārawa　severely bruised, head-rope of bird snares
karawai　freshwater crayfish
karawaka　measles
kārawarawa　welts, lash marks, shredded

karawhaea scarifier, harrow
karawhaiwhai stitch net, trap for net
karawheta struggle
karawhiti assemble, uneven, sporadic
karawhiu(-a) wheel around, thump, swing hands
kare ripple, long for, lash
kare (e kare!) hello (usually to a man), you don't say!
kāre not
kare-ā-roto sweetheart, emotions
kareao supplejack
kārearea bush hawk, duckweed, carving pattern
kārehu spade
karekare surf, rough sea, wavy, eager
kāreko calico
karemu bung
karengo smooth, edible seaweed
kareparāoa cauliflower
karēpe grape
karepū pukapuka bookshelf
karere messenger, precursor
karere hiko E-mail
karere rāwaho foreign correspondent
karere rorohiko electronic mail
karere tuawhenua rural mail delivery
karetao toy (jumping jack), puppet, marionette
kāreti college, carrot, carriage
kāretu scented grass
kārewa buoy, a float, water surface
kari(-a) dig, gash, rush like wind
kāri garden, card
kāri toka rock garden

karihe chalice
karihi (n.) nucleus, nuclear, fruit stone, tooth, sinker on net
karihi(-tia) fasten, sinkers, crunch, glance
karihi tupu new tooth
karihika erotic, porno, sensual, improper
kārikarika wisecrack
Kariki Greek
kāriki garlic, green
karimaranga cutting wind
karioi dawdle, linger, permanent, lie dead
karipapa adjoin, touch, sodomy
kāri pēke bank card
karipi slash, glance
kariri cartridge, pellets, shot, sail in fleet
kārito shoots of raupo
karituangi(-tia) dig deep
kariwhenua hoe
karo(-hia) dodge, circumvent, save goal, pick out of hole
kārohirohi iridescent, shimmering
karoro gull, black-backed gull, dominican gull
kāroti carrot
karu eye, iris, pulp, pith
karu mōwhiti eye-glasses
karu nika steamed pudding
karuhi base of wall, house
kāruhiruhi cormorant, pied shag
karukaru raggy, glare angrily, pulp of gourds, thick blood
karukaru hipi facial eczema
kārupe shelf, ledge, mantelpiece
karuwai robin
kata(-ina) laugh, be laughed at, bird-call
kata puku secretly amused

kāta cart
kātae excellent!
kātaha yellow-eyed mullet, sprat, herring
kātahi then
kātahi anō for the first time, only then, at last, only just
kātahi te ... what a...!, (*expressing admiration*)
kātahi tonu only just
katakata ludicrous, funny, mirth
katakihi catechist
katamarani catamaran
katamu eat noisily
kātana carton
kātaroera castor oil
katate seagull
katau righthand side
katekihama catechism
katekita catechist
kātere accelerator
katero fermented potato
katete gull, move forward, lengthen, overweight
kātete leg length
kati fastener, zip, weightlifting collar, scent bottle
kati(-a) shut, bite, seal off, impede
kāti enough said, that's enough, stop it!, leave it
katikati nibble, shear, cut pack of cards
kātinara cardinal
katinga service hatch
katinga toto blood clot
kātipa constable
katipō poisonous spider, wasp
katipō kahurangi queen wasp
katira fishing rod, dowel, wand
katitohe throat ulcers, tonsilitis
katitoto blood clot

kato(-hia) pluck, flood tide
katoa all, every, completely, total
kātoa tree manuka
katoakatoa entire
kātoatoa loose weaving, shrunk
kātoretore glow dimly
Katorika Catholic
katote unstable (physics), shaking
kātote soft tree fern
kātua adult, mare, old hen, main defence stockade
kātuarehe crafty villain
kau cow, only, naked, group, set (maths)
kau(-ria) swim, wade
kau (*after verb*) as soon as, just ...
kau aihe butterfly stroke
kau āpuru breaststroke
kau kiore backstroke
kau kūtētē dairy cow, milker
kau o te kanohi pupil of eye
kau, kāhore - not at all
kaua do not!
kauae jaw, chin, chin tattoo, beam of house
kauae mua elder brother/sister
kauae raro youngest child, earthly lore
kauae runga celestial lore
kauahi grooved block for making fire
kauaka do not!
kauamo stretcher (to carry sick), litter
kauanga river ford, act of swimming, star - Canopus (towards dawn)
kauati rubbing block for making fire
kāuaua bush hawk
kauawhiawhi hug, cosy place

K

kauere scent plant, puriri tree, seaweed, broken water

kaueti grooved block for making fire

kauhanga open space

kauhanga riri battlefield

kauhanganui corridor, open passage

kauhau sermon, preach (*see* kauwhau)

kauheke elder

kauhimu gossip, spread rumours

kauhoa stretcher (carrying), drum up support

kauhoe swim

kaui(-tia) thread on string, string beads, shoelace

kauika pod of whales

kaukau swim, bathe

kaukauranga swimming place, bathroom

kaumātua old man, elder, adult, become adult

kaumātuatanga dotage

kaumingomingo chaotic, mixed up

kaumoana seaman

kaunati fire stick

kaunenehu murky

kaunoni wriggle

kaunoti firestick

kauoro(-hia) grind, lapidary, scrubbing brush

kauoti grooved block for making fire

kaupae rung, trestle

kaupane head, top end, body position in haka

kaupapa strategy, theme, level floor, fleet of ships

kaupapa whiti bad luck

kaupare(-a) deflect, shade eyes

kaupare atu avert

kaupēhi suppress, keep down

kaupeka stick/rung, game (of set), footrest, lunar month, scene (play)

kaupekapeka branch

kaupoai cowboy

kaupoki cover up, turn over

kauraho vulva

kauranga ford, crossing

kaurehu obscure

kaurerehu dim, dark, gloomy

kauri kauri, gum, tattooing powder

kauriki little

kaurori stagger, pivot

kāuru tree top, river head, edible part of cabbage tree

kāuru niho crown of tooth

kauruki smoke

kāuta cooking shed, kitchen

kautahanga empty

kautāhoe swim across

kautangatanga swift movement

kaute account, count, bill, score

kautere float about, go in a group

kautetanga book-keeping

kautorohī appear suddenly

kautū wade

kautuku bittern

kautūtu, tapuwae - interlaced wall-lining

kauwae jaw (*see* kauae)

kauwae raro lore of earthly things, lower jaw, jowl

kauwae runga lore of heavenly things, upper jaw

kauwhata storage rack, spirit-medium, recite genealogy

kauwhau preach, sermon, recite legends

kauwhiti winch, part omitted
kauwhitiwhiti grasshopper, katydid
kawa protocol, acid, pepper tree
kawa-pēke saddlebag, cover-sack
kāwai lineage, pedigree, tentacle, creeper
kāwai rangatira nobility
kawaka N.Z. cedar, furrow
kawakawa pepper tree, dark greenstone, opaque, fern
kāwana governor
Kāwana-Tianara Governor General
kāwanatanga government
kawari common whelk
Kāwari Calvary
kawariki swamp plant, parakeet, green lizard
kawatau debate at length
kawau great cormorant, varieties of cormorant and shag, spear shaft, handle
kawau hake crankshaft
kawau mārō attack in column formation, haka movement
kawau moeroa driftnet fishing, permanent bird and fish traps
kawau pū chief
kawe(-a) carry, fetch, bring, clutch
kawe, whiri - basket handle
kawe kē change
kawekawe tentacle, tendril, fringe, influence, freight
kāwekaweka lanky, rambling speech
kawekē change direction
kawenata covenant, testament
Kawenata Hou New Testament
Kawenata Tawhito Old Testament

kawenga luggage, opening ceremony, cartage, freight, gear
kāwetoweto gradually taper
kāwhaki(-na) take by force, make a break, bolt (horse), kidnap
kāwhe calf
kāwhena coffin, casket
kāwhi coffee
kāwhi pēhia espresso
kawikawi marblefish
kawiri(-tia) twist, wring, strand of rope
kāwiriwiri intertwine
kawiti decrease in width, taper, dwindle
kawititanga wrist
kāwitiwiti tapered, narrowing
kē already, different, another, shriek
kea mountain parrot, bedsore
keha turnip, smelly, pale person, ulcer
kehakeha stink
kehe marblefish, edible tuber of orchid, odd number
kēhi case, crate, casing
keho apex, white frost, noisy fart, vulva
kēhua ghost, synthetic, Jack (cards), apparition, phantom
kei in, at, located in, with
kei + *verb* don't, may it not be, lest
kei a + *name* N. has it, according to N.
kei hea? where is?, where are?
kei o te waka stern
kei raro subject to
kei tawhiti remote
kei te + *verb* *continuous action*
kei te hinengaro self motivating
kei whea? where is?, where are?

kekakeka filamentous algae, jew's ear fungus

keke cake, obstinate

kekē crack noise, creak

kēkē armpits, quack, different, in another line

kēkēao overcast, gloomy

kekeno seal, sea lion

kēkerengu stink-bug

kekerepō blind, bizarre carving

kēkerewai green beetle

kēkēwai freshwater crayfish, blue damselfly

keko squinting, peering, wink

kēmihi chemist, pharmacist

kemokemo wink, blink

kēmu game, match

kēna/kēne tin can

kēna nehu aerosol

kenakena adam's apple, stare wildly

kēnana canon (cleric)

Kenehi Genesis

kēnepenihīni jerrycan

kenepuru mud, silt

keneturio centurion

keno seal, sea lion, night, underworld

keo ice, shooting target, squint, screech

keo pū ice-block

keokeo peak, summit

kepa thumb cord

kera wēra orca whale

kerehunga down (fluff), fuzz, lint, nap of cloth

kerei grey

kereiti crate

kerekere, pōuri - dark

kerēme claim

keremutu cut short, end suddenly

kerepeti play dough, malleable clay

kerepi sod, clod

kerēpi grape

kerēpiwhurūtu grapefruit

kerepō blind

kerepuru sodden earth

kererū pigeon

keretao puppet

keretū heavy clay, thwart of canoe

kerewai green beetle, numbness

keri(-a) dig, spade, dash along

kerikeri dig up repeatedly, violent rush

kero aim, point at, blink, injured

kerokero sight along gun-barrel, blink often

kete basket, kit, bag, womb

kete aronui basket of knowledge, arts and lovemaking

kete kapurangi rubbish bag

kete tūātea basket of knowledge, evil

kete tūāuri basket of knowledge, ritual

ketekete cheer on to action, click tongue to chivvy along, chatter

kēti gate

kēti pāpuni sluice gate

ketu digging stick, rummage, root under topsoil, turn of tide

ketuketu delve into, rugby ruck, scratch among leaves

ketunga poaka rooting place

keu(-a) pull trigger

keu o te whēkau appendix

kewa southern right whale, be extinguished, skin trouble

kēwai freshwater crayfish

ki to, at, with, into, against, by means of

K

kī(-a) tell, speak, full, key
ki te mea if
kī te waha utter, speak
kī tūturu declare
kia let (express a wish), when, so that, until
kia ahatia? what can be done?
kia ora hello!, thanks!, may you have health
kia pērā anō ditto
kia tapu not negotiable
kia tau keep still, be alert
kīaka calabash, gourd
kīanga act of speaking, phrase
kīanō not yet
kiato assembled, compact
kīato canoe thwart, container
kiekie climber
kiha gasp
kīhai not (in past time)
kīhau ghost, sail-spreader
kihi kiss, murmur
kihi, reo - hissing language (English)
kihikihi cicada, locust, smooch
kīhini kitchen
kikī crowded, tight
kīki gig
kiki whenua cicada
kikihi rustling noise
kīkiki idiot, mad
kikikiki stutter, falter in speech, stammer, jabber
kikimo shut eyes
kikini(-tia) pinch, sharp pain, peppers, pungent
kīkino bad, wicked, ugly
kīkino koe e hoa! you're not so bad!
kikipounamu katydid
kīkītara tree cicada

kiko flesh, tissue, body, kernel
kikoha sharp, pointed
kikohunga gangrene, puffiness of wound
kikokā swelling around wounds
kikokiko flesh, tissue, self, kernel
kikokiko, atua - demon
kīkōpū bellyful
kikorangi sky blue, deep blue
kikorua double vision, twofold, double descent line
kimi(-hia) look for, search
kimihanga quest
kimikimi (kimihia) look for
kimo wink, blink
kimokimo blink often, variety of potato
kina sea-egg, sea-urchin
kīnaki savoury relish, meat at meal, tit-bit, ingredients
kīnakinaki blender
kīngi king, imperial, royal
kīngitanga kingship
kini(-tia) pinch, hurt feelings, acrid smell, guinea coin
kinikini nip off, skirt, kilt
kino bad, vice, evil, malignant
kiokio moon night 26, edible fern, tall cabbage tree
kiore rat, mouse, rodent
kiore moana seahorse
kiorere buck (horse)
kioriki little bittern (extinct)
kipa spur
kīpūrena brimful
kira rough, prickly
kīrea exhausted land, screech
kīrehe animal, dog
kīrera squirrel
kiri skin, leather, self (person), pelt

Kirihimete Christmas
kirikā fever
kirikau naked
kirikira chinchilla
kirikiri gravel, food basket,
  pebble, stoney
kirikiritona blear-eyed
kirikiti cricket (game)
kirimangu negro
kirimate chief mourners
kirīmi cream, palamino horse,
  beige colour
kirimini agreement
kirimoko skin-deep, superficial
kiringutu plot endlessly
kirīni green
kiripaka bronze, flint, quartz,
  treebark, pork crackle
kiripiro bad tempered,
  inhospitable
kiripōhatu gravel
kiritai epidermis, wetsuit, outer
  fortification
kiritangata inner defences
kiritapu unwed, hymen
kiritea fair skin, paleface, white
  races, caucasian
kiritona pimple, wart, mole
kiriūka leathery, firm, unwavering
kiriwai inner skin, dermis,
  manuka beetle
kiriwera sad person, inconsolable,
  depressed in spirit
kiriweti fanatic, hot-tempered,
  rash, hasty
kiriwetiweti ghastly, gruesome
kiriwhenua pickaxe
kiriwhero redskins, redfaced
kirokaramu kilogram
kirometa kilometre
kita tight, intense, bright colour

kitā guitar, chirp of cicada
kītahi laconic, taciturn, terse
kite(-a) see, find, recognize, witness
kitekite see, see often
kitemea if, should it happen
kiwa wink, dark, sad
kīwaha colloquialism, idiom
kīwai basket handle, gourd plant
  runners
kiwakiwa dark, gloomy, sad, fern
kīwhi disc
kiwi national bird, New Zealander
kiwikiwi grey, fern
ko as for, with regard to (*highlights
  the following word — usually not
  translated*)
ko (e ko!) girl!, young lady!
kō digging stick, vehicle choke,
  over there!, bird song
kō(-ia) dig, plant, echo, purse lips
kō atu further over, beyond
ko hea? where to?
kō mai this side (of object), over
  here
koa happy, jubilant
koā please, it's a fact
koā, tēnā - let's see
koa, hei aha - doesn't matter
koaea choir
koanga happiness
kōanga spring, planting time
kōangi cool, diarrhoea
kōangiangi breeze
kōanu chilly
kōara(-tia) split, force open, bad
  omen
kōaro overturned, inside out, fish,
  inverse, upside down
koaro, huri - turn inside out
koata quarter, young shoots of
  cabbage tree

kōataata slide (transparency), translucent, reflection

kōateate spleen

koati toa billy goat

koati uwha nanny goat

koatimuni coatimundi

kōau types of shag and cormorant

kōau pongāihu nose flute

kōauau flute

koawa valley, watercourse

kōawaawa gully, grooved

koe you (one person)

koē screech

koea brilliant, beautiful, lizard, long wooden trumpet

kōea setsquare, square

koehu muddy water, type of shark

kōeke old man

koeko sharpened to a point, spire

koekoeā long-tailed cuckoo

koemi flinch, wince

koero sickness, thaw, rot

koha donation, gift, scar, parting message

kōhae enjoy, long for, shine

kōhaki(-na) take by force

kōhamo back of the head

kōhamuhamu whisper

kōhanga nest, nursery, maternity house

kōhanga reo language nest, Māori pre-school

kōhao hole, socket, cavity

kōhao hiko power point

kohapa crooked, lame

kōhari cress, mashed food

kōhatu stone

kōhatu whakakai gem

kōhatu whakamaharatanga gravestone, headstone, memorial stone

kohe gabble, tree, N.Z. passion vine

kohea? where?, clear, open

kohekohe long for, cedar tree, climbing vine

kōhengi light breeze, desire

kohepu kohekohe flowers

kohera twitch of limbs (omen)

kohera split open, shine, enthralled

kōhere pound fern root, cake of fernroot flour

kōheri beat, whisk, horse mackerel

kohete(-tia) scold, quarrel, reprove, rebuke

kōheuheu fan

kohi(-a) collect, gather, trick (cards)

kohi, mate - tuberculosis

kōhihi stitch-bird, flit about

kohika infer, ancestor, pull out

kohikatanga inference

kohiko tinsel, twinkle

kohiko(-tia) interject

kohikohi collection, gather, opal-fish, accumulate

kōhikohiko erratic, heat haze

kohimako bell-bird

kohimu whisper, gossip, backbite

kōhimuhimu whisper

kōhine girl

kōhinu petrol

kōhiti pick out, appear, tattoo pattern

kōhiwi heartwood, base of canoe, corpselike

kōhoi emaciated

kōhonihoni gnaw, nibble

kohu mist, concave, curse

kōhua boil, pot, boiler, camp oven

kōhua perēhi pressure cooker

kōhue camp oven
kohuka foam at the mouth
kohuki about turn (also mental), worry, transfix on roasting spit, prod
kōhukihuki show emotion, be aware of emotion
kohukohu curse, misty, seaweed, chickweed, moss
kohuku unfinished
kōhumuhumu whisper, murmur, cropped hair
kōhungahunga crushed, infant, toddler, fresh vegetation
kōhura sprout
kohurangi blue
kōhure turn upwards, plentiful, outstanding, firestick
kōhurihuri saplings
kōhuru(-tia) murder, treachery
kohuwai green filamentous algae
koi sharp, wound with spike, headland, almost
koi/koianā it is so, just that, isn't it?
koia ra! hear hear!
koiangi diarrhoea
kōihi split, open porch
kōihihihi gooseflesh (thrill), shatter
koikoi thorn, fairly sharp, staff sharp at both ends, prickly
koina that is, those are
koinā indeed it is!
kōina over there
koinaka that's why
koinei this is why ...
koineki this is why ...
koinga blade, point, edge, grey spiny dogfish
kōingo strong desire, sorrow
koiora life
koiota coyote

koira stare fiercely, that's why ...
kōiraira spot, mark
kōiriiri wriggle
kōiro conger eel
kōiti little finger/toe, weirdo, 5 cm length
kōiwi bone, corpse, so and so! (*exclamation of disgust*), tree trunk
kōkā mother, ripe
kōkai back
kōkako blue-wattled crow
kōkara true mother
kōkātanga maternity
kōkau incomplete, half-baked, sloppy work, skinny
koki angle, corner, bend, curve, small canoe
kōkī poaka blackpudding
kōkihi sprout, N.Z. spinach, container made of seaweed, bottle
kōkihi manawa heart murmur
kōkiri(-tia) charge forward, rugby maul, enterprise, leatherjacket fish
kōkirikiri leatherjacket fish, go headlong, flash
kōkirikiriwhetū basket fungus
koko handnet, emaciated, scoop, cochlea (of ear)
koko(-a) ladle (*n.*), scoop (*v.*)
kōkō(-ia) turn soil, pole for fish, tattoo, chant to keep guard awake
kōkō tui, gurgle
koko mihini bulldozer
koko parai spatula, fish-slice
koko tatakī humourist, joker, raconteur
kōkōhau breeze
kokohu hollow
kōkōmuka koromiko shrub

K

kokonati coconut
kokonga corner, recess, nook
kokonga ipu dipper, ladle
kōkopu native trout, giant kokopu
kōkopurangi freshwater leech
kokori small bay
kokoroihe cockroach
kokoru bay
kōkota flattish mussel, pipi
kōkōtea hen tui
kokoti ambush
kōkōwai red ochre, rouge
kōkuhu intrude, bastard child, anonymous donation
kōkura beetroot
kōmā whitish, ashen faced
kōmae shrunk
kōmahi turn black, discoloured potatoes, dark kumara, fermented
kōmako bellbird
kōmāmā lightweight, soft
kōmanawa well up, spring of water
kōmaru canoe sail, overcast
kōmata teat, areola, young shoot, sweetheart
kome chew
kōmeke comic book, fern root, cloak
kōmekemeke loosely coiled
komekome chew
komeme withered, broken in, wrinkled with cold, mutter
komenga chew
kōmihana commission
kōmihini engine choke
komingo curl, eddy, agitated
kōmiri(-a, -tia) rub, knead
kōmiro whirling, twist
kōmiromiro tit

komiti committee
kōmore bracelet, bangle, taproot, shellfish
kōmoremore taproot
kōmou bank up fire
komu pātene buttonhole
kōmuhu whisper
komunio communion
kōmuri breeze, backwards, rub off
komutu(-a) spring the trap, stop suddenly, surprise
kona cone, lower abdomen, nook
konā there (near you), then
kōnae small basket, file (index)
kōnae oven heated by stone, diarrhoea
kōnakinaki arise, well up
konani chewing gum
konape basket of food
kōnati lock hold (judo), strangle-hold
konatu stir, mix, twinge, desire
kōnatunatu crumble (by hand), mince, stir up
konei here
kōneke sledge, slide along
kōnekeneke shuffle feet, make rustling noise
koneki here
konene wanderer, nomad, tramp
kōnenehu drizzle
kōnewhanewha eyes closing, attention wandering
konga charcoal, burning ember
kongakonga smash to bits, crumbs, fragments, debris
koni move, here
koni atu more
kōnihi furtive, move stealthily, elude, sneaky
konikoni move about

kōnini tree, edible berries of
kono small basket, bend, loop
konohete concert, recital, stage revue
konohi face, eye
kōnohi yearn for
konokono deep narrow container
konuhina magnesium
konuhono (*n*). solder
kōnui thumb, big toe, 2 cm length
konuke bent
kōnukunuku bend
konukura copper (metal)
konumatā lead (metal)
konumohe aluminium
konuoi mercury
konupiere uranium
konupūmā calcium
konupūmura chromium
konurehu potassium
konutai sodium
konutea zinc
konutuki radium
kooti (*see* kōti) court (of law)
kopa bent, folded, satchel, juice-bag, fly off, pass by
kōpā stiff with cold, congealed, set (jelly)
kōpae circle, floppy disk, meridian line, roundhouse
kōpaepae diskette, plaited leaves to line umu
kōpaepae pūoro compact disc, CD
kopāina sunbather
kōpaki(-na) envelope, pillow slip, enclosed gift, pipe lagging
kōpaki moe sleeping bag
kōpako back of the head
kopamārō portfolio
kōpana(-ia) push, urge on, throb
kōpara bellbird

kōpare(-a) shade the eyes, gift of food. blindfold
kōparu bruise, sloppy, soggy
kōpata blob, droplet
kōpatapata dripping water, droplets, plant
kope nappy, wrap, sanitary pad
kōpē(-ngia, -tia) squash, pulpy
kōpehupehu knock down, squash flat
kōpeke cold, winter, tuck up, indiscriminate
kōpenu (*v.*) squash
kōpēpē mush, marrow, squeeze, pliable
kōpere sling (project with force), dart, rainbow, catapult
kōpeti running noose
kopeū bra, brassiere
kopi doubled over, completed, gorge of river, hold between the legs
kopi kau ride bareback
kōpiha storage pit, pool
kōpiko wander, meander, bend hoops for snares
kopikopi hand game, amusing frestyle dance
kōpikopiko wander to and fro, winding about
kōpio sphere, wind going aback
kōpīpī weak, immature
kōpiro fermented, marinated, intestines, soak
kōpiupiu swing back and forth
kopu freshwater fish, goby fish
kōpu full to bursting, blister, bent
kōpū belly, womb, pregnant, lining of garment, planet Venus
kōpū tetere dropsy
kōpū waewae calf of leg

K

67

kōpua deep waters, deep pool, sinker

kōpuku swell, rounded, fine cloak, gunwale, oedema

kōpukupuku german measles, rubella, buttercup, dappled

kōpuni in a group, dark colour, black cloak

kōpūpū blister

kōpura hole, blistered, kumara tubers, glimmer

kōpure patch of ground, clearing

kōpurepure spotted, patchy, type of eel, popping up here and there

kōpuru dark drifting clouds, fragrant moss, mouldy, blocked

kōpūrua swollen with dropsy, of two minds

kōputa albatross

kōpūtahi blood relations

kōputaputa sieve, pore of skin, fish bladder, strainer

kōpūwai watery, grey mullet

kora spark, fragment, particle

korā over there

kōra goal, score

kōra rangi shrimp (*see* kōura)

koraha desert, open country, defecate (shit), fish-hook shank

korakora ahi spark

kōrakorako pale ghosts, forest fairies

Korāna Koran

kōrapa flinch, wrong move (omen), mistake in chanting, roast on spit

kōrapurapu grab, prehensile

kōrari flax, stem of flax

korau curl of black fern

kōrau turnip leaves, beet, tree fern

kōrawa agitated

kore nil, zero, trap, void

kōrē nappy, sanitary napkin, absorbent moss

kore atu not possible

kōrē paratiki plastic pants, pilcher

kore rawa never, absolutely not

korekairama teetotaller, temperance

korekore waning moon, sterile, torn

kōrekoreko fluorescent, dazzled

koremahi redundant

kōremu bilge plug

korenga absence

kōreporepo swampy

kōrere tap, gutter, funnel, spout

kōrerehu dusky

kōrero(-tia) speak, news, narrative, quotation

kōrerorero chat, conversation

koretake useless, groundless, invalid, pointless

koretāke duty free

kōrewha blink eye, signal with eye

korewai drought

kori wriggle, play, physical exercise

kori tīraurau tea bag

kōriana accordian

korihi bird song

korikāwhe coffee bag

kōriki marsh crake, N.Z. quail (extinct)

korikori bestir oneself, exercise, get going

korimako bellbird

kōrimurimu seaweed-covered

koringa movement, wriggle

kōrino twist, curl

kōriorio(-tia) dehydrate, wizened

kōriparipa plough through water

kōripi(-a) slice, knife, paddle-stroke

kōripo eddy of water, whirl

kōriporipo swirling, eddy, ship's wake

kōriroriro grey warbler

korite in unison

kōrito heart of plant, blonde hair

kōritorito tousled hair, dreadlocks

koro sir, old man, desire

koro o te rore noose

koroa clover

kōroa forefinger

koroahu steam

kōroaroa long

koroheke old man

koroheketanga old age

korohihī spurt up

korohū steam

korohuhū boil liquid, simmer

korohunga in shreds, cloak with ornamental border

koroingo desire, welcome ceremony for newborn, (see maioha)

koroirangi wayfarers, vagrants

kōroiroi wandering, confused, inattentive, deadly dull

koroiti little finger, little toe

korokē odd fellow, larrikin, guy, fellow

korokī chatter

korokoro throat, turkey, taste buds, lamprey

koromāhanga noose

koromatua big toe, thumb, Mayor, Mayoress

koromeke looped, coiled, tuck (diving), doubled up

koromenge frown, crumpled

koromiko hebe, tuck (synch swimming)

koronae hangi leaves, broadside on, drink from cupped hand

koroneihana coronation

koroni colony

koronuke crooked

koropā bolt (door), wooden latch, sacred food

koropae leaves to line hangi

koropeke crouch doubled up, bagged food

koropewa loop, arc of bow

koropiko kowtow, pay homage, pike (diving)

koropuku hidden, convex (lens), swollen, move cautiously, rounded

koropupū bubble, boil, turbulent

kororā blue penguin

kōrori stir up, warp

korōria glory, pomp, splendour

kororoa index finger

korotaha sideways, askance

korotangi storage pit, carved stone pigeon

korotao jumping jack

korotē squeeze

korotiwha spot, inlay

korou desire, energy, purpose

koroua old man

korowai tag cloak (chiefly), mantle

korowhāwhā anchovy

korowhio whistle, blue duck

korowhiti bent round, hoop, jerk

koru folded, blue flowered koru, apostrophe, spiral pattern

Koru Aotearoa Air New Zealand

kōrua you two

kōruarua hole

korukoru wrinkle, fold, turkey, parasitic plant

kōrupe carving over doorway

K

korurangi galaxy

kōruru carved 'owl' face (on house gable), cloudy, knuckle-bones (game)

kota cockle shell, scraper, sawdust

kōtaha sling (weapon), sidelong

kotahi one

kotahitanga accord, coalition, solidarity, unity

kōtamutamu chew, flap lips

kōtangitangi breeze

kōtare kingfisher

kōtē(-hia, -tia) squeeze, squash

kōtea, kiri albino

kotere swelling, diarrhoea

koteretere o te ia toto low blood pressure

kōtero fermented kumara/potato

kōtetetete chattering

koti(-a) coat, divide, tattoo lines, cut across path (misfortune)

kōti court of law, goat

kotiate flat short club

kotikara nail of finger/toe

kotikoti divide up, cut in pieces, fence openings, make boundaries

kōtimana thistle, Scot

kotimutu small bottle, small calabash

kotinga boundary, circumcision

kōtiotio prickly

kōtipatipa rifleman

kotipū cut off, cut short

kotire fishing rod

kotiri meteor, twitch during dream, in single file

kōtiro girl, wench

kotiti deviate, detour, break lanes in racing

kōtiu north wind, swerve and dip of kite

kotiuru splitting headache

kōtiwhatiwha speckled, dispersed, spotted

koto loath, sob, make a low noise

kōtonga south wind, cold and miserable

kōtore tail, buttocks, white clay, wind shift

kōtore moana sea anemone

kōtua turn the back, bad omen, token of respect, bad luck

kōtui lace up, interlaced

kōtuke bent in a bow, arched

kōtuku rerenga tahi rare visitor

kōtureture chlamydia

kōtutu hand net, ladle, scoop water, preserve in fat

kou knob, lump, bunch of feathers /hair

koua fish roe

kōua sprinkle rain

kouawai gall bladder, discharge from womb

kōuka cabbage-tree

kōukauka kahawai

koukou cocoa, crest, morepork, hoot

kōuku plaster cast

kōuma breastplate, sternum, breastbone

kounu out of joint, dislocated, pull out, moult

kōura crayfish, gold, prawn

kōurarangi krill

kōuraura shrimp, golden brown, bronze

kōuru top of tree, head of river, pith of cabbage tree

kōuru matangi puff of wind

koute gout

koutou you (*plural*)

koutu point of land, abode of the tohunga/ariki

kōutuutu ladle water, dip up

kōwae ako education module

kowani(-a) scrape

kōwao clearing in bush, forest dweller

kōwaowao overgrown, choked with weeds

kōwari crush

kōwaro blighted crops, mudfish, shellfish

kowata transparent, broken twig signs

kōwatawata gleaming, tasty

kōwenewene casemoth

kowera glow

kōwerowero shoot out, begin to appear

kōwhai yellow, shrub/tree to 12m

kōwhai, mate - hepatitis

kōwhaikākonu brassy

kōwhaiwhai scroll painting on rafter

kōwhai(-na) pluck off, ready to pick, flash

kōwhakiwhaki flash, tear off strips

kōwhanga nest, overcast sky

kōwhao hole

kōwhao, puku - dropsy

kōwharawhara split into strips, coastal astelia

kōwhatawhata gleam

kōwhatu stone

kōwhāwhā flashing continuously

kowhera yawn, open up, lightning flash

kowheta wriggle, hasty, flounder about

kōwhetawheta writhing

kowhete quarrel, scold, mumble

kōwhetewhete whisper, argue

kōwhewhe split open, dried up

kōwhiri(-a) choose, whirl about, nominate

kōwhiti(-hia) turn inside out, twitch, scoop from shell, rise of new moon

kōwhiti marama new moon

kōwhitiwhiti grasshopper, yellow cress, dancing water

kōwhiuwhiu to fan, winnow

kōwhiwhi small tree

kōwiri screw, wriggling

kōwiriwiri wriggle, tortuous

kū coo, stillness, exhausted, type of game, showery weather

kua + *verb indicates completed action*

kua hai you're trumped

kua puta out! (games), has emerged

kūaha doorway

kūaka eastern bar-tailed godwit

kūao young of animals, calf, lamb, puppy

kūao hōiho yearling horse

kuao kau heifer, calf

kūare stupid, ignorant, lack of understanding, senseless

kuha ragged, gasp, scraps

kūhā thigh, relation by marriage, tree trunk

kuhara edible grub, earthworm, cockle

kuhu(-a, -ngia) enter, hide, put on clothes

kuhunga gate, entrance

kūī tiger beetle, cold, weak, stunted, ladybird

kuia old lady, (e kui - *form of address*), matron

K

kuihana cushion

kuihi goose, grey petrel, fart, murmur

kuihipere gooseberry

kuini queen

kuinihi quince

kuira quilt

kūiti narrow space, constricted, confined

kuka dry leaves, abortion

kūkā obstruction, wood chips, variety of mussel

kūkamo cucumber

kuki cook

kuku(-a) haunt, mussel, hold breath, tweezers

kukume (kumea) pull, draw along

kukume o te ao gravity

kūkupa wood pigeon

kukuti (kūtia) bad influence, nip, restrict, contract

kumanu nurse, dental nurse

kūmara sweet potato

kūmarahou medicinal plant, rose-leaved anise

kumau pliers

kume(-a) pull, asthma, adjustment slide

kume tōkena garter

kumekume pull out, extract, attract

kumemau zip-fastener

kumete wooden food bowl, trough, casserole

kumewaha horse's bit

kumi one fathom, mythical reptile

kumikumi beard, white throat-feather, beard of mussel

kūmore headland, stick out

kumu(-a) clench, stingy, anus, tail of bird

kumukumu gurnard

kūnatu kapurangi waste disposal unit

kūnatunatu mince

kunekune plump

kunene beg

kunikuni plump, dark

kunuku skunk

kūoro grater, mouli, grind

kūoro pīnikāwhi coffee grinder

kūpā belch, horse mussel, mildew

kupango dark coloured

kūpapa bend low, go quietly, lie flat, traitor

kuparu John Dory fish

kupenga net, drape

kupere flow fast

kupiki cubic

kupu text, word, message, remark

kupu āhua adjective

kupu āpiti schedule, postscript

kupu-a-waea telegram

kupu ingoa whāiti concrete noun

kupumahi verb

kupu mahi ngoi active verb

kuputohu participle, index

kupuwāhi preposition

kura school, education course, red feather, treasure

kura māhita teacher (male or female)

kūrae cape, headland, promontory

kurahaupō moon halo, lunar rain-bow, traditional canoe

kuratini polytechnic

kurawai water tank, reservoir

kurehe wrinkled, withered

kurī dog, animal, canine, hound

Kūri Australian Aborigine

kurī kerikeri terrier

kurī whakangau pig dog

kurikuri stinking, speargrass, wild spaniard

kuru breadfruit, mallet, slog, shoot (netball), ear pendant, greenstone

kuru manawa precordial thump (heart re-start)

kuru pounamu greenstone ornament

kuru taringa hammer of eardrum

kuru whengi shoveller, spoonbill

kuru whiu penalty shot

kurupae beam, joist

kurupae(-tia) enfold

kurupopo worm-eaten

kūtai mussel

kūtere flow, flabby, runny

kutētē dairy cow

kuti(-a) draw together, cut, nightmare

kutikuti(-a) shear, shears, scissors, grayling

kutikutiroa shears

kutiriki aphid

kutu louse

kutukutu vermin, maggot, speck-led greenstone

kutukutu-ahi delirium

kutupapa crab-louse

kūwaha doorway, mouth

kūwao growing wild, of the forest

kūware stupid, oaf, obtuse

kūwata long for

kūwatawata chinks in palisade, light seen through chinks

kūwhā thigh, marriage dowry, relations by marriage, tree trunk

kuwharu pipi, cockle, edible grub

kūwhera legs apart stance

K

73

M

mā white, and (*with numerals*), concerning, by way of

mā and the rest (Hori mā = George and the rest), all you

mā + *subject* points out the doer of future action, (emphatic future)

māeke cold

maene easy, soothing

māeneene soft, smooth, itch, itchy

māero mile, channel, Milo drink

maero ngutu fire hydrant

maewa wandering

maha many, profuse, various

māha satisfied

māhaki calm, lowly, humble

mahana warm, temperature, heat

māhanga twins, snare, trap, cage

mahara(-tia) remember, consider, memory (computer), recall

māharahara worry, preoccupied, anxious, suspense

mahau verandah, pavilion, vestibule

mahau waha vestibule of mouth

māhau for you

māhē sinker (fishing)

maheni smooth, bald, shine, sleek

mahere chart, map out, plan

mahi (*n.*) job, activity, labour, undertaking,

mahi(-a) (*v.*) make, work, practice, function

māhi mast, putrefy, ferment

mahi atu! just do it!

mahi auau habitual action

mahi hīanga trick

mahi kē instead of

mahi matua major services

mahi noa self-acting

mahi pūremu adultery, lechery

mahi rangahau research

mahi rapu pōti political campaign

mahi rerekē idiosyncracy

mahi tinihanga hanky-panky, skylarking

mahi toi art

mahi whakakahou restructuring exercise

mahimahi have sex, copulate

mahimanga workshop

māhina twilight

māhinahina hazy, dim light

mahinga kai cultivation, vegetable garden

māhita teacher, schoolmaster, schoolmistress

mahitareta/mahiterete magistrate

māhiti cloak of dogs-hair

māhoe whitey wood

māhoi, titiro - stare at

mahora spread out, give way

māhorahora freedom, open, sprawl

mahore peeled

māhū gentle

mahua raised

mahue left behind, neglected, separated, derelict

mahue, mano - enormous number

mahuetanga superfluous

mahuki be startled, pulsate, have sudden thought, selfish

māhuna head

māhunga head, hair

māhungahunga squashed to pulp

mahura uncovered

mahurangi kūmara flesh, Very Important Person

māhurehure chop up, thieving

māhuri sapling

māhuruhuru suckerfish, placid

mahuta jump, hop ashore

mai this direction, hither, clothing, from that time, give to me

maī sour, matai tree, quiet

māia brave, bravery, hero/heroine, daredevil

maiaka(-tia) fasten with vines, thin

maiangi rise up, springy, weak

maiengi lifted up, weak

maihamo back of head

maihao finger, toe, claw

maihara muscles

māihe railings, fence

maihea sinker (fishing)

maihi carved barge boards, mast, dandruff, gable of house

maihi(-tia) decorate, complete with carving

māika edible orchid tuber, banana, food kit

maiki bad luck, migrate

maikuku fingernail, toenail, claw, hoof

maimai haka of welcome (esp. at tangi)

maimai aroha token of affection

maimoa pamper, pet, parrot lure

māio peaceful

maioha welcome, keepsake

maioro defended by rampart and fosses, palisade, jarring, incongruous

māipi wooden spear, weapon

maira myrrh

mairangi lift

maire maire tree, chant, cow-horn

maire, whare - house of higher learning

maita bowl (heavy ball), bowls (game)

maitai iron, hammer (athletics), beautiful, whitebait

maiti little

maka mug, fish-hook

maka(-ia, -a, -ina) throw, put in place, pass by hand, twitch of limb

mākā wild, untamed

mākahi wedge, split, gabble

makahinga fall

makahēni magazine

makamaka scattered, toss, bushman's mattress, recite spell

makao shark tooth pendant, sprout of taro

makara depart, arrive

mākara head

makariri cold, winter, chill, frigid

makaroni macaroni

makatiti split with wedges, fix with pegs

makau wife, husband, darling

makawe hair (*as plural*), mane

makere drop/be dropped, ceased, leave, dismount

makere atu get rid of

mākete market, bazaar, auction, emporium

māketoiho mackintosh, raincoat

maki invalid, monkey, killer whale

M

maki (*prefix to verbs*) impetuous act, without consultation, on one's own

mākī marquee

makihea sinker

makimaki monkey, monkey-like, ugly, skin disease

mākini serrated, jagged edge

makinui gorilla

mākiri(-hia) debone, insult, dried skull, bogus

makitaunu tease, deceive, keep for oneself

makitohene uncalled-for insult

mako mako shark, shark's tooth, peeled

makoa (tai) low tide

mākoakoa happiness

makoha revealed, loosened, opened, enlarged, widened

mākohakoha soft-skinned, open minded

makohu misty

mākoi shell, sharpened point, comb, tricky question

makomako bellbird, wineberry

mākona satisfied

Makonga Mekong

makorea survivor

māku for me

mākū wet, damp, moisture, soppy

mākūare remiss

mākūkū damp

mākura light red

mākurakura glowing

mākutu bewitched, black magic

mākutu, tiro - stare, cast magic spell, accursed

mama percolator, lift tapu, ooze

māmā mother, lightweight, night lizard, ethereal

mamae pain, ache, sore, stress, hardship

mamaha steam

mamahu soothe

mamaku black-tree fern, tall tree-fern

māmangu black ink, jet black

mamao distant, distance

mamaoa steam, cooked food, vapour

mamaru canoe-sail, lush growth

mamate depressed

mamau hold (Judo, etc.), clutch, grapple

māminga cunning, trick, deceitful, feint

mamingo kata beaming with smiles

māmore bare, without branches

mamāoa atu furthest

mana integrity, charisma, prestige, formal

māna for him/her, he will, she will

mana tangata human rights, integrity, status

mana tōpū incorporated society

mana tuku right to give

manaaki(-tia) care for, entertain, show respect, hospitality

manaha open plain

manahau playful, cheerful

mānahenahe cleared country

manahua open like a flower

manaia carved beaked figure, sea-horse, raft

manako(-hia) hope for, desire, set the heart on

manapōuri black stone

manarū ecstatic

manatā copyright

manatōpū incorporated society

manatu anxious, worried, remembrance, memo

manatū ribbonwood tree, ministry

Manatū Māori Ministry of Māori Affairs

manatunga keepsake, heirloom, souvenir, memento

manauri dark coloured

manawa heart, breath, emotion, bowels

mānawa(-tia) welcome with pleasure

mānawa ring finger, mangrove, prayer to keep good fortune

manawa kiore last breath

manawa popore considerate, uptight, attentive, careful

manawanui brave, patient, self-possessed

manawapā frugal, tight-fisted

manawareka satisfied, enchanted, thrilled

manawarere impulsive

manawarū rapt, edgy

manawatū heart attack

manawawera angry chant, anger, frantic

manehau hen and chicken fern

manehu fern, scented plant

manene immigrant, stranger, migrant, pilgrim

manga stream, branch, faculty of university

mangā barracouta, spotted dogfish, gummy

māngai mouth, advocate, agent, speaker

Māngai Kāwanatanga Ambassador, High Commissioner

mangakino dredge for lake shellfish

mangamanga puzzling

mangamutu desolate, abandoned

māngaro floury

mangaru mongrel

mangawai brook, stream

mangeao tree, flooring timber

mangemange creeper, bushman's mattress

mangeo itch, stinging, irritating

māngere lazy, indolent, torpid, lackadaisical

māngere hōnia total idleness, lazy in extreme

māngina ephemeral, short-lived

māngiongio chilblain

mangō gummy, spotted dogfish

mangō ihunui broadsnouted shark, seven gill shark

mangō pare hammerhead shark, kowhaiwhai pattern

mangō pounamu great blue shark

mangō ripi thresher shark

mangō tara spiney dogfish

mangō ururoa/tuatini great white shark

māngohe spongy

Mangoroa Milky Way

mangu black, swarthy

mangumangu negro, ink, ugly

mania slippery, skid, lubricate, brown gecko

mānia plain country, plateau, levelled country

māniania slippery

mānihi(-tia) constrict, flatten, steepen, pondweed

manini skid, slide, nice, agreeable

manioro causing trouble, making a noise, embankment

M

maniua manure

mano thousand, large crowd, multitude

manomano horde, innumerable, myriad, raureka shrub

manono shrub

manowai stream in flood, tragedy (*fig.*)

manu bird, kite

mānu to float, buoyant, launch

manu tohipa lost target (shooting)

manu tīoriori brave warrior

manuao man o' war, naval vessel, battleship

manu aute kite of paper mulberry

manuhiri guest, visitor

mānuka tea-tree

mānukanuka doubt, anxiety

manukura chiefs in council

manurere aeroplane, kite

manutahi lean-to, set of rafters

manutaki sentry, doyen, dean (university)

manuuku clay pigeon

manuware stupid

manuwhiri guest

maoa cooked, ripe, mellow, clear weather

maoka cooked

maomao blue maomao, sweep

māori ordinary, fresh, native people, plain style (typeface)

māori, wai - fresh water

māoriori at ease

Māoritanga Māori culture, Māori perspective

māota green, freshly grown, tree-kohekohe

māpara resinous wood, pine resin

mapere marble, conscription, lottery

māpere middle finger, cutty grass, toss

mapi map, exude

māpihi personal adornments

māpou red matipo(u)

māpouriki darkness

mapu mob, sigh, hum

mapu(-a) to clean up, flow freely, mop up, pump

mara marinated, dirty, scraps, wood-chips

māra cultivation, garden, orchard

mara, e mara! old man!

marae meeting area of village & its buildings, courtyard

marahea poor quality, plebeian, mullet fry

marahihi molasses

maraka maraca

mārakerake clear, desert place, clearing in bush, open to view

marakihau sea-monster

marako morocco

marama moon, month

mārama informed, apparent, lucid, distinct

mārama noa self-explanatory

maramara wood chips, splinter, bits

maramataka calendar

māramatanga comprehension

maranga rise up, raise sail, begin

marangai east wind, storm, rainy weather

mārangaranga bob up and down, arise

marara umbrella, scattered

mararī butterfish

marau topic, subject of sentence, (*in plural*) syllabus

mārau fork, pronged stick

marau-a-iwi social studies
mare phlegm, cough
mare heihei whooping cough
mare motu whooping cough
marea many, hoi polloi, common people
mārehe stickler, fussy person, skilful
māreikura female supernatural being, noble lady
maremare cough, phlegm, catch a chill
maremare tai jellyfish
mārena wedding, marriage, marry, matrimony
mārenatanga marriage service, nuptials
marere free, extras, drop, fall dead
maretire martyr
marewa set out, raise up
mariao, mate - ulcer, sores
mārie peaceful, quietly, restful, appeased
marihi precious
mārika careful, really, quite, veritable
mārika, āe - well well, you don't say!
Marikena American
maringi spilt, overflow, flux, slop
marino calm
māripi knife
mārire quiet, gentle, discreet, placid
maro(-hia) girdle/loincloth, sanitary napkin, ritual to ensure success, leaves used in rituals
mārō stiff, extended, headstrong, fathom length
maro hukahuka ritual for war, gird loins for combat

māro tonu straight on
mārohirohi brave, strong, valour
maroke dry, arid, parched
maromaro knickers, panties
maroro flying fish, ruined
mārōrō strong, able-bodied
marowae pantyhose
maru abundance, shelter, safeguard, with a big entourage
marū bruised, crushed, cooked, rumbling noise
mārū gentle, white tea tree
maruahiahi late evening
maruāpō aspiration, dream, night
maruhau windbreak
mārui shake down fruit
marumaru offering shade, overshadowing, sunshade
marurenga victim of burglary/assault
mata sharp edge, uncooked, eye, face, screen, dial
matā bullet of lead, shotput, projectile, cover point (cricket)
mātā - (*adverbial prefix - emphasises meaning*) really, actual, real
matā kai kutu warrior
mata tapu sacred food
matā tuhua obsidian
mataaho window, pure, bright
mataara attentive, vigilant, call of the watchman
mataheu razor blade
mātahi autumn months
mataī tree
mātai inspect, gaze out to sea, ogle, tide
mātai mate pukupuku oncology
mātāika first victim in battle
mātaitai seafood, tasting salty, fishing area

M

matakahi wedge
matakana watchful
matakawa distasteful
matakēkē dislike, sides of net
matakerepō blind
mātaki review, peek
matakirikiri pebbles, gravel
mātakitaki inspect, view, observation, observe
matakite (*n.*) seer, second sight, prophecy, intuition
matakite (*v.*) predict, augur, forecast, prophecy
mataku afraid, fear, scared, timorous
mataku ohaoha agrophobia
matakupenga belly fat, basket fungus, pockmarked timber
matakūrae headland
mātakutaku scarecrow
mataku wāhi teitei acrophobia
matamata point, top, sudden
mātāmua first born child, eldest, high card
mātāmuri last born child
matangaro out of sight
mātangatanga hanging loose
matangerengere embarrassed, cramped, numb, red-faced
matangi wind, breeze
mātāngohi first victim
matangurunguru nervous, shaking, goose pimples, discontented
mātāniho teeth marks
matanui open to the sun
mātao cold, frigid, infertile
mataora alive, tattooing chisel
matapaki discuss, discussion
matapihi window
matapiko mean, stingy, miser, tight-fisted

matapo black shag, black teal, N.Z. rat
matapopore solicitous, caring for, retrench
matapōuri downcast, sad
mātāpuna source
matapō blind
matara unravelled, far away, prickly
mātārae prominent headland, chief
matarau many-pointed fishing spear, polyhedron
matarehi mattress
matarehu hazy
matarekereke numb
Mātāriki Pleiades stars, northeast wind, miniscule, reed thatch
matarua double-edged
matata fissure, crevice, crack
matatā carry by stretcher, protective pad
mātātā gloxinia shrub, fern bird
mātātaki challenge
matatara dam, weir
matatau intently (observing), competent, expert at (*ki* ...), know well, fully aware, habitual
matatiki resource, spring of water, headwaters
matatini complex
matatira in a line, in a row
mātātoa fearless, vigorous
matatū alert, stand firm
matatuhi forecaster, prophet, foreshadow
matau hook, right hand side, sedge
mātau us, we
mātau(-ria) know, understand, study, skilful

mātauranga information, knowledge, education

mātauranga hinengaro tangata psychology

mātauranga huaota botany

mātauranga kōhungahunga pre-school education

mātauranga koiora biology

mātauranga matū chemistry

mātauranga noho-ā-iwi sociology

mātauranga tikanga tangata anthropology

mātauranga tāuhu continuing education

mātauranga whānui general knowledge

mātauranga-ā-whenua geography

matawaenga undecided, dilemma

matawai stare at

mātāwai source

matawai roro CT scanner

matawaia brim with tears

mātāwaka original canoes, founding settlers, kinsfolk from ancestral canoe

matawhāiti vigilant

Matawhānui Māori University Teachers Association

matawhawhati unexpected, sudden

matawhero Mars

matawī rushes

mate sickness, death, unconscious, problem

mate āraikore AIDS

mate apokai bulimia

mate horokiwa muscular distrophy

mate huka diabetes

mate hūkiki epilepsy, spastic

mate iotanga paralysis

mate iotuarā polio

mate iratuki radiation sickness

mate kikohunga gangrene

mate kōwhai hepatitis, yellow jaundice

mate manawa coronary

mate mariao ulcer

mate moraru kupu dyslexia

mate ngōtahi bronchitis

mate paiori Parkinson's Disease

mate paipai sexually transmitted disease, gonorrhoea

mate pūira kehe mongolism, Down's syndrome

mate pukupuku cancer

mate pukupuku taiawa cervical cancer

mate pōrangi mania, madness, psychiatric disorder

mate ringarau kleptomania, shoplifting

mate roma mimi cystitis, infection of urinary tract

mate ruru toto leukemia

mate toto tepekore haemophilia

mate warawara drugs habit

mate weu whēkau kākā appendicitis

mate whatukuhu genito-urinary disease

mate whawhati tata sudden death

mate, kua - , i -, dead (*i.e. with verb indicators for past time*)

matekai hungry, starve

matekiri puzzled, disappointed

matemate general ill-health

mātene mutton

matenga rawa death

mātenga head

mātengatenga cramped, numbed

matenui(-tia) desire

mateoha　in love

materoto　miscarriage, sponta-
neous abortion, stillbirth

matewai　thirsty

mati　digit, number, figure (maths)

māti　match (wooden), type of
spear, fruit of kotukutuku,
overindulge

mati whaiira　decimal point

mātia　drive in stakes, wedge,
spear, die away

matihao　sprig, cleats

matihe　sneeze

mātihetihe　sand fescue

matika　stand up, fish hook

matikao　in bud

matikara　finger(-nail), toe(-nail)

matike　stand up, get up

mātiki　mattock

matikuku　finger(-nail), toe(-nail),
claw, hoof

matimati　fingers, toes

matire rau　rod for fishing, also
used in pure rite

matiti　split, crack, star of summer,
stretch legs

mātiti　peg, wedge, good fowling
tree

matiwani　nail-file

mato　growing well, crisp, rich
swamp, deep valley

matoe　split open

mātohatoha　spread around, divid-
ed up

matomato　flourishing, agreeable,
green-growing

mātoretore　coarse, rough

mātoro　woo, stretch out

mātoru　crowded

mātotoru　thick, strong (e.g. tea),
dense

mātou　us, we

matū　fat, tasty food, matter (sci-
ence)

matua　main stem, parent, uncle,
aunt, principal, foremost, head

matua kēkē　uncle

matua whāngai　foster-parent

mātua　parents, first, main body of
army, battalion

matuawhāpuku　red cod, scorpion
fish

mātuhi　fern bird, needle, stitch

mātuhituhi　bush wren

matuku　white-faced heron

mātukutuku　reef heron, club
moss

māturuturu　trickle, distil

mātūtū　convalescent

mau　fixed, comprised, overtaken

mau(-ria)　bring, carry, capture,
uptake

māu　for you

mau herehere　prisoner

mau i te ...　caught by ...

mau ki te ...　caught hold of ...

mau kākahu　wear clothes

mau pai　caught on the full

mau rawa　addicted

mau tangetange　guilty, caught
red-handed, captured

mau taringa　ear pendant

mau tonu　enduring, remain fixed,
immutable, reliable, indestructible

māua　we two (not you), he, she
and I, him/her and me, us

mauāhara　hatred, abhor, loathe

mauāhua　film negative

mauhere(-a)　imprison, convict,
prisoner

mauherehere　arrested, accused

mauhoro　contagious

mauī left hand side, string game, cat's cradle, magic

māuiui tired, weary, unwell

mauka dry

maukai take-aways

maukino despise

mauku hen and chicken fern

maumahara remember, memorise

maumau waste, to no purpose, prodigal, extravagant, squander

maunga mountain, act of carrying

maunga-ā-rongo peace making

maunu drawn from belt, taken off, emigrate, turn of tide

maunu(-hia) loosen

māunu bait, grey duck

maupū good catch

mauri life principle, special character

mauru eased, satisfied, quiet, peaceful

maurua seam, join

mautere blotter

mauti vegetation, grass, fodder, silage

mawehe be separated

mawete loose

māwhaiwhai spider's web

mawhara wide apart

mawharu muddy, boggy

māwhatu curly hair, ringlets

māwhe faded, pale colour, dogskin cloak, lessened

mawhera open, widespread

māwhero pink

mawheto loosened

mawhiti leap, skip, glance

māwhiti white dogskin cloak

māwhitiwhiti grasshopper

me and (*between nouns*), if, with, please (*polite request + verb*)

me te while

mea thing, article, object, so and so

mea(-tia, meinga) say, do, think

mea tonoa requirements

mea tūtuki fait accompli, already done

mea whakatangi musical instrument

mea āpiti supplement

mēa mayor

mea, no/na/i te - because, the fact being, when

meake nei hereinafter

meāke soon

meamea used to giving orders, bastard

meha measure

mehameha set apart, lonely

mehemea if, as if, if so

meho untrue, rubbish

mēhua measure, meter, tape measure

mei if, according to

meia mayor

meiha-tianara major-general

meinga be done, be thought, deemed

meinga ake turn on (power), switch on

meinga iho turn off (power), switch off

meka tawhiti handcuffs

mekameka chain, linking

meke(-a) punch, clobber

mekemeke box (fight), make fist, beaten fern root, type of fungus

mekore in a little while, a little more

mema member, cast of play

memeha dissolved, sickly, decaying, intangible

memenge wither
mēnā if
menamena amendment
menemene smile, grin
meneti minute
mēnetia manager
menge withered
mēra mail
mere short flat club
merekara miracle
meremere morning star in winter
Meremere Tū Ahiahi Venus in
  the evening
merengi melon
meroiti little, mini, insignificant
metemea as if
mētera medal, alloy
mīere honey, golden syrup, be
  fatigued
miha shoots of fern, descendant
miha pakake whale calf
Miha Mass, eucharist service
miha, au - heavy sea
mihamiha put out shoots, start of
  growth
mihana mission
mīharo wonder at, admire,
  incredible, marvellous
mihi(-a) greet, admire, respect,
  congratulate
mihingare missionary, Anglican
mīhini machine, engine, motor
mīkara saw-tooth knife, serrated
  edge
mimi urine, urinate
mimingo wrinkled
mimingo kata beam from ear to
  ear
mimiti dry up, devalue, absorb,
  evaporate
minamina long for

mine gather together
minemine asembled
mingimingi shrub, juniper
mingo wrinkled, curled, crinkled
miniki mink
minita(-tia) (*n. & v.*) minister,
  to minister, pastor
miniti minute (of time)
mira mill, myrrh
miraka milk
miraka tepe yoghurt
miri(-a) rub, graze, touch lightly,
  tranquilize by ritual
mirimeta millimetre
mirimiri fondle, stroke
miriona million
miririta millilitre
miriti millet
miro cotton thread, brown pine
miromiro pied tomtit
mita metre
miti(-kia) soak up, lick, lap,
  weapon-grade stone
miti moana backwash, ebbing
  tide, undertow
mīti meat
mīti paera stew
mitimiti lick, shellfish
mō for, about, apropos
mō te wā ad hoc, temporary
moa extinct bird, (mate-ā-moa =
  dead as a dodo)
moana lake, sea
moana, kei te - at sea
moananui ocean
moari swing, giant strides
moata early
moe(-a) sleep, marry, doze
moe māori de facto marriage
moe nanu talk in one's sleep
moe pō dream, daydream

moe puku concubinage, de facto marriage

moe tāhae adultery

moehewa dream

moemiti praise, give thanks

moemoeā dream, fancy, hallucinate, illusion

moenga bed, marriage

moeone/one bass, groper

mohani sand down, chafe, fern root

mōhanihani smooth-faced, worn carving

mohe soft, supple

mōheuheu brushwood

mohimohi pilchard, mountain trout

mōhinuhinu glossy

mōhio(-tia) + ki know, intelligent, clever, conscious of

mōhiti ring, spectacles

moho stupid, blockhead, moron, bird like pukeko

mohoa up to now

mohoao hermit, uncouth, plaice,

mōhou for you, about you

mōhua yellowhead

mōhukihuki thirst for, yearn for

mōhungahunga crumbling

moi here doggy!

moī go sour

moka end, remains, constituency,

mōkā muzzle animal

mōkai office assistant, pet, slave, mascot

mōkau plain, undecorated

mōkehu white claystone, young fern fronds

mokemoke lonely, forlorn, secluded

mōkete mortgage

mōketekete express surprise, express annoyance

moki trumpeter fish, scented plant

mōki raft, surfing, toboggan, package

mōkihi raft, toboggan, sledge, parcel

moko logo, tattoo, lizard, caterpillar

mokomoko lizard, skink, gecko, head

mokomoko, anā to - ! serves you right!

mokopuna grandchild, young generation

mokoroa huhu bug, vegetable caterpillar

mokowhiti heartbeat, arrythmia, jump, herring

mokowhiti kakī carotid pulse

mōku for me

momi(-a) suck, draw on cigarette, enter with difficulty

momo race, species, role, batch

momohe soft, supple, gentle, kindly eyes

mōmona fat, plump, fertile, obese, shot wide (games)

momori smooth, bare, toothless, bald

momotu (motukia) move away, set free, cut off, cede

momotuhi typeface, font

momou wrestle

mōna for him/her, about him/her

monaki monk

monamona joint (body), knot, knuckle

mōnehunehu misty, gentle rain, indistinct

M

monemone smooth

mongamonga crushed, smashed to bits, marrow, penis

moni money, cash, currency

moni hua proceeds, profit

moni iti petty cash

moni mātua principal sum

mōniania set teeth on edge

mono plug, caulk, spell to disable the enemy

monoa desire

monokuihi mongoose

Moriori original Chatham Islander

mora mole (animal)

more toothless, headland, worn smooth, tap-root

mōrearea dreary, gloomy, cloudy, ordeal

mōrehu survivor

moremore smooth, bald, open space, to stroke

morihana carp, goldfish

mōrihariha disgusting, horrible

mōrikarika dirty, horrible,unpleasant, abominable

morimori handle carelessly, bare branches, nurse infant

mōro mulberry tree

moroiti little, germ, microbe, mite (*see* meroiti)

moroki ongoing

moroki noa nei up to now

moruki supple

mōrunga lifted up, high up

mōtā mortar (gun)

motatau talk to oneself

mote suck, gasp

mōtea wan, pale

mōteatea laments, apprehensive, selection of tribal songs

motēra motel

mōtini motion (in council)

moto(-kia) punch

mōtoi ear ornament, gape, stare at

motokā car

motopaika motorbike

motorore lorry, truck

motu island, cut off, broken off

motu(-hia, -kia), to separate, wound, snap, cut

motuhake special, extra, absolute, independent

motuhuka iceberg

motukā car

mōtukutuku lice

mōu for you

moua mower

moumou waste, to no purpose

mōunu bait

moutere island

mōwai calm sea, gentle, moistening

mōwhiti spectacles, goggles, ring, sand-hopper

mōwhititahi monocle

mū draughts (game), insects, grumble

mua in front, formerly, more tapu area

muanga first born, eldest

muera mule

muha savage, belligerent

muhani faded, insult

muheama museum

mūhika music

muhukai inattentive

mūhuki blunt

mui(-a) swarm around, infest

muimui small

muka flax fibre

mūkiore muskrat

muku(-a) wipe, cloth, erase, rub

mumu taniko block pattern, boisterous wind, brave warrior

mūmū complain, chafer beetle, depressed, silence

mumura flare, glow

mumutawa ladybird

muna (-ia) to gossip, tell secretly, darling, ringworm

mūokiha musk-ox

mura flame, shine, blaze

muri after/behind, kitchen area, north, breeze

muri ahiahi twilight thoughts

murihau breeze

mūrihi muesli

murikōkai back of the head

murimanu secondary wife

murimuri aroha nostalgia

muringa last born, afterwards

muritai sea-breeze

muriwai backwater

muru(-a) plunder, absolve from sin, confiscate, cleanse

murunga remission (of penalty)

murunga hara absolution, pardon, remission (justice)

mutu finished, cease, end

mutu anō that's all

mutu, ka - also

mutumutu cut short, mutilate, stump of limb

mutunga end, cessation, finish, terminal, ultimate

mutunga kore eternal, infinite, endless, perpetual

M

N

na now then, d'ya see?

nā from, belonging to, by way of, satisfied

naenae mosquito, out of breath

nāhaku belonging to me

nāhana belonging to him/her

nāhau belong to you

nahe alone

nahea? when?

nāhi nurse

nāianei now

naihi knife

nairona nylon

naka over there (by you)

nākahi snake

nakonako decorate, anxious thoughts, shining cuckoo

naku scratch, biting cold, basket of flax strips

nāku mine, my own, belonging to me

nama debt, number, invoice, overdraft

nama waea telephone number

namata ancient times, distant time (past or future)

namu sandfly, birthmark

namu katipō mosquito

nāna belonging to him/her

nanahi yesterday

nanakia clever, cunning, fierce, treacherous

nanao (naomia) lay hold of, search inner wisdom

nanapi cling to, tweak

nanati throttle

nanatu scratch, rip out, stir, show ill-feeling

nanekoti goat

nanenane goat, rotten kumara, scallywag

nanī wild turnip, noisy, headache

nao(-mia) lay hold of

naonao midge

nati(-a) nut, to pinch, choke, strangle

nāti headstrong, stray animal, untamed

natinati encircle with rope, squeeze

natu(-a) scratch, stir, rip out

nāu your, yours

nau mai welcome

nauhea rascal

nāwai after a time, and then

nawe catch fire, on tenterhooks, scar, complaint

nē? isn't it?

nēhā? isn't that so?

nehe time long past, form of address to elder

neherā ancient times, time immemorial

nēhi(-tia) nurse, to nurse

nehu(-a) bury, dust, powder

nehunga burial

nei here, this, (connected with person speaking)

neke(-hia) move, translate (maths)

nekeneke manoeuvre, move carefully

neketai neck-tie

neketana nectarine

neneti toy dart

nenewha doze off, sun set

nēra nail

neti net, a dart

netipaoro/netipōro netball

newha doze

ngārara insect

ngau whiore inbreeding

niao gunwale, edge of instrument

niho tooth, gear (vehicle), edge, point, effective force

niho kēhua dentures

niho rei canine tooth

niho roa tusk, fang

nihomeka sprocket

nihoniho incompatible, quarrelsome, shoots of plants

nihopū molar

nihotunga toothache

nīkau palm tree

niko(-a) put rope around, coil about

ninihi steep, neap (minimal) tides, sneak along, surprise, steal away

niniho dentine, tooth enamel, toothed leaf

niti toy dart

niu tell future, ceremonial pole

niupepa newspaper

niwha resolute, bold, barb

nō of, belonging to

no (na) reira hence

nō/nā tana tūranga ex-officio

noa spontaneous, freestyle (diving, etc.), free from tapu, inexact

noaiho quite, just, only, mundane

nōhea? from where?

nohinohi small, petty, wee

noho(-ia) sit, live in, remain, dwell, inhabit

noho-ā-iwi race relations

noho aukati dock (of courtroom)

noho hītengitengi squat

noho hū inactive

nohoanga seat, saddle, habitation, grandstand

nohoia occupied

nohopuku fast from food, silent, tacit

noke worm

nōku my, mine

nōna his, hers

nōnahea? when?

nōnāianei just now, modern, up to date

nōnakuanei little while ago

nonakuara little while ago

nōnamata long ago

nōnanahi yesterday

nōnānoanei just recently, from then

nōnaoake day before yesterday

nōnatahirā day before yesterday

none nun (religious)

nono buttocks, bum, vagina

nonohi small (plural)

nonoke wrestle

nōtemea because

noti (nōtia) pull together with string, strangle, contract, shrivel

nōu yours

nōwhea? where from

nui big, many, size, volume

nui noa atu more than sufficient

nui, ka - adequate

nuinga majority, quantity

nuka(-ia) deceive, trick

N

nukarau(-tia) deceive, outwit, sly

nuke margin indent, bent, plot, crooked

nuku(-hia) move up, increase, indent, nature

nukuhanga extension

nukunuku atu deport

numi(-a) pass behind, fold, pleat, disappear behind

numi raima cement mixer

nunui big (*pl.*), large size

nunumi to disappear, pass behind

nūpepa newspaper

Ng

ngā the (*pl.*)
ngā (ngāngā) to breathe, inhale, beak
ngaehe rustling noise, murmur
ngaeke crack, rip
ngāekieki discharge liquid
ngaengae heel, umbilical cord, wheeze
ngāeo freshwater mussel, Cook's Turban, shellfish
ngaere to quiver, roll, soft, ripe
ngaeroa mosquito
ngahau games, entertain, enjoyment
ngahe rustling noise
ngahere forest
ngahora spread out, laid out
ngāhoro/horo to fall, be plentiful, fall bit by bit, plus
ngahuru autumn, harvest abundance, ten, decathlon
ngahurutanga decade
ngāi title of tribe
ngāi tāua we the people
ngaingai pant, sob, bivalve
ngaio coastal shrub, competent
ngākau heart, sentiment, vitals
ngākau kōpae disk-drive unit
ngākau kōpaerua double disk-drive
ngākau pakeke heartless, cruel
ngākau pūremu lust, prurient, concupiscence, lechery, sensual
ngākaukore desperate, faint-hearted, despondent

ngākaunui keen, proud
ngakeke creak
ngaki(-a) cultivate, dig, avenge
ngaki mate seek vengeance
ngaki taru pull weeds
ngaki- (*as prefix*) needless (e.g. ngaki hohoro = needless rush)
ngākihi limpet, rock oyster
ngakinga garden plots, cultivation
ngako grease, fat, suet
ngako kau tallow
ngakototo cholesterol
ngaku shred
ngakuru drop off, set (of fruit)
ngana be eager, persevering
nganga fruit stone, hailstone, core
ngāngā gasp, breathe heavily
ngangahau zealous
ngangana glowing red, bluster
ngangara spider, insect
ngangare, hoa - enemy
ngangau disturbance
ngangore gums
ngao adzed timber, trim with adze, taste, palate
ngaoki creep, crawl
ngaoko itch, budge
ngaore smelt fry, succulent
ngāpara resinous wood for torches
ngārahu black cinder, charcoal, war dance
ngarangara ice-plant
ngārara reptile, monster, insect, virus

ngārara moroiti germ, microbe
ngare(-a) send, close relative
ngārehu cinders, embers, missing, out of sight
ngaro lost, missing, absent, hidden, blowfly, inconspicuous
ngaro noa self-defeating, drop out of sight
ngaromanga disappearance, destruction
ngaru wave (of sea), corrugation
ngaru taitoko tidal wave
ngarue shake
ngaruiti microwave (oven)
ngata satisfied, snail, little speck, fulfilled
ngātahi jointly, together
ngātata split open
ngatete crackle
ngāti people of ... (*used with tribal names*)
ngau(-a) bite, ngaw, infect
ngau atu wander off
ngau whiore incest, inbreeding
ngāueue to shake, quiver
ngaungau erode, masticate, teething ring
ngautuarā back-biting, libel, muckrake, tell-tale
ngāwari easy, lenient, good-natured, pliable, soft, patient, tender, flexible
ngawē yelp
ngāwhā hot springs, raupo
ngāwhāriki hot pools, boiling springs
ngawhi be punished, suffer penalty
ngawī yelp
ngē noisy, screech
ngehe kelpfish, marblefish
ngeingei extending

ngene tuberculous cyst
ngenge weary, tired, fatigued
ngengere grunt, growl, snarl, whine
ngengeti cicada shell
ngeri fierce chant, rough cloak
ngeru cat
ngeungeu squirm, writhe, zigzag
ngia like, to be alike
ngiha burn
ngingiha burn
ngingio withered, cackle
ngira needle
ngita secure, fixed, thorn
ngoengoe screech
ngohe lithe, tender, agreeable
ngohi fish (general term)
ngohi moana whale (general term)
ngoi strength, active, energy, vim
ngoikore weak, frail, passive
ngoikoretanga defect, flaw, shortcoming
ngoingoi crawl, old lady (e.g., E ngoi! = Hello granny!)
ngoio asthma, whistling sound
ngōiro eels, conger eel
ngōki creep
ngonga beaten, crushed
ngongengonge deformed
ngongo suck, dimple, sinus, pipe, gun barrel
ngongohā snorkel
ngongohau jib-sail, bow of canoe
ngongopuata pipette
ngongore blunt
ngongoro snore, snort
ngore pompom cloak, entice, soft, religious novice
ngorengore rubbery, young eel, smelt

ngoru slack, hanging in loops, worm-like

ngorungoru, pēpē - mashed thoroughly

ngota atom, piece, fragment

ngōtata ion

ngote(-a) suck, suction, little bit

ngotewai syringe

ngoto permeate, head, glottal stop, poke in deep

ngōungou mature, fully ripened, well cooked

nguha fierce, fight, rage

ngungu graze, ricochet, overt

ngūngū dumb person, stillborn child

ngunguru rumble, grunt, groan

nguru flute, grunt

ngutu lip, beak, mouth, cave mouth, mouthpiece, rim, gossip

ngutu pare wry-bill

ngutu pārera flintlock musket, type of flax

ngutu pī babbler, gasbag, tattler

ngutu riwha harelip

ngutuawa river mouth, estuary

ngutungutu gossipy, tasty, heated exchange

nguture blunt, sea fish

ngututa carved head backward curving lip

ngututawa green beetle

Ng

O

o   of, belonging to
ō   provisions
oati(-tia)   oath, to take an oath
oha   last words, inheritance, greeting, generous
ōhākī   dying speech, legacy
ōhanga   cradle, family home
ohaoha   economics, generous, plentiful
ohi   childhood
ohinga   childhood
oho   wake suddenly, be aroused, banded rail
ohomauri   be startled, banded rail
ohonga   surprise, shock
ohorere   suddenly, emergency, spark off
ohotata   sudden
ohu   working bee, commune, volunteer, crowd around
ohu-ā-iwi   iwi authority
ōhua   half moon
oi   mutton-bird, continuous motion, tremble
ōi   quicksands, shout, salt marsh grass
oinga   childhood
oioi   shake gently, stir up, seal
oka   dagger, butcher knife
okaoka   stab repeatedly, lay fish open for drying
oke(-a)   struggle, eager, type of hāngi, dogfish
ōkena   organ (musical instrument)
okeoke   struggle, wallow, writhe

okewa   halo, rainbow spectrum, dark grey stone
oki   oak tree
ōkiha   bullock, ox, barren sow
okioki   rest, pause
okiokinga   rest, resting place
oko   bowl, receptacle, basin, dish
oko whakaroto   stethoscope
okooko   to parry a blow, cradle in arms
ōku   my, mine
oma(-kia)   to run, escape
oma tutuki   home run
oma wawe   false start
omanga   running race, refuge, escape
omaoma   track for racing
omaoma-a-Tohe   marathon
omareta   omelette
omoomo   gourd
ōna   his, hers
onāianei   of present time
onamata   of ancient time, historic
one   beach, sand, earth, soil
onehunga   alluvial soil
onekura   poor soil
onematua   loam
oneone   earth, soil, lang
onepunga   light poor soil
onepū   sand
onetai   sandy, volcanic soil
ōnewa   greystone, stone club
onga   vibrate, shake about, churn
ongaonga   edible nettle, irritated, dog-tooth pattern

94

onioni wriggle, sexual intercourse

ono six

ono(-kia) to plant

opa(-ina) throw, pelt

ōpapa mineral

ope (*n.*) expedition, war party, company of travellers, band of people

ope (*v.*) scoop, scrape together, scratch, bail water

ope taua war party, army

opeti crowded

opuru ram, stuff, gorge

ora alive, well, satisfied, servant, slave

ora matomato in best of health

oraiti barely escaped

oranga health, welfare, safety, sanitation

oranga ake destiny

oranoa barely escaped

orapito escape danger

ōrau percent

ore poke with rod, drill, quiver, alarmed

oreore shake, fidget, incite

orewa tawapou (tree)

ori (*v.*) wave, agitate

oriori sleep-time chant, lullaby

ōrite equal, dead-heat (games), weighing scales, flush (level)

ōriwa olive

oro(-hia) sharpen, echo, phoneme, clump of trees

oro rangi portable cassette player, 'walkman'

oroko as soon as, for the first time

orokotīmatanga very beginning

oruoru second-hand, swampy

ota raw, uncooked, otter

ōta order

otaota herbs, garbage, grass, litter

oti completed, concluded, but, isn't it?

ōti oats

oti atu never returned, that was the end of it, gone for good

otiia but, however

otimira oatmeal

otinga solution of problem, rounding off, result, quotient

otirā but, however, rather, nevertheless

otirawa outright

otitōriama auditorium

ōu your, yours

ōuenuku rainbow

oumu oven

ouou few

owha last words, inheritance

ōwhiro new moon

O

P

pā (*n.*) stockade, stockaded village, weir, screen
pā(-ngia) (*v.*) touch, infect, bloc
pā kahawai spinner
pā ki relating to, touching on, relevant, affect
pā, e - ! term of respect to male, Father, Elder
paamu farm
pae cast ashore, balance of accounts, horizon, beam, perch
pae ara kerb, pavement
pae maunga mountain range
pae ū goal line
pae whiu sinbin
paeārau shipwrecked
paearu criterion
paeata line of symmetry, mirror line
paehau winger (sport)
paekaha gums
pāeke speaking order, locals first then visitors, noose of trap
paekete pikelet
paekiri narrow flat space, beam
paekura lost property, flotsam
paemanu collar-bone, thwart of canoe, bird perch
paemate mourners
paenga threshold, cross-piece, edge, point (tennis)
paeoru disco
paepae orator's bench, threshold, open container, tray, rod
paepae āwhā threshold, door-step

paepae poto doorsill, front step
paeparu mudguard
paera(-tia) boil
paerata pilot
paerau resting place of spirits, limbo
paerewa high beam, arch of foot, standard
paeroa south east, range of hills, wind
Paeroa o Whānui Milky Way (stars)
paetahi beginners (level)
paetini poison
paewae door-sill
paewai driftwood, batten, jaw/shoulder bone, noble person
paewhenua expanse of land, weeds
pahaki short distance away
pāhanahana blush, glow, use red ochre
pāhao fish trap, wind-break, confused, to net (also information)
pāhau beard, whiskers, besiege
pāhauhau windbreak
pahawa smeared
paheke slip, ornamental threads, brush past, jew's ear fungus
pāhekeheke unstable, ill-founded, slippery, broad and shallow
paheko maths operation, join, combine
pahemo pass by
pahi bus, coach, ended

pahī group of visitors, camp, slave, sub-group

pāhi boss, pass, purse, parcel

pāhia(-tia) slap, mash

pāhihi passenger

pāhīhī dribble, well up, spring of water

pahika gone further, exceed

pahiketepaoro basketball

pāhiko power station

pahinipi parsnip

pahiri parsley

pāhiwihiwi uneven, in ridges, kelp-fish

pāho broadcast, spread news

pahoa kākahu fashion designer

pāhoahoa back of head, headache

pahore dented, scraped off, roughed up, exposed

pāhorehore scraped clean

pāhoro capture by storm

pahū wooden gong, explode, bang, falsehood

pahū hauwai hydrogen bomb

pahū karihi nuclear bomb

pāhua rob

pahūaketanga blow out

pahuhu slip off

pāhūhū to pop (corn)

pahuka foaming

pāhuki brushwood-fence

pahupahu bark, emit

pahure come into sight, pass by, be completed

pahūtanga bombardment

pai good, excellence, quality, virtue

pai(-ngia) (v.) to like, approve, agree, bless

pai ai which is preferred, (āna i pai ai = his own terms)

pāia blocked up, dammed, secure

paia, whare - health clinic

paiaka root of tree

paihamu opossum

paihana pheasant, poison, basin, toxic

paihau beard, wing, projecting sides

paihau, ika - catfish

paihautea lush undergrowth

paiheneti percent

paihere bundle, bind, compress, tie up

paiheretanga binding, book-binding

paihikara bicycle

paihona bison

paikaka home-brew beer

paikea tame whale, humpback whale

Paimārire religion of Te Ua, peaceful virtue

paina pine

pāinaina sunbathe, warm onself, bask

paināporo pineapple

painga advantage, attribute

paipa pipe, hose

paipa ngongo syphon

paipai venereal disease (VD), skin trouble

paipai ruaki bilious

paipapūroa blowpipe

Paipera Bible

paipōro piebald

pāiti to tip (volleyball), low impact exercise

paitini poison

paka bugger, weather-beaten

paka(-tia) quarrel, cook

pākā reddish, scorched

P

pāka box, park
pāka hiko electric battery
pākaha power stroke, press-stud, high impact
pākai protective screen
pākai-ahi fireplace
pākākā brown, dark orange, seal
pakake minke whale, whale (motif), busy
pakanga war, battle, campaign, hostilities
pākanga close relation
pākano seed-pod, pine cone
pakapaka baked dry, belligerent
pakara smack lips, crow
pakari self-assured, adult, healthy, fully operational
pakaru broken, torn, wrecked, defeated
pākaru(-a) gush out, break through
pākarutanga breakdown, wreck, smash
pākati box in (during race), dog-tooth pattern
pākau wing, kite
pākaurua stingray
pakawai driftwood
pākawe shoulder strap
pākē rough cloak, rain cape
Pākehā non-Māori, European, Caucasian
pākeho limestone, white clay
pākehokeho slippery
pakeke difficult, austere, stiff, hard
pākēkē grate, scrape, sizzle
pakepake (v.) grate
pakepakehā ghostly people, weird, pale spooks
paketai moana driftwood, flotsam

pākete bucket, packet, carton, pocket
pāketi spaghetti
pakewa slip of the tongue, wandering, lonely
pākewakewa syphilis
paki (n.) fine weather, apron, kilt, buggy
paki(-a) (v.) slap, tap, touch (games), publish report
pakiaka root of tree
pakihau fan, wing, fin
pakihi dried up, at lowest ebb
pākihi dig for roots, meadow, barren country, infertile land
pākihikihi shallow
pakihitanga lowest tide
pakihiwi shoulder, ell (cloth measure)
pakihore shiftless, idle
pakikau wing, fin, cloak
pākiki inquisitive, nosey, sticky-beak
pākikini pain, ache
pakimaero fairy story
pakini nip, nick, notch
pākini sting, sudden pain
pākinikini sore, hurt, spasm
pakipaki dried head, dried food, decorated border of cloak
pakipaki (pākia) (v.) clap, keep in line, side flap, cure skins
pākira bald, mistaken
pakiri te kata burst into laughter
pākirikiri blue cod, grimace, show one's teeth
pakitara wall, gossip, tell tales
pakitea dandruff
pakitua put behind one
pakituri, haere - go on foot, walk
pakitōne buckthorn

pākiwaha boastful, pectoral fins, windbag

pakiwaitara fairy story, scandal, fiction, mythology

pakiwara naked, scantily dressed

pakiwhara naked, venereal disease

pakō bang, blistered, pop

pakohe slate

pakohea dried up

pakohu cavity, gap, chasm

pakoke random, pointless, aimless

pakoki toss up and down, distort

pakoko statue, dried up, old root crop, cockabully

pākoko childless

pakoko haere wander aimlessly

pakopako plantain, food scraps

pakoro barren

pākoro store, storeroom, stockade, fenced enclosure

pākoromauti silo

pākoukou shoulder blade

paku matter in the eye, dried, scab, small particle

pakū explosion, resound, beat

pākūhā dowry, marriage gift

pakupaku small,

pākura red sky, bad omen, swamp hen (pukeko)

pākuru percussion stick, rap (chanting to the beat), hit

pākūwhā marriage gift

pāmamae grieved, remorse

pāmamao distant

pāmārō hard, steady

pāmu farm

pāmu wēra sperm whale

pana(-a, -ia) (v.) shove, impetus, send off (sport), give sack, parry

pana penihīni petrol pump, bowser

pana tahi odd number

pana tamariki bring to birth, give birth

panahau pump

panana banana

panatahi odd number

pane head, header, postage stamp, subject of sentence

pane kuīni postage stamp

pane uruwhenua visa

panekākā rough in appearance, country bumpkin

paneke move forward, overtake

panekoti skirt, petticoat

panenehu fern

panga(-a, -ina) to throw, pass ball, aim at, put

panga (n.) puzzle, riddle, enigma, accoutrement

pānga contact points, relation (maths), share, apparatus

panga kuti lawn

pangahono jigsaw puzzle

pangakupu crossword puzzle

pāngarau mathematics

pāngia e te mate ill, indisposed, catch sickness

pango black

pangopango dark coloured

pangore immature

pangu punch, stopper, bung

panguru bass voice, gruff

pani(-a) orphan, smear, trowel, bereaved

panihi punch (tool), make a notch, nick, cut

panikaka mustard

panikena mug, pannikin

panio banjo

P

Pāniora Spanish, Spaniard
panipani(-a) spread
panoho pole for punting
pānui(-tia) announce/ment, advertise, state publicly
pānui whakaata teletext
pānuitanga advertising
panuku move on, golf putter
pānukunuku toboggan
panunu slide
pao(-a) smash (tennis), strike, song, scattered, hit song
paoa smoke, struck
paoho give alarm, alarmed, on alert
pāoka fork, skewer
paopao (v.) strike, hit, type, whack, tenderize
paora/paoro ball, echo
paorangi thunderclap
paoro(-tia) crash into, echo, resound
Pāpā (n.) Pope
papa (n.) board, plane (maths), medium, explosive noise
papā (-ngia) (v.) squeeze, explode, clash
Papa Atawhai Department of Conservation
papa autō magnetic field
papa pounamu calm
papa pukapuka bookshelf
papa pūkura badminton court
papa tākaro playground, playing field, pitch, court
papa tiriwae stepping stone
papa toiake hip-bone
papa tongarewa museum, treasure exhibition
papa tupu/tipu Māori land free of title

papa waka car park
papa wetereo grammar book
papahoro unstable land, fall
papahu porpoise, cheating
papai good
papaihore buttocks
papake whale meat
pāpaku shallow
papaku otaota grass grub
papakupu dictionary, glossary
papakura red glow, ominous sign, insect
papamā whiteboard
papamāene asphalt
papamahi desk top, work station, workshop, studio
papamuka fibreglass
papanga layer, cloth fabric, site, partly full
papangarua quilt, duvet, eiderdown
pāpango dark, black teal, scaup
papanui platform in tree, cloud ceiling, palm of the hand
pāpapa eggshell, husk
papapātua food container
papapuata glass slide
paparaho deck
pāparakauta public house
paparawhi clipboard
pāpāringa cheeks (face)
paparite level
papata ripples, cockroach, swarm, pimply
papatahi first base, first floor, flat
papatairite level surface
papatipu land with Māori title, ancestral home
papatoiake pelvis
papatū ground floor, champion, barricade

papatua uncultivated soil, snake's skin chiton

Papatūānuku Mother Earth

papatuhituhi blackboard

papatupu land with Māori title, solid mass, hard ground

papi blind, puppy

papu pump, inhaler

pāpuni dam, block flow, staunch blood, plug

pāpura purple

papāroa scarce

papī ooze, blind

para garbage, pulp, edible orchid roots, edible fern

para (*v.*) clear (bush), clearing of clouds

para, whai - have guts, plucky

pārae open country, paddock

paraehe prize

pāraerae sandal of flax

paraha flat, broad

parahanga rubbish

parahau justification (science), defence

paraheahea ugly, helpless

parāhi brass

parahou fern root

parahuka(-tia) strip

parahuti quick

parai(-tia) to fry, fried, flapjack, frying pan

pārai reject (basketball), screen, push back

paraihe prize, brush, accolade, award

paraikete blanket

paraire bridle, Friday

paraiti blight

paraka jumper, jersey

parakai scraps, eel-weir

pārakaraka reddish kumara, orange coloured stone

parakete booty, plunder

paraketu scavenge

parakimete blacksmith, farrier

parakipere blackberry

parakipīhi pilot whale

parakitihi practice, rehearsal

parakuihi breakfast

parama plumber

paramanawa provisions, refreshments

paramino palamino horse

paramu plum

pārana barium

parangia overcome by sleep, fish bait

parani brandy, brand, verandah, daisy

parani(-tia) brand

pārao pharaoh

parāoa bread, flour, sperm whale, weapon of whalebone

parāoa kinikini dumpling

parāoa parai scone

parāoa rewena yeast bread

parāoa takakau damper bread

parāone brown

parapara offal, excrement, a place of rites

pararahi flat area

pararāwha to mouth, mutter

pararē shout, bawl, food, cry, fart

pararehe shout

parareka variety of potato, horseshoe fern

pararutiki paralytic, palsy, tetraplegic

parata whirlpool demon, carved head on canoe prow, Brother

paratai current, tidal drift

P

parataniwha spreading plant

paratau semen, spawn, roe, off-spring

paratawhiti orchid

paratē maize

paratiki plastic

paratinaku loiter

paratohe fry of snapper

paratūtae dung, shit

paratī spurt, splash, squelch

paratī atu depart

pārau(-a) seize, enslave, captivity

parau(-tia) plough, tell lies, dis-loyal, loot

parauri dark coloured, dark skinned, dark brown colour

parawaha spit, bits of food

parawai cloak with decorated border

parawera burnt off land, black, south wind, black

parawhenua flood, tsunami

parawhiti radiation

pare (*n*.) headband, carved lintel over door, wreathe

pare(-a) (*v*.) discard, divert, evade, foil

pāre barley

pare taua green-leaf headband, sign of mourning

parehau air resistance

parehua balcony, terrace

pārekareka pleasant, comical, recreation, spotted shag

parekohu overcast, darken

parekura battlefield, disaster, bloodbath, massacre

Pāremata Parliament

Pāremata Kotahitanga o Ngā Iwi o te Ao United Nations

paremo drowned

pāremoremo stammer, hesitate in speech

parenga river bank

pārengarenga leggings

parengo red seaweed

pareone mudbanks

parepare defences, palisade, gills, shin pads

pārera mallard, grey duck

pārerarera plantain, young godwit

paretai riverbank, washboard

paretao fern

parete Brussels sprouts

pārete spurs, tow

pāreti porridge

pāreti waiwai gruel

pari bodice, cliff, high tide, bark of dog

pari-uma bra

pariha/parihe parish

pāringa handball

paripari(-a) buffet, precipitous

parirau wing

paritū steep, sheer

pāroherohe relaxed, shrivelled, worn out

paroiwi bone

paronga furlong

pārongo stethoscope

parore mangrove fish, black bream

parori off course, askew

pāroro threatening clouds, storm, howling noise

paru mud, dirt, sordid, filthy lucre, adobe

paruheti dirt, dirty

paruparu dirt, dirty, sludge

parure drooping, listless, uninterested

paruru compact, close together
pāruru windbreak, shaded
paruwhatitiri basket fungus
pata butter, grain, seeds, fruit ready to drop
pātahi instantaneous, clean sweep, affecting all
pātai(-a) ask, question, inquire, interrogative
pātaitai quibble, small flatfish
pātaka larder, pantry, storehouse, cupboard
pātaka keo freezer
pātaka mātao fridge
patamiraka buttermilk
pātangatanga fingers of tawhara vine, starfish, sea-perch
patapata drip, raindrops, parallel lines, tentacles
patapatai inquiry, grill (interview), challenge, ask questions
pātara bottle
pātaritari amuse, entice, tease, provoke
pātata near
patatē cracking noise, seven fingers (tree)
pātātea contraceptive diaphragm
patatō rattle, knock over
pātaua submersed, rain damaged
pātea fine cloak, body armour of thick wet flax
pāteketeke crested grebe
pātene button, batten
pātere flow, rhythmical chant, abusive song, rap
patero fart noisily, cracking sound
pāterotero fart
patete move along, seven fingers tree, fire-making wood, rub against the grain

pātētē creaking noise
pati coax, bludge, cadge money, seek favour
patī splash
pāti party, patch
patiha badger (animal)
pātiki flounder, paddock, coalsack (star formation)
pātīmata ignition (engine)
pātiotio rock borer shellfish, angel's wing shellfish, frozen over
patipati flatter, praise
patiti scattered
pātītī meadow grass, tomahawk, tussock
pātito sores on crown of head
pātitotito whale barnacle
patō pestle, cracking sound, spread
patoa scrublands
pātohe untilled ground, fallow
patopato typewrite
pātōtara juniper shrub, yellow flounder, parsley fern
patoti cut notch, make dent, cut furrow
pātōtō knock, knocker, tapping, twitching of fishing rod
patu weapon, beater, bat, racquet
patu(-a) beat, ill-treat, bash, slaughter
pātū wall, boundary
patuero antiseptic
patuheni venereal disease
pātuhi key (typewriter etc)
pātuki (*n.*) piston, heartbeat
patūki(tia) (*v.*) strike, hit, skittle
pātukituki knocking
patungaro flyswat, canoe plume ornaments

P

patupaiarehe fairy, nymph

patupatu batter (beat), pulsate

pātura banjo

pātūtū (*n.*) shelter, protection, dogskin cloak, hedge

pau used up, eaten up, extinct, gone

pau ngā tau completed years

pāua shellfish, fishhook of paua shell, abalone

paukena pumpkin

pauku cloak rolled on arm as shield

pauna(-tia) pound (lb.), weigh, impound, weighing scales

paunu retract, lag behind

paura(-tia) (*n. & v.*) powder, to powder

pāura glow

paute spout

pawa smoke, bird or rat snare, trap in argument

pāwera hot, scared, panic-stricken, sore

pāwhara(-tia) torn open, untamed

pawharu packhorse crayfish

pāwhera dried fish, rape

pawhero reddish hair

pē mashed up, messy, saturated, mushy, sap

pea perhaps, pair, pear, bear (animal)

peara pearl

peau turned away

peha proverb, wisecrack, husk, peelings

pēhanga press, look down, heap, pressure

pehapeha boast

pēhea somehow, manner

pēhea? what about?, how?

pēhi(-a) press down, weigh down, suppress, sit on eggs, bother

pehipaoro baseball

pehipehi(-a) ambush, porpoise, threshold, beam of toilet

peho hoot of morepork, draw tight mouth of bag

pehopeho(-ria) draw tight mouth of bag

pehu(-a) kumara, taro, ball of cooked taro, angle

pei spade, bay horse, earth

pei(-a) drive out, push, shove, banish

pei ki raro relegate

peihana basin, pheasant

peipei sod (lump of earth)

peita paint

peka branch, bundle of fern, visit, turn aside to, season

pēka baker

peka atu side track, divert

pēkana bacon

pekanga side road, side stream, branch line

pekapeka bat, carpet shark

pekaputa offramp

pekauru onramp

peke jump, limb, upper arm, shellfish, snail

pēke(-tia) back up (car)

pēke sack, bag, sachet, roll sleeves

pekengaru surfing, wave jumping

pekepeke jump about, hop about, limbs

pekepeke haratua daddy-long-legs

pekepoho last-born child

pekerangi outer palisade of battens, screen, jump about

pekerapu bankrupt

peketua burden, centipede, extra load

pekī chirp, twitter

pēnā like that, in that case, such, act in that way

penapena protect, preserve knowledge

pene pen, pencil, penny

pēne band, sheep pen

penehīni benzine, petrol, gasoline

pēnei like this, if so, sic, thus

pēneti bayonet

penihana pension

pēniho toothpaste

penu completely, flat

penu(-a) smear, squash

penupenu squashed flat, masher, mashed

pepa paper, pepper, sheet of paper

pepa heketua toilet paper

pepa hōanga emery paper

pepe butterfly

pēpe baby

pepeha proverb, boast, witticism, motto

pēpeke frog, in a crouch position, pull up knees, hurry

pēpepe butterfly

peperiki aphid, slater

pēpi baby

pera pillow, whale blubber

pērā like that

pēra/pēre bucket, pail, bale

perakēhi pillowcase

perawīti bail of wheat

pere bell, arrow, dart (missile), mattock

pēre bale, pail, bucket

pere whaitua space-ship

pere whakaoho alarm

Perehipiteriana Presbyterian

perehitini president

perehuka billhook

perehunga fluff

pereki brick, brig

pereti plate

peretopa felt topper, top-hat

perikana pelican

pero head of fish, dog

perori swerve, dodge

peru snort, apoplectic swelling, eaves, nail head

peruperu dance with weapons, eyebrow, throat feathers, wattles

petapeta worn out, rags, all at once

peti(-a) bet, heap up

pēti bed, spades (cards)

petipeti gamble, jelly-fish, crown fern

peto used up

peu smash (tennis), part of bird trap

pewa arc, snare, eyebrows

pēwera bevel

pēwhea? how

pī(-a) treat with disdain

pī bee, pea, chick

pī kanohi corner of eye or mouth

pī tauira DNA molecule

pī, titiro - side glance, look from corner of eye

pia beer, undergraduate, glue, hagfish

piaka young shoots of mangrove, rhizome of raupo

piako empty, hollow, hollow gourd

piana piano

pīari hunchback, physically hand-icapped

P

pīata shine, bright

piau iron axe

piha butcher, gills of fish, yawn, bow-wave

pihanga window

pīhangaiti compact, heaped

pīhao(-a) surround

pihapiha gills, fish offal, lattice-work

piharau lamprey

pihareinga grasshopper, outlaw, bandit, maverick

piharoa chopper, sheet metal

pīhau break wind quietly

pihe song of grief with body movements

pihei wax ear

pihepihe girdle

pihi sprout quickly, cow's horn, piece, watertight

pīhi block of land

pīhi pīni bean sprout

pihikete biscuit

pihipihi wax-eye

pīho skite, boaster

pīhoi deaf, inattentive

pīhoihoi N.Z. pipit, ground lark

pihona antler

pihongi sniff

pīhono hyphenate, hyphen

pīhopa bishop

pīhopatanga bishopric, diocese, episcopate

pīhore rip off

pīhuka gaff, hook

pika comma

pikao peacock

pīkaokao rooster, cock

pīkara ampersand, pickle

pīkari chick

pīkari, wahine - lesser wife

pīkaru discharge from eyes

pīkau(-ngia) carry on back

pīkaunga burden, imposition, onus, load

piki(-tia) climb, feather-plume of rank, step over (bad omen), assistant

pīki fig

pikiarero roof of mouth, climbing plant

pikīni bikini

pīkini billycan

pikiniki picnic

pikipiki jungle gym, climb over

pikirangi plant, heavenward

pikitanga ascent

pikitia pictures (films), movie

piko(-a) bend, stoop, comma, curve

pikopewa hook and eye

pikopiko winding about, fern fronds, fern shoots, snail

pikopoto warped

pikoro piccolo

pikorua double quotation marks

pinaki weeding tool, N.Z. carrot

pīnati peanut

pinātoro strathmore weed

pine close together, pin

pinepine little

pinerua two wives, two homes

pīngao golden sand sedge, golden yellow colour

pingawi sagging

pingohe supple, floppy

pīngore flexible

pīni bean, apron

pīnohi tongs, grasp with tongs, place food on hot plate/stone

pinono peep, cadge money, beggar, dependant

pīoi see-saw, song of revenge
pioka/pioke shark, lemonfish
piopio extinct thrush, provoke, insult, stranger
piori annoying, teasing
pīoriori song
pipi cockle, little wedge, squeak
pipī ooze, gush out, smear, bathe
pīpī chick, tiny tot, swampy, swampy
pipiha snore, spout (whale)
pīpihi storm
pīpipi shallow, brown creeper
pipiri cling together, June (month)
pīpīwai damp swampy
pīpīwharauroa shining cuckoo
pīra appeal (legal)
pīrakorako twinkling
piramiti pyramid
pirangi(-tia) desire, want, need
pirara separated, wide apart, branching
pirau rotten, extinguish, decompose, mortal
pire bill, pill
pīrere fledgling, to migrate
pīrere, whenua - temporary occupancy
piri cling, lie in wait, dependant
piri ka piri press near, close quarters
piriawaawa leech
pirihi priest
pirihi Kōrana imam
pirihimana policeman
pirihō fleecer/fleeco
pirihono linger near
pirikahu burr, bidibidi
pirimia prime minister
piringa haven, shelter, sanctuary
piringi kāta spring cart

piriniha prince
pirinitete princess
pirinoa parasite, mistletoe
piriona billion
piriota billiards
piripiri huddle together, bidibidi, winter, tacky
piripoho baby, suckling, last-born infant
piripono loyal
pirita supplejack, mistletoe
piriti bridge, priest
piritoka limpet
piriwai mayfly
piriwheke prefect
piro extinguished light, putrid, intestines, pus
piro(-ngia) odour, sniff out, out (in game), try (rugby)
pīroiroi entangled
pīrori roll about, hoop, bowl ball
pīrorohū bumble bee
pita horse's bit
pītaketake nestling, small chick
pītara pistol, beetle
pītari incite
pitau black tree fern
pītau pīni beanshoot
pītawitawi sag, bend
piti join, place side by side
pīti beaten, beet, trounce
pitihana petition
pītiti peach
pito navel, end, terminal, at first
pītoa feijoa
pitoi(-tia) tie in bunch
pitoiti almost
pītoitoi robin
pitopito kōrero notes
pītore expose buttocks in rude gesture

P

107

pitototo blood relation
piu(-a) swing, sling, toss, skip
piu maitai hammer throw
piukara bugle
piupiu flax skirt, swing, oscillate
piuta solder
piwa beaver (animal)
pīwa fever
pīwa rūmatiki rheumatic fever
pīwaiwaka fantail
piwaka dollar sign
pīwakawaka fantail
piwhera hāte beaver hat
pīwhetū asterisk
pō night, darkness, realm of
death, set of the moon
pō rākaunui full moon
pō whenua midnight
poa food, bait, smouldering
Poa Boer
poai boy
poaka pig, pork, pied stilt
pōānanga shrub
pōangaanga skull
pōānini dizzy
poapoa lure, entice, stained,
seduce
poari board, council
pōāritarita hectic, rushed
poatāima fourtime (old card game
- All Fours)
poataniwha bush aromatic leaves
pōātinitini dizzy
poau puzzled, bewildered
pōauau stupid, disorientated, at a
loss, schizophrenia
pōhā bag made of kelp, food con-
tainer, youngest child
pōhaha split open
pohane lewd insult, rude, lewd,
affection

pōhara poor, impoverished,
pauper
poharu morass, mud hole
pōhatu stone
pōhauhau mistaken, confused,
nonsense, misconstrue
pohe apathy, torpor, withered,
blind
pōhēhē(-ngia) make a mistake,
think mistakenly, bewildered,
duped
pōhekaheka mouldy food
pohewa in a trance/dream,
confused, small food basket,
whimsical
pōhi boss, post
pōhimāhita postmaster
pōhiri(-tia) welcome
poho chest, stomach, bosom
pōhoi ear ornaments
pohongawhā heartburn
pohū bang, bomb, explosion,
dynamite
pōhue convolvulus-type creeper,
bindweed
pōhuehue wire vine creeper
pōhūhū cloudy, infested, bunched
together
pohūtanga bombshell
pōhutu splash
pōhutukawa tree, N.Z. Christmas
Tree
pohūwai torpedo
poi(-a) ball, swing the poi
pōī swarm about
poihuka snowball
poipātū squash (sport)
poipoi(-a) twirl, knead, toss about
pōito fishing float
poka(-ina) hole, grave, surgical
operation, gut fish, mine

poka ara tātea vasectomy

poka raho emasculate

poka tata short cut

pokahū hollow in ground

pōkai(-a) swarm, flock, crowd together, ball of string

pōkaiwhenua pioneer rover, trek

pōkākā stormy, hot, tree

pokanga surgery

pokapoka pierce with holes, pock-marked, docking knife, imperfect

pokapū centre-spot, bulls-eye, gold (archery), agency, hub

pokapū wira axle

pōkare stir liquid

pōkarekare ruffle, rough (water)

poke green vegetables, dirty, tomahawk

poke(-a) haunt, knead, work as a mob, swarm over

pōkē dark, morose, black cloud

pōkeka poetic saying or chant, rough cloth

pōkēkē(-tia) blackout, gloomy

pokekore immaculate, perfect

pokenga kneading of dough

pōkeno murky

pokepoke knead, mix with water, pellets

pokere hole, cockpit, in the dark

pōkere purple

poki (pōkia) cover, kneecap

pokiha fox

pokihiwi shoulder

pokipoki rat-trap

poko hole, be put out (fire/light), beaten, defeated

pokohiwi shoulder

pokokōhua boil your head (the ultimate curse)

pokorokoro grayling

pokorua ant, cavity

pokuru throw, scent

pona cord, knot, joint, knee, knuckle, ankle, elbow, greens

pona(-ia) tie a knot, tether

pōnaho little potato

pōnānā rush about, flurried, flustered

ponaturi sea-ghosts sleeping on shore

ponga silver fern, game

pongāihu nostrils

pongere smoulder, dusky, stifling, oppressive

pōngia overtaken by darkness

pongipongi(-a) shadowy, stupid, breeze, puff of breeze

pōnitiniti bewildered, giddy

poniu marsh cress

pono truth, valid, principle, came upon

pononga servant, slave, office assistant, witness

pōnotinoti stunted

popo(-tia) rotten, borer-eaten, flyblown

pōpō pawpaw/papaya, anoint, soothe, lullaby

popoa sacred food

pōpōhue climber, morning glory

popoia tragus (ear), flywheel, handle of basket, potato variety

popoiangore spotted-seal

pōpokatea whitehead

popoki (pōkia) cover, kneecap, infested, amnion

pōpokorua ant, freezing cold

popona expand, bud, form a knot

pōporo breadfruit tree, borer-eaten, rotted, dark coloured

P

popoti surround, rough basket
popou(-a) pour in/out
popowhatitiri basket fungus
pora big canoe
pora matanui low-pitched roof
pora, tangata - foreigner, stranger
porae trumpeter fish
pōrahu/rahu awkward, annoying, grievance, embarrassment
poraka block, frock, frog, jersey
pōrakaraka ball of red earth, red ochre
pōrangi(-tia) hectic, maniac, delirious, crazy
porara having gaps, spread out
pōraruraru confused
pore faint, slip off, cut short, toss during sleep
pōre de-horned
pōrearea bother, nuisance, interruption
porepore weak from hunger, cut off
pōrewarewa illogical, senseless
pori dependant, hanger-on, supporter, crease in skin
pōria circular bead of bone, weighted
pōriro bastard, illegitimate, love-child
poro(-a) cut short, log, truncated, butt end
pōro ball, concussion, stunned, thunderstruck
poroaki farewell
poroāwhio discus
porohau gout, ankle swelling, dropsy
porohaurangi drunk, drunkard, wino
porohehio procession

porohete prophet
porohewa with a bald patch
porohita circle, wheel, centre circle (sports)
poroiwi bones
poroka (see poraka) frog, block
poropeihana probation
poropiti prophet
poroporo breadfruit tree, pale purplish-blue
poroporo(-tia) cut short, lop off, dark-stained, mauve
poroporoakī farewell, closing ceremony, panegyric
porororaru disturbance, addled, distracted, grievance
pōrori slow, stupid, door-knob, bastard
porotaka round, circular, draughts
Porotehana Protestant
porotehe you swine!, you stinker!
porotītaha ellipse
porotiti disc, rotate, scattered, whizzer toy
porotītīwai phosphorence
porou eager
porowhā oblong
porowhā rite square
porowhita round, circle
porowhiu(-a) throw away
porowini province
pōrutu splash, thrown, dumped
pōtae hat, cap, hood
pōtae mati thimble
pōtaka spinning top
pōtangotango very dark
pōtari snare, running noose
pōtata near
pōteretere drifting about
pōtete tied up, draw string, talk a lot

pōtēteke somersault
poti boat, cat, basket, corner
pōti(-tia) vote, election, ballot, suffrage
poti koko dredge
pōti motuhake by-election
pōtiki last-born, youngest, runt, infant
potipoti sandhopper, shrimp, sacred box, moth
poto short, all fixed up, succinct, brevity
potopoto short
pōtuki pestle, beater
pōtuki(-a) hit, throb, baton, beater
pōturi deaf, slow, pig-headed
pou upright post, sustenance, support, pole
pou(-a) fix in ground, establish, plant, dip
pou-ā-haokai feast of seafood
pou maitai derrick
pou niho dentist
pou tokomanawa centre pillar
pou waiti lamppost
pou whakarae carved palisade post
pouahi pillar of fire
pouaka box, fescue
pouaka whakaata TV screen, computer screen
Pouākai huge mythical bird
pouaru widow, widower, solitary
pouāwai degenerate person
pouawhi probation officer
pouhawaiki ships rat, plant
pouihi battens
poukoki stilts
poumāhita postmaster
pounamu greenstone, bottle, preserves, glassware

pounga plunging in, eclipse
poupou steep, posts, in-laws, ancestor, stake
poupoutanga o te rā noon
pourā date stamp
pourangi platform shelter
pourapa rubber stamp
pourewa tower
pourewa hinu oil rig, drilling platform
pōuri dark, sad, apologise, grief
pōuriake stand aside, get out of the way
pōuriuri gloomy, melancholy, murky, subdued lighting
poutāhuhu thematic paragraph, upright post, end post supporting ridgepole
poutaka platform on single post
poutama steps pattern
Poutāpeta Post Office
poutini star - Rigel
pōuto(-a) fishing float, cut off
poutoko half-back, supporting paragraph, bull sea-lion
poutoti stilts
poutū on high (sun/moon)
Poutū-te-rangi March, star - Altair, Maehe
poutuki (*n.*) baton, hit, throb
pouwaiwai rotor, propellor, fan
pouwaka box
pouwhenua long club
pouwhiwhi tangled up
pōwhiri(-tia) wave, welcome, opening ceremony, fan
powhiro expert, specialist
pōwhiwhi intertwined, convolvulus
pū gun, clever person, precisely, pipe, flute

P

pū(-ngia) lie in a heap, bundle up, puff, originate

pū āwhiowhio daisy-wheel (typewriter)

pū hiko power supply, electrical battery

pū huringa centre of rotation, axis

pū kāea war trumpet

pū korokoro larynx, pharynx

pū kotahi full house (cards)

pū mīhini machine gun

pū mōtā mortar (gun)

pū ngote drinking straw

pū pukapuka book case

pū rarangi alphabet

pū repo cannon

pū rongowaipiro breathalyser

pū taiao science

pū tame tommy-gun

pū tongamimi urinary catheter

pua seed, flower, bud, raupo pollen

pūahi dogskin cloak, cigarette lighter

puaki tell, emerge, disclose

puakoro loose, slack

pūāmua front vowel

pūānanga clematis plant

pūangi balloon, cool breeze

puango hollow, empty, shrunken

puano vertigo, dizzy, acrophobia, wren

pūao dawn

puapua plant used for wreaths, female parts, shield of rolled cloth, rolling wave

puare(-tia) open, hole, expose, calibre gun/pipe

puarere thistledown, parrot, decoy

puaretanga vent

pūaroha real sympathy

puata clear, transparent

pūataata transparency

pūau quick, ripples of water current, river mouth, variety of gourd

puāwai(-tia) flower, blossom, come to flower, reach maturity

puawānanga bush clematis

puea avenged, rise to surface

pūeaea sudden short thunderstorm

puehu dust, muddy water, blown like dust

pūeru skirt

puha full, carving knife, overflowing, fish gills

pūhā sow-thistle

pūhaehae envious, envy, jealous

puhake overflow

pūhana glow

pūhanga root, basis

pūharakeke yellow eel, flax clump

puhau lightweight

puhera envelope, bushel

puhi virgin, eligible girl of status, bunch of hair/feathers, Virgo (Zodiac)

puhi ariki canoe streamers

puhia is fired, is shot, (*see* pupuhi)

pūhihi sun ray, feeler, antenna

puhikura skin rash

puhina infertile seed, leftovers after lifting crop

pūhina grey

puhipuhi bunch hair/feathers, puff, shooting (sport), roe of crayfish

puhitai billow, wave (sea)

pūhoi slow, deaf

pūhore bad luck hunting or fishing, bad omen
puhoro sea net, scroll pattern, tattoo on arms or legs, stormy weather
pūhuka snow, wintry weather
pūhuki blunt
pūhunga reserve, put on one side
pūhuruhuru hairy
puia volcano, geothermal spring, smoky taste, tuft of grass
pūia be shot, fired
puihi pussy
pūihi antennae, feelers, shy, wild, flee
pūioio burly, muscular, knotty grain
puka card, brochure, tree, spade
pukā eager, jealous
puka whakauru enrolment form, entry form
pūkāea long wooden trumpet
pūkaha engine, flax scrapings
pukahu spongy, matted fibres, plenty
pūkahukahu lungs, breathing, spongy, medusa jellyfish
pūkai/pūkei(-tia) lie in a heap
pūkākā burning fiercely
pūkaki source of river
pūkana stare wildly, grimace
pūkano fallopian tube
pūkanohi eye, knot in timber, eye of potato
pukapuka book, lungs, documents
pukapuka namawaea telephone directory
pukapuka rārangi kupu lexicon, thesaurus, dictionary, word-list
pukapuka taki kupu dictionary

pūkarakara redolent, fragrant
pūkarukaru medusa jellyfish, small waves
pukatea N.Z. laurel tree, jersey cudweed
pūkawa bitter taste, reef of rocks, bored with talk
puke hill, swell up, flood, mons veneris
pukehina belly of net
pūkei lie in a heap
pūkēkē armpit
pūkeko swamp hen, old or injured person
pūkenga lecturer, professional, skilled person, storehouse of knowledge
pukepoto dark blue earth
pukepuke hilly, rough, dune
pukerae peninsular, headland
pūkeri rush violently, cut swathe
pūki bookie
pūkiki stunted, undersized
pūkirikiri large basket for gravel
pūkohu mist, misty, moss, fog
pūkohukohu moss
pukoko lichen
pūkōrero oratory, orator
pūkoro sheath, pocket, scabbard, eel net
pūkorokoro throat, windpipe
pukoru skirt pleat, drape, bight
pūkorukoru gather up folds, rotten wood
puku abdomen, centre circle (games), centre, secret, private, tumour, knot in timber
puku te rae livid with rage
pukuaroha sympathy
pukukai greedy
pukukata hilarious, laughter

P

113

pukumahara thoughtful, caring
pukumahi active, industrious
pukunui greedy, glutton, dotterel
pukupā barren
pukupuku lumpy, fern, cloak
  rolled as shield, plant
pūkura badminton, shuttlecock
pukuriri angry, anger, irritable,
  grumpy
pukutākaro playful
pukuwhenewhene boil (sore),
  tree cancer
pūmā grey, whitish, grizzled,
  puma (animal)
pūmahana warmth
pūmahara wistful, nostalgic,
  thoughtful
pūmahi verbal particle
pūmāhu steamy, muggy weather
pūmanawa breathe deeply, ability,
  computer software, ingenious
pūmaoa rotten, overripe
pūmau permanent, reliable,
  definite article, axiom
pūmotu chemistry element
puna spring of water, resource,
  spring of life (wife), food source
puna koromahu sauna
puna kupu thesaurus
pūnaha system
punanga refuge, secluded
punarua second wife, pillion
  passenger, in pairs
punawai artesian well, pond
pune spoon
pūnehu/nehu misty, mist, dust
punga anchor, joint, odd number,
  eel-trap
pūnga maths object, rationale
pūngāwerewere spider's web,
  spider, type of net

pūngao energy
pūngao hiko electrical energy
pūngao karihi nuclear energy
pūngao matū chemical energy
pūngao moe potential energy
pungapunga pumice, pollen
pungarehu ash
pūngāwhā sulphur
pūngawī bagpipes
pūngohe slack (cord)
pūngoi calory
pūngorungoru sponge
pūnguru worn away, blunt
puni camp, blocked up (*see* whare),
  complete a line in planting
pūniho gums
punipuni brood, litter, driftwood
  leaves
pūnitanita thistle
punua young animal/bird, calf,
  kitten, small size
punuhuki blunt
pūnui close (near), fern, cabbage
pūnuki blunt
pūoho beeper
pūoho hihiani radar detector
puohuohu lift voice
pūora hurikē amoeba
puoro sing, sing bass, timbre of
  voice
pūoru music, sound
puoto cylinder, container, sink
  (kitchen), basin
pūpā belch, gorged with food
pūpakapaka trumpet conch shell
  with wooden mouthpiece
pūpara plaited
pūpara, tātua - sporran, belt
  purse
pupirikana publican (biblical tax-
  collector)

pūponga hunched up
pupū boil up
pūpū winkle, shellfish, bundle
pupuha whale spout, gasp for breath
pupuhi (pūhia) blow, shoot, swell up, bulge
pupuni lurk, crouch
pupūtanga sum total
pupuri (puritia) hold, detain, retrain
pupuritanga tenure
pupuru grip, pulpy
pūputa blister
pūpūtai foam, sea spray
pūpūwai shark, soggy
puraka pullover
pūrākau myth, story, incredible story
purapura seed, seed potatoes
purapura whetū weaving pattern of stars
pūrārā twigs
pūrārangi alphabet
purari bloody
purata clear, very calm
pūrātoke glow worm, phosphorescence
pure(-tia) ritual to remove tapu, purge
pūrehe wrinkled
pūrehu cloud, mist
purei(-tia) play
pūremu(-tia) commit adultery, illicit sex, promiscuous
pūrena brim-full
purenga decontamination, dough
purepure patchy, tuft, dappled, new potato
pūrere motor, machine, engine, appliance

pūrere tā taiaho laser printer
pūrerehu cirrus clouds
pūrerehua red admiral, case-moth, bull-roarer
pūrewa float (n.)
purewha mussel
puri(-tia) hold, keep, sacred, type of tohunga
puri pepa paper clip
purimau mechanical jig, vice
puringa grip, handlebars
purini pudding
puritanga holding on, grip, handle, doorknob
pūrohu roll up clothes
pūroku rumpled clothing, wrinkled, tuck up
pūrongo report, policy statement
pūrongo pēke bank statement
pūrongo waipiro breathalyser
pūrongorongo tell news
pūrori knob handle
pūrorohū whizzing sound
pūroto stagnant, lagoon, still pond
purotu handsome, transparent, clear, delightful
puru(-a) plug, put into, valve, pulped vegetables
purū blue
pūru bull
puru hipi bloat
puru taiawa tampon, pessary
pūrua pair, computer backup, dipthong, repetition
puruhau air-valve
puruhekaheka musty
puruhi flea
purūkamu bluegum tree
puruma(-tia) broom, sweep
purunga plug

P

purupuru(-a) block crevices, blockage

pururua dense foliage

purutu blunt

puta opening, escape, exit, survivor

puta(-ina) appear, release, move onwards, pass through

pūtahi crossroads, centre, join, bull's eye

pūtaiao science

pūtāihu nostril

pūtaitai shoveller duck, mediocre

pūtake base, root (maths), rationale, ancestor

pūtanetane belch, retch

putanga outlet, appearance, passageway, publication

pūtangitangi paradise duck, harmonica

putaputa riddled with holes, pitted

pūtara shell trumpet

pūtaratara prickly bush

pūtātara shell trumpet, trumpet of flimsy material

pūtawa large potato, testicle

pūtē basket (for holding prepared muka)

pūtea fund, hoard, clothes basket, budget

pūtea haki cheque account

pūtea peke bank account

pūtea penapena savings account

pūtēhue Mr/Mrs Gourd, gourd personified

pūteketeke crested grebe

pūtene/tene knobbly

pūtī(-tia) desiccated, cross-grained timber

pūtia butcher

putihi fart

pūtihitihi close cropped hair

pūtiki knot, together, unite, form a unit

pūtimutimu stump of tree, covered in stumps

pūtiotio rough, prickly

putiputi flower

pūtoi bunch of feathers, to tie in bunch, hoist skirt/pants, decorate with feathers

pūtoki undersized, dwarfish

putoko slug

pūtongatonga south east, paeroa

pūtōrino flute

pūtoti stunted

pūtoto raw (meat), signal horn, swamp rail

pūtōtō door knocker

putu lie in a heap

pūtu boot, 12 inches

putupaoro football

putuputu frequent, staggered race start

pūtūtae-whetū phosphorus

pututu juice-bag, kitchen strainer

pūtāruru crowded together

pūwaha river mouth, aperture, slot, door

pūwāhi mathematical point, particle of place, pinpoint

pūwerewere spider

pūwero syringe

pūweru skirt, cloak, clothing

pūwhā sow-thistle

pūwhara fighting stage of palisade

pūwheki(-tia) hampered, decorated

pūwhenua(-tia) (v.) settle on land

pūwhenua brace, short tags, dwarf, sterile land

pūwhero reddish, noble, chiefly
puwheto small, mock

pūwhewhero reddish
pūpūrangi kauri snail

P

R

rā by way of, day, sun, sail (fabric)
Rā horoi Saturday
Rā tapu Sunday, holy day
rā tō setting sun
rā tū midday
Rā tuarima Friday
Rā tuarua Tuesday
Rā tuatahi Monday
Rā tuatoru Wednesday
Rā tuawhā Thursday
rā whakahoki return date, due date
Rā Whānau o te Kaiwhakaora Christmas Day
rae brow, headland
raenga roa peninsular
raha extended, open
rāhana sunshine, sunny
raharaha (*adj.*) spread out
rahi big, size, plentiful
rahinga size, point (print size)
rāhipere raspberry
rahirahi thin, weak, over-sensitive
rahirahinga temple (head)
rahiri(-tia) welcome, admire, sympathise with
rāhiri line of people, rope
raho deck, floor, testicle, vulva
rāhui(-tia) 'no trespass' sign, embargo, flock of birds, herd, quarantine
rahurahu bracken, meddle with
rāia isn't it, you know (interjection)
rāihe enclosure, fence, animal pen

raihi rice
raima cement, lime, mortar
raina line
rainei (*place after alternative*) or, either
rāinga animal pen
raiona lion
raiti light
raiwhara rifle
raka lithe, that one, agile, lock
raka(-ina) lock up, step out, spread, entangled
rākai decorate oneself
rakamaomao 'Mr. Wind'
rakaraka scarify, scratch, rake
rākau tree, bat, weapon, wood, timber
rākau āporomaki acmena
rākau kahupapa plywood
rākau karihi nuclear armed
rākau pokepoke rolling pin
rākau whira violin bow
rākaunui full moon
rake clump of trees, barren (land), tuft
rākete racquet, rocket
raki north, dried up, lucky, green leaves for hangi
rakiraki duck (tame), rake, scrape
raku scrape
rakuraku rake, scratch
rama rum, lantern, liquor
rama pātiki flounder fishing by torchlight
ramamua headlight

ramamuri rear light

ramarama pepper tree, medicinal leaves, gleam

ranea plentiful

rānei (*place after alternative*) or, whether, either .... or, (*after verb indicates a question*)

ranga sandbank, shoal of fish, group of people, hairdo

ranga(-a) weave (*see* raranga), pull up by roots, catch (*v.*)

rangahau(-a) search for, research, probe

rangahua large jellyfish

rāngai elevated, flock, herd

rāngai ika shoal of fish

rangaki revenge

rangapū partnership, company, grouping

rangaranga lift, weave, dab of paddle, restless

rangatahi new net, youth

rangatira chief, landlord, team manager, noble

rangatiratanga kingdom, realm, principality, sovereignty

rangatū in ranks, fine cloak

rangawhenua planet, Mars

rangi sky, weather, tune, day

rangi waiata melody

rangiahua great

rangimārie peace, peaceful, relief

rangiora sign of life, tree, ragwort

rangirangi(-a) beat time, keep rhythm with chant, roast, tease

rangiriri smelt

rangiroro dizzy

rangirua uncertain, ambiguous, second growth

rangitahi brief, transient

rangitaro delayed

rangitoto lava, scoria

rangitupu scaffolding

rango blowfly, roller, overgrown land

rangona heard

rāno (rā anō) from then on

ranu(-a) mix, juice, gravy

rāoa choked

raorao grassland, prairie, golf fairway, undulating country

raoriki buttercup

rapa stern post, blade of paddle, sheet lightning

rapa(-ngia) look for, stick to, flash, awkward

rāpaki(-tia) girdle, sash, kilt, to gird oneself, wrap up

rapanga searching

raparapa carved ends of barge-boards, sole of the foot, to search for

rape buttocks tattooing

rāpea (*adds emphasis*) indeed, really, isn't it

rāpeti rabbit

rapi rabbi

rapi(-a) to scratch, to claw

rāpihi rubbish

rapirapi(-tia) scratch, claw

rāpopoto short-list, summary, gathered

rapu(-a) look for, squeeze

rara rib, school of fish, clause, scattered

rarā roar, repercussions, echoes

rārā (rāngia) twig, singe, grill

rarahi big size

rarahu (rahua) handle roughly

raraka enmesh, get in muddle

raranga plait, weave, direction

rārangi line, column, sentence

R

119

rārangi pūrite concurrent
rārangi tū meridian, longitude
rārangi ūpoko table of contents
rarapa (*see* rapa) clinging, seek
rarapi clutch, grasp
rarata tame, soothe, docile
rarau gather up, grope, catch
rarauhe bracken, fern root, scrub (bush)
raraunga data
rarawa swamp
rarawe clasp tightly, easy to get, circuit
rarawhi grasp
rare sweets, lolly, toffee, at rest
rari scourer, ling, sopping wet
rarihi radish
raro bottom, under, north, below
raro (mā raro) on foot
raru(-a) trouble, problem, preoccupied, disappointed
rarunga loss (game)
raruraru trouble, problem, commotion, be busy, be in trouble
rata doctor, tame, friendly, domesticated, satisfied
rātā tree with large red flowers
rātaka diary, journal
Rātana religion of prophet
rāti lance, harpoon, lunge forward
rātihi radish
Rātini Latin
rato served, supplied
rātō west
ratonga service to public, help
ratonga ahi fire service
rātou they (more than 2), them
rau hundred, leaf, sheet of paper, oar blade
rau(-a) entangle in net, collect in basket, enclose with letter

rau aroha signs of love, headdress of leaves
rāua they (2 only), them
rauangi delicate, thin, fibre, string, cord
rauaruhe bracken, fern root
rauata overhead projector
rāuatahi both of them
rauawa canoe top strakes (sides)
rauemi income, resources
rauhanga trickery, cunning
rauhea marijuana, pot (drugs)
rauhī(-tia) hold, put together, take care of, immune
rauhī kōkā women's refuge
rauhītanga guardianship
rauika assembly, heap
rauiri intertwine
raukai keo freezer bags
raukataura muse of music
raukatauri fern, drooping spleen-wort, cocoon
raukawa aromatic plant, branches as sign of mourning
raukūmara shrub
raukura feather, grey mullet
raumahara puzzled
raumaroke dry
raumati summer
rāuna round
raunga enclosure in letter, condiment set
raungaiti desolate, compressed
rauora rescue
raupā chapped, cracked skin
raupani frying pan
raupapa flat ground, settle things down, put in order
raupapa tono computer program
rauparaha greater bindweed, pohue creeper

raupatu(-tia) seize land, confiscate land, conquest

raupō bullrush

rauponga spiral pattern, alternating pakati and haehae grooves

raupua petal

raurākau shrub, rangiora shrub

raurangi another time/day

raurau foliage

raurau tuhi writing pad

raurawa car boot

raureka deceitful, aromatic leaves

raurēkau grass, shrub

rauriki puha, sow-thistle

rauru plaited cord, satisfied, umbilical cord

Rauru-kī-tahi inventor of carving, man of few words

rautahi peaceful, serene, childless person, infertile

rautangi scented oil, shrub, perfume

rautao(-ngia) wrap food in leaves

rautau century, centenary

rautipu revenge killing

rauwaka allot garden sections

rauwene object of criticism

rauwhare thatch

rauwiri(-tia) interweave, toss aside, wickerwork fence, weir

rawa possession, chattels, door latch, bolt

rawa (*after adjective*) superlative degree (e.g. pai rawa = best, quite, very)

rawa atu/ake very, eventually (*when used after verb*)

rawa pūmau fixed asset

rawahanga trouble making

rāwāhi other side of river or ocean, abroad

rāwaho outsider, foreigner, sea breeze

rawakore poverty stricken, beggar, destitute, impoverished

rāwaru blue cod

rawe excellent, sufficient, comical, first class

rawe(-a) wrap, tie around

raweke(-tia) meddle with, molest, abuse (sexual or physical)

rāwhara canoe sail

rāwhera(-tia) raffle

rawhi(-a) snatch, basket, clasp, surround, clip together

rāwhiti east

rāwhitu week, Sunday

Rāwiri Book of Common Prayer

rea flourish, sloping, murmuring noise, neck of hīnaki

rearea spring growth, turnip leaves, throng

rehe expert, professional, old and wizened

rehea baffled, confused, bewildered

reherehe buttocks, gluteus muscles

rēhia recreation, pleasure, revels, circus

rehione legion

rēhita register, registry

rehu misty, flintstone, dusty

rehu(-a) render drowsy, shroud in mist, strike flintstone, play the flute

rehu aka scouring powder

Rēhua star - Antares, Sirius, forest deity

rehunanu heroin, hard drugs, narcotics, opiate

rehunga anaesthesia

R

rehutai sea-spray
rehuwai vapour
rei tusk, ivory, treasure, breast, jewel
rei(-a) rush after, run over, be popular, jump
rei puta neck pendant, tusker
rei, niho - eye-tooth
reihi race
reimana layman, laity
rēinga place of leaping, springboard, take-off board
Reipa Labour Party
reira there, then, already mentioned
reiti rates
reka sweet, delectable, tasty, healed
rekareka itching, fond of, exciting
reke butt end, hair-pin, knob
rēkena leggings
rekereke heel
rekoata recorder, record
rēmana lemon
reme lamb
remu lower end, hem, tail feather
rena(-a) distend, stretch out
Reneti Lent
renga overflowing, meal mash, pollen, discoloured
rengarenga N.Z. spinach, renga lily, medicinal roots and leaves, shrill
reo voice, language, speech, audio
reorua bilingual
repata leopard
repe gland, rock oyster, elephant fish, type of potato
repera leper
reperepe elephant fish, tatooed buttocks, wedding gifts

repi rape plant
repo swamp, cannon, marsh, quagmire
rera thigh, leather, bare bone
rēra rail, banister
rera, mā te - you're all talk
rere (*n.*) waterfall, sudden emotion, school of fish, swarm of insects
rere (*v.*) flow, fly, movement of stars, have diarrhoea
rere (*adv.*) abruptly, exclamation of surprise, left out
rere ahiahi evening star
rere kōkiri swoop down
rere tūpou dive headfirst
rere, waha - all mouth
rerehau hang-glide, glider, sail plane
rerehua beautiful
rerekē different, unusual, alter direction, diverge
reremai basking shark
rerenga runway, sentence (grammar), distant relations, escapers/refugees
rerengia be run over
rererangi aeroplane, aviation
rererangi tupua UFO
rererere dash about, diarrhoea, dash hither and thither
reretopa helicopter
rērewē railway
reri ready, available
rērihi lettuce
reta letter, epistle
retareta stupid interminable laughing
reti toboggan, trap, skateboard
rēti rent, rates, insurance
rētia reindeer

retieta radiator

rētihi (rētuhi) lettuce

retihuka skiing

rewa float, liquefy, ship's mast

rewarewa N.Z. honeysuckle

rēwena leaven

rēwenakore unleavened

rēwara level (tool)

rēwera devil

rewha eyelid, eyebrow, cross eyed, raise the eyebrows

rewharewha flu, epidemic, freshwater eel, disorientated

rewherī(-tia) referee

rī dish, screen, fasten, cover

ria protection, asbestos pad, screen

riaki hoist, be elevated

rīanga partition, room-divider, wind-break, protection

riha nit, louse-egg, bad

rihariha louse, lousy, tiny, spoiled

rīhi dish, lease, hire, rent

rihīti receipt

rika impatient, to squirm, keen, provoke

rikarika angry, dithering, overawed, excitement

riki small, minor

Rīki Rugby League

rīki leek, onion

rikiriki broken in pieces, exceedingly (*emphasis word*)

rīkona deacon

rikoriko twilight, twinkle

rima five, pentathlon

rīmiti remit

rimu red pine, seaweed

rimurapa bull kelp

rimurēhia eel grass

rimurei sphagnum moss

rimurimu seaweed, moss, mildew

rīnena linen

ringa arm, hand, 12 cm long, sleeve

ringaringa knucklebones (game), fingers, hands

Ringatū religion

ringawera marae caterer, kitchen helper

ringi(-hia) pour, salvo, spill

rīngi ring, dial

rino iron, twisted cord, ringlet, large type of eel

rinoringa handcuffs

rinorino rhinoceros

rio withered, wrinkled, tip of penis

ripa ridge, edge, furrow, line of text

ripanga spreadsheet (computer), table (list), upperside

rīpeka(-tia) crucify, crucifix, lay across

rīpeka passionfruit

ripeka piko swastika

Rīpeka Whero Red Cross

rīpekanga crossroads

rīpene ribbon, tape, cassette

rīpene ataata video cassette

rīpene reo audio tape

ripeneta repent

ripi(-a) cut, slice off, glancing blow, ducks & drakes (ricochet stone)

ripiripi cut open, skim surface, slash

ripo whirlpool, eddy, spread in waves (scent, emotions, etc.)

rīpoata report

riporipo ripple, curl around (smoke), whirlpool

R

rīrapa   maze, interlaced, membrane

rīraparapa   tangled, covered with fibre

rire   deep water

rirerire   cricket (insect), grey warbler

riri(-a)   angry, combat, quarrel, irate

riri tara whare   civil war, family conflict

riria   lily

ririka   impatient, wriggling about

ririki   small, minor, few

ririko   twilight

riringi(-hia, ringia)   pour, spill

ririno   whirlpool

ririo   withered, wrinkled

riro   gone, happened, departed

riro hei   become

riro i ....   obtained by, transferred from

riro kē   become (change to)

riroi   twisted, bent

riroriro   grey-warbler

rita   litre, evil spirit

rītaha   slope, lean over

ritania   litany

rite   alike, draw (game), same, arranged

rite pū   identically equal, parity

rite, te -   relationship, comparison

ritekore   inequality

ritenga   custom, meaning, similarity, style

rito   heart of plant, central leaf

ritua   separated

riu   hold of ship, bilge

riua   be carried away, be missing

rīwai   potato

riwha   broken, chipped, chink, scar tissue

rīwhi   delegate, substitute

rō   in, low (cards), stick insect

roa   long, tall, duration, long-lasting

roaka   abundant, plentiful, well-supplied

roanga   continuation, addition

rōau   beam, banister, pole

rōera   royal, regal

roha   spread, untidy, stingray

rōha   rose (plant)

rohe(-a)   margin, territory, outfield (sport), hand net

rohe haukae   strike zone

rohe kararehe   zoo

rohe moana   territorial waters

rohe pānuku   putting green

rohe pōti   electorate

rohe pou tokerau   north pole

rohea/rowhea   weary, unkempt, bored

rohekore   unlimited

roherohe   separate, mark boundary, wave torch

rohi   loaf

roi   knotted, fern root

rōia   lawyer, solicitor

roimata   weeping, teardrop

roiroi(-a)   tie up, dried up, shrivelled

roiroi whene   dwarf, little person

rokiroki   exhausted

roko   a bit extra

rokohanga   come upon, found

roku   going down, weighed down

rōku   log

roma   stream, channel, deluge

Romana   Roman

romi   squeeze

romiromi   massage, gently rub

rōnaki   gliding, incline

ronarona struggle

rongo (rangona) hear, sense, news

Rongo-mā-Tāne god of peace and agriculture

rongo matua big toe, thumb

rongo waia acquired taste

rongoā medicine, antidote, drug (medicinal)

rongoā pani ointment

rongoā paturopi antibiotic

rongoā pōkoro compost

rongoā rehu general anaesthetic

rongoā whakakaha tonic

rongokino infamous

rongomatua thumb

rongomau peace, peacekeeping

rongona heard

rongonui(-tia) famous, moon on night 28

rongopai gospel

rongowaha muzzle

rōnihi launch

rōpā slave, lodger, batchelor

rōpā, whare - community house, club house

rōperi/rōpere strawberry

ropi rope, body

ropi(-a) cover

ropiropi care for

rōpū society, group, gang, heap

rōpū taki task force

rōpū tono delegation

rōpū tōrangapū political party

rora lay out

rōrā weak, of low birth

roraha spreading, extended

rōrahi volume (science)

rore snare

rōre lord (title)

rōreka sweet, harmonious, melodious

rorerore grill, barbecue, grille (cage)

rori (see rorirori) road, sea slug, staggering about, stupid

rōrī tie up, thread, shellfish, knotted, scrape together

rōria jew's harp, rod twanged between teeth, fastened up

rōriki small

rorirori ridiculous, clumsy, awkward, groggy

roro brains, marrow, porch, central computer unit

rōrō keep going

roro wheua bone marrow

rorohiko computer

rorohū whizz, buzz off

rorohuri foolish, vertigo

roroi grated kumara, fern root

rorokore brainless

roromi (romia) to squeeze

rorotu hypnosis, render calm, favourable

roru pinched with cold

rota lottery

rōtāne stick insect

rotarota sign with hands, sign language

roto the inside, inland, lake, inwards

roto rawa inmost

rotu(-a) subdue by spell, put to sleep, suffocating, onerous

rou club-footed, long forked stick

rou kākahi dredge for kakahi (shellfish)

rourou small basket

rū shake, earthquake

rua two, hole, potato

ruahine old woman, menopause

ruaki vomit, nausea, spewed

R

ruānuku wizard, old man, planets
ruarangi big, sturdy
ruarua few
rūaumoko god of earthquakes
ruha ragged, worn out, rags
ruhi weak, confused
Rūhiana Russian
rui(-a) sow seed, shake, sprinkle
ruirui(-a) shake up and down
rūkahu false, blustering
ruke(-a, -hia) throw away, pour out, dispose of
rukiruki (intensifier) extremely
ruku(-hia) plunge, ceremonial sprinkling
rūma room
rūma kai dining room
rūma kaukau bathroom
rūma moe bedroom
rūma noho lounge, parlour
rūmaki(-na) submerge, set of sun
rūmātiki rheumatism
rūmene amass, assemble, convene
runa ribbonwood, tangle herb
rūnā(-a) pull together, line up, draw-string
rūna earthquake
rūnanga(-tia) assembly, debate, seminar
runga upwards, top, above, south
runga atu in addition
Runga Rawa The Almighty
rūpahu to tell lies, bluster, bogus
rūpapa rhubarb
rupe pigeon, door lintel

rupe(-a) agitate, treat roughly
rūpeke all assembled, all taken care of
rupi ruby
ruranga visitor, stranger
rure(-a) to shake, wave, scatter, quarrel
rurenga castaway
rūri measuring ruler
rūri(-tia) measure, survey
ruriruri amorous chant, lurch, wobble about
ruritai sea shanty
ruru morepork, knucklebones, shelter (v.)
rūrū(-hia) handshake, wave around
ruruhau squally weather, turnip leaves
rūruhi old lady
ruruku(-tia) draw together, fasten, bind, establish
rūrūtaina in panic
rurutu fall like tears
ruruwhēkau laughing owl
rūtā bluster
rūtene lieutenant
rutu(-a) throw down, jolt, tackle, judo throw
ruturutu jolt, judo
rūwai useless
Rūwaimoko earthshaker god, Vulcan
ruwha rag, worn out, weary
rūwhenua seismic activity

T

tā(-ngia) to print, strike, make net, to paint

tā the ... of, feather, stalk

Tā Sir (title)

tā moko tattoo

tā te tikanga normal, typical

tā (*as prefix*) causative (e.g. tāhoe = swim)

taara dollar

tae colouring, sap

tae(-a) arrive, attain, make work, overcome

tae atu ki as far as

tae noa ki including, as far as

taea done, captured, possible, carried out

tāekaeka stripes

taekamo mascara

taeke snare

taenga arrival

taenga mai advent

tāeo clump of kiekie

tāepa hanging loose

taepu fertile soil

taera sexual longing, randy, tile

taero grow weak, hindrance

taewa potato, foreigner

tāewa dangle

taha side, beside, bypass

tahā calabash

taha toi art

taha whakahaere operational base

taha, i te - adjacent

tāhae(-tia) steal, cheat, young rogue

tahaki on one side, seashore

tahanga naked, empty, desolate

tāhapa go past, askew, indirect, ambush

taharangi skyline, listless, frostfish

taharua both sides, related to both sides

tahataha steep bank, sloping land

tahatai seaside, coast

tahatika seaside, river bank

tahatū skyline, upper edge of net or sail

tahe abortion, flux, menstrual period

tāhei(-tia) perch bird-trap, collar bone, ornament round neck

tāheke cascade, sheer slope, major chord

tāhere to trap, hang up, bird spear, hovering cloud

tahi one, unique, in unison, then

tahi(-a) sweep, dust, smooth

tahi rīwai/taewa peel potatoes

tahia para refine

tāhiko electronics

tāhinga sloping, lie down, tilting

tahirā day after tomorrow, day before yesterday

tahirapa rubber (eraser)

tahitahi sweep (*v.*), dust (*v.*), stroke, graze

tahiti distant, unfamiliar, generous

tāhiti spring trap

tahito ancient, old, ritual reference sex parts

tahiwi heartwood, hull
tahora spread out, open country
tāhora(-a) create havoc
tahu lover, suitor, darling
tahu(-na) burn, cook, kindle flame
tāhu/tāhuhu ridgepole, crossbar, bail (cricket), stiffening rod
tahu ki te ahi cremate, incendiary, incinerate
tahu-nui-ā-rangi aurora australis, southern lights
tahu tūpāpaku cremation
tahua heap of food, fund, accumulated funds, reception area
tāhuhu ridgepole, unbroken ancestral line
tahumaero wasting sickness
tāhuna sandbank, shoal, battlefield
tāhuna tara gathering of chiefs
tahuri turn to, capsize, overthrow(n)
tahuti run off, scuttle off
tahuti mai! welcome!
tai sea, tide, wave, salty
tai hauāuru west coast
tai rāwhiti east coast
tai tamatāne west coast
tai tamawahine east coast
tai timu ebb tide
tai, e - ! sir, madam
taia washed by tide
taiā neap (minimal) tides
taiaha long club
taiao universe, wide world, area, conservation
taiapa fence, hurdle, brackets, paddock
taiapo carry, in one's arms, set one's eye on
taiari(-tia) crush, repel

taiaroa wearily stretching, basket, gossip, grisly memento
taiatea nervous
taiawa vagina, cervix
taiāwhio encircle
taiepa fence, hurdle, brackets
taiheke descend, rapids, waterfall
taihere fastening, string
tāihi cut in two, cleave
tāiho heart of tree
taihoa soon, wait a while, by and by
taika tiger, horse
taikaha persistent pressure, bold print
taikākā heartwood
taikaumātua middle-aged person
tāiki plaited basket, trellis, infringe tapu
taikiri dear me!
taikiu thank you
tāiko petrel
taikōhatu hāngi stones
taikuia middle-aged woman
tāima time
taimaha heavy, weight, feeling stressed
taimana diamond
taimate low tide, lifeless, decay
taimau steady, arranged marriage
taina (*pl.* **tāina**) younger brother (of male), younger sister (of female)
tāinanahi yesterday
tāinaoake day before yesterday
tāinawhea? when was it?
tāingoingo speckled
tainoka shrub (broom)
tainui shrub (pomaderris)
taiohi young, teenage
taiope as a group

taiore supplejack
taipakeke middle-aged, age
taipara volley
taipō typhoid
taipo, mangumangu - goblin, spook (insult)
taipohū dynamite
taipū heap, sandhill, sand dune
taipua banks of cloud
taipuehu dustpan
taipuru clog up
tairanga raised up
tāiri be suspended
tairite equal, congruent to, on a level with
tairo thornbush, bramble, barrier
tairua valley, hollow
tairutu dangerous tackle
taitā snag
taitāhae young man, teenager, tedious
taitai(-a) brush (*n. & v.*), tapu removal ceremony
taitakoto lie prostrate
taitama young man
taitamāhine young woman
taitamaiti child
taitamariki young person
taitamarikitanga adolescence
taitapa edge, periphery
taitara title
tāitarihā day before yesterday
taitata near
Tāite Thursday
taitea pale, white, sapwood, fearful
taitōkai sexual abuse, incest
taitonga south
taitua other side (of object), west coast
taituarā security, equity, collateral

taiwhanga waiting room, wait for, site
taiwhatiwhati shellfish - tuatua
taiwhenua land, district
taiwherū worn out
taka(-ina) fall down, prepare food, come about (sailing), stumped (cricket)
taka noa all around
taka porepore gymnastics
taka te wā/rā the time came, the day arrived
takahanga stamping ground, one's own place, pedal, prospects
takahē takahe, flightless gallinule
takahi(-a) trample rhythmically, contravene
takahi mana discourtesy, dishonour, irreverent
takahinga well trod path, usual way
takahore widow, widower, unclothed, nudist
takahui surround
takahuri revolve, somersault, screw, pivot
tākai(-tia) fit, wrap, bandage, wind about
takakai cater, prepare food
takakau single, virgin, batchelor, flapjack, mutton bird
takakino to spoil, act hurriedly, injure, mangle
takamuri last, loafer, lag behind
takanga paddock, place to roam
takanoa on all sides
takao rude joke, insulting proverb
takaonge be in want
takapau(-ria) mat, spread mat
takapau wharanui legitimate children

T

takapiri stay close

takapōkai wrapped up, in protective clothing

takapore vertical turn, flip

takaporepore acrobatics, gymnastics

takapū belly, calf of leg, middle of seine net

takāpui (*see* takatāpui)

takarangi stagger, feel dizzy

takarepa(-tia) lacerate, mangle, imperfect

tākaro(-hia) play, one on one challenge, game, sport

takaroa slow, late, arriving late, overdue

takarure nagging repetition

takataka tumble, traverse

takatakahi trample, pedal, disrespectful

takatāpui bosom friend, intimate companion (same sex)

takatū prepared, ready, in position, positional play, bustle

takatūpou plummet headlong

takawaenga liaison officer, conciliator

takawai damp, water container, sinker (fishing)

takawairore spinning disc (toy), favourite, excited

takaware dawdle

takawheta/wheta wriggle, jerk, thresh about, oscillate

takawhiti hustle, rush

takawiri corkscrew, to screw, cross-grained, mudsnail

take cause, base, topic, subject matter

take(-a) mai include, comes from

takē missing, unaligned

tāke tax, levy

tāke hokohoko G.S.T.

take taharua bi-culturalism

tākeke entangle, make loops

tākeketanga mesh

takenga mai background

takere hull, keel, well-worn path, lynch-pin

taketake base (support), well-founded, durable

taki(-na) musical beat, challenge, accompany

tāki(-na) place to one side

taki + number in groups of ....

taki o Autahi Southern Cross

takiaho string to thread fish

tākihi taxi, kidney, cab

takiono sextet

tākiri(-tia) sudden departure, affect deeply, dawn

takirua in twos, doubles (sport), dual

takitahi individually, singles (sport)

takitai coastline

takitaki screen, stockade, chant

takitaki(-na) tease, seek revenge, recite

takitaro in a little while

takitini in crowds, plural

takitūtū in file, parade, stand to attention

takiura sacred food for rituals

takiura, whare - university, place of sacred learning

takiwā area, zone, time, interval of time

takiwā porowini provincial district

takiwā rerenga TV channel

takiwhā pēpi quadruplets

takiwhenua roam

takō   worked loose, peeled off

takoha   taxes, contribution, keep-
sake, spread out

tākohu   vapour, shrouded in mist

takoki   strained, sprained

tākoko   shovel, earth-mover,
latrine shovel

tākopa   doubled up, folded

tākoru   in folds

takoto(-ria)   to lie, arm span
length

takoto kau   empty

takoto, kua - kē   already existing

takotoranga   resting place, posi-
tion, layout (computer)

tākou   red ochre

taku/tāku   my (one item), mine

takuahi   fireplace, hearth

takuate   mourn

takuhe   benefit, bursary, grant,
gratuity

tākuhe hauā   invalid benefit

tākuhe kararehe   veterinarian

takuhe koremahi   unemployment
benefit, dole

takuhe matua takitahi   domestic
purpose benefit

takuhe pani   orphan's benefit

takuhe tamariki   family benefit

takuhe tūroro   sickness benefit

takuhe whānau   family support

tākupu   print, twig, gannet

takuru   whack, hit with mallet

takurua   winter, Sirius - Star

tākuta   doctor

tākuta mate pōrangi   psychiatrist

takutai   sea coast

takutaku   recite

tama   son, boy, child

tamāhine   daughter, girl, niece

tamahou   baby boy, new potato

tamaiti   child, boy

tamaiti ātawhai   stepchild, adopted
child

tamaiti ihongaro   street kid

tamaiti whāngai   adopted child

tāmaoa   cooked

tamarahi   talk big

tamariki   children, childish, minor

tāmaru(-tia)   cloud over

tāmata whenua   reclaim land

tamatama-ā-rangi   weapon

tamatāne   young man, masculine
element, west coast, male pipe-
coupling

tamatea   moon night 8

tāmau(-tia)   love, betrothed, bind

tamawahine   daughter, gentler
element, east coast, female pipe-
coupling

tame   cock, boar, male

tame pū   tommy-gun

tametame   smack the lips

tāmi(-a)   smother, press, disadvan-
tage, pressure

tāmiro   twist thread

tamitami   nourishment, openly

tamomo   fontanel, hollow

tāmore   taproot, projecting point

tāmoremore   baldy, hairless

tāmuimui(-a)   swarm, gather in
numbers

tamumu   drone of insects, buzz

tāmure   snapper fish

tāmutumutu   irregular, sporadic,
intermittent

tana   ton, tonne

tāna   his, her, hers, its, ton, tonne

tānakuru   spanner

tānapu(-tia)   to trump (cards),
buck (horse), rear up

tane(-a)   belch, choke

T

131

tāne husband, male, man, manful

Tāne Mahuta guardian spirit of the forest

tāne mate tāne homosexual, gay man

tāne mate wahine heterosexual, love-sick man

tāne moe tāne homosexual male

tānekaha celery pine, belaying pin, taut, tight cords

tānetanga masculinity

tānga printing, weaving net, rows of people, tiers, relay (runners/workers)

tānga manawa draw breath

tāngaengae umbilical cord

tāngari dungarees

tāngari motuhake designer jeans

Tangaroa guardian of the sea, waning moon, Neptune

tangata (*pl.* **tāngata**) person (either sex), humankind, people

tangata hara accused (legal), criminal, sinner

tangata haratū mōrearea dangerous criminal

tangata kaipakihi businessperson

tangata oruoru pedlar

tangata whai pānga shareholder, beneficiary

tangata whenua local people, aborigine, native

tangatanga loose, unattached. easy

tangetange consumed, out of order, immediately, without delay

tangetange, mau - guilty, captured

tangi(-hia) wail, mourn, Book of Lamentations, chimes, birdsong

tangihanga mourning

tangipātua pretend to cry

tangitangi querulous

tangiwai fine clear greenstone

tangiweto cry like a baby

tango(-hia) + ki grasp, take away, subtract

tango atu and then, take away, subtract

tango tāoke detox

tango whakaahua (*v.*) photograph

tangohanga taking away, holding, subtraction, requisition

tangotango handle often, acquisitive, banister, engagement party

tāngoungou fully ripe

tanguru gruff voice, green cockchafer, coastal tree daisy

tāniko embroidered border, braid, tapestry

taniwha water monster, powerful person, ogre

tānoa(-tia) look down on, despise

tanoi sprained joint, twisted ankle

tanoni sprained, twisted

tanu(-mia) bury, plant (*v.*), dominate

tanuku crumble, disintegrate

tanumanga burial

tanumi disappear behind

tao spear, javelin, lance

tao(-na) cook on fire

taokete brother-in-law (of man), sister-in-law (of woman)

tāone town, city, municipality

taonga property, treasure, apparatus

taonga whakanui reo microphone

taopuku cook in a bag

tāora towel

taoroa fowling spear

tāoru spongy, pliable, putrefying

taotahi single-pointed spear, single line of ancestry

taotao latticework, sarking

taotātea spermatazoa

tapa margin, edge, bar (music)

tapa(-hia) cut, recite, nominate, claim

tāpae(-tia) stack up, offer, gift, transverse

tapahanga surgical operation, segment

tapahi(-a) slice, operate surgically, chop

tapairu honoured lady, first-born female, shrub

tāpaki lining of leaves for hāngi, matting

tapamaha many-sided, polygon

tapanga label

tapaono hexagon

tāpaora simplify ceremonial, omit long lamentations

tāpapa stoop, lie face down, seedling bed

tāpara double, long for

tāparaha pastry

taparahi berserk, bravado

tāparepare fenced in

taparima pentagon

taparua container, tupperware

tapatahi folded, single fold

tapatapa claim by name, groin

tapatapahi(-a) cut in pieces

tapatoru triangle

tapatoru pīataata prism

tāpatupatu wallop, give hiding

tāpau mat, tree

tapawaha cheek tattoo

tapawhā quadrangle, oblong, softball diamond

tapawhā rite square

tapeka turn aside, branch off

tāpeka(-tia) roll up clothing, bundle up, muffle, sit cross-legged

tapeke sum total, score, gone, come

tāpeke climb with loops on hands and feet

tapenākara tabernacle

tapere amusement (house of), fun, red volcanic soil

tapetape talk continuously

tapi(-a) patch (v.), criticise, forelock, dyed red

tāpi(-tia) smear on, dress wound, mend

tapī hāngi, earth oven

tāpia cellulose, adhesive, tapir, plant

tāpihapiha whale's blow-hole, fish gills

tapiki(-tia) grip, fold up, overlap teeth, fish guts

tāpiri(-tia) add, join, assist, additional growth

tāpiritanga addition, additive

tapitapi touch of colour, criticize, nag

tāpoa(-ina) smoke out vermin, abscess

tāpoi sightseeing, tourism

tāpōkere swarms of workers

tapoki/tapoko to enter, to sink in mud

tāpora cook in small baskets, groundsheet, home-plate (sports)

tapore footprint, impression in sand

tāpore to make calm, tranquillize

tāpōrena tarpaulin, raincoat, canvas

tāporepore droop, weaken, sag

T

tapou depressed, bowed down

tāpou form, class (school)

tapu sacred, forbidden, taboo, confidential

tāpu tub

tapuae footprint

tapuhi(-tia) to nurse, care for, staff nurse

tāpui(-a) mark ownership, fasten in bundle, special friend, team substitute

tāpuke(-tia) bury

tapukōrako red hawk

tāpuru(-tia) join

taputapu goods, apparatus, fixture, incantation

tapuwae spoor, footprint

tara peaks of all kinds, spines, terns, side wall, bristly, thrilling

tara (v. intr.) buzz with excitement, become aroused

tara(-a) (v. tr.) irritate, stir up, spread scandal

tāra dollar

tara-ā-whare, mate - die a natural death

tara iti area to left of door, white fronted terna

tara, kōrero - story-telling

tara, pōkai - gathering of chiefs

tarahae quarrel, envious

tarahī diarrhoea, showery weather

tarahiti trustee

tārahu heat up oven

tarai try, score, attempt

tārai(-a, -tia) shape timber, hollow out

taraipāta whaler's try-pot, cauldron

taraipiunara tribunal

taraire type of tree

taraiti tern

taraiwa(-tia) to drive, driver

taraka truck

tarakeha screech

tarakihana tractor

tarakihi type of fish, locust, cicada

tarakona dragon

tarakore spiritless

tarakupenga sand-dune coprosma

tarāmaui lancewood

taramea grass, wild spaniard, perfume extract

taramengemenge crinkly, kinky

taramoa brambles

taramore skinny, shrivelled, snipped off, immature

taramu drum, tram, tympanum

taramutu dorsal fin

taranui paspalum

tarānui Caspian tern, place of honour

taraongaonga tree nettle

tarapake crab louse, tick

tarapeke(-tia) spring up, jump

tarapepe wiggle, quiver

tarapī thin fibre, streak, squirt

tarapiki criss-cross

tarapō ground parrot

tarapouahi shawl, rug

tarapu stirrup, strap

tarapunga gull, jackie

tararua double pointed, divided in two

tarata lemonwood, White Terraces

taratara coarse, barbed, jagged, picket fence

taratarawai dyspepsia, heartburn, reflux

taratutū menacing, ferocious

tarau trousers, pants

tarau makere easy lay (sexual)

tarau tāngari jeans, dungarees

taraute trout

tārawa swell of the sea, hang, rail, gallows, washing-line

tarawai speck on horizon, sap of tree, juice of plant

tarawene complain, find fault

tarawera small fern, shrimp

taraweti(-tia) alien, horrible, treat as enemy

tarawewehi frightening, make blood run cold

tarawhai hurry, rush

tarāwhe draught horse

tarawhete chatter

tarawhiti(-tia) enclose, encircle

tare(-a) dangle, send

tāre doll, kewpie, moppet

tare te haki raise the flag

tāreha red ochre

tārehu cover, hide something, secretly, black tattoo dye

tārei hollow out, carve

tāreke small sharp tool, quail

tarenga bench, shelf

tārenga cover over

tarepa short of a number, dangling, hanging in tatters

tāreperepe buttocks, ragged edge

tārera defiant grimace

tārere spurt out, overflow, straggling group

taretare ragged, bedraggled, decrepit, motheaten

tārete wūru yarn (fibre)

tārewa hanging up, sinking sun, unpaid debt, unsettled weather

tari office, study, department, ministry

tari(-a) fetch, encourage, stir up, noose snare

tari tākuta doctors surgery

tāria wait for, in a while, soon

tāriana boar, stallion

taringa ear

tāringa assessment, headphone, period of waiting

taringa kāpia running ears

taringa kurī flapjack

taringa noa deaf, obstinate

taringa rākau obstinate

tarioi delay

taritari ope (*v.*) recruit

taro bread, plant

tārohe(-a) set limits to

tārona(-tia) strangle, hang by the neck

tārore(-a) noose-snare, catch, tie up

taru grass, weeds, 'thingy'

tārū(-a) severe, agitate, acute

tāruarua duplicate, repeat

tāruke hurry, crayfish pot, avenge

tārukenga exterminate, massacre

tarukino illegal drug

tāruru crowd of people/things (e.g. fleet), tempt, groundbait

tāruturutu jerk, stumble, cripple

tata near, close to

tatā bail water, bailer

tātā (*n.*) stalk of sugar-cane, brain stem, shin bone, tail of hāpuka

tātā (tāia) (*v.*) smash up, wag, contradict

tātā wahie chop firewood

tātahi at the seaside

tātāhuka sugar-cane

tātai calculate, recite family tree, measure (*v.*), numerals

tatakī gannet

tātaki in groups of, string together, intone chant

tātāki put on one side

T

tātaku recite

tātāmi (tāmia) press down, smother, vines holding roof thatch

tatanga approach, nearing, affinity, nearness

tatangi jingle, rattle

tātara conch shell trumpet, rough cloak, rattle

tātarakihi locust, cicada

tātarāmoa brambles, bush lawyer

tatari loiter, moratorium

tātari(-tia) sieve, analyse, review

tatari (tāria) wait

tātari kaute audit

tatau(-ria) count, door, enumerate

tātau we, us

tatauāmoa casual acquaintance

tataunga statistic

tātāwhāinga tournament

tātea semen

tatimana Dutchman, Dutch

tātou we, us (*including the one spoken to*)

tatū settled, to land, reach bottom, contented

tātua(-tia) put on belt, connecting belt, safety belt, apron

tātua pūpara belt purse

tātua raho jock-strap

tāturi earwax

tau year, season, sweetheart, beautiful, tidy

tau(-ia) shut

tau(-ria) number, settle on, ride at anchor

tāu your, yours

tau, kia - settle down

tau-ā-ira decimal number

tau koki angle parking

tau kōpae pair of compasses

tau oti whole number

tau otinga solution (maths)

tau paroro castanet

tau pūtea financial year

tau te mauri peace, peace-making

tau whakarara parallel parking

taua that (aforesaid)

taua(-tia) to attack, war-party, expedition

tauā in mourning

tāua we two (you and I; you and me)

tauanga Book of Numbers

tauapo hug, carry in arms, take for oneself

tauārai(-tia) screen off, keep separate, barrier

tauaro opposite, denominator, react

tauawhi enfold, hug, cling

tauera towel

tauhanga lie in wait, arithmetic

tauhara odd

tauheke old man, decline

tauhere(-a) bind, co-ordinate, tie up, self-sown crops

tāuhi sprinkle

tauhinga go down

tauhinu cottonwood, pomaderris bush

tauhōkai stretch limbs, skim along, rising of moon or star

tauhokohoko buying and selling, commerce

tauhou strange(r), silver-eye, novice

tāuhu taurite parallel bars

tauhunahuna hide and seek

tauhutihuti pull another's hair

taui sprained, slack tide

tauihu bow figurehead

tauine measuring ruler
tauira example, model, student
tauira tātai maths formula
tauira whānui common standard
tauiwi alien, gentile, heathen, foreigner, infidel
taukapo snap (card game), twinkle
taukari dig, dibber, penis
taukawe handle
tāuke disconnected, separate
taukehe odd number, odd one out
taukiri! how horrible!
tāukiuki ancient
taukoro large hamper
taukoru distended, swollen
taukumekume pull in opposite directions
taukuri dear me!
taumaha heavy, weight, important
Taumāhekeheke o te Ao Olympic Games
taumaihi upright support, small tower
taumanu thwart of canoe, collar-bone
taumārere building ties
taumārō thick, stubborn
taumarumaru shady
taumata brow of hill, standard, orator's bench, ambition
taumata tangata hostage
taumau engaged to be married, fiance, fix firmly
taumauri composure, serenity, caution, sobriety
taumua front part
taumutu abrupt, spur of the moment
taunaha claim, child betrothal
taunaki(-tia) recommend, prop up, support, reinforce

taunga familiar with, landing place
taunga ika fishing ground
taunga manurere airstrip, aero-drome, tarmac
taunga poti dock, wharf
taunoka shrub (broom)
taunu(-tia) jeer at, revile, scoff at
tauomaoma race
tauonioni sexual intercourse
taupā obstruction, hymen
taupae ridge
taupaepae escort visitors, protocol guide
taupahī camp
taupaki smack, apron
tauparapara chant, verse to start speech
taupare to block, impede, hinder, thwart, deterrent
taupata coastal shrub
taupatu match (sport)
taupatupatu compete
taupiri intimate, clasp, adhere, heart to heart
taupiripiri arm-in-arm, clasp round the waist
taupoki(-na) cover, turn over, overcome
taupoki wira hubcap
taupū heap, exponent, index (maths)
taupua float (*v.*), support oneself, lay
taupua, kāinga - temporary refuge
taupuhipuhi hold someone up, give helping arm
taupunipuni hide and seek, secret rendezvous
taupurupuru hold someone up, give helping support

T

137

tauputu lie in heap

taura rope, cord

taura whiri cord of many strands

Taura Whiri i te Reo Māori Māori Language Commission

tauraki dry in the sun, drought

tauranga anchorage, landing pad, mooring

tauranga poti marina, harbour, quay, port

taurangi uneasy, temperamental, unstable, unsatisfied

taurapa sternpost of canoe

taurapirapi claw at each other

taurarua occult, sorcery

taurekareka slave, scoundrel, prisoner of war, wretch

taurekereke tied in knots, entangled

tauremu creel, fish basket

taurewa no fixed abode, unpaid

taurewarewa dawdle, straggle

tauri (kōmore) wristlet, anklet, decorative band

taurima entertain, adopt, care for

taurite match up, deuce (tennis), even number

tauriterite balance, equilibrium

taurua even number, double canoe

tautahi only child, odd one, first person (grammar)

tautangata foreigner

tautapa give command, nominate, challenge, rhythmic work song

tautari upright rods in latticework

tautau bark, dangling ornament

tūātau proverbial saying

tautauā coward, faint-hearted, coward

tautauhea commoner, hoi polloi

tautauira sample

tautauwhea low-born, coward, lazy

taute repair, quarrel, bring to maturity, grieve

tauteka brace, carrying pole

tāuteute concerns, allocate, be engrossed, fascinated

tautiaki look after

tautika level, straight, direct, even

tautimai welcome!, haere mai!

tautohe persevere, argue, dispute, remonstrate

tautohetohe wrangle

tautōhito skilled, genius, expert, adept

tautoko(-na) to support, support play, promotion, reinforce

tautuhi define

taututetute jostle, to elbow, bend

tauwehe(-a) to separate, factor (maths)

tauwehewehe discrimination

tauwera towel

tauweru hang in clusters

tauwhāinga contest, sports event, matchplay, compete

tauwhainga ngahuru decathlon

tauwhanga wait for, ambush

tauwhare overhang, jut out

tauwhena dwarf, small, pygmy

tauwhere(-a) bind

tauwherū tired

tāuwhi sprinkle, spray over, cover

tauwhiro watch over, look after, be on guard

tāuwhiuwhi sprinkle, spray

tauwhiwhi knotted, fasten up

tauwi spray

tawa tree

tawa uho, para - fruit of tawa tree

tāwae separate, trample flat
tāwaewae disentangle, open out
tāwāhi other side of valley, overseas
tāwaho breeze off the sea
tawai silver beech
tāwai ridicule, tempt with bribe
tāwaka large shark, quail, grey duck
tāwara pleasant flavour, hum, murmur
tawari exhausted, hanging by a thread
tāwari forest tree - tawari, appeal against a land claim
tawatawa mackerel
tāweka hindrance, come across suddenly
tāwera Venus in morning sky
tāwere odd number, one over (surplus)
tāwerewere dangling
tāwēwē sound with plumb line, dangle
tawhā boundary line, sideline (sports)
tawhai silver beech
tāwhai rival
tāwhai raunui red beech, hard beech
tāwhana reflex, spring trap, stand with legs apart
tāwhanawhana rebound
tāwhangawhanga bay, stretched out
tāwhao brushwood, scraps, flotsam cast ashore
tāwhara fruit of kiekie
tāwharau(-tia) shelter with branches, booth
tāwhārua gouge out, valley

tāwhe travel around, fluff, down (feathers)
tāwheowheo tree
tawhera wide open, leaf
tāwheta writhe, dangle, feel listless
tāwhi suppress feelings
tāwhio(-tia) go around, tour
tāwhiri wave, call of welcome, fan, tree
Tāwhirimatea god of winds and storms
tāwhirowhiro food processor, kitchen whizz, gyrate
tawhitawhi to delay, hang back, hesitate
tawhiti distant, distance
tāwhiti snare, rat-trap
tawhiti, kei te - wonderful!, out of sight!
tawhito ancient, expert, genitals
tāwhiwhi entangled, complicated, fixed, entwined
tāwhiuwhiu twirl around, spin around
tāwhai rauriki black beech
tāwiri cowardice, cowardly, shaking, white rock shell
te the (indicates singular)
tē not, explosive sound
tē rongo refused to listen
tea white, clear
tēhea? which?
tēhimeta decimetre
teihana station
teina (pl. tēina) younger brother of boy, younger sister of girl, brethren
teitei high, clearance (athletics), headroom
teka (n. & adj.) lie, false, crosspiece

T

teka(-ina) tell a lie, throw a dart
teka mārika unbelievable
tekau ten, tenth
tekau mā rua dozen, jury
teke female parts
tekehi deck
tekihana section
tekoteko carved figure on house, gargoyle
temani thimble
temepara temple (building)
tēnā that (near you)
tēnā koa! come now
tēnehi tennis
tēnei this
tēneki this
tenetene uvula
tēneti tent
tenga goitre, Adam's apple, bird's crop
teoteo pied shag
tēpara stable, staple
tepe clot, congeal
tepetepe jellyfish, blood clot
tēpu table
tēpu huri lazy susan, turntable
tēpu patopato keyboard
teputeihana deputation
teputi deputy, vice-president
tera saddle
tērā that (away from us)
terapēke saddlebag, pack
tere quick, velocity, sail swiftly, school of fish
terehu bottle-nosed dolphin
terei dray
tereina train, locomotive
terēina train, drain
terenga swimming pool, velocity
teretere spread out, brown gecko, group of travellers

tereti slate
Terinita Trinity
tero backside, anus, rectum
teroi puha and mussels pickled
tētahi/tētehi a, one, a certain, specific
tētahi atu another, alternative, instead
tetē gnash the teeth, strain
tētē figurehead, new fern fronds, grey teal
tetēā gnash teeth
tētēkura chief, Prince of Wales feather
tētēmoroiti grey teal
tētere swollen, trumpet
tetetete teeth chattering
tētēwai grey teal, watery eyes
tetipea teddybear
tewe baby's caul, fermented juice
tewha, ngutu - chattering, mouthy
tewhatewha long axe-shaped club
tī tea, hand or stick game, cabbage tree
tī kouka cabbage tree
tī papa cabbage tree
tī rākau stick dance
tia(-ina) stick in, deer, steer, dear, abdomen, vigorous paddle stroke
tiā jar
tia, e - like, as if, my dear !
tiaho (v.) shine, radiate, sparkle
tiaka jug
tiakarete chocolate
tiaki(-na) look after, save (computer), jack of cards
tiakitanga treatment, custodial treatment, maintenance
Tiamana German, chairman
tiamu jam

tianara general (military)
Tiapani Japanese
tiaparani chaplain, padre
Tiāre Charles
tiāti judge
tiatia stick in
tiāwhe chaff
tīehu(-tia) stir up mud
tīeke saddleback, measure, tape measure
tiemi see-saw, cast adrift
tīemiemi lurch up and down
tiepa hanging loose
tīere scent, jelly
tīhae(-a) to rip, tear
tīhaehae piercing
tīhaere pale colour, part of snare
tīhāhā rant, rave, act like maniac, extended
tīhāhā, noho - sit with legs apart
tī hāte t-shirt
tihe to sneeze
tihei (exclamation of approval)
Tīhema December
tīheru bail water, tote water
tihi apex, topknot, pinnacle
tīhi cheese
tihingo dingo
tihirau multipeak
tīhohe giggling, snigger
tīhoi split up, deviating, go astray
tīhoihoi stray
tīhoka drive stakes, make windbreak
tīhore(-a) (v.) split, peel, skin, baldy!
tiiti deeds (legal)
tika authentic, bull's eye, rights, realistic
tikanga custom, meaning, criterion
tikanga, whai - important

tikanga rua bi-cultural
tīkaokao rooster, fowl
tīkapekape stir, flick over
tīkape rebuff, hook shot, mournful lament, half volley
tīkaro(-hia) tear out, scoop out, peck out, quibble
tīkera kettle, radiator
tīkera kānoa automatic kettle/jug
tiketike high, height, important
tiki neck pendant, primal human
tiki(-na) retrieve, fetch, go to do something, fail, fall flat
tikihope trunk below the ribs, torso
tikinare dictionary
tīkiti ticket, coupon, tab
tikitiki topknot, diadem
tiko excrement, nuclear fallout
tikoatua puffball fungi
tīkohi(-a) gather carefully
tīkohu scoop out, excavate
tīkoki wobbly
tīkoko(-a) scoop up, bulldoze
tīkorikori vibrant
tikotiko diarrhoea, the runs
tīkou clitoris
tikowhatitiri basket fungus
tima steamer, beak, garden grubber
tīma team, streamer
tīmaramara scraps
tīmata(-tia) begin, kick-off, initiate
tīmatanga/tīmatatanga beginning, matrix, starting point
timere(-a) to funnel, chimney, flue
timo peck (see tima)
tīmohu asthma, wheezing
timopene pen nib
timu low tide, ebb tide, recede, muscular spasm

T

timuaki leader, senior chief, head man

timutanga low tide

timutimu tail

tina dinner, fasten, fixed

tina, kia - make firm!

tinaku to garden, germinate, tubers, hinder

tinana body, oneself, chassis, predicate (grammar), intrinsic

tinei(-a) quench fire, annihilate, destroy, wipe out

tīneinei all set to go, muddled, off balance

tingotingo mottled, spotted

tīngoungou lump, moth chrysalis

tini many, gin, tin, plenty

tini(-a) caulk

tīni chain, change, fetters

tīnia overcome (feelings)

tinihanga trick, fraud, cheat, gimmick

tinimete tinsmith

tinimoutere archipelago

tino very, absolute, main

tio oyster, very cold, frozen

tīoi quiver, shake

tīoioi sway

tioka chalk, stab

tioki jockey

tīonioni wiggle, flutter

tiori wave a banner, on show, loud, conspicuous

tīoriori, manu - decoy bird, brave warrior

tioro to tingle, scream, shrill whistle, caterwauling

tiotio rough, prickly, irritating

tipa scallop

tīpae alongside, lie across

tīpaki crack fleas

tīpakopako pick up pieces, choose, take one by one, at odd times

tīpao move irregularly

tīpare headband

tīpāta teapot

tipatipa fake, off course

tipi(-a) glide, skim along, slice off, disinfect

tipihori curved, waning moon

tipitaha off line, edible mushroom

tipiwhenua roaming, vagabond

tīpoka dig out, make a beeline for

tīpokapoka cockabully

tipoko perish, rot, sink down, be extinguished

tīpona(-tia) to knot, fasten to wrist

tīporo cut short (see poro-a)

tipu(-a) grow bigger, put out new growth, bud

tipua devil, foreign, strange, guardian spirit

tipuaki top of head

tipuheke decay, deteriorate, retrogression

tipuna ancestor, grandparent

tiputipu bulge, tumour

tira standing in line, touring party, mast

tīra deal

tīraha lie face up, bundle of sticks, out of plumb, gradual

tīrairaka fantail

tīrangaranga strewn about

tīrangi shaky, insecure

tīrapa giraffe

tīrara wide apart, spread out, wide open

tīrau dig with stick, digging stick, paddle sideways

tīraumoko bastard

tīraurau tea leaves, strewn about

tirawhetū constellation

tīrengirengi bounce up and down

tīrepa tidyliner, roof lining, loose hangings

tīrewa rails for hanging objects, framework, scaffolding

tiri(-a) cast on ground (esp. gift), scatter seed, share out, cleanse of tapu

tirihou nosedive

tirikara treacle

tiripara soccer

tiripou sky diver, bungy jump

tirira messenger

tiriti treaty

tiriwā(-tia) plant wide apart, district, fill in gaps, widely spaced

tiriwae grapevine (aerobics)

tiriwhana arched

tiro(-hia) look, peep

tiro whānui survey, overview

tirohanga view, outlook, point of view, perception

tirotiro inspect, oversee

tīrou(-a) sharp stick, fork, to fork

tītaha wobble, tilt, italics, lunge

titaka unsteady, wobble

tītakataka turn over and over, fantail

tītama(-tia) to dawn, light up

tītari(-a) scatter, share

tītaritari scatter, distribute

titi(-a) stick in, peg, tee, leg, ray of light, streak of cloud

tītī muttonbird, squeak, tingle

titiko watersnail

titiro (tirohia) to look, perspective, approach subject

titiro tata short-sightedness

tītītai cox, time-caller, jetsam

tītitipounamu bush wren, rifleman

tititorea stick-game

titiwai glow-worm, overhang

tītīwainui petrel, fairy prion

tito invent story, compose, fiction, implausible

titōhea infertile, exhausted land

tītohu reveal

tītoi mock

tītoki N.Z. ash, tree producing chiefly red dye, axe, chop

tītoko(-na) pole-spreader, fend off, sail sprit, keep rigid

tītokotoko(-na) keep away, spreader

tītongi peck, nibble

tītore split, separate

tiu(-a) swing, strike, restless, ride the wind

tiuperi jubilee

Tiuteronomi Deuteronomy

tiuti duty (tax)

tiutiu thrush

tīwaha shout, yell

tīwai tree trunk, canoe hull, swing from side to side, stabilised

tīwakawaka fantail

tīwanawana dishevelled

tīwani sandpaper, file, curettage

tīwara split, separate, can opener

tīwata fence, pickets, palisade

tīwatawata fence, palisade

tīwāwā widely spaced

tīwē screech

tīweka vagrant, footloose, digressing

tīwēwē noa immoderate

tiwha bald spot, paua eyes, oil ring, washer (mechanics)

tīwhana arched, bent

T

tīwhao wander

tīwharawhara split open, ear splitting

tiwhikete certificate

tīwī television

tō the ... of, stove, cooker

tō(-ia) drag, conceive child, sunset, heave

tō kāpuni gas stove

toa store, warrior, virile, boar, ram, stud

toa kaipakihi entrepreneur, impressario

toanga heroism

tōanga trailer

toangi/toengi west

toanui shearwater, black petrel

toatoa celery pine tree

taotū injured, wounded

toe left over, remaining, split up

toē fart

toemi hand-net

toene fish roe, fish yolk, setting sun

toenga remainder (maths), balance (money), residue, remnant

toetoe sedge grass, pampas grass

toha(-ina) deal cards, distribute

tohanga handout

tohatoha(-ina) to distribute, allocate, diffuse

tōhau dew, sweat, condensation

tohe(-a) persist, argue, contention, persevere

tōhē thief, mean, miserly

toherere(-tia) running knot, tie

toheroa shellfish

tohetake dandelion

tohetea waste land, exhausted

tohi(-a) purification ceremony, sprinkle with holy water, divide

tōhi(-tia) toast (*n. & v.*), a toast

tōhī stockpile

tohipa deflect, miss target, dummy pass

tohitū direct, end on, point

tohorā southern right whale

tohoraha southern right whale

tōhou your, yours

tohu emblem, mark sports field, symptom, musical clef

tohu(-ngia) reprieve, preserve, save, identify

tohu hē(-ngia) (*v.*) book (by referee or cop), arrest, misdirect

tohu kairangi doctorate

tohu kī key signature, pin number, inverted commas

tohu mai our reference

tohu paerua master's degree

tohu paetahi bachelor degree (B.A./B.Sc., etc.), baccalaureat

tohu pātai question mark

tohu tangi musical note

tohu tō macron

tohu tuhituhi punctuation

tohu tuku accreditation

tohu wā timer

tohu wānanga tuatahi/tuarua/tuatoru university degrees, bachelor's/master's/doctorate

tōhua egg yolk, full moon

tōhuka sugar-cane

tohukī takitahi single quotation marks

tohumātao fridge dial

tohunga expert, specialist, priest, artist

tohunga ahurewa highest class of priest

tohunga hauora health professional

tohunga mākutu wizard (black magic)

tohunga peita painter, artist

tohunga tūāhu high priest

tohunga waihanga expert builder

tohunga whakairo expert carver

tohunga whiriwhiri connoiseur

tohungarua(-tia) dole out

tohungatanga prowess, quality, expertise

tohurau degree Celsius

tohurehe golf handicap

tohutohu point out, recommend, super-vision (legal)

tohutua degrees Fahrenheit

toi art, tap root, heart of citadel

toī ear-splitting, tingling, cabbage tree

toi whenua original inhabitants, place

tōihi stride, tendrils of plants

tōiki heartwood, tiger shark

toimaha (*see* taimaha) heavy

tōingo chic, desirable

toiora well-being, health, spiritual protection

toipoto close together

toiroa wide apart

toirua rifleman, wren

tōiti little finger/toe

tōitiiti dainty, petite

toitoi trot smartly, pied-tit, Cook's turban mollusc

toitoi tuna catch eels with bob of worms

toitoi waka keep paddlers in time

toitū permanent, trot

toitupu indigenous

toka rock, bedrock, firm

toka ātea meteor

toka manawa satisfied

tokai struts supporting floor, trellis

tōkai copulate

tokakawa steam, damp, sweat

tokanga large basket, closed container

tokanui boulder

tōkari(-tia) cut notch, cut off, ebb tide

tokatoka venereal disease, VD

tōkawa antelope

toke worm, uvula, lobe, clitoris

tōkeke justice, impartial, stubborn

tōkena stocking, sock

tōkena pirikiri tights

tokerangi death-watch beetle, percussion sticks

tokerau northern

tōkere castanets, clappers, death watch beetle

toki axe, adze

toki kaata dog cart

tōkihi skim along, vulva

tokitītaha axe

tokitoki totally, placid, dabchick, brown duck

toko support, prop up, vaulting pole

toko(-na) to pole, to punt

tokohana hiccough

tokohia? how many (people)?

tokomaha population, numbers

tokomanawa central post, mainstay

tokomauri hiccough, passionate attachment, ceremonial poles

tokonui thumb, big toe

tokonuku gear lever

tokopā indegestion, belch

tokopuaha belch, burp

tokorangi crane (machine)

tokorau absent, at a distance

T

tokorera forked
tokorima quintet
tokoroa lean, lanky
tokorua two (people)
tokotoko walking stick, quarter staff, god-stick
tokotoko tao non-infectious disease
tokotoko wae crutch
tokotokorangi epidemic, infectious, infection
tokotoru trinity, trio, trilogy
tokouru west wind, the west
tokowae crutch
tokowhā quartet, four of a kind
tōku my, mine
tōmairangi dew
tōmato tomato
tōmina desire, wish for
tomo(-kia) enter, filled up, assault party, marriage negotiation
tomokanga entrance, lobby
tōmua early, forefront
tōmuri afterwards, late comer, latter
tona corn (on foot), wart
tōna his, hers, its
tōnana warts
tonanawe lag behind
tōnapi turnip
tonatona nodule
tōne stone (weight)
tōneke trolley, trundle
tonga south, south wind
tōngāmimi bladder
tongarewa translucent greenstone
tongatonga blemish, wart
tongi spot, fertilizer
tongi meroiti microdot
tongitongi mottled, spotty
tōnihi move cautiously, sneak up
tonini clitoris

tono(-a) (v.) demand, command, application (form), delegate.
tono kaupare non-molestation order
tono whakahauora S.O.S.
tono whakamutunga final notice
tonotono bossy
tonu still, straight away, precisely, constant
tōnui thumb, big toe, prosperous, under one heading
tōnuitanga prosperity, heyday
topa soar, fly, field event (athletics), sports field
topaki hover, flutter
tōpana force (science)
tōpanatanga units of energy, work joules
toparapara game of tiggy
tōpata in tiny bits
tope(-a) cut down, chop, new fern growth
tōpeka transverse, athwart, climb using a foot-loop, diagonal
topetū embracing
topī(-tia) cook in hangi
tōpiki plaiting
tōpito extremity, end, district
tōpū total, all together, couple, association
tōpuku swollen, rounded, stuffing
tōpuni dog-skin cloak, saturate, close together, overcast
tōrangapū politics
tore(-a) arouse, excite sexually, vulva, split
tore pia immature girl
tōrea oystercatcher
torehapehape rough texture
tōrehe fishing net, small bait bag, variety of eel

toremi drown, disappear

torengi disappear, set (sun)

torepuku neap (minimal) tide

tōrere infatuated, gorged, abyss, heart's desire

torete snap (weak muka of flax)

toretore inflammation, anus, mussel, red sea anemone

torewai tearful, mussel

tori cat, velvety

tōrino wafted sound, squeeze-bag (cooking), helix of ear-drum, -spiral

tōrino, pū - trumpet

toro(-na) visit, stretch out, grow (plant/fire), explore

toroa albatross, drawer, feather

tōroa middle finger

torohē examine, marauding party, ambush

toroheke sand-growing shrub

torohere tie up, capture

torōhi knickerbockers

torohihi/torohī diarrhoea, spurt out

torohū huddled up, secret

toroi fermented puha and mussels

toroihi bud, sprout, insolent, cheeky

toromi drown

toromiro brown pine

torōna throne

toronga distant relative, dole out

torongi disappear, set (sun)

toropā creeping plant, spread

toropapa lie flat, fragrant shrub

toropona trombone

toropuke hillock

tororaro wire-vine

torōre trolley

tōrori home-grown tobacco

tororua double movement - rabbiting (rugby)

torotī spurt out

torotika straight, stiff, inflexible

torotoro put out hands, vanguard, go visiting, type of cloak

torotoro, aka - creeper used for binding

torouka raw, unripe, promontory

toru three

toru papanga three-ply

toru tekau kore 30-love (tennis)

tōrua twofold, weaving pattern, wind change, current

torutoru few, rare, uncommon

toruwae tripod

tōtaha tied around

tōtahi almost, nearly, solitary

tōtara totara tree

tōtata hurry

toti limp

tōtika straight, just

tōtiti sausage

totitoti limp along

toto blood, bleed

tōtō pull

toto ora oxygenated blood, arterial blood

tōtōā bad-mannered, cheeky, wasteful, overdoing

totohe (tohea) persist, argue, tiff

totohi split, cut up

totohu sink, founder

totoke conger eel

totoko support, push, spring up

totokore bloodless

totope abbreviate, cut short, sharp edge

tōtōpū meticulous, painstaking

totoro stretch out, droop

totoroene N.Z. jasmine

T

147

tōtoroie grey warbler
tōtoropuku slyly, furtively
tōtoru vinyl, threefold
tōtōwai robin
tou buttocks, anus, bird-tail
tōu your, yours, stove
tou(-a) dip, plant, dunk, immerse
tōu ake kāinga self-addressed
tou tīrairaka fidgety person, bee in your bonnet
toua te paranga controlled burn
touapo insatiable, grasping
toutou(-a) sprinkle, dunk, droop
toutouwai robin
touwhero baboon, red
towene/toene set (of sun)
tū (*n.*) stance, hit, session (game)
tū(-ria) (*v.*) stand, stop, recover (weightlifting), occur
tū (*adj.*) hurt, forceful
tū + (as prefix) rather, quite, type of
tū atu withstand
tū tangata self-reliance
tua back, other side (of solid object)
tua(-ina) to cut down
tuā(-ina) to name, magic spell
tua + *single digit* ordinal numbers, first second etc
tuā (*as prefix*) moderately .....
tua atu after, as well as, further
tūahiahi evening
tuahine (*pl.* tuāhine) sister (of male)
tuahiwi cervical vertebra, rising ground, ridge, shoal
tūāhu shrine, sacred place, land used for spiritual purpose
tūāhua kind of, sort of
tuahuru shaggy, hairy

tūāhuru muggy weather, stuffy
tūai skinny, thin, lean
tuaina twine
tuaitara dorsal spines
tuaiwi backbone
tuakana (*pl.* tuākana) older brother (of male), older sister (of female), senior, cousin
tuakau poor fern root, barren land
tuaki(-na) dissect, disgorge, gut fish, disembowel
tuakiri personal identity, person, wall of house
tūākiri wounded, flesh wound
tūāmanomano of many strands
tuangi N.Z. cockle
tuanui roof, ceiling, harsh, overhanging
tūao voluntary work, part-time work, casual work, travel visa
tūāoma rhythm of running, trotting pace, leg of journey
tuaono sixth
tūāpae horizon
tūāpaka steel, iron, hard material
tūāpapa flat rock, platform, foundation, terrace
tuapeka pretend, cheat
tūāpō night work
tuapōkere purplish, violet
tuāporo block of wood, log
tuapuku round cord, swelling, tumour, lump
tuarā backbone, ally, defence position, defender (sport)
tūārai sight-screen (cricket), curtain, concealment
tūāraki north, north wind
tūārangi from afar, ancient, important, remote place
tuararo backbone

tuarāwharau thatched roof

tuari steward, barman, butler

tuarongo back wall of house

tuāru west, west coast

tuarua second, twice, deputy, runner-up

tuatahi initial, first, foremost, primary

tuatangata that certain person

tuatara ancient reptile

tuātara dorsal spines

tuatea pale, anxious, evil

tuatete spiny, rough, hedgehog

tuatini shark, bronze whaler

tuatinitini of many strands

tuatoru third

tuatua shellfish

tuaukiuki old, traditional

tuauri ancient, ritual, indigo

tuauriuri open sea, dark, very many

tuāuru west coast

tuawahine subject of tale, our heroine

tuawaru eighth, plaited rope

tuawhenua mainland, interior, rural

tuawhitu seventh

tueke swag, rucksack, haversack, ulcerous

tuere blind eel

tuha spit, distribute

tūhāhā unique, out on its own, late in the day

tūhāngai bestride, open out

tūhawaiki leprosy

tuhāwiri shiver

tuhera open

tuhi(-a) write, sketch, stitch, signal by hand

tuhi whenua cartography

tuhinga official document, text, warrant

tuhinga kupu rapa search warrant

tuhira wish for, wishful thinking

tuhituhi(-a) write, draw, stitch, scroll decoration

tūhono(-a) to join

tūhonohono bind, interlocking, bound together

tūhoro kai greedy

tūhourangi clumsy, boorish

tūhua obsidian rock

tuhui paspalum grass

tui(-a) to thread, stitch

tūī parson bird

tuiau flea

tuinga suture, surgical stitch, seam

tūingoa derived noun

tuiri a drill, tremble

tuitui(-a) to stitch, refit canoe sides, panel decoration

tuituinga needlework

tūkaha strenuous, hasty, passionate

tūkari(-tia) heap up, spade, lusty, eager

tuke(-a) elbow, angle, length of approx 30 cm, nudge

tukemata eyebrow, taniko pattern

tūkeri scouring wind

tuketuke funny-bone, angular, elbows, prod

tuki bunt (softball), butt

tuki(-a) challenge, bunt (softball), beater, rhythmical chant, head butt

tukinga impact

tūkino cold-hearted, wicked, evil, ill-treat

T

tūkino-ā-tinana physical abuse
tukitanga implementation
tukituki (tukia) to pound, batter, knock to pieces, bulldoze
tukorou desire
tūkou kumara, clitoris
tuku (*n.*) pass, pitch, serve, concession, surrender
tuku(-a) (*v.*) deliver the ball, dismount, betray, steep in dye
tuku hē no ball, fault
tuku iho let down, lower, unload
tuku papa prostrate
tuku kōrero ā-kaka fibre optic transmission
tuku tūranga resign
tukumana devolution
tukumaru shady, overcast
tukunga offering, handing over, permission
tukupapa(-tia) lay out flat
tukuperu pilot whale
tukupoi handover (league)
tukupoto cut short
tukupū overcast, misty
tukurou desire
tukurua repetition
tukutahi synchronized attack
tukutuku(-ria) ornamental panels, spider web, release, insult
tukutuku, manu - kite
tukuwai hydrant
tuma challenge, threat
tūmanako hope, objective, expect, trust
tūmārō hard, stiff
tūmatakuru thorny shrub, brier, spear grass
tūmatarau stingy
tūmatatenga worried, grief-stricken, moody

Tūmatauenga god of war
tūmau servant, steady, keeping on
tumeke panic
tumere chimney, funnel
tūmoko personal name
tūmomo sort, make, type
tūmoremore stripped bare, leafless, hairless
tumu stump, block of wood
tūmū head wind
tumuaki principal, crown of head, dean
tumutumu tree stump
tuna eel
tuna hakaheke silver belly eel
tuna korokoro lamprey
tunewha drowsy
tunga toothache, tooth decay
tūnga position, wound, standing up, fixture
tunga wahu grass grub larva
tungāne brother (of female)
tungaroa back section of house
tungatunga signal with hand, gesticulate
tungi(-a) set alight
tungi(tūngia) set alight
tungitungi kindling
tungongo chrysalis, to dry up
tūngou nod, beckon
tūngoungou chrysalis
tūnguru eroded, blunted
tunu(-a) roast, grill
tunuhuruhuru bad-tempered, quarrelsome, hurt a friend
tunutunu scared
tuohu bow the head, stoop
tūoi thin, skinny
tūoma run, hurry, jog on the spot
tūoro troll, underground monster
tupa tuba, scallop

tūpae lie across
tūpākihi tutu shrub
tupana handspring
tūpanapana throbbing
tūpapa bench, bar (pub)
tūpāpaku corpse, cadaver
tūpara double-barrelled gun
tūpare shade eyes with hand, decorated headband
tūpari cliff face, sheer drop
tūparu decorated panelling
tūpato cautious, economical, foresight, wary
tupehu irate, make a fuss, blustering, livid
tupeka tobacco
tūpeke jump, high jump (sports), gallop, canter
tūpekepeke jump about
tupenu squashed flat
tupere pout, mountain daisy
tūpererū quail (bird), whirring noise, whinny
tūpoki cover, put lid on, lid, capsize
tūpono happen upon, come upon
tūpoto stocky
tūpou stoop, headlong rush, bad omen, personal pronoun
tūpoupou elders, buck (horse), nodding
tūpourangi steep place
tupu(-ria) develop, increase, social status, very own
tupu, whakaheke - treat with disrespect
tupua demon, foreigner, mysterious illness
tūpuhi storm, hurricane, thin
tupukaha rampant
tūpuku inertia

tupuna (*pl.* tūpuna) ancestor, grandparent
tupunga evolution
turaki(-na) overpower, overthrow, depose, subversive
tūrama illuminate, restless, alert
tūranga position, identity, station
tūrangawaewae domicile, home, home turf
turapa to spring, jump up, rebound
ture statute law, justice system
tūrehu fairy, ghost
tūrehutanga winking
Tūrei Tuesday
tūrēiti late
turekore lawless
turi knee, fence-post, deaf, stubborn
turihaka bow-legged
turipa tulip
turipēpeke with knees bent
turipona knee-joint
turipū weak in the knees, charm to make one so
turituri noise, shut up!, extrovert
turiwhati knees bend
turiwhatu slow, banded dotterel
tūroa well-established, continual
turori stagger, totter, wobble
tūroro sick person, patient, invalid, shellfish
tūrotowaenga midnight
turu moon night 14, leak, fix post, fly kite
tūru chair, stool
tūruhi tourist
turuki(-tia) follow, support, crowded, fledglings
turuma sacred place, lavatory, long-drop, privy

T

turupeke somersault, tumble head over heels

turupou(-tia) stick on top of pole, insert a pole, pole, walking stick

turuturu drip, establish, fixed

tūtae dung, shit, turd

tūtae atua puff balls (edible mushrooms)

tūtae ikamoana N.Z. spinach

tūtae kāhu/kākā oxalis

tūtae kurī dog shit, type of grass

tūtae whatitiri basket fungus

tūtahi painted with, stand alone

tūtai spy, scout

tūtaki(-na) meet, shut door/lid, encounter

tūtanga portion

tūtara slander, gossip

tūtara kauika school of whales

tūtata near

tute(-a) to shove, nudge, elbow

tūtehu restless

tūtei spy, pro-tem, backstop, dummy half

tūtika self-respect, law-abiding, just

tūtira stand in line

tutu(-a) 'toot' shrub, foliage for dye making

tutū impudent, stand up, meddle, stirred up

tūtū be established, energetic

tūtūā low-born, worthless, reach the limit

tutuki reach limit, conclude, achieve, succeed

tūtuki(tukia) bump, knock, stumble

tutukitanga achievement, fulfilment

tutuku depart

tūturi (tūria) bend knee, kneel down, genuflect

tūturu real, trustworthy, door post, leak

tuuta atlas, vertebra

tūwaewae visitor, war dance

tūwai bony, skinny, gaunt, spindly

tūwara can-opener

tūwatawata strong fence of fort, perforated basketwork, closely woven

tuwha(-ia) spit, distribute

tuwhenge wrinkled

tūwhenua leprosy

tuwhera(-tia) open, vulnerable

tūwiri tremble, drill, aghast

U

ū   firm, breast

ū(-ngia)   come to land, well established

ū pohe   out-hit wicket, own goal

ua   (see ia) spinal cord, nape of neck

ua(-ina)   to rain, caught in rain, rainfall

ūā   isn't it?, please don't

ua nganga   hailstone

ua whatu   hailstones

uaki(-na)   open, shut, slide open, launch

uanga   company, firm, occupation, job

uapare   pass the buck, deflect criticism

uāpo   inclement weather

uara(-tia)   value, long for, need

uaratanga   aim, objective, needs, long for

uaua   difficult, sinew, degree of difficulty

uauawhiti   shooting pain, twinge

uawhatu   hailstones, dogskin decoration

ue(-a)   thrust, power steering

ueke   rough, hardened

uene   snivel, moan

uenuku   personified form of rainbow

uepū   squad, group, caucus

ueue (uea)   shake, incite

uha   female, female partner

ūhanga   goal-posts, goal area

uhi   cover, yam, tattoo needle

uhi(-a)   put on

uho   umbilical cord, bone marrow, heart timber, core/essence

uhu   numb, cramped, beetle larvae, karakia for exhumation

uhumanea   clever

uhunga   lament, mourning, ceremony

ui(-a)   ask questions

ui ake   at a later date

uira   lightning

uiui   interview, question

uiuinga   interview

uka   blood clot, staunch blood, euchre

ūkaipō   alma mater, mother, breast which suckled at night

ukanga   density

ukerere   ukelele

uki   olden times

ukiuki   peaceful, olden times

uku   clay (used as soap), crockery

ūkui(-a)   wipe, tea-towel, flannel, rub

ukupapa   all taken care of

ukupara   smeared all over

ūkura   gleaming, glowing red

uma   breast, chest, lap (of person)

umanga   business, occupation, profession, vocation

umere   cheerful shout, sing, applause

umu   oven, earth oven

unahi   scale of fish

unahiroa will o' the wisp, comet
unaki eunuch
unga(-a) dispatch, eject
ūnga landing place, wicket
ūngutu butt together, dovetail
uniana union (trade)
unikanga unicorn
unu(-hia) remove, withdraw, retire (cricket)
unu(-mia) to drink
unua(-tia) join two canoes, double
unuunu pull out, extract
upane in rank, abreast, step (of procedure), crest of hill
upoko head, chapter, heading, headline
upoko, tōu - you fathead!
upoko mārō frozen ground, insensitive, bigot
upokohue pilot whale, hector's dolphin
upokokororo grayling, mastermind
upokorua ant
upokotea whitehead
ura glow red, sepia, auburn,
uraka don't
uranga gleam, sunset glow
ūranga landing place
uraura irate, flushed
ure penis, courage
ure ngaua you poor lot!
uretū progenitor, forebear, father
ureure fire-stick, kiekie fruit
uri descendant, dark green (of water or stone), offspring
uriuri dark
uru (*n.*) grove of trees, orchard, west, tip of weapon
uru(-a) + ki (*v.*) participate, qualify, invade, join in

uru atu input
uru mai transition, assumption of office, consistent with, participate
uru, ngā - hair
uruao fry of cockabully, winter
uruhanga gust of wind
urukehu light haired
urunga rudder, pillow, transition
urungi(-tia) rudder, setting sun, steer
uruora helper, partner
uruoro microphone
urupā cemetery, tomb
urupare response
urupounamu enquiry
urupū painstaking, persevering
urutā epidemic, plague
urutapu virginal, pure, untouched
urutira dorsal fin
urutomo(-kia) enter, poach (rugby), invade
uruuru join, urge on, exhort, blade of weapon
uruururoroa giant dragonfly, kapokapowai
uruwehi be in awe of
uta shorewards, landwards, inland
uta(-ina) put, load, go aboard
utanga burden, luggage, baggage, cargo
utauta equipment, appliance, furniture, load
utiuti worry, niggle, hen-pecked, fuss
utu(-a) price, revenge, dip water, fee
utu turi response but you didn't hear!
utukore gratis, amateur
utunga expenses incurred

utunui expensive, de luxe
uwha female animal
uwhango indistinct

uwhi yam
uwhi(-a) to spread out, to cover
uwhiuwhi(-a) sprinkle, irrigate

U

W

wā place, time, opportunity, period (sport)

wā kāinga true home

wā, a tōna - ultimately, in time

wae foot, leg

waea telegram, phone, wire

waea mamao toll call

waea tuhi telex

waea whakaahua facsimile machine (fax)

waekura umbrella fern

waenga/nui in the middle, among, average, medium

waengapū dead centre

waengarahi centre

waere(-a) clear away

waerehe wireless

waerenga clearing, field

waero tail

waeroa long leg (cricket), mosquito

waetea runner, fleet of foot

waetea a Tōhē marathon runner

waewae foot, leg, paw, mast stay

waewae atua edible toadstool

waewae tapu stranger, newcomer

waha mouth, nozzle, entrance, voice

waha(-ngia) carry on the back, lift up

waha rere blatherskite, loquacious, motormouth

wahahuka bragging, skite

wahaika short club

wahanga load, burden

wāhanga section, chapter, segment, leg of relay race

wahangū dumb, mute, tight-lipped

wahanui hoop-net, vociferous

wahapū articulate, eloquent, estuary, rivermouth

waharoa gateway to pā, horse mussel, smelt, whitebait

wāhi(-a) to break, cleave, pull apart

wāhi place, little (*before noun*), area, position

wāhi tapu cemetery, reserved ground

wāhi tuku issues desk (library), service court (games)

wahia/wahie firewood

wāhikai cafeteria, canteen

wāhina virgin

wahine (*pl.* **wāhine**) woman, wife

wahine kairau callgirl, prostitute

wahine moe puku de facto wife

wahine moe wahine lesbian

wāhiruatanga gap

waho outside, lower reaches, out at sea

wahu sundew, ice-plant

wai water, liquid

wai + (*as prefix*) synchronised action (waipū = salvo)

wai? who?

wai inarapa latex

wai ira hormone

wai rākau liquid manure, dye, natural medicine

wai rongoā tonic

wai tātea semen

wai tōhua custard
wai toto serum, lymph
waia accustomed to, familiar, get used to
waiapu flint shard, kilt of fine flax
waiari chirp, tuber
waiariki hot springs, Rotorua area
waiaruhe sourness
waiata(-tia) sing, chant, song, psalm, song poem
waiata-ā-ringa action song
Waiata o te Motu National Anthem
waiata maioha theme song
waiate bile
waiaua dolphin, Hector's dolphin
waihakihaki itch, mange, thrush disease
waihanga build, remake, builder
waihanga ritenga mould
waihape change course, go about (sailing), tack
waiho(-ngia) (v.) quit (computer), leave behind, put, place
waiho hei be regarded as
waihoki similarly, also
waihonga sweet juice from plants
waihuka makawe hair mousse
waiira hormone
waikamo tears
waikanaetanga peace, calm
waikari ditch
waikauri tattoo ink, tattooed
waikawa bitter, acid, rough mat
waikeri ditch, irrigation canal, culvert, watercourse
waikohu steam, haze, fog
waikū dew
waikura rust, corrosion
waikure mangrove
waimaero weak

waimangu ink
waimāori fresh water
waimarie quiet, luck, meek, auspicious
waimate premonition, hereditary disease
waimatū amniotic fluid
waimatua source
waimeha wishy-washy, watered down, insipid, ordinary
wāina wine, gourd
wainamu aversion to certain foods
waingōhia simple, pleasant
Wainui mother of heavenly bodies
waioha greeting, expression of appreciation
waiora health, viola
waipara dregs
waipawa brittle timber, cooking stone
waipera viper
waipia glue
waipipi urethra
waipiro liquor, alcohol, booze
waipounamu greenstone
waipū reddish, deep water, volley of gunfire, salvo
waipuke(-tia) flood, deluge, spate, upsurge
waipuna spring of water, water-well
waiputa waste pipe, drainpipe
wairangi excited, temporarily deranged, reckless, wild monster
wairanu gravy, ketchup, sauce
wairau bruised, potato peel
wairehu star appearing during December
waireka lemonade, soft drink, tasty, calm
wairewa liquid solution

wairoro brains
wairua attitude, spirit, soul, moss
wairua hihiko innovative
wairua Māori Māori perspective
wairua motuhake unique identity
wairua nēnene humour
wairua pīnono attitude of dependancy
Wairua Tapu Holy Spirit
wairuhi tired, exhausted
waitai brine, salt water
waitākiri spasm, twitch
waitara hailstones, improbable scheme
waitau decay, grow faint, immature, mouldy
waiti wēra southern right whale
waitohu (-ngia) mark, sign, appoint
waituhi painting (art), birth ritual, bird trough
waiū milk, of the family
waiū atua N.Z. gloxinia
waiū tepe yoghurt
waiuku fine clay, soap
waiwai soaked, watery, essence
waiwai pū volley of gunfire, barrage, cannonade, salvo
waiwaiā lovely, exquisite
waka canoe, vehicle, container, descendants of historic canoe
waka ama outrigger canoe
waka ātea space capsule
waka ātea kōpiko space shuttle
waka hari transport
waka hari hinu oil tanker
waka huia feather/treasure box
waka kōpikopiko ferry
waka mania hau hovercraft
waka niho gearbox
waka noho caravan

waka rerehau glider
waka taua war canoe
waka taura cable car
waka tētē ocean-going canoe
waka tīwai light canoe (no topsides), dugout
waka tōrua articulated truck
waka tūroro ambulance
wākainga true home, distant home
wakapīhau centipede
wakarā yacht
wakarere aeroplane
wakarererangi aeroplane
wakareretai seaplane
wāke to walk
wākena wagon
wakewake in a hurry, restless
wākihi wax
wāku my, mine
wana bud, sprout, ray of light, thrill, thrilling, fierce energy, fence batten, fine upstanding
wāna his, hers
wāna anō that's his/her nature, (*sympathetic exclamation*)
wana mai come into operation
wānanga learning, seminar, series of discussions, occult science
wānanga, whare - university, wise informant, lore, place of learning
wanawana fearsome, to bristle, shiver, to feel a thrill
wanawana, tū te - become excited, get one's hackles up
wanea content, settled in mind
wani(-a) comb the hair, skim over, scrape, criticise
waniwani glide, bitchy, unkind, friction
wao forest, jungle

waoriki buttercup

wāpi wasp

wāpu jetty, wharf

wara indistinct sound, rustle, rumour

warapi wallaby

warati warrant

warawara yearning, longing, to crave, craving, ravenous

ware ignorant, tasteless, sticky sap, oakum

ware noa off guard

warea occupied with, overcome by

warehenga kingfish

warehou trevally

wareware (-tia, -ngia) forget, forgetful, forgotten, useless

warihi waltz

wāriu value

waro coal, carbon, deep hole, charcoal

warou swallow bird

waru eight, peelings, plane (tool)

waru(-hia) scrape, shave, scuff

waru, e - pū! not at all!, don't worry about it!

waru, te rā o te - time of scarcity, time to use up the scraps

warutīhi cheese grater

wāta slowly, carefully

wāta kirihi watercress

wāta merengi water melon

wātaka timetable

wātara wattle

wātea free, clear, not busy, vacant, vacate

wāteatanga availability

wātene warden

wati watch

wau I, me, argue, stupid

wāu your, yours

wāua subject of rumour

wauwau grumble, digging stick, dibber

wawa rushes

wawā scattered, roaring noise

wāwāhi (wāhia) spanner, blast open, dividing partition, break through

wawana fierce

wawao defend, ringing noise

wawara indistinct sound, rustling noise

wawata daydream, desire, wishful thinking

wāwau quarrel, make noise

wawe early, quick, punctual

wē squeak, liquid, middle

wēparāoa whale oil

wehe(-a) divide, enraptured

wehe, tau - year of scarcity

wehenga division, separation, tributary

wehenga mārena divorce

weherua divide, bisect, equator

wehewehe(-a) separate out, differentiate, divorce

wehi fear, awe, terrible, formidable

wehikore daring

wei whey

weiweia lowborn, sub-standard, N.Z. dabchick

weka wood-hen

wekeweke prickly sow-thistle

weku(-a) catch hold of, scrape, snag

wene envy, grumble, shoot of gourd, small items

wenerau object of criticism or envy

Wenerei Wednesday

W

wenewene gourd, convolvulus hawk moth, scab, tiny hole

weo aphid, greenfly

wepu(-a) whip, lash

wepuwepu beat frequently

wera(-ngia) hot, burnt, heat (temperature), set alight

werakore fireproof

werawera sweat, hot, heat (temperature), perspiration

were hang up

werewere dangle, barnacle, bird's wattles

weri(-a) put out feelers, centipede, roots

weriweri vile, creepy, repugnant

wero(-hia) stab, sting, inject, spike (volleyball)

werowero pierce repeatedly, shoot out rays

weru garment, cloth, tassel

weruweru finely woven cloth, pout the lips

wētā insect - weta

wete(-kia) untie, set free, extricate, unwind

Weteriana Wesleyan, Methodist

wetewete untie, loosen, spell to weaken opponent, disengage

wetiweti disgusting, horrible, repulsive

weto knock out, be extinguished

weto, tangi - crybaby

weu strand of hair, tuft, fibre, particle

weu whēkau appendix (anatomy)

wēwē yelp

wewehe love-struck, lovelorn

weweia N.Z. dabchick, low born

wewete untie, set free, extricate, unravel

wī chase, play tag, tussock, rushes

wihara whistle

wīhara weasel

wihiki whisky

wiki ripple, fuse wire

wīki week, Sunday

wini window, to win, variety of kumara

winika vinegar, acetic acid

winiwini shudder, terror

wīra wheel, will (testament), willow

wīra takahurihuri winch

wiri drill, screw, auger, muscular tremor

wiriwiri shiver, twist

wirou osier, willow

wītā outer defence

wīti wheat

witipiki weetbix

wīwī tussock, rushes

wiwi wawa no fixed abode, neither here nor there

wīwī wāwā through thick and thin

wiwini to shudder

wiwiri thread of screw

wōnati walnut

wopatu wombat

wōro wall

wūru wool

wuruhēti wool-shed

wuruhi wolf

Wh

whā four, feather, sword-shaped leaf

whā putanga i te tau quarterly

whaaki(-na) admit, confide, confess

whae, e - ! lady!, madam!

whāea mother, aunt, madam, nanny

whaene mother, aunt

whāereere sow, mare, dam

whai string game, stingray

whai(-a) follow, emulate, possess, court

whai + noun possessing (whai hua = fruitful)

whai kīngi chess

whai kōrero make a speech, oration, rhetoric

whai kupu talk seriously

whai rawa opulent

whai takenga have claim

whai taonga rich, affluence, wealthy

whai tikanga momentous, crucial, formal, meaningful

whai wāhi opportunity, participate

whai whakaaro think, reflect on

whaiā obsessed, bewitched

whaiāipo sweetheart, beau, hearthrob, darling

whaiao daylight, world of light

whaiapu sharp stone, made of fine flax

whaiaro/aro personality, real self

whaiere(-tia) express outrage, revulsion

whaihanga make, do, make recommendations

whāina(-tia) fine (penalty), forfeit

whāinga pursuit, following, goal, objective, aim

whāinga poto short-term objective, purpose

whāinga roa long-term objective

whāinu share a drink, offer a drink

whaioro encounter

whaipainga benefit, food

whaitaki lead, go to meet

whāiti constricted, narrow, condensed

whāiti noa limited

whaitiri thunder, white feather headdress

whaitohu place a seal on, mark

whaitua space

whaiwhai(-tia) to hunt, chase, court

whaiwhaiā(-tia) bewitch, witchcraft, hostile spirit

whaiwhakaaro tactful, considerate

whaka... (*prefix*) cause to do, in the direction of, towards

whakaae(-tia) approve, favour, agree, give mandate

whakaaeaea gasp for breath, try to speak

whakaaetanga acceptance, contract

whakaahei access
whakaahu(-tia) pile up, upset, swell
whakaahua(-tia) diagram, photograph, mould
whakaahuru cuddle, warm
whakaaiai pollinate
whakaaio make peace, peacemaker
whakaako(-na, -tia) teach, instruct
whakaakoranga training course, instruction
whakaanga approach, turn towards
whakaangaanga to ponder over, reflect on
whakaangi, tamaiti - stepchild, niece, nephew
whakaangiangi fly a kite, dive through the air
whakaara(-hia) arouse, motivate, inspire, erect, put up, inflame
whakaaraara watchman's chant, recite
whakaare expose backside (as insult), arched clouds
whakaari(-a) programme, exhibit, stage play
whakaariki! invaders!
whakaaro(-tia) think, opinion, feelings, concept
whakaaro heipū straight-laced
whakaaro nui wisdom
whakaaro rua bi-cultural
whakaaroaro consider
whakaaroha(-ina) pitiful, heart-rendering, tear-jerker
whakaarokore careless, haphazard, thoughtless, indifferent
whakaata(-ria) reflect, reveal, declare, point out
whakaata paoro radar

whakaata raiti reflector
whakaataata(-ria) exercise, gymnastic routine, pretend, scare
whakaatamira(-tia) spread on platform
whakaatu(-ria) indicate, make representation, explain, introduce
whakaaturanga demonstration, Epiphany
whakaaturanga apure computer field
whakaau sound asleep
whakaauraki mainstream, rehabilitate (justice)
whakaawa ford river, make a groove
whakaawawaawa keep in trough of wave
whakaawe put out of reach, fade into the distance
whakaawhiawhi hug, cling together
whakaea compensate, come up for air, gasp, reparation
whakaeaea pant, lift from water, consolation, strive
whakaeke(-a) attack, go up, ally, arriving visitors
whakaemi(-a, -tia) gather
whakaeneene, moe - sodomy
whakaero shrivel, congeal, putrefy
whakaeto dissolve, evaporate
whakahā (-ngia) breathe, have a break, infuse
whakahaehae mutilate, slash, sci-fi monster, scare
whakahaere(-tia) organise, officiate, programme
whakahaereere(-a) escort, carry along

whakahaerenga arrangements

whakahaka to make one dance

whakahakahaka menacing shape, loom threateningly

whakahake(-tia) denude, strip off

whakahako adorn oneself

whakahāmama(-tia) to open the mouth

whakahāmumu(-tia) make vocal, enable to speak

whakahāngū change to passive

whakahanumi admixture, digest

whakahao to net, sea lion

whakahapū fertilize

whakahara (*v.*) convict

whakaharahara huge, extraordinary, marvellous

whakaharatau practise (speech or manual dexterity)

whakahari delight

whakaharuru(-tia) make a roaring noise

whakahātea bleach

whakahau(-tia) give command, imperative (grammar), shelter, impose

whakahauhau to order, hurry, urge on

whakahauora(-tia) refresh, revive

whakahāwea(-tia) snub, discriminate unjustly, cynical, ridicule

whakahē(-ngia) blame, mislead, censure, condemn,

whakahēhē muddle

whakahei(-tia) do one's duty, go to welcome, trap

whakaheke(-a) let down, descend

whakaheke ngaru surfing, ride the waves

whakaheke tupu insult, be disdainful, indignity, lose status

whakahekeheke striped

whakahemo eat up, consumed, dying

whakahemohemo attend death-bed, be on the point of death

whakahere(-a, -ngia) offering to God, sacrificial gift, confine, bind

whakahī(-a) sneer, intone, raise the pitch of song

whakahianga favourite

whakahiangongo one loved with passion

whakahiato co-ordinate, formulate

whakahīhī arrogant, officious

whakahīhiri encourage, depend on

whakahiki elevate

whakahiko generator

whakahinga cause to fall, defeat

whakahipa alter course, elude

whakahira boast, vainglorious

whakahirahira great, important, amazing, splendid

whakahoa be friendly with, associate with

whakahoahoa play favourites, architecture

whakahōhā bore, annoy

whakahōhonu(-tia) dig deep

whakahōia enlist in military

whakahoki(-a) answer, reply, return, restore, recompense, replace, reinstate

whakahōnore(-tia) honour, idolize, venerate

whakahore refuse, despise

whakahori(-a) disbelieve, reject

whakahoro(-a) let down, pay out a line, free from tapu, speed up

whakahou renew, modernise, recondition, salvage

whakahouhou nauseate

Wh

whakahū hush, keep quiet

whakahua(-tia) pronounce, recite, suggest, terrace

whakahuakitanga opening

whakahuri(-hia) reorientate

whakaī looking splendid

whakaihi(-a) betroth, set apart, inspire

whakaihiihi encourage, exciting

whakaikapahi gather, assemble

whakaineine spreadeagle

whakaingoa(-tia) give a name, appoint, nominate

whakaingoingo sob, wail

whakainu(-mia) to give a drink to

whakaio single file, steady

whakaioio strict, stern

whakaipo woo, cherish

whakaipurangi resource centre

whakairi(-a) hang up

whakairo(-tia, -ngia) carve, engrave

whakairoiro graphics, intricate work

whakairoiro hoahoa graphics

whakaita deterrent

whakaiti(-tia) despise, reduce, shrink, humility

whakakā light switch, turn on switch

whakakaha strengthen

whakakāhore(-tia) veto, negative, eliminate

whakakai earrings

whakakākahu to dress

whakakakara scent

whakakake(-a) give oneself airs

whakakāniwha notch, barb

whakakao(-tia) gather

whakakapowai steep in boiling water, preserve (birds heads)

whakakapi(-a) fill up, substitute, shut

whakakapinga closure

whakakāpō act blind

whakakapokapo twinkle

whakakaporeihana incorporate

whakakarapoti(-a) (v.) sheath, surround

whakakarauna (v.) crown

whakakata amuse, laugh, skit, witty

whakakaupapa(-tia) plan, layout, establish, set up project

whakakeke perverse, stubborn, act dumb, mutiny

whakakeko take aim, sight along gun barrel

whakakī(-ia) fill

whakakikī tighten

whakakīkī tell, exhort

whakakiko(-tia) pretend, give body to, fill in gaps

whakakikokiko(-tia, -a) become human, took flesh, pretend

whakakikorua(-tia) veneer, plate with (gold, etc.)

whakakino(-ngia, -tia) despise, ignore, abuse

whakakirihou plastic surgery

whakakite(-a) display, put on a show, reveal

whakakitenga display, exhibition, Book of Revelations

whakakoekoe tickle, titilate

whakakōhao drill hole, make opening

whakakōhatu petrify

whakakoi(-a) sharpen, point, sharpener

whakakōingo crave, desire, mourn for

whakakōnae file (documents), put in basket/tray

whakakopa(-ia) wrap up, finalise, grasp, crease

whakakopaki(-na) wrap, fasten

whakakopakopa fold up, grip

whakakopenu(-tia) turn the edge, crumple, squash

whakakopia excavator

whakakōpura shine, flicker

whakakorakora sprinkle, scatter

whakakore(-ngia) cancel, delete, undo (computer)

whakakori tinana aerobics, physical exercise

whakakorikori(-a) disturb, arouse, dynamic, action singing

whakakorōria(-tia) glorify, honour

whakakotahi(-tia) unify, integrate, co-ordination, interaction

whakakotiti(-tia) mislead, lead astray

whakakōwaowao choke

whakamā shy, embarrass, loss of mana

whakamāhaki (*v.*) calm

whakamahana (*v.*) warm, heater

whakamahara(-tia) remind, commemorate

whakamahere tangible plan

whakamahi(-a) set to work, shape, to fashion, carry out

whakamāhorahora make feel at home, offer hospitality

whakamahu(-tia) apply remedy, heal a wound

whakamaiangi feel light, floating, prayer to lift up

whakamākūkū mouth-watering, moisture

whakamāmā(-tia) free from tapu, simplify

whakamamae torment, torture, labour pains

whakamana(-hia) authorise, empower

whakamanamana be happy, to thrill, exult, boast

whakamānawa give honour to, ask a blessing on

whakamanu change into a bird, mistrust

whakamaoko concealed, cringe

whakamāori(-tia) translate, interpret

whakamārama(-tia) explain, account for, enlighten, illuminate

whakamarara scatter, dispel

whakamārie pacify, appease, comfort

whakamārō(-kia) lengthen, draw out

whakamārō waea fence strainer

whakamaroke to dry, dehydrate, stunt growth

whakamārōrō fence strainer

whakamarumaru shelter, defend, shade

whakamataku(-hia) menace, grisly, nerve-racking

whakamātao refrigerate, to cool

whakamatara dismantle, loosen, free

whakamātaratara freezing cold,

whakamātau(-ria) test, philosophy, experiment, to study

whakamātautau attempt, examine

whakamate(-a) deadly, crave for, lethal, execute

whakamaturuturu pour drop by drop

Wh

165

whakamau(-a) fix, make firm, ingrained

whakameamea mock

whakamenemene pull faces

whakamīharo surprising, wonderful, amazing

whakamihi acknowledge, congratulate

whakamine(-ngia) assemble, gather

whakaminenga assembly

whakamoe(-a) put to sleep, give in marriage

whakamoemiti(-tia) praise, thank

whakamōhio(-tia) notify, tell, insinuate

whakamoka(-tia) move stealthily, muzzle

whakamōmona fatten

whakamomori wait patiently, grieve, act in desperation

whakamōwai be modest, shy

whakamua forward, restrospective

whakamūmū silencer

whakamuri backwards

whakamutu finish, terminate, exit (computer)

whakamutunga final, end, last

whakanā lull, satisfy

whakanamunamu appear as a distant speck

whakanao mint (coinage), make, handle

whakaneinei peep at, bob up and down

whakaneke(-a) shift

whakanekeneke mobile

whakanene tell saucy story, make laugh

whakangā have a rest, a breather, breathing-in

whakangahau amuse, recreation, encourage, incentive

whakangahoro(-tia) attack, charge

whakangaio deceive, trick

whakangaro(-mia) destroy, make disappear

whakangata appease

whakangau(-a) hunt with dogs, bite

whakangāueue move

whakangāwari (-a, -hia) soften, melt, tenderise

whakangiha set fire

whakangohe weaken

whakangoikore weaken, adulterate, ennervate

whakangongo kume asthma inhaler

whakangote(-a) suckle

whakangungu(-a) to train, protect, vaccinate, arm-shield

whakangutungutu stubborn, full of excuses, cheeky

whakanihoniho throw up shoots

whakanoa(-tia) free from tapu, make ordinary

whakanoho fix in place, give in marriage, accommodate

whakanui(-a) enlarge,celebrate

whakaoati make vow

whakaoho(-ngia) startle, animate

whakaoioi shake, jiggle

whakaoma hasten

whakaongaonga excite, goad, stimulate, annoy, cause pain

whakaora(-ngia) cure, salutary, resuscitate, rescue

whakaoranga remedial, salvation, therapy

whakaoranga-ā-rōpū group therapy

whakaoreore probe

whakaōrite equalise, equality, synchronise

whakaoti(-hia) finish, solve (maths), accomplish

whakaotinga completion

whakapā(-ngia) touch, match weapons, infected by sickness

whakapae accuse, incriminate, theorem, surround

whakapāho broadcast

whakapahū detonate

whakapahūtanga detonation

whakapai(-tia) fix, bless, improve, beneficial

whakapainga beatitude, benediction

whakapaipai decorate, garnish, beautify, ornament

whakapākanga youngest child

whakapakari(-tia) make mature, strengthen, develop, personal development

whakapākehā translate into English

whakapakeke(-tia) be ill-treated

whakapakoko embalm, idol, statue

whakapane frank (postage stamp), franking machine

whakapāoho reo broadcast

whakapapa genealogy, cultural identity, Chronicles

whakapaparanga lineage, generation, laminate

whakapapatipu solidify

whakaparahako despise, discriminate without reason

whakaparakore to sand

whakaparanga skite, boaster

whakaparu(-a) defile

whakapati bribe, flatter, persuade

whakapau(-ngia) use up, squander, consume, exhaust

whakapau kaha expend all one's energy

whakapē(-tia) squash, crush

whakapehapeha boastful, vain, bombastic, gloat

whakapeke fold up, hide onself, crouch

whakapiako empty out

whakapīata polish, glaze, irradiate

whakapiki increase, promote

whakapiko(-a) bend

whakapiri(-a) fasten, attach, harness together, join battle

whakapiro consider offensive

whakapohane lampoon, mock, obscene gesture

whakapōhēhē(-tia) confuse

whakapohū detonate, detonator

whakapōkaikaha work hard

whakapōkarekare disturb, muddy the waters

whakapono(-hia) belief, faith, religion, trust, credence

whakapononga article of faith, creed, beliefs

whakapononga(-tia) make slaves of, bring into bondage

whakapōrearea darken, overcast, lowering clouds

whakaporo abbreviate, bring to end

whakapoto abbreviate, abridge

whakapōturi slowdown

whakapouaru(-tia) left desolate, made a widow

whakapōuri outrage

whakapōuriuri look mournful

whakapowai smoke meat/fish

Wh

whakapū heap up, stack in layers, give round number

whakapua(-tia) make smoke

whakapuaki(-na) announce, declaration

whakapuare open, make public, unfold

whakapūhoi decelerate, change down, block the ears

whakapuke surge, zeal

whakapuku surge

whakapūmau guarantee, make permanent, certify

whakapuru upholster, stuff in, plug, shrimp net

whakapuru tera saddle cloth

whakaputa(-ina) make come out, appear, issued, issue document

whakaputa mōhio clever dick, know-all

whakarae, tumu - very high chief

whakarahi(-tia, -ngia) enlarge, stretch out, exaggerate

whakaranea elaborate, beautify

whakarangatira ennoble

whakaranu blend juices, make gravy/sauce

whakaraoa choke oneself

whakarapa aloof, glower, split open, bird net

whakarapihi(-tia) despise, make rubbish of

whakarāpopoto summary, resume, compendium, review

whakarārangi(-tia) line up, to catalogue, lineout

whakararata pacify, subdue, tame

whakararare pass the buck

whakararo lower reaches of river, northward, lower part, downwards

whakararu be busy, hindrance, jeopardise

whakararuraru interference

whakarata pacify, friendly overtures, civilize, tame

whakarato serve

whakarau multiply, capture, periodic detention

whakarauora save alive

whakarautanga multiplication

whakarawa(-tia) to bolt, lock, boost

whakarāwai(-tia) enhance, decorate

whakarea expand, multiply

whakarehu see a vision, dream, savoury, relish

whakarei(-nga) cast away, ornamented

whakareka(-ngia) make agreeable

whakarere (*adv.*) excessive

whakarere, tini - thousands

whakarere, tua - long ago

whakarere(-a) abandon, suddenly, exceedingly, bequeath

whakarerea uninhabited

whakarerekē to change, amend, adapt, alter, juggle

whakarerekē-tanga process of change

whakarerenga riddance

whakarerē tanga items thrown away, artefacts

whakareri(-a) prepare

whakarewa slipway, solvent, suspend, defrost

whakarewarewa war dance

whakarihariha barbarous, eye-sore, hellish, hideous

whakaripa along the edge, either side of head, tabulate

whakaripanga tabulation

whakarite(-a) compare, decide, adjust, scales

whakaritenga neighbour, restitution

whakariterite put in order, arrange

whakaroa(-tia) delay, lengthen, stretch

whakaronaki slide down, glide, make level

whakarongo listen, sensitive, submissive

whakarongoā prescribe

whakaropiropi hand game

whakarōpū to classify, to sort

whakaroto internal, inward

whakarua hollow in ground, north-east wind, bird feeding place, waves from sea breeze

whakaruhi exhausting, neutralise, incapacitate

whakarunga upwards, upper part, overhanging

whakaruru afford shelter

whakaruruhau shelter, protector, storm cover

whakarāpopoto(-tia) summarise, define

whakatā relax, display, draw (sketch)

whakataetae competition, formidable, competitive races

whakataha deflect, veer, put on one side, miss

whakatahe abort, terminate pregnancy

whakatairanga(-tia) elevate, lift up, promote, move about aimlessly

whakataka prepare, turn around, cartwheel (gymnastics)

whakatakakariri angry, rile

whakatakataka move about, shake

whakatake preference

whakataki(-na) go to meet, recite, preface, introduction

whakatakitaki(-na) explain, fully

whakatakoha(-tia) levy a fee, bond money

whakatakoto(-ria) outline, format (disc), stipulate, submit reports

whakatakotoranga kaupapa blueprint

whakatamatama jeer, give oneself airs

whakatangi/tangi play an instrument, blow (whistle), jukebox

whakatāpapa(-tia) lay something flat, lie face down

whakatapu(-a) bless, make sacred, consecrate, ordain

whakatara challenge, talk scandal, niggle, gossip

whakataratara gossip, irritate

whakatare(-a) hang, keen, intent upon, peer at

whakatarewa suspend, charge interest

whakatari/tari incite, challenge, provoke

whakatata(-ia) nearing, approach run, bring close

whakatau(-ria) decide, charge (legal), to bark, intently

whakatau tango moni attachment order

whakataua(-tia) depend on

whakataua te mate condemned

whakatauākī proverb, maxim

whakatauira illustrate (with examples)

Wh

whakatāuke segregation
whakataukī proverb, motto, slogan
whakataumaha weight, barbell, heaviness
whakataunga compact, agreement, resolution
whakataurekareka(-tia) enslave
whakataurite equalise, compare, balance, put into perspective
whakatauritenga comparison
whakatautau theatrical play, graceful movement, moan, flex
whakatāwera postpone
whakatē drain out, squeeze out
whakateitei(-tia) grow tall, enlarge
whakateka discredit
whakatekāinga homewards
whakatenatena(-ngia) egg on, encourage
whakatene impromptu song, sing solo
whakatenetene annoy, quarrel
whakatēpara stapler
whakatere/tere(-tia) accelerate, buoy up, sail, steer
whakatete quarrel, stubborn, unwilling
whakatētē(kau) milk (cow), squeeze out
whakatētere bloat, pour, make flow
whakatiaho illuminate
whakatika(-hia) straighten, rectify, tune up, set out
whakatikatika excuse, defend
whakatiketike(-tia) lift up high
whakatiki diet, fast from food, imprison
whakatiko laxative

whakatina(-ia) fix, imprison, sharp birth-pains, satiate, feed
whakatinana(-tia) embody, mandate, implement (policy)
whakatipu(-ria) grow, bring up, educate, nurture
whakatītaha go to one side, shear (maths), slant, tilt
whakatītaritari(-a) scatter
whakatō(-kia) cultive, impregnate
whakatoatoa defy, boast
whakatoe(-a) leave over, leftovers
whakatohatoha propagate
whakatōhi toaster
whakatoi(-a) cheeky, tease, retort
whakatoke attack by stealth, commando raid
whakatōkihi creep along
whakatopa soar aloft, hover
whakatopatopa give orders, monopolise
whakatōpū(-tia) combine, unified
whakatoro(-hia) stretch out
whakatorouka troubled sleep
whakatotohu(-tia) make something sink, drown, submerge
whakatotoro offer, touch, palpate, push, raid, platform
whakatū(-ria) brake vehicle, establish, set (volleyball), practise drill
whakatū rākau weapon drill
whakatū riri uprising, warfare
whakatū waewae war dance
whakatuapuku arch up
whakatuarā ally, support, go backwards
whakatūīngoa identify
whakatumatuma act defiantly
whakatūpato(-ria) cautious, to warn, suspicious

whakatūpehupehu fury, bluster

whakatuperu blow raspberries, sniff disdainfully

whakatupou bar graph

whakatupu(-ria) grow, breed, nurture, upbringing

whakatupuranga generation

whakaturi act deaf

whakatūtaki(-na) shut, close up

whakatūtehu(-tia) to upset, stir up, agitate

whakatūtū set up, build, pile up

whakatutua(-tia) degrade, make look silly

whakatutuki(-tia) carry out, honour agreement, carry to completion, comply

whakatūturu establish, definitive, verify

whakatuwhera(-tia) to open

whakaū(-kia) support, uphold law, beach a boat, lay up (basketball), confirm

whakauaua exert oneself, with difficulty

whakaūpoko introductory verse

whakauru(-a) enlist, insert, implant, include in register

whakaururua(-tia) lay waste

whakaururuu join in, enlist

whakautu(-a) answer, respond to, caress

whakawā(-kia) judge, adjudicate, monitor, cut groove

whakawā wawe prejudice

whakawaha put on the back, load

whakawahi(-a) anoint with oil

whakawahine unmanly, effeminate

whakawai(-a) weapon drill, tempt, rehearse, draw (rugby)

whakawaikura corrode

whakawaireka(-tia) to delight, indulge, please

whakawaituhi turn red, ceremony after birth

whakawākanga judgement

whakaware(-a) delay

whakawareware cheat, to fool

whakawātea(-tia) make way for, liberate, declare (cricket)

whakawāwā to plan, argue, take advice, wrangle

whakawehe(-a) separate track, lane divider, estrange

whakawehi frighten, scare

whakawera(-hia) to heat

whakawere(-a) to hang up

whakaweti menace, threaten

whakaweto quench fire, unplug, switch off

whakawhaiāipo to date a girl, to go steady, sweetheart

whakawhāiti(-tia) compress, to catalogue, to tidy, encase

whakawhānau(-tia) give birth, obstetrics

whakawhānui(-tia) extend, widen

whakawhārangi paginate, number pages

whakawhata hang up, put on high place

whakawhenua immovable, firmly grounded

whakawhenumi(-a) combine ingredients

whakawhere persuade, ill-treat

whakawhero dye red

whakawherowhero pre-dawn hoot of the owl

whakawhetai(-tia) give thanks, grateful, gratitude

Wh

whakawhirinaki(-tia) trust in, fasten, lean against, rely on

whakawhiti(-hia) carry across, replace, transit, transplant

whakawhiu(-a) punish, sanctions

whakawhiwhi to award, endow

whakawiri tremble, wring, illtreat, distort

whāki(-na) confess, tell, disclose

whaki(-ia) snatch, grasp, gather (fruit)

whakiinga waina vintage

whākoekoe tickle, make scream

whākorekore deny, make into nothing

whāmere family, nucleur family

whana (-ia) kick, recoil, spring loop, rebellious

whana kai tangata decisively rout enemy

whana kokoti ambush

whana poikiri soccer

whana rere volley

whana taka drop kick

whana turu half-hearted attack

whana whiu penalty kick

whana whiwhi free kick

whanake move up, spring, cabbage tree

whanaketanga childhood, salad days, days of youth

whānako(-tia) theft, steal, robber

whānako-ā-tai aggravated robbery

whananga company of travellers

whānāriki sulphur, brimstone

whanatu go away, go forward

whānau(-tia) delivery, give birth, extended family, genus

whānau ake close family (mother, father, offspring)

whānau hāparangi caesarian birth

whānau kōarotanga breech birth

whānau mārama heavenly bodies

whanaunga relative (by blood), kindred

whanaungatanga relationship, kinship

whānautanga birth, nativity

whanawhana dribble (soccer), bend back and forth

whanga bay, span, astride, wait for, ambush

whanga ono cube

whāngai(-a) nourish, care for/adopt child, load (gun)

whāngai, matua - foster parent

whāngai, tamaiti - adopted child

whāngai hau battlefield ritual, first victim's heart

whanganga(-tia) measure of an arm-span

whanganui gulf, bay, harbour

whangawhāngai a spell, a charm

whango hoarse

whāngongo administer a drink, (through a straw)

whāngote breast-feed, lactation

whano ready to go, lead, move

whanokē odd, strange, mischief

whanonga behaviour, field of study

whanowhanoā annoyance

whānui(-tia) wide, star - Vega, broadminded

whānuitanga range (extent)

whao(-a) chisel, nail, engrave, perforate

whao(-whina) fill, put into, crowd into, enter

whāomoomo eke out, ration, take care of

whaowhao carve, whittle

whāpuku groper fish

whāpuni tent

whara(-ngia) injured, physically handicapped

whārangi page, folio, spread out, platform

wharangi kura musk-scented shrub

wharangi piro akepiro, shrub

whāranu juice, stock

wharanui spread wide

wharau lean-to, shed, boatshed, hovel

wharauroa shining cuckoo

wharawhara astelia plant

whare house, suit (cards)

whare, kōrero-ā - peace negotiations

whare, rongo-ā - peace through a woman

whare anuhe cocoon

whare hākinakina stadium

whare herehere prison, gaol, jail

whare hoko/hoko store

whare hokohoko pūtea stock exchange

whare karakia church building

whare kōhanga nest house, maternity home

whare kōpae house with side door

Whare Kōrana Mosque

whare kura schoolhouse, house of mystic learning

whare maire house of learning

whare mate chief mourners, death house

whare miere beehive, parliament

whare o te riri division of army

whare paia health clinic

whare paku toilet, latrine, dunny, loo

Whare Paremata Parliament House

whare patu slaughter house, abattoir

whare pikitia cinema

whare pora house for cloak making, clothing factory

whare pōtae chief mourners

whare punanga women's refuge

whare puni dormitory, main house of village

whare raiti hei tohu lighthouse

whare taka porepore gymnasium

whare tapere house of amusement, theatre (arts)

whare tauā mourning the dead, mourners

whare wānanga university, school of higher learning

whare whakaatu taonga art gallery, museum

whare wīti barn

whareatua plant, mushroom

wharehenga kingfish

wharemoa hollow

wharerā acolyte, altar server

whārērea forsaken

whārewa lever

wharewhare housie, bingo, overhanging

whāriki(-tia) carpet, mat

whārikiriki carpeted

wharirū shake hands

whārite calculate, equalise, measuring scales

whārite kore inequality

whārō stretch out, at full length

wharowharo scrape, cough, clear throat

Wh

whārona make giant-strides, run, strut, lie in heap

whārōrō stretch out, at full length

whārua valley, gully (cricket), footprint

whāruarua a hollow, excavation

whata shelf, platform, rack

whata kūaha door hinge

whata pouheni coat rack

whata wīti granary

whataamo stretcher, litter for carrying

whatarangi platform, stage

whātero stick out the tongue, lightening flash, fart

whati broken, bankrupt, fracture, herringbone pattern

whati/whati(-a) break, run away, snap, turn away

whatīanga limb joints, cubit (45 cm), angle, cuff (*n.*)

whatinga take flight, departure, exit, rift

whatitiri thunder

whatitoka doorway

whatiwhati break off, broken

whatiwhati(-a) snap off, break up, gather

whātoro(-na) stretch out

whātōtō wrestle, groundwork (judo), ne-waze

whatu(-ria) pupil (eye), kernel of fruit, weave, hailstone

whatu kōura gold nugget

whatu whakanui microscope, zoom lens

whatuaro belly-fat of fish

whatukuhu kidneys, renal

whatumanawa feelings, kidneys

whatungarongaro disappear

whatura vulture

whaturama hernia, groin swelling, rupture

whaturei breastbone, sternum

whau cork tree, Hebrew letter Vau

whaupa gulp food

whāura fierce, ruddy

whāuraura bluster

whauwhau N.Z. fig, mountain ribbonwood

whauwhi lacebark

whāwhā haere grope one's way

whawhai(-tia) to fight, conflict

whāwhai impatient, hurry

whawhai atu resist

whawhai ki te mate address the problem

whawhaki pluck, snatch

whawhao (whaowhina) fill

whāwhārua hollow place, female ancestor, mother

whawhati break, put to flight

whawhati tata sudden emergency

whawhe disturb, chatter

whawhewhawhe busybody

whē stick insect, caterpillar, dwarf

whea, kei - mai? where else? (lucky to get it!)

whea? where?

wheiao (whaiao) world of light

wheinga feud, enemy, old person

wheinu thirst

wheita wince

whēkau belly, colon, laughing owl

whēkau pae transverse colon

whēkau piko sigmoid colon

whekaweheka swag, garment

wheke octopus, arrow squid

wheketere factory, broad squid

wheketere tangoparu refinery

whekewheke scaly skin, elephantiasis

whekī tree fern

whēkiki quarrel, tease

whēkite dazzled, haze

whekoki disfigured, contort

whēnako steal

whengo fart noisily

whengu snort, blow nose

whenu warp thread, webbing

whenua ground, country, placenta

whenua hāhā desolate land

whenumi eclipse, go into shadow

wheo(-tia) to buzz, tingle

wheoro crashing noise, thunderous, sag, hang on

wheowheo buzz

whera(-hia) spread, spread open

whērā (*see* pērā) like that , in the same way

Whērangi Uranus

whēranu murky, muddy

wherawhera(-hia) fan out, spread out, open out

wheriko flash in the pan, glistening, shining

whero red, vermillion, arse

whēru to wipe

wherū slow, inactive, mope

wheta struggle, dodge, arrive, writhe

whetau dodge, wriggle, small

whetē stare wildly, glare at

whetereihana federation

whētero protruding, tongue out

whētētē stare wildly

whetewhete to whisper

whētiko mud snail

whetoko step, move along

whetowheto trivial, petty

whetū star

whētui lapel

whētuki/tuki throb, be shocked

whetūrangi(-tia) shine like a star, appear above the horizon

whetūriki asterisk

wheu overgrown

wheua bone

wheua ngohe cartilage

wheuwheu feather moss

wheuwhi lacebark

whēwhē boil, ulcer, abscess, cyst

whewheia enemy

whewhengi shrunken, wrinkled

whewhengu nostrils, snout, muzzle

whewheo hum

whewhera wide open (mouth/arms), sit open-legged

whēwhero pink

whēwhī quail

whia? how many?

whika arithmetic, mathematics, number, mark

whīkoi stride, march

whīnau tree

whio whistle, blue duck

whioi ground lark

whioioi shake, brandish

whiora viola

whiore tail

whiowhio whistle, hiss

whira violin, fiddle

whīra field, feelings

whira kaitā double bass

whira maihara field marshall

whiri(-a) plait, twist rope, coil

whirinaki depend on, lean on, buttress, unite

whiringa heat (athletics), preliminary round

Whiringa-ā-nuku October, Oketopa

Whiringa-ā-rangi November, Noema

Wh

whiringa-ā-tau grey warbler
whiringa toa final, championship round
whirirua basket
whirīti fridge, refrigerator
whiriwhiri(-a, -tia) choose, representative player, negotiate
whiriwhiringa audition
whiro rising moon, evil personified, barren soil, sweep away
Whiro planet Mercury, Pluto
whīroki thin, lean
whita firm, stable
whītau flax fibre, string
whitawhita keen, quick
whiti(-a) cross over, switch position, east
whiti hiko electric shock
whitianga joint
whitihoro hypnotise, bewitch
whītiki(-ria) belt/girdle, loop, tie up, connecting belt (computer),
whītikiranga belt, loop, to tie up
whitinga o te rā sunrise
whitireia new moon
whitirua flail about
whitirua, taringa - daydreaming, inattentive
whito (*see* wheto) dwarf
whitu seven, heptathlon

whiu satisfied, full belly, penalty
whiu(-a) punish, put in place, muster animals, kill
whiu tārewa indeterminate sentence (justice)
whiu teka play darts
whiu whakamuri backlash
whiuwhiu(-a) deal cards, toss about, wag, whisk
whiwhi ki gain possession of, to win, have access to, wrap up, gain, achieve
whiwhinga obtaining, gaining a mark, ippon (judo)
whiwhinga katoa total income
whiwhinga tāke revenue
whīwhiwhi entangled
whiwhiwhiwhi wrapped around, covering
whonokarawhe phonograph, gramaphone, record player
whoroa floor
whounu whakawaenga intercom
whurū flu
whurupūke fullback (football)
whurūtu fruit
whutupaoro football
whutupaoro whakapā touch rugby

USEFUL PHRASES IN MAORI — HE KUPU WHAI HUA

Swapping pronouns and names will give you a wide choice of handy sentences.

MEETING PEOPLE

Greetings to one person

Gidday, mate.	Kia ora, e hoa.
Hello, sir.	Tēnā koe e koro.
Hello, madam.	Tēnā koe e whae.
Good morning.	Tēnā koe; kia ora.
Good evening.	Tēnā koe; kia ora.
Nice to see you.	Ka pai te kite i a koe.

Expressions such as ata mārie (peaceful morning), mōrena (morning) and pō mārie (peaceful night) imitate English custom. Older people prefer to use kia ora (good health) at any time of day.

<u>Northern Dialect</u>

How are you?	Pēhea ana koe?
Very well.	Tino pai ana ahau.

<u>Southern Dialect</u>

How are you?	Kei te pēhea koe?
Very well.	Kei te tino pai.

<u>Ngati Porou</u>

How are you?	Kai te aha koe?
Very well.	Kai te tino pai.

Greetings to two people

Hello you two.	Tēnā rā kōrua.
How are you?	Pehea ana korua?
It's lovely to see you again.	Ka pai te kite anō i a kōrua.

Greetings to several people

Hello everyone.	Tēnā koutou katoa.
How are you all?	E pēhea ana koutou?
	Kei te pēhea koutou?

General greetings

Long time no see!	Tangata ngaro kua kitea.
Welcome!	Haere mai! Nau mai!
Let us hongi.	Homai tōu ihu.
Come and sit down.	Haere mai ki te noho.
Would you like a drink?	He inu māu?
How about a cuppa?	He inu tī māu?
Sure, that's nice.	Āe, ka pai tēnā.
No, I have to go.	Kāhore, me haere ahau.
That's all right.	Kei te pai.
Cheerio.	Haere ra.
Bye (to person who is staying behind).	Hei kōnei rā.
Don't get up.	E noho rā.
Be seeing you.	Ka kite anō.

Referring to a recent death

Sorry to hear about your grandfather.	Tēnā koutou i to koutou koroua.
Sorry to hear about the misfortune (accident).	Tēnā koutou i to koutou aitua.
Sorry to hear about Hinemoa (name of recently deceased).	Tēnā koutou i a Hinemoa.

Meeting people who don't know you

I am from Wellington.	Nō Pōneke ahau.
I am from Australia.	Nō Ahitereiria ahau.
What is your name?	Ko wai tōu ingoa?
My name is Henry.	Ko Henare tōku ingoa.
What are you parents' names?	Ko wai ōu mātua?
My father is George.	Ko Hori tōku pāpā.
He is a European.	He pākeha ia.

My mother is Sue.	Ko Huhana tōku māmā.
She is Māori.	He Māori ia.
She is from the far north.	Nō te Aupōuri ia.

(For alternative country and personal names, see the lists on pages 18–20.)

I'm looking for the marae.	Kei te kimi ahau i te marae, kei hea?
Do you know my family?	Kei te mōhio koutou ki ōku whanaunga?
I'm a newcomer here.	He waewae tapu ahau ki kōnei.

PERSONAL

Welcome, friends.	Haere mai e hoa mā.
This is my family.	Ko taku whāmere tēnei
This is my husband Philip.	Ko taku tāne, a Piripi.
I am Theresa.	Ko Terehia ahau.
These are our children.	Ko ēnei ā māua tamariki.
Three boys and three girls.	Tokotoru tama, tokotoru kōtiro.
Sir, how old are you?	E koro, e hia ōu tau?
I don't know.	Kāhore ahau e mōhio.
How old are you, old lady?	E kui, e hia ōu tau?
Just twenty-one.	Rua tekau mā tahi noa.
Where did you grow up?	I whea koe tupu ake ai?
I grew up in Northland	I tupu ake au ki Te Taitokerau.
Where do you come from?	Nō whea koe?
I am from America, from the U.S.	Nō Amerika ahau, nō te Hononga o Amerika.
She is from England.	Nō Ingarangi ia.
Those two are from Samoa.	Nō Hāmoa rāua.
They are from Japan.	Nō Hapani rātou.
Do you two belong here?	He tangata whenua kōrua?
No, we are visitors.	Kāhore, he manuhiri māua.
You are important visitors.	He manuhiri tūārangi koutou.
You have been welcomed.	Kua pōwhiritia koutou.

Now you are people of the land.	He tangata whenua koutou inaianei.
Let us speak of We and Us.	Me kī, tātou tātou.
What is your occupation?	He aha to mahi?
I'm a receptionist.	He kaiwhakatau manuhiri taku mahi.
I'm a primary school teacher.	He kiako tamariki ahau.
I'm an estate agent.	He kaihoko whare taku mahi.
He's a policeman.	He pirihimana ia.
Those people are fishermen.	He kaihao ika ēnā tāngata.

THE WEATHER

The weather is not a general topic of Māori conversation; only if it's extreme. Weeping skies during a tangi are a good sign.

This rain is dreadful.	Tino kino tēnei ua.
Lovely weather for ducks.	He wā pai mō ngā rakiraki.
This rain is the sign of a chief.	Ko tēnei ua te tohu rangatira.
The day has turned out fine.	Kua paki te rā.
The sun is shining.	E whiti ana te rā.
It's really hot.	Te wera hoki!
It's very cold.	Tino kōpeke!
It's very misty.	Ka nui te kohu.
This is just a shower.	He kōpatapata noa iho tēnei.
The storm is coming.	Kei te haere mai te marangai.

FOOD

Are you feeling hungry?	E hiakai ana koe?
Yes, where is the dining room?	Āe, kei hea te whare kai?
Come and eat.	Haere mai ki te kai.
Would you like a cuppa?	He kapu tī māu?
Here is the dinner menu.	Anei te rārangi kai.
Food from the hāngi (earth oven) is very tasty.	Tino reka ngā kai hāngi.
What sort of food is in the hāngi?	He aha te kai kei roto i te hāngi?
There's mutton, pork and chicken.	Ko te mīti hipi, te mīti poaka me te heihei.

Can you cook it all together?	Ka taea te tao ngātahi?
Oh yes, with the vegetables too.	Āe, me ngā hua whenua hoki.
What do you have for breakfast?	He aha te kai mō te parakuihi?
Porridge, bacon and eggs is most common.	He pāreti, he pēkana, he hēki ngā mea nui.
That is too much!	Te nui rawa o te kai!
Some eat pork and pūhā for breakfast.	Ko te parakuihi a ētahi he poaka, he pūhā!
What is this rotten corn I hear about?	He aha tēnei kānga pirau e rongo nei au?
It is not really rotten, it is fermented	Ehara i te pirau, ēngari he kōpūwai.
Do the Māori like bread?	Pehea ngā rōhi paraoa, he reka ki te Māori?
No meal is complete without bread.	Ki te kore he paraoa ka hiakai tonu te Māori.
Māori people are very fond of flapjacks.	Ko te paraoa takakau he tino reka ki te Māori.
What's this potato bread?	He aha tēnei paraoa rīwai?
That is mixed with potato yeast.	Ka pokepokea ki te rēwena rīwai.
That is a favourite of mine	Tino reka tēnā ki ahau.
What about seafood here?	Pēhea ngā kaimoana o kōnei?
We love all the seafood— snapper, flounder, John Dory, eels, oysters, crayfish and so on.	Tino pai ki a mātou nga kaimoana katoa, ko te tāmure, te pātiki, te kuparu, te tuna, te tio, te koura, te aha, te aha.
What is the food of the chief?	He aha te kai a te rangatira?
The food of the chief is speechmaking.	Ko te kai a te rangatira he kōrero.

PRICES AND SHOPPING

What is the value of the New Zealand dollar?	He aha te wāriu o te tāra Niu Tireni?
It's a third of the English pound.	He wāhi tuatoru o te Pauna Ingarihi.
It's about half an American dollar.	Ko te hāwhe pea o te tāra Marikena.

How many Japanese yen to the kiwi dollar?	E hia heni Hāpani ki te tāra Niu Tireni?
I've forgotten, but it's a lot.	Kua wareware ahau, engari he nui.
What is the price of Māori carvings?	He aha te utu o te whakairo Māori?
A couple of dollars for these little pieces.	E rua tāra mō ngā mea iti nei mō te turuhi.
Many hundreds of dollars, though, for the important works.	Otirā, e hia rau tāra kē mō ngā taonga rongonui.
What is the price of a cinema ticket?	He aha te utu o te tikiti pikitia?
This cinema costs $7 before 5 p.m.	Whitu tāra te utu i mua i te rima karaka.
After 5 p.m. it's $12.	Tekau mā rua tāra i muri i te rima karaka.
What about the prices for live theatre?	Pēhea te utu mā te whare tapere?
Most are about $20 or $30.	Rua tekau, toru tekau rānei mō te nuinga.
What is the best place to shop?	Kei hea te wāhi hokohoko tino pai?
I like the markets.	Pai ki ahau ngā mākete.
Are there any fashion stores here?	Kei kōnei rānei ngā toa hoko pūweru o te wā?
Oh yes, the latest from Italy and France.	Āe, ko ngā momo taonga o Itari,o Wīwī.
Let's go shopping for some trendy clothes.	Haere tāua ki te hoko pūwera ātaahua.

SPIRITUAL VALUES

Do the Māori people believe in God?	Kei te whakapono rānei ngā Māori ki te Atua?
Do they say prayers, before meals?	He karakia tā rātou i mua i te kai?
They won't eat till someone has said grace.	Kāhore rātou e kai, ki te kore he karakia whakapai kai.

The Māori won't start anything unless there is a blessing first.

Kāhore te Māori e tīmata te mahi, ahakoa te aha, ki te kore e mātua whakapaingia.

Tell me a Māori blessing.

Kōrero mai he karakia whakapai.

This is a grace before meals.

He karakia whakapai tēnei i mua i te kai.

Bless these foods, O God, for the health of our bodies. Feed our souls with the bread of life. All things come from you. Amen.

E te Atua, whakapaingaia ēnei kai hei ora mō ō mātou tinana. Whāngaia ō mātou wairua ki te taro o te ora. Nāu hoki ngā mea katoa. Āmene.

Give me a prayer before a meeting.

Homai he karakia tīmatanga hui.

O God, we your servants make this prayer to you, that you will be close to us at this hour, to help and guide us. May your holy name be blessed in all that we do. You are God lives and reigns for ever. Amen.

E te Atua, tēnei mātou āu pononga te īnoi nei ki a koe, kia tata mai koe ki a mātou i tēnei haora, hei āwhina, hei arataki i a mātou. Kia whakakorōriatia ai koe i roto i ā mātou mahi katoa. Ko koe te Atua, e ora nei, e mana nei mō ngā tau mutunga kore. Āmene.

Māori Proverbs —
He Whakatauākī

1. **Hohonu kaki, papaku uaua.**
Deep throat, shallow muscles. (Long on words, short on action.)

2. **E moe i te tangata ringa raupā.**
Marry a man with worker's hands.

3. **He kōanga tangata tahi, he ngahuru puta noa.**
Spring planting is lonely. Autumn harvest has many helpers.

4. **Ma mahi ka ora (Ko mahi ko ora).**
Work brings health (prosperity).

5. **Mauri tū mauri ora, mauri noho mauri mate.** *or* **Tama tū tama ora, tama noho tama mate.**
Work makes you well, laziness makes you sick.

6. **Maramara nui a Mahi ka riro i a Noho.**
Big chips from the worker's chisel reach those who sit around. (Lazybones gets some of the benefits of the hard worker.)

7. **Ma pango ma whero ka oti te mahi.**
If chief (Red) and worker (Black) pull together the job is done. (Many hands make light work.)

8. **He toa tauā he toa pāheke – heke he toa mahi he toa mau tonu.**
A champion warrior's life is precarious, but a champion worker lives on.

9. **Pō tūtata, ao pāhorehore.**
United at night, scattered in the day. (A group plans together in the evening, but at dawn each goes his own way.)

10. **He moana pukepuke e ekengia e te waka.**
A choppy sea can be navigated. (Persevere.)

11. **Ta te rangatira tana kai he korero, ta te ware he muhukai.**
Speech is the food of a chief, the ignorant person is inattentive. (A play on the word 'kai'.)

12. **He tangata kī tahi.** A man who speaks once.
(A man of his word.)

13. **Me he korokoro tui.** With the throat of a bellbird.
(An orator.)

14. **Ko nga rangatira o te tau titoki.** Chiefs of the titoki year.
(Imitation chiefs. Anybody could look like a chief in those years when the red titoki berries were plentiful.)

15. **Waiho ma te tangata e mihi.** Let someone else sing your praises.

16. **Whatu ngarongaro he tangata, toitū he whenua.** Man disappears but the land remains.

17. **He matua pou whare e rokohia ana, he matua tangata ekore e rokohia.** The main (parent) pole in a house can always be found, but a human parent cannot always be found.
(Similar to **16**.)

18. **Papatūānuku te matua o te tangata.** Mother Earth is man's parent.

19. **He totara wahi rua he kai na te ahi.** A totara split in two is food for the fire. (Unity is strength)

20. **He toa takitini taku toa, ehara i te toa takitahi.** My bravery was the bravery of many, not just of one warrior.

21. **Nāu te rourou, nāku te rourou ka ora te manuwhiri.** With your basket and my food basket the guests will have enough. (May each contribute.)

22. **Hokia ki nga maunga kia purea koe e nga hau o Tawhirimatea.** Return to the mountains to be purified by the winds of Tawhirimatea.

23. **Tangata i akona ki te kainga, tūnga ki te marae, tau ana.** A person trained at home will stand on the marae with dignity.

24. **He puta taua ki te tāne, he whānau tamariki ki te wahine.** As warfare is to men, child bearing is to women.

25. **Kia mau koe ki te kupu a to matua.** Heed your parent's advice.

26. **He iti rā, he iti mapihi pounamu.**
Small indeed, but made of greenstone.

27. **E iti noa ana na te aroha.**
Small gift, given in love.

28. **Mate atu he tētēkura, whakaete mai he tētēkua.** *or* **Hinga atu he tētēkura, ara mai he tētēkura.**
A leader falls, another rises. (Refers either to the figure-head of canoe or to a tall fern

29. **Ka hinga te totara i te wao nui a Tāne.**
The totara tree has fallen in Tane's great forest.

30. **E tata mate, e roa taihoa.**
Death is close compared to the late comer.

31. **E mua āta haere, e muri tata kino.**
The early ones go leisurely, the late comers rush dangerously.

32. **Mate kāinga tahi ora kāinga rua.**
When one home is destroyed, you still have the second. (Have two strings to your bow.)

33. **Te wahine i te ringaringa me te waewae kakama, moea, te wahine whaka-ngutungutu whakarerea atu.**
The woman with active hands and feet, marry her, but the woman with overactive mouth, leave well alone.

34. **He ao te rangi ka uhia, he huruhuru te manu ka tau.**
Clouds adorn the sky as feathers adorn a bird. (*Original meaning*: Dress correctly for the occasion. *Modern meaning*: 'Ma te huruhuru te manu ka rere' — Feathers (money) enable the bird to fly.)

35. **Ka pū te ruha ka hao te rangatahi.**
The old net lies in a heap while the new net goes fishing. ('Rangatahi' has become synonymous with youth.)

36. **Ko te amorangi ki mua, ko te hāpai ō ki muri.**
The carriers of God's emblems first, the carriers of food later. (God's worship first, wordly things later.)

37. **He hārore rangitahi.**
A one-day mushroom. (A flash in the pan.)

38. **He kura kāinga e hokia, he kura tangata ekore e hokia**
You may return to a treasured home, but not to a treasured person. (Similar to 17.)

39. **He ihu kuri, he tangata haere.**
A dog's nose is the traveller. (Like a dog following the smell of food, so the traveller looks for the open door — said by the unexpected guest.)

40. **Tangata takahi manuhiri, he marae puehu.**
If a man insults a guest, his marae is dirty.

41. **He tao huata e taea te karo, he tao na aitua kāore.**
Human spears can be deflected, but not those of Misfortune (Death).

42. **Kia mahara ki te hē o Rona.**
Remember the fault of Rona. (Rona is the woman in the Moon. She cursed the Moon and would not stop even when warned.)

43. **He kōtuku rerenga tahi.**
The white heron is a bird of one flight. (A rare visitor.)

44. **He toa piki rākau he kai na te pakiaka.**
A champion tree-climber is food for the roots.

45. **He kuku ki te kainga, he kākā ki te ngahere.**
As a cooing dove is at home, so is a parrot in the forest. (Refers also to men who say nothing in discussion but are full of opinions afterwards.)

46. **He wahine he whenua, ngaro ai te tangata.**
Men die because of land and women.

47. **He kokonga whare e kitea he kokonga ngākau ekore e kitea.**
The corners of the house may be seen, but not the corners of the heart.

48. **Tungia te ururua, kia tupu whakaritorito te tupu o te harakeke.**
Burn the overgrowth to allow the flax shoots to grow through.

49. **Tā te tamariki tana mahi e wāwāhi tahā.**
Children's work is breaking calabashes.

50. **Ekore e ngaro he takere waka nui**
It will not be undetected, it is the hull of the canoe.

PROVERBS REGARDING CERTAIN TRIBES AND AREAS — HE PEPEHA

51. ATI AWA
Ko te Ati Awa o runga o te Rangi.

Ati Awa from heaven above. (Tamarau, one of the ancestors of Ati Awa, was a wairua.)

52. TAURANGA
Ko Maunganui te maunga, ko Tupaea te tangata.

Maunganui is the mountain, Tupaea is the man.

53. KAWERAU
Ko Putauaki te maunga, ko Rangitukehu te tangata.

Putauaki is the mountain, Rangitukehu is the man.

54. NGĀTI KAHUNGUNU KI HERETAUNGA
Ko Kahuranaki te maunga, ko te Hapuka te tangata.

Kahuranaki is the mountain, te Hapuka is the man.

55. WAIKATO
Waikato taniwha rau, he piko he taniwha, he piko he taniwha.

Waikato of a hundred monsters, at every bend a monster. (There are many tales of mysterious beings in the Waikato River, but here 'monsters' refers to independent chiefs.)

56. TE ARAWA
Ko te Arawa e waru pumanawa.

The eight beating hearts of Te Arawa. (Te Arawa is a confederation of eight tribes descended from the eight children of Rangitihi.)

57. Ko te Arawa māngai nui.

Arawa of the big mouth. (The Arawa people are famous for their oratory.)

58. MAKETU, NGĀTI RANGITIHI
Ko Ruawahia te maunga, ko Mokonuiarangi te tangata.

Ruawahia is the mountain, Mokonuiarangi is the man.

59. NGĀPUHI

Ngāpuhi kohao rau kai tangata.

Ngapuhi of a hundred holes, man-eaters. (Ngapuhi were not united but very fierce.)

60. HOKIANGA

Hokianga whakapau karakia.

Hokianga using up all our prayers. (Refers to a battle in prayer between two tohunga.)

61. OHAEWAI

Ka kata nga puriri o Taiamai.

The puriri trees of Taiamai laugh, there's good news in the north.

62. HOKIANGA AND BAY OF ISLANDS

Ka totō te puna i Taumarere, ka mimiti te puna i Hokianga. Ka totō te puna i Hokianga ka mimiti te puna i Taumarere.

When Taumarere's spring over flows, Hokianga's spring ebbs, when Hokianga's spring overflows, Taumarere's spring ebbs. (Hokianga to the west and Taumarere [Bay of Islands] to the east. What happens to one influences the other.)

63. TUHOE

Kotahi na Tūhoe ka kata te pō.

There is amusement in the underworld if only one Tuhoe dies in battle.

64. Tūhoe, maumau kai, mau mau taonga, maumau tāngata ki ki po.

Tuhoe, lavish with food, lavish with goods, lavish with the men who fall in battle.

65. NGAITERANGI

Rauru kī tahi.

Their chief, Rauru, was a man of his word.

66. WANGANUI

He muka no te taura whiri a Hine ngākau.

A thread from the woven rope of Hine Ngākau. (Many sub-tribes are her descendants from Wanganui, even north as far as Taumarunui.)

67. NGATI POROU
Ko Hikurangi te maunga,
ko Waiapu te awa, ko
Ngāti Porou te iwi.

Hikurangi is the mountain,
Waipu is the river, Ngati
Porou is the tribe.

68. Waiapu kōkā huhua.

Waipu of many mothers.
(Ngāti Porou is always con-
cerned for her children. The
proverb may imply disunity.)

69. Ngāti Porou nuku-rau, he
iwi moke, he whanoke.

Ngāti Porou, deceivers, lonely,
but daredevils.

70. NGĀTI MARU
Tini whetū ki te rangi, ko
Ngāti Maru ki te whenua.

As many as the stars in heaven,
so numerous is Ngati Maru
on Earth. (Ngati Maru was
once very numerous around
Thames and south of there.)

71. NGĀTI TŪWHARETOA
(LAKE TAUPO)
Ko Tongariro te maunga,
ko Taupo te moana,
ko Te Heuheu te tangata.

Tongariro is the ancestral
mountain, Taupo is the lake
and Te Heuheu the para-
mount chief.

72. HAWKE'S BAY
Ko Heretaunga haukū nui.

Heretaunga of heavy dew-fall
(i.e., very fertile).

73. TARANAKI
Kāore e pau, he ika unahi
nui.

It will not be eaten, that fish has
big scales. (That fish [Taranaki]
is too tough to eat.)

74. WANGANUI
Nga uri a Haunui-a-papa-
rangi, nāna i taotao
(takahi) te nukuroa o
Hawaiki.

The descendants of Haunui-a-
papa-rangi who tramped the
length and breadth of
Hawaiki.

75. AOTEA (but applicable to all)
Ekore e piri te uku ki
te rino.

Clay will not stick to iron.
(Do not pretend to be what
you're not, because the clay
disguise will fall off.)

MĀORI TRIBAL AREAS OF NEW ZEALAND

Te Aupōuri

Ngāti Kahu

Te Rarawa

Ngāpuhi

Ngāti Whātua

Ngāti Tai
Ngāti Paoa

Ngāti Tamaterā

Ngāti Ākarana
(Modern name for Māori living in Auckland)

Ngāti Whanaunga

Ngāti Maru

Ngai te Rangi
Ngāti Ranginui

Ngāti Mahuta

Ngāti Hauā

Waikato

Whānau-a-Apānui

Te Arawa

Whakatōhea

Ngāti Raukawa

Ngāti Awa

Ngāti Porou

Ngāti Maniapoto

Ngāti Tūwharetoa

Tūhoe

Ngāti Tama

Rongo Whakaata

Ngāti Awa

Taranaki

Te Aitanga-ā-Māhaki

Ngāti Raukawa

Ngāti Ruanui

Ngārauru
Ngāti Apa

Ngāti Hau

Rangitāne
Muaupoko

Ngāti Kahungunu

Ngāti Awa
Ngāti Toa

Ngāti Pōneke *(Modern inclusive name for Māori living in Wellington)*

Rangitāne
Ngai Tahu *(Most of South Island)*
Poutini *(West Coast)*
Ngāti Māmoe *(Far south)*

A

a/an he, tētahi
abalone pāua
abandon whakarere, whakakore
abase whakaiti, whakahāwea
abate (sea) mauru, iti haere
abate (wind) kanape, māriri, marie
abattoir whare patu mīti
abbreviate whakapoto, whakarapopoto
abdomen tia, puku, kōpū
abet tautoko
abeyance hiki, tārewa
abhorrent whakaririhariha
abide by whai, pono ki
ability kaha, pumanawa
ablaze mura, kā
able (*can be done*) taea, āhei
able (*I am, you are, etc.*) ka taea (e *au*, e *koutou*), kaha ana
able-bodied mārōrō, mārohirohi
ablution block whare horoi
abnormal rerekē, tupua
abnormality (physiological) pīari
aboard i runga waka
aboard, load- uta
abolish whakakore, pēhi, whakahorohoro
abominable mōrikarika, weriweri
abomination mea whakaririhariha
aboriginal tangata whenua, toi, taketake
aborigine tangata whenua, Kūri (Australian)

abort whakatahe
abortion tahe, materoto
about (almost) tata ki, tatangia
about (concerning) mō
about-face tahuri atu
above-board tika, matanui
above kei/i runga
abrasive taratara, whakataratara
abridge whakapoto, tāpoto
abroad rāwāhi, ki tāwāhi
abruptly rere, ohorere, ohotata
abscess whēwhē, tuma
abscond rere, oma, paheke
absence korenga, ngaronga
absent ngaro, matangaro
absent-minded wareware
absent oneself takē
absolute tino, motuhake, pū, uara pu (maths)
absorb (soak up) mimiti, ngongo
abstemious ihupuku, nohopuku
abstinence papare
abstract (general) tikanga whānui
abstract (noun) kupu ingo whānui
absurd heahea, wairangi
abundance ngahuru, huhuatanga
abundance, year of - tau humi
abundant maha, tini, huhua
abuse (cursing) kangakanga
abuse (maltreat) whakakino, takahi
abuse, sexual - raweke, kaitōkai
abuse, solvent - hongi kāpia
abysmal koretake
abyss tōrere, orunui

academic taha mātauranga

academy kura motuhake

A.C.C. Kaporeihana āwhina hunga whara

accelerate kātere, whakatere

accelerator (impetus) whakatere

accelerator (motor) kātere

accent (dialect) reo rerekē, mita o te reo

accent (stress) pei, tōnga

accept whakaae, tango

acceptable tika, pai, wanea

acceptance whakaaetanga, manakohanga

access huarahi ki, whiwhi ki

accessible ka taea e te tangata

accessory (helper) kaitautoko

accessory item mea tāpiri, taonga

accident mate whawhati tata, aituā

accidental mea tūpono, aituā

acclamation umere

acclimatise waia ki te noho

accommodate whakanoho

accommodation kamareihana, whare noho

accompany haere tahi i, haere hei hoa

accomplice kaitautoko, hoa hara

accomplish whakaoti, whakatutuki

accomplished (done) oti, taea, ea

accomplishment whakaotinga, mea taea

according to e ai ki nga kōrero, hei tā ...

according to the number rite ki te tokomaha

accordingly no reira, heoi anō

accordion kōriana

account kaute, pire

account for whakamārama

account, of no - hauwarea

account, bank - pūtea pēke

account, cheque - pūtea haki

account, savings - pūtea penapena

accountability whakatau tika

accountable ū ki te kaupapa

accountable to tū i raro i, papanga (ki)

accountant kaikaute, kaitātari kaute

accreditation tohutuku

acculturation whakamāori-ā-noho

accumulate kohikohi

accumulation whakaeminga

accurate tika, āta (mōhio)

accusation whakapae, heitara

accuse whakapae, whakawā, whakapā hē

accused, the - mauherehere, tangata e whakapaetia ana

accustom waia, taunga, whakawaia

ace (cards) hai

ache mamae, kōrangaranga

achieve whiwhi ki, tae tutuki, taea

achievement whāinga hei tūtuki, tutukitanga

acid kawa, hīmoemoe, waikawa

acknowledge whakamihi, whāki

acne hakihaki, papata kiri

acolyte wharerā, kaiāwhina

acorn kano oka

acoustic pā ki te taringa

acquaint whakamohio

acquire whiwhi ki, riro i a

acquisitive tangotango

acquit whakawātea, wete

acre eka

acrid kikini

acrimonious whakatumatuma, mauāhara

A

acrobat kaitūpekepeke
acrobatics takaporepore
acrophobia mataku wāhi teitei
across, lie - tīpae, hāngai
across (e.g. valley) kei/i tāwāhi
act (do) mahi
act (imitate) whakatau
act (legal) ture
acting (pro-tem) whakakapi,
  rīwhi
action! mahi!, tīmata!
action song waiata-ā-ringa,
  waiata haka
activate whakaoho, tīmata,
  whakaharuru
active ngangahau, mātātoa,
  kakama
active verb kupu mahi ngoi
activist kaikorikori
activity mahi
actor, dramatic - kaitapere,
  kaiwhakangahau
actually engari koa
Adam's apple tane o te kakī,
  kenakena
adapt whakarite, takatū
adaptation hurihanga
add tāpiri, āpiti, hono, tatau
add together huihui
addict kaiwarawara, kahunga
addiction pūwaia, kahungatanga
adding machine mihini tātai/orite
addition tāpiritanga, roanga,
  whakanuinga ake,whakaurunga
additional tāpiri
address (home) kāinga noho
address (speech) kōrero
adept kaiaka, rawe, tautohito
adequate ka nui, hāngai ana
adhere piri, pipiri, mau
adhesion piritanga

adhesive piripiri
adjacent i te taha, pātata
adjective kupu āhua
adjourn hiki
adjudicate whiriwhiri, whakawā
adjudicator kaiwhiriwhiri,
  kaiwhakawā
adjust whakarite, whakatika
administer (e.g. medicine) hōatu
administration mana whakahaere
administrator kaiwhakahaere
admiral atamira
admire mihi, mīharo, whakamihi
admission tono
admit (allow in) tuku
admit (confess) whāki
adolescence whanaketanga,
  taiohinga
adopt whāngai, taurima
adoptive parents mātua whāngai
adore koropiko ki, tino aroha
adrift tere noa, kōrewa
adult kaumātua, pakeke, koeke,
  koroheke
adulterate whakangoikore,
  whakaranu
adultery pūremu, moe tāhae
advance haere ake, whakaeke
advantage take whai hua, huanga
advent taenga mai
advent season aweneti
adventurer kiri māia
advertise pānui
advice kupu tohutohu
advisable tika, whakaaro nui
advise tohutohu, whakaako,
adviser whakaruruhau
advocate māngai, kaiwawao
aerate panahau wai
aerial post pou irirangi
aerobics whakakori tinana

aerodrome taunga manurere
aeroplane aropereina, manurere,
  wakarererangi
aerosol kēna nehu
aerospace ao ātea
affect pā ki, hāngai ana ki, pāpā
affection aroha
affectionate mate oha
affiliate whakakotahi,
  whakawhanaunga
affinity tatanga, hononga
affirm whakapumau, whakakoia
afflict pā, karawhiu
affliction whakamamaetanga
affluence whai taonga, whai rawa
afford whai moni (hei utu), tae
afloat mānu ana, tere ana
afraid mataku, pāwera, wehi
Afrikaans reo Poa
afro tūtū nga makawe
after i muri, tua atu
after(wards) i muri, a muri,
  tua atu, muringa
afternoon ahiahi
afterthought whakaaro taka noa
again anō
against ki
age taipakeke, pakeke
age, old - koroheketanga,
  kaumātuatanga
agency tari whakahaere
agenda kaupapa take,
  rārangi mahi
agent (for) māngai, kaikawe
aggression riri, pukuriri
aggressive taikaha, whakatuki
agile raka, ngāwari te tinana, koi
agitate whakakorikori, whakaoioi
agitation takawairore
ago ki mua
agony mamae nui whakaharahara

agoraphobia mataku ohaoha
agree whakaae, rite, pai,
  whakaaro tahi
agreeable pai, reka, āhuareka,
  purotu
agreement whakaaetanga,
  whakaaro tahi
agriculture ahu whenua,
  mahi whenua
aground ū ki uta, titi ki te onepū,
  pae
ahead i mua, kei mua, e tū mai nei
aid awhi, āwhina
AIDS (disease) mate āraikore,
  mate parekore
aim (a blow) panga, tū
aim (purpose) whāinga, pūtake,
  uaratanga,
aim (to point) kero, whakakeko
aimless karore, āniwa, pakoke
Air New Zealand Koru Aotearoa
air (atmosphere) hauora horoi hau,
  hau
aircraft wakarererangi
aircraft carrier manuao hari,
  wakarererangi
airforce taua rererangi, tauarangi
airline kamupene rererangi
airmail reta rererangi,
  karere-ā-rangi
airport tauranga manurere,
  taunga rererangi
airship waka pūangi
airstrip taunga wakarererangi
airwaves irirangi, aratuku
airy hauangi pai, pongipongi
alarm (startle) whakaoho
alarmed paoho
alas auē
albatross toroa
albeit ahakoa rā

album (photo) pukapuka, whakaemi
alcohol waipiro
ale pia
alert kakama, hiwa
alias arā, ingoa kē, ingoa tango
alien tauiwi, no te ao takiwā
alienate whakawehe, tāpae atu
alight (land) heke iho, tau ki raro, makere
align whakarārangi, whakahāngai, tutika
alike rite, ōrite, taurite, pātahi
alive ora
all around huri noa
all katoa
all right kei te pai
allege whakapae
alley ara whāiti, ara tuarongo
alliance haumi, hononga
allocate tohatoha rawa/moni, whakarato
allocation pūtea i whakaritea
allot tohatoha, whakarato
allotment whakaratonga
allow tuku ki
allow for whakaae, whakaaroaro
allowance (money) tāpaenga, utu
alloy pūhui konga, mētara
ally (*n.*) kaitautoko, kaiāwhina
ally (*v.*) whakatuarā, whakauru
almighty kaha rawa
almost tata, wāhi iti nei
aloe aroe
alone anake, anahe, kau, nahe, tōtahi, kotahi
along i, mā, atu
alpha ārepa
alpha particle matūriki ārepa
alphabet pūrārangi, tātai reta
alphabetise whakarārangi-ā-pu

already kē, noa
also hoki (*after qualified word*), anō
altar āta
alter whakarerekē
alteration whakarerekētanga
altered rerekē, whakahōutia
alternate huri atu huri mai, hokohoko
alternating current hiko kīnakinaki
alternative mana kōwhiri, tētahi atu
alternatives ētahi atu huarahi
although ahakoa
altogether apiti, ngātahi, katoakatoa
aluminium konumohe, ārama
always am (*express by word position*) pumau, tonu, āke āke
amateur kāhore e tino taunga, ware, utukore
amaze whakamīharo
amazement mīharo
amazing whakahirahira
ambassador māngai o te Kāwanatanga
ambiguity rangirua
ambition tūmanako, tohe
ambitious whakapai
amble āta haere
ambulance waka tūroro
ambush aukati, kokoti
amen āmine, āmene
amenable ngāwari, ngākau māhaki
amend whakatika
amendment whakatikanga, menamena
amenities taonga whakaahuru
American Marikena
amiable ngāwari, hūmarie
amid roto, rō
ammunition hāmanu

amnesty maunga rongo,
  muru horo
amoeba pūora huri kē
amok wairangi, hōkeka
among i waenganui i, i roto i
amorous mate tāne/wahine,
  mateoha
amount nui, pupūtanga
amplifier whakanui reo, ranu reo
amplify whakapāohoreo,
  whakawhānui
amputate poro
amuse whakangahau, whakakata
amusement whakangahau, rēhia
anaesthesia mahi ārai mamae,
  rehunga
anaesthetic rongoā rehu (general)
anaesthetist kaiārai mamae,
  kairehu
analyse whakawā, tātari
analysis tātaritanga
ancestor tipuna (*pl.* tīpuna),
  tupuna (*pl.* tūpuna)
ancestral land papatipu
ancestry whakapapa, tāhuhu,
  tātai tupuna
anchor (grapnel) punga, haika
anchor (*v.*) tau
anchorage tauranga
ancient onamata, o nehe ra,
  taketake
and ā, me, hoki
angel āhere, anahera
anger riri, pukuriri, riringa
angina hēmanawa
angle tuke, koki, konaki
Anglican Mihingare
angling hi ika
angry riri, tupehu, ongaonga
anguish mamae nui, aurere,
  kohuki

angular tuketuke
animal kararehe
animate whakaoho, whakahauora
ankle pona, punga o te waewae
ankle bone whatīanga raparapa
annex (take) kōhaki
annexe (building) whareāpiti
annihilate whakakāhore, haepapa
anniversary huri tau
announce pānui, whakapāoho
announcement pānuitanga
announcer kaipānui
annoy whakahōhā, whakatoi,
  whakatenetene
annoyance whanowhanoā
annoyed riri, whanowhanoā,
  rikarika
annual ā-tau
annul whakakāhore
anoint whakawahi
anonymous ingoakore, ā-wairua
anorexia mate korehiakai
another tētahi atu, kē (*after verb*)
answer (*n.*) kupu whakahoki,
answer (*v.*) whakahoki, whakautu
ant pōpokorua, pokorua
antagonism mauāhara
antelope tia pihi roa, anaterope
antenna puihi, puhihi, putihi
anthropologist tohunga tikanga
  tangata
anthropology mātauranga tikanga
  tangata
anti-freeze ārai makariri
anti-perspirant ārai werawera
antibiotic rongoā paturopi
anticipate tūmanako
anticlimax taumahatanga
antidote rongoā whakanoa
antiquated hanga tawhito
antique no namata, taonga tuauki

antiseptic rongoā horoi
antler pihona, pihi
anus nono, tero, kumu
anvil paepae maitai
anxiety mānukanuka, āwangawanga
any tētahi, ētahi, ia
anyhow ahakoa he aha
anyone awairānei, he tangata
anything aha anō
anyway he ahakoa
anywhere hea rānei, ahakoa ki hea
apart wehe, motuhake, ki tahaki
apart from atu anō i, hāunga
apartheid noho wehewehe-ā-iwi
apartment whare noho
apathy pohe, ngākaukore
ape makimaki
apex tihi
aphid peperiki, weo
apologise kupu pōuri, whakapāha
apology kupu, whakamarie
apostle āpotoro
apostrophe koru
apparatus taonga, taputapu, pānga
apparent mārama
apparition kēhua, kihau, whakakitenga wairua
appeal inoi, pīra
appear (come out) puta, whakaputa
appear in sky kōhiti
appearance āhuatanga, putanga
append hono, tāpiri
appendicitis whēkau kakā, mate weu
appendix (anatomy) weu, keu o te whēkau
appendix, (book) kupu āpiti, tāpiritanga

appetite hiakai, matekai, puku, mina
appetising whakamākūkū, whakawaiwai
applaud pakipaki, whakamihi
applause umere, pakipaki
apple āporo
appliance utauta, taputapu, pūrere
applicable e pā nei ki
applicant kaitono
application (request) tautono, puka tono, tono mai/atu
apply (dressing) tāpi atu, tākai
apply for tono
appoint whakatū
appreciate whakaaro nui, whakaaro whakahari, whakamaioha
appreciation maioha
apprehend hopu, mātau
apprehensive āwangawanga, mataku, hopohopo
apprentice tauira, akonga
approach whakatata
approach (way) ara, huarahi
approach, direct - haere hāngai
appropriate tika, hāngai, ū
appropriate (good) ū, tika
approval whakaaetanga, whakapai
approve whakaae, whakapai
approximate tata
apricot aperikota
apron maro, hipane, taupaki
aptitude for matatau ki, mōhio ki
aquarium kauranga ika
aqueduct roma wai
arbitrary kei a wai te tikanga
arbitration apitireihana, whakataunga

arc pewa, nau
arcade rārangi toahokohoko
arch tāwhana, areare, kōpere
arch up whakatuapuku
archaeology rangahau mea
  onamata
archaic tino tawhito, tuauri
archangel anahere
archbishop ahipihopa
arched tiriwhana
archer kaikōpere
architect kaihoahoa, kaimahere
architecture hoahoanga, waihanga
are (express by word position), e.g.
  He Māori rātou = They are Maori.
area wā, wāhi, takiwā, rohe
area horahanga, te rahi
arena papa hākinakina
argue tautohetohe, totohe
argument tautohe, tohenga
arise ara, maranga, puta ake
aristocracy Te Aitanga-a-Tiki,
  kāhui rangatira
arithmetic whika, tauhanga, tātai
ark aaka
arm ringa, ringaringa
arm-in-arm taupiripiri
armchair nohoanga āhuru,
  nohoanga hāneanea
armed forces ope taua ārai hoariri
armpit kēkē, kaokao
army ope taua, hokowhitu
aroma kakara
aromatic leaves raureka, karamū
around ki tētahi taha, whāwhā
arouse whakaara, whakaoho
arrange whakarite, whakarārangi
arrangements whakaritenga
array whakakākahu,
arrears nama tārewa
arrest whakarau, hopu

arrival taenga, whakaekeke
arrive tae, whakaeke, tau
arrogant whakahīhī
arrow pere
arsenal pūtea rākau/pū,
  whare matā
arson tutū, tahu ki te ahi
art taha toi, mahi toi, toi
artery uaua toto whero
artificial mea hanga, horihori
artificial sweetener āwenewene
artillery nga pū
artist tohunga, pūkenga
artistic tohunga
arts & crafts mahi-ā-ringa
as (like) hei, pērā, anō, rite tonu
as far as tae noa ki
as if me he mea, me
as soon as noa, tae rawa,
  kau (after verb)
ascent pikitanga
ash pungarehu
ash NZ tree tītoki
ashamed whakamā, matangere-
  ngere
ashore ki uta, tahaki
aside ki tahaki, peka kē, ki te taha
ask pātai, ui, inoi, tono
asleep moe
asleep, sound- parangia
asparagus apareka
aspect āhuatanga, tirohanga
aspiration tūmanako, wawata
aspire manawanui, ngākaunui
ass kaihe
assailant kairuhi
assassin kaikohuru
assemble hui, whakamine
assembled emi, rūpeke
assembly rūnanga, hui
assess āta whakatau, wāriu

assessment āta whakataunga
assessor kaiwhakakapi, āteha
asset hua, hua wātea
assignment mahi i tonoa
assimilate hanumi, horonga
assist āwhina
assistant taituarā, kaiāwhina, tāpiri
associate with whakahoa, whakapiri
association tōpū, rōpū
assortment tūmomo
assurance kī pono, kupu tūturu
assure whakatūturu
asterisk pīwhetū, whetūriki
astern ki muri
asteroid aorangi iti
asthma kume, huangō, hiki
asthma inhaler whakangongo kume
astonishing whakamiharo, tūmeke
astound tino whakamīharo, tumeke rawa
astray kotiti, ngaro
astrologer kaititiro whetū
astrology wānanga kōkōrangi
astronaut kairere whaitua
astronomer tohunga kōkōrangi
astronomy mātau kōkōrangi
astute kakama, mōhio
asylum piringa, whare pōrangi
at kei, kai, ki, i, a, hei
at large kei te wātea, nō ngā moka wātea
at once tonu iho, inaianei tonu
athlete kaiwhakataetae
athletics kaiaka
atlas pukapuka mapi
atmosphere rangi, hau takiwā, ariā
atom ngota
atom bomb pahū karihi, pahū nukiria

atonement whakamarietanga, whakangāwari
atrocious tino hē, tino kino
attach whakapiri, whakamau
attachment order whakatau tango moni
attack huaki, whakaeke, tuki, kokiri
attack (by stealth) whakatoke
attain tae
attempt (try) whakamātau
attend to aro, mātūtū, tae ki, tahuri
attendance tini i tae mai, taenga mai
attendant kaitono, tūmau
attention, pay - aro atu, whakarongo
attentive mataara, hihiwa
attitude wairua, āhuatanga, waiaro
attract kumekume, whakamanea
attractive ātaahua, manea
attribute painga, huanga
auburn ura
auction mākete
auctioneer reo hokohoko, kaimākete
audible pā ki te taringa, rangona ki te taringa
audience hunga mātakitaki, whakaminenga
audio reo
audio tape ripene reo
audio-visual ataata-rongo, rongo-kite
audit tātari kaute, ōtitatanga
audition whiriwhiringa, wā whakarongo
auditor kaitātari kaute
aunt whaea, āti, whaene
aura āniwaniwa

A

aural nō te taringa
aurora tahu nui ā rangi
aurora australis (southern lights)
  Kurakura o Hinenui-te-Pō,
  Tahunui ki te rangi
Australian nō Ahiterieria
authentic tino tika, motuhenga
author kaitito, kaituhi
authorise whakamana
authority tikanga, ihi, mana
auto aunoa, motokā
autograph hainatanga anō,
  tāmoko
automatic noa, aunoa, hanga noa
automatic *jug* *tikera* kā noa
automobile motokā
autonomy tōna ake mana,
  mana motuhake
autumn ngahuru, tokerau
auxiliary kaiāwhina, tautoko,
  available reri, rite, wātea
avalanche horowhenua, horonga
avenge rapu utu, ngaki mate,
  takitaki, whakaea

avenged ea, puea
avenger kaitakitaki
avenue huarahi marumaru
average kei waenganui,
  wawaenga
aviary whare rāihe manu
aviation whakahaere rererangi
avoid karo, pare
await tatari (tāria)
awake oho, whakaoho, whakaara
award (*n.*) paraihe, tohu
award (*v.*) whakawhiwhi
award wage papa utu
aware kakama, matatau
away atu
awe wehi, pāwerawera
awful kino te āhua
awl wirikoi
awning maru, komaru
axe toki, tokitītaha, piau
axis pou tāwhirowhiro
axle pokapū wīra, pae wīra

B

B.A./B.Sc. Tohu Wānanga tuatahi, Tohu Paetahi

babble whawhe, kapetau

babbler ngutu pī

baboon maki touwhero

baby pēpi, tamaiti, potiki, kohungahunga

babysitter kaitiaki

bach wharau, kōpuha

bachelor whai tohu mātauranga, takakau

back (*adv.*) ki muri

back (body/sport) tuarā

back pay utu whakarite

back to front hurirapa

back, hold - kuku

backbite ngautuarā, muhari

backblocks wāhi mokemoke, wāhi tūhāhā

backbone tuaiwi, iwi tuararo, ua, tuakoko

backfire pohū ki muri

background takenga mai

backlash whiu whakamuri

backline (sport) pae muri

backline players kapamuri

backlog whakaputunga

backwards ki muri, komuri, whakamuri

backwash miti (o te moana), tai whakahoki

backwater muriwai

bacon pēkana

bacteria moroiti

bad (evil) kino

bad (rotten) pirau

bad tempered pukuhātana, pukukino

badge tohu

badminton pūkura

bag pēke, putea, pāhi

bag (paper) pākete, pūhera

baggage utanga

bagpipes pōrutu kotimana, pūngawī

bail water tā, tatā, tīheru, ope

bailiff pononga tuku hāmene

bait mōunu, māunu

bake tunu, tao kai

baker kaihanga parāoa, pēka

bakery toa (hoko) parāoa, hereumu

baking soda pēkana houra

baking tray paepae tunu

balance (of money) toenga kaute

balance (weights) orite, whārite, tūorite

balance books whakarite

balance of power mana ōrite

balance sheet ripanga (whārite) kaute

balcony nohoanga runga, mahaurangi

bald pākira, porohewa

bale pēre

ball paoro, poi, poikiri

ball-bearing pōro kawe

ballet kanikani, kani tūtengi

balloon pūangi

ballot pōtitanga, māpere, rawhara

ballyhoo kōrero noaiho
ban ārai
banana panana, maika
band (head) tīpare
band (musical) pēne
bandage takai, tākaikai
bandit kaitahae, pihareinga
bang pahū
bangle kōmore
banish pei, pana
banister rēra, rōau
banjo panio, pātura, kūaho
bank (money) pēke
bank (river/lake) parenga, pareparenga, tahataha
bank account pūtea pēke
bank teller kaitatau moni
bank-card kāri pūtea moni, kāri pēke
banker kaitaupua moni
bankrupt pēkerapu, whati
baptise iriiri
baptism iriiringa
bar (gymnastic) tāuhu
bar (pub) tūpapa
bar (rod) paepae, rēra, tūtaki
barb kāniwha, keka
barbecue kai tunutunu waho, rorerore
barbed wire pāpu waea
barber kaikuti makawe, kaiheu pāhau
bare (cleared /smooth) moremore, mārakerake
barge (sailing) pāwai, pāti
bargeboards maihi, māhihi
baritone (voice) reo tamawae, reo nguru waenganui
bark (dog) auau, tautau, pahupahu
bark (tree) hiako, kiri

barley pāre, pārei
barn whare witi, taka mauti, pākoro, whata
barnacle komāungaunga, pātitotito
barracks puni hōia
barracouta mangā
barrage waiwaipū
barrel (cask) kāho, kaaho
barrel of gun ngongo, ongo
barren land hahore, titōhea, pākeka, rake
barren woman pukupā, pākoko
barricade ārai, pā
barrier aukati, aukatinga
barrister roia
barrow huripara
barter hokohoko, tuopu
base word kupu matua
base, softball - papa
baseball pēhipaoro
baseboard papa pūtake
bashful whakamā, konekone
basic tino kaupapa, waiwai
basin peihana, oko
basis putake, kaupapa
basket kete, kōnae
basket, large - tokanga, hao
basket, small food - kono, rourou
basketball poi hao, pahiketepōro, poirawhi
bass (fish) moeone
bass voice reo hōhonu, reo nguru
bastard tiraumoko, tama meamea, pōriro
bat (animal) pekapeka
bat (sport) rākau, haurākau
bat (v.) pao, patu, hahau
batch momo, rourou
bath tāpu kaukau
bathe kaukau (kauria)

B

bathroom　ruma kaukau, kaumanga
batsman　kaihau, kaipatu
battalion　mātua, hokowhitu
batten　pātene, kaho, pouihi
batter (sport)　kaihauhau
battering ram　rākau tukituki
battery (electric)　pāka hiko, urukā
battle　riri, pakanga, whawhai, kakari
battlefield　parekura, tāhuna
battleship　manuao
baulk/balk　ārai atu, tawhitawhi, kōrapa
bay (inlet)　koko, kokoru, kowhanga
bay horse　pei
bayonet　pēneti, okapu
be　ora
beach　(*n.*) one, akau, moana
beach　(*v.*) whakau, to
bead　poria, rei puta
beak　nga ngutu, timo
beam (light)　haeata, hunu
beam (wood)　kurupae, paepae
bean　pīni, pīti pītau
bean sprout　pihi pīni
bear (animal)　pea, tetipea
beard　paihau, pāhau
bearer　kaikawe, karere kawe
beast　kararehe
beat (music)　taki
beat (policeman's)　haerenga
beat (strike)　patu, pao, tuki
beat about the bush　hahani haere
beat, heart -　mokowhiti
beaten　pīti, mate, hinga, piro
beatnik　autaia
beautiful　ātaahua, hūmarie
beauty　ātaahua
became　riro kē

because　ināhoki, na/no te mea
beckon　pōwhiri, tāwhiri
become　riro hei, whaka + *noun*
bed (garden)　mahinga kai, tāhuna
bed (river)　riu, papa whaiawa
bed (sleep)　moenga, pēti
bedraggled　taretare, māhora
bedroom　ruma moe
bee　pī
beech, silver　tawai
beef　mītikau
beehive　whare pī, heke pī
beeline　poka tata
been　kua + *verb*
beeper　pūoho
beer　pia
beet　pīti
beet, silver -　korare
beetle　pītara, mūmū, pāpapa
beetroot　tāmore whero, kōkura
before　i mua
befriend　whakahoa
beg　inoi, pīnono, pati moni
beggar　rawakore pati moni, pīnono
begin　tīmata
beginning　tīmatatanga, orokohanga
behalf, on - of　i runga i te tono
behave　noho pai, whano
behaviour　āhua o te noho, whanonga, hanga
behind　kei/i muri, kei tua
being　mea ora
belch　kūpā, tokopūhā, tokomauri
belfry　pourewa pere
belief　whakapono
believe　whakapono
bell　pere, pahū
bellbird　korimako, titimoko, makomako

belly puku, kōpū, hōpara

belly fat matakupenga

belong no/na

belongings taonga

beloved tau pūmau, whaiaipo, tau

below i raro i

belt whitiki, tātua

bench (seat) tururoa, nohoanga

bench, work - papa mahi, tūpapa mahi

bend noni, piko, kokonga, koki, huringa

bend (v.) whakapiko, tuohu

bend limbs whati

bend over tūpou, tāpapa

benediction whakapainga, manaakitanga

beneficial whakapai, waimarie

beneficiary tangata whai pānga

benefit, invalid tākuhe hauā

benevolent hūmārire, aroha

bent matareka, parapara, hake

bent knees turipēpeke

benzine penehini

bequeath tuku iho, waiho iho

bequest koha tuku iho, waihotanga iho

bereaved pani, whānau pani

berry kākano, hua

berth wāhi moe, wāhi herenga poti

beside i te taha, i

beside the point hape

besides hāunga

besiege karapoti, whakapae

best pai rawa, te tino pai

best man hoa takatāpui, taituarā

bet peti

beta particle matūriki peta

betray tuku, kaikaiwaiū

better than pai atu i, pai ake i

beware! kia tupato!, kei + verb/adj.

bewildered pōihēhē, pororaru, pōrearea, pōauau

bewitch mākutu, whaiwhaiā

beyond kei kōatu, kei tua

bicultural tikanga-ārua, kākano rua

bias titaha, whakawā wawe

bib, netball - pare tūnga

Bible Paipera

bicultural whakaaro-rua

bicycle paihikara

bid tono

bidibidi piripiri, hutiwai

big nui, rahi

big toe tonui, rongomatua

bigot upoko mārō, tuanui noa

bikini pikīni, kahukaukau

bilge riu

bilingual reorua

bill (account) kaute, pire, nama

bill of rights tūtohinga o te mana tangata

billboard pourewa pānui

billet wā noho o te hōia, nohoanga

billiards piriota

billion piriona

billycan pīkini, kēna

billygoat koati toa, pirikoti

bind paihere

binding (spine of book) tuarā pukapuka, paihere anga

bingo wharewhare

binoculars karu torotoro

bio-chemistry matūora

bio-degradable ka taea te pīrau

biography tuhinga koiora

biologist kaikoiora

biology mātauranga koiora

birch tree petura

bird manu

bird (preserved) huahua
bird nest kōhanga, kōpae, koanga
birdcage mahanga manu
birth whānautanga
birth control ārai hapū
birthday rā huritau
birthmark ira, namu
birthplace toi whenua, ōhanga
birthright mātāmuatanga
biscuit pihikete
bisect weherua, hāwhe, tapahi
bisexual taera rua
bishop pīhopa
bit (horse) kumewaha
bit (piece) maramara, pita
bitch kurī uwha
bite (insect) wero
bite (v.) ngau, kakati, ū
bitter kawa, pūkawa
bitumen korotā
black pango, mangu
blackberry parakipere
blackboard papatuhituhi
blackmail tā-wai ā-reta
blacksmith parakimete
bladder tongāmimi, pokomimi
blade koinga, mata, rau
blade, razor- mataheu
blame whakawā, whakapae
blank ātea, mahea
blanket paraikete, papanārua
blaspheme kangakanga, kohukohu
blast (v.) wāwāhi, uruhanga
blaze mura, toro
bleach whakahātea, whakakōmā
bleached hātea
bleary harare
bleed toto
blemish tonga, tongakiri, nawe
blend whakaranu

blender kīnakinaki
bless whakapai, whakatapu
blessing whakatapunga, manaakitanga
blight paraiti
blind matapō, kāpō, pura
blind, window - ārai
blindfold kōpare, ārai kanohi
blindness kāpōtanga, matapōtanga
blink kimo, kemo, kikimo, kimokimo
blinker paewhatu
blister hoipū, namunamu
blister, large - tetere, whēwhē
blistered pakō, kōpūpū, memeke
blizzard āwhā kino, huka pukeri
bloat puru hipi, pupuhi
block of flats whare tininohoanga
block (land) pīhi, poraka
block (offices) whare tinitari
block of wood poro rākau, poraka, tumu
block up (obstruct) puru, pā, ārai, āpuru
blockade pā
blockage purupuru
blockhouse pā, whare pā
blonde kakaho, kōrito, kōrako, urukehu
blood toto
blood bank pūtea toto
blood clot katinga toto, katitoto
blood group tūmomo toto
blood pressure rere o te ia toto, taukapa o te toto
blood pressure, high - toto taikaha
blood pressure, low - toto kōteretere
blood transfusion whāngai toto

B

blood vessel ia toto
bloodshed parekura
bloodshot wherowhero
bloodstock hōiho kāwai
bloodstream ia toto
bloody pūtoto
bloom pua, rea, hua
blossom puāwai
blotch ukupara
blotting paper pepa mautere
blouse humeuma, hikurere
blow (snort) whengu
blow (strike) pao, kuru, patu, moto
blow (wind) pupuhi, puha, pā
blow instrument whakatangi
blow up pahū
blowfly ngaro, rango
blowhole (whale) tāpihapiha, pihapiha
blowlamp rama whakawera
blown away pūrere
blowpipe paipa pūroa
blubber (whale) pera, pakawēra, ngako wēra
blue (colour) purū, kikorangi, kahurangi, ōrangi
blue cod rāwaru, pākirikiri, pātutuki
blue heron kākatai, matuku
blue penguin kororā
blue wattled crow kokako
blue-black tūtū
blueprint whakatakotoranga kaupapa
bluff (deceive) tinihanga, māmingatanga
blunder pōhēhē
blunderbuss pu wahanui
blunt puhuki, more, nguture
blur rehu, whēkite, makaro

blush whero nga pāpāringa, whakamā
bluster tūpererū
blustering tupehu
boar tāriana, tame poaka
board (committee) poari, rūnanga whakahaere
board (wood) papa
board of trustees poari whaka-haere
boarding (lodging) nohoanga
boast whakapehapeha, whakahira, whakahīhī
boastful pākiwaha, wahahuka
boat poti
bobbin pōkai miro
bobby-calf tame kāwhe
bodily ā-tinana, ā-kiko
body tinana, kiko
body (of people) rōpū, ngare
bodyguard kaitiaki tinana
boffin kairangahau
bog repo
boggy repo, mawharu
bogus rupahu
boil (ulcer) whēwhē, tāpoa
boil (water) koropupu, pāera
boiler kōhua, kōhue, paere
boiling spring ngāwhāriki, ngāwhā
boisterous tarakaka, tūperepere, turituri
bold māia
boldly mārakerake
bolt (lock) raka, whakarawa
bolt (run) huke atu, oma atu
bomb pahū, pōma, popohū
bomb, nuclear pahū karihi, poma nukiria
bombardment pahūtanga, taiparatanga

bomber rererangi pohū
bombshell pohūtanga
bond here
bone wheua, poroiwi, iwi
bonito matiri
bonus hua
bony tūwai, iwiiwi
book pukapuka
book-keeper kaikaute
bookcase pūpukapuka
bookshelf papa pukapuka
bookstand tūnga pukapuka
boom (noise) hū, pakū, hāparangi
boost whakanui, tautoko, hiki
boot pūtu, kuhuwai
bootlace rēhi
border (boundary) rohe
border (hem) remu, pakitaha
bore (drill) wiri, wero
bore (tire out) whakahōhā
bored (dull) hōhā, hāpeta
borer-eaten pōporo
born whānau, puta ki waho
borough rohe o te taone
borrow nama, tiki mo te wā
borrowed mea tuku mai,
    mea tono
borstal whare herehere tamariki
bosom uma, poho
boss pāhi, rangatira, pōhi
botany mātauranga huaota
both rāua tahi, tautokorua
bother whakatāuteute, raruraru
bottle pātara, pounamu, kōkihi
bottle-opener huaki pātara
bottom raro, takere
bottom (base) take
bottom (hem) remu
bottom (person) kumu, nono,
    whero, tou
bough peka, manga

bought hokona
bounce tāwhana
bounce (up & down) tīrengirengi,
    pīringiringi
boundary rohe
boundary line tawhā
boundary marker pou rāhui,
    kotinga
bouquet of flowers pūtoi
    putiputi, takai putiputi
bout (boxing) whawhai,
    tauwhainga
bow (arc) tāwhana, kōpere,
    koromahanga
bow (boat) ihu, ngongohau,
    tauihu
bow down koropiko, tuohu
bow (weapon) kōpere, pewa,
    parori, ōpiko
bow-legged turihaka
bowels whēkau, aro, manawa
bowels of the earth whatu-
    manawa o te ao
bowl (ball) maita
bowl (container) kumete,
    peihana, oko, kāhaka
bowl ball tuku, epa, pīrori, kuru
bowled out hinga
bowler (cricket) kaikuru
bowser pana penehīni
box (carton) pouaka, pāka
boxing ring papa mekemeke
boxing whawhai mekemeke
boy tama, tamaiti tāne
boycott whakakorekore, ārai
boyhood whanaketanga,
    taitamatanga
bra pari-uma, kopeū
brace tauteka, kaumahaki, whītiki
bracelet kōmore, takore, taupua
braces perēhi

209

bracken rarauhe, rauaruhe
bracket (words) aukatinga
braid tāniko, pare, whiri
brain roro, hinu, wairoro
brain-washing roro horoinga
brake whakatū, perēki
brake, hand- whakatū ringa
bramble tātaramoa, tairo
bran waru wīti, pāpapa
branch (kau) peka, manga
branch (road/stream) pekanga
branch off peka atu
branch out toro
brand parani, momo
brandy parani
brass parāhi
brat tamaiti kino
bravado whakapehapeha
brave māia, mārohirohi, toa
brave warrior manu tīoriori
bravery toa, toanga, māiatanga
brawl whawhai, manioro
bray hīhō, ngengehe
bread parāoa, rohi, taro
breadfruit poroporo, taro
breadline pōharatanga
breadth whānui
break of day haeata, maruata,
  tākiri
break (smash) whati, pākaru
break (split) wāhi
break (waves) whati, pahū,
  pōrutu
break in (burgle) uru poka
break through pākaru
break up ngawhere
break wind (fart) whātero, pātero,
  tē, putihi
breakdown (emotional) pakaru-
  tanga, hūhe, hē rawa atu
breakfast kai o te ata, parakuihi

breakthrough kitenga hou
breakwater paetai, parepare tai
breast uma, poho
breastbone kōuma, whaturei
breastfeed whāngote
breaststroke tāhoe uma
breath manawa, hau, hā, ngā
breath, hold - kuku
breath, out of - hē te manawa
breath, take a - tā te manawa,
  ngāehe, mapu
breathalyser pū rongowaipiro
breathe whakangā, whakatā
breathe with difficulty hāhea,
  hēmanawa
breathing, rescue - hā whakaora
breed (propagate) whakatupu
breeze angiangi, matangi, hauhau
brethren teina
brevity poto
brew māhī, ī
bribe tāwai, utu whakapati
brick pereki, ukuahi
bricklayer kaimahi perēki,
  tiri perēki
bride wahine mārena hou
bridegroom tāne mārena hou
bridesmaid takatāpui, taituarā,
  kotiro puhi
bridge piriti, arawhata, arahanga,
  arāwai
bridge of nose kaka o te ihu
bridle paraire
brief (legal) ripoata rōia
brief (short) poto
briefcase kopa, hō, kopamārō
brier tūmatakuru, tātaramoa
brigade, fire- umanga kāpura
bright purata, kanapa
brighten whakamārama
brilliant kanapu, koea**

brine   waitai, wai tote
bring   kawe, tiki, mau, hari
bring up (care for)   whāngai
brisk   tere, whitawhita
bristle   huruhuru, taratara, wana,
   hīkaka
brittle   mōhaki, maroke
broad   whānui, whārahi
broadcast   pānui, reo irirangi,
   whakapāoho reo, pāho
broad-minded   whānui
broadside on   huapae, kōpae,
   hīpae
brochure   puka
broil   tunu
broken off   motu, whati
bronchitis   mate ngōrahi,
   mate wharowharo
bronze   kiripaka, parāhi
brooch   autui, tīkaka, pine
brood (progeny)   kāhui, punipuni,
   whānau
brook (stream)   manga wai
broom (tool)   purūma, taitai,
   tahitahi
brothel   whare kairau
brother (of girl)   tungāne
brother (younger)   teina
brother (older)   tuakana
brother-in-law (of man)   taokete
brother-in-law (of woman)   autāne
brotherhood   rōpū teina tuakana
brought   mau mai
brow of hill   taumata
brown   parāone, pākā/kā, hāura
browse   honi, āta kai, āta titiro
bruise   kōparu, marū
bruised   marū, hautū
brush   paraihe, taitai
brush past   pāheke, konihi
brushwood   tāwhao, heu/heu

Brussels sprouts   parete
brutal   whakawiriwiri
brute   kararehe kino, mohoao
bubble   (n.) koropupū, mirumiru
bubble   (v.) koropupū, hīhī
buck (jump)   tūpoupou, kiorere,
   tanapu
buck, to pass the -   whakarare
bucket   pēre, pākete, ipu heri
buckle (clasp)   tīmau, kati,
   whakamau
buckteeth   niho tapiki
bud   ao, matikao, toroihi, wana
budge   pānekeneke
budget   tātari moni
buffet   paripari, koheri
bug   ngārara, kēkererū
bugger   paka
bugle   piukara
build   hanga
builder   kaihanga, kaimahi whare
bulb (light)   pūraiti, pūrama
bulb (plant)   pū, tōpuku
bulge   pupuhi, koropuku
bulimia   mate apokai
bulk   nuinga, mōmona
bull   pūru
bull kelp   rimurapa
bull roarer   pūrerehua, whēorooro,
   huhū
bull's eye   pūtahi
bulldozer   koko mīhini
bullet   matā
bulletin   reta pānui
bullock   ōkiha
bully   (v.) whakatoi whakawhiu
bulrush   raupō
bum   nono, whero
bumble-bee   pī rorohū
bump   tūtuki, rutu
bumper   rēra tūtuki, rōau tuki

bunch   pū, tautau, pūtoi, kaui
bundle   pūhanga, paihere
bung   puru, pangu, karemu
bungy jumping   peke waehere
bungle   hē, whakapohēhē
bunk   moenga whaiti
bunker (golf)   pōrea kiri
buoy   kārewa, pāho
burden   pikaunga, utanga
burglar   kaitāhae, kaiwhenako
burial   tanumanga, nehunga
burly   pūioio
burn (blaze)   kā, toro, ngiha
burn (ignite)   tahu, wera
burnt   wera ki te ahi
burnt dry   pakapaka
burr   piripiri
burrow   (n.) rua, unu rāpeti, ana
burrow   (v.) apu, tūrua
bursar   kaitiaki pūtea moni
bursary   karahipi, takuhe,
   pūtea tauira tāpiri
burst   papā, pahū, haruru, puhake
burst into laughter   pakiri te kata
bury   nehu, tanu, tāpuke
bus stop   tūnga pahi
bus   pahi
bush (shrub)   rake, pūihi
bush hawk   kārearea, kāeaea
bushy   pōruru, pūhutihuti,
   pōhuruhuru, mātotoru
business   mahi, ūmanga, kaipakihi,
   wāhi

bust (chest)   poho
bustle   takatū
busy   ringa raweke, raru, warea,
   oreore
busybody   ihu pakiki, hakinohi
but   otirā, hoiano, engari
butcher   piha, pūtia, kaioka
butler   tuari, pātara
butt (ram)   tuki, tūtuki
butt of joke   tāwai
butter   pata
buttercup   kawariki
butterfly   pēpepe, pūrerehua, pepe
butterfly stroke   kau aihe
buttocks   papāihore, kōtore,
   whero, tou
button   pātene
button hole   puare pātene,
   komu pātene, ō pātene
buy   hoko
buzz (noise)   hohō, tamumu,
   rorohū, wheo
by (after passive verb)   e (people),
   ki (things)
by (agent)   i, mā (future), nā (past)
by and by   taihoa
by-election   pōti motuhake
by-law   ture o te wā, ture ā-rohe
by-product   hua kē
bye (sport-draw)   hipa
bypass   taha, whakataha
bystander   kaimātakitaki

C

cab tākihi
cabbage kāpeti
cabbage tree tī kōuka, tī whanake
cabin wharau
cable taura marohi
cable car waka taura
cable drum pūwaea
cactus tātā-tiotio
cadet āpiha tauira
caesarean section whānau hāparangi
cafe whare hoko kāwhi
cafeteria wāhikai, kāmuri
cage māhanga, karapotinga
cake keke
calcium konupūmā
calculate whāriteā tātai, tatau
calculation tātaitanga, mahi tatau
calculator ōrite tātai, tātaitai
calendar maramataka
calf (animal) kāwhe
calf of leg tapuhau, takapū, ateate
calf-skin kiri kāwhe, hiako kāwhe
calibre (rifle) puare, kūpara
calico kāreko
call (name) tapa, tuā, whakaingoa
call (shout) karanga, tīwaha, kōkiri
call off whakakore
calloused raupā, ūtonga, pātio
calm marino, āio, (v.) whakamarie
calorie pūngoi
Calvary Kāwari
camel kāmera
camera pouaka tango whakaahua, kāmera

cameraman/person kaiwhakaahua
camp puni, kēpa, taupahi
camp fire ahi kōpae
campaign pakanga tōrangapū, whakahau
campus marae whare wānanga
can (able) āhei, taea e..., mōhio
can (tin) kēna, tīni
Canadian Kanehiana
canal (water) waikeri, wai tawaka
cancel whakakore, whakakāhore
cancer mate pukupuku
cancer, cervical - mate pukupuku o te waha taiawa
Cancer, Tropic of - Kopae Raro
candidate kaitono, kaiwhakauru
candle kānara
cane (supplejack) pirita, karewao
cane sugar tātā huka, tōtō
canine tooth niho rei, nihokata
cannabis kanapihi, rauhea
cannon pū repo
cannot ekore e taea
canoe waka, mātāwaka
canoeing hoehoe tāwhai
canon kēnana
canopy hīpoki
canteen pouaka mārau koripi, wharekai hōia
canvas tāporena
cap pōtae, kēpe, taupoki
capability kaha, takatū, pakari
capable kakama, mōhio, māia
capacity te kī, whānuitanga, raukaha

cape (cloak) pueru
cape (headland) kūrae, matarae
capital (money) tahua hautonga, pūtea
capital city tāone matua, tāone nui
capital gains moni hua
capitalize whakawhiti ki te moni
capitulate whakahauraro
capsize huripoki, tūpoki
capsule wāhi pūkoro rongoa
captain kāpene, kaitaki
captive herehere, taurekareka
captivity whakarau, herenga
capture (prisoner) hopu, whakarau
car motokā
car boot raurawa
car park papa waka
car racing whakataetae motokā
caravan waka noho, tōanga whare
carbon waro
carbon dioxide hauhā
carbon monoxide haukino
carburettor hāhira
carcass tinana kararehe
card kāri, puka
cardiac no te manawa
cardiac arrest manawatū
care for manaaki, atawhai, whāngai
career umanga, tino mahi
careful tūpato
careless whakaarokore, ware
caress takamiri, morimori
caretaker kaitiaki
cargo utanga
carnation kāneihana
carol waiata Kirihimete
carp (fish) morihana
carpark papawaka
carpenter kāmura

carpet whāriki, takapau
carrier kaikawe, kaiamo
carrier bag kete
carrot kāreti, kāroti
carry hari, kawe, pīkau, waha, amo
carry off kahaki, mau
cart kāta
carton pākete, kātene
cartoon waituhi whakakata
cartridge kariri, kāreti
carve whakairo
case (n.) kēhi
case, in that - pēnā
cash moni, monitau
cash-register ōrite moni
cashier kaitātai moni
casing kēhi, pouaka
cask kāho
casket kāwhena, waka (huia)
casserole dish kumete
cassette (audio) rīpene reo
cassette (video) rīpene ataata
cast maka
cast ashore pae
cast away whakarere
cast, plaster kōuku
castaway paeārau, rurenga
castoff kākahu whakarere, kākahu taretare
castor oil kātaroera
castrate poka
casual labour mahi waimori
casualty aituā, hunga whara
cat tori, ngeru, poti, pūihi
catalogue (n.) pūtea kōrero, rārangi ingoa
catalogue (v.) whakawhāiti, whakarārangi
catamaran waka taurua, katamarani
catapult kōpere

catarrh hupe, kuanu, taewa
catastrophe aitua nui, pawera, parekura
catch hopu, hao, here
catch (snag) māminga
catcher (sport) kaihopu
catechist katekita
category momo, wāhanga
cater taka-kai, whāngai
caterer (marae) ringa wera
caterpillar makorori, mūhara, hāwato
catfish ika pāhau
Catholic Katorika, whānui
cattle kau
Caucasian Kiritea no Uropi
caucus uepū, rōpū taki
caught mau
cauliflower kareparāoa, puputi
cause (n.) take, pūtake
cause of death take o te hemonga
caution (n.) kupu tūpato
caution (v.) whakatūpato
cautious tūpato, āta + *verb*
cave ana, rua
cease mutu, kāti, whakamutu
cedar hīta, kawaka
cede momotu, tuku
ceiling tuanui
celebrate whakanui, hākari
celebrity whetū, tangata rongonui
celery hārere, herewī
celibacy noho takakau
cell pūtau, pūora
cell, prison - heremanga
cellar papararo
cello hero
cement raima
cement mixer numi-raima
cemetery urupā, wāhi tapu, parikarauna

censor kaiwhakamātau
censure whakahē
census tataunga iwi
cent hēneti
centenary rau tau
centigrade henekeriti
centimetre hēnimeta
centipede wakapīhau, peketua
central matua, rito
centralisation whakakotahitanga
centre waenganui, pokapū, pūtahi, waengarahi
centre of gravity pokapū tō-ā-papa
centre of rotation pū huringa
cereal pū kākano, ōti, witi
cerebral palsy mate whakatīmohea
ceremonial tikanga, ritenga
ceremony kawa, tikanga
certain tino mōhio, mōhio tūturu
certain, a - tētahi, ētahi
certainly āna koia, tonu
certificate tiwhikete
certify whakapūmau, ki pono
cervix taiawa
cervical cancer mate pukupuku taiawa
chafe pākanikani, hikahika
chaff pāpapa, tiāwhe
chain mekameka, tīni
chain saw kani mihini
chair tūru
chairperson heamana, tiamana, tumuaki
chalk tioka, pākeho
challenge wero, whakataritari, taki
challenger kaiwero, kaitaki, kaituki
champagne waina piari

champion toa, whakaihuwaka

chance mea tūpono noa, pokanoa

chancellor tumuaki

change rerekē, huri kē, puta kē, whiti kē

change clothes unu, tīni

change direction peka atu, taka kē

change, make - whakarerekē, kawe kē

changed, be puta kē

channel roma, awakeri, hawai

channel (TV) takiwā rerenga, teihana

chant waiata, karakia

chap korokē, autaia, tāhae

chapel ruma karakia

chaplain tiaparani, minita

chapter ūpoko, wāhanga

character āhua, pū

characteristic āhuatanga

charcoal waro, konga

charge (attack) huaki, kōkiri

charge (legal) kupu whakapae, whakatau

charge nurse nahi matua, tapuhi matua

chariot hariata

charity āwhina rawakore, aroha

charm (allure) hūmārietanga, whakahoahoa

charm (magic) karakia, peha, ihi

charmed turipū

chart (wall) tauira whakamārama

chase aru, whai, whaiwhai

chasm pakohu, poka torere

chassis tinana

chastise whiu

chastity noho takakau

chat kōrerorero, muna

chatter (gossip) whawhe, kōrerorero

chatter (teeth) kekekeke, tetēā

cheap iti te utu, ngāwari

cheat tinihanga, purei tāhae

check (inspect) āta titiro

check (slow) aukati, pupuri

cheek (abuse) tāwai, tutū, whakatoi

cheek (face) pāpāringa

cheer hāmama, ūmere

cheerful ngākau hari, manahau, ngahau, koa

cheese tīhī, tīwhiu

chemical matū, ranu

chemist kēmihi, kaimatū

chemistry mātauranga matū

cheque haki, tieke

cheque account pūtea haki

cherry hēre, tiere

chess whaikīngi

chest uma, poho, rei, tarauma

chestnut colour pākākā

chew ngaungau, ngonge

chewing gum pia ngaungau, kauri, kōnani, kāpia

chicken pī, pīpī heihei

chief rangatira, amokapua

chieftainess kahurangi, tapairu

chilblain mangiongio

child tamaiti

childhood tamarikitanga, whanaketanga, ohi, oinga

childless huatea, urikore

children tamariki

chill, catch a - maremare, rewharewha

chilly matao, maeke, makariri

chimney timera, puta auahi

chin kauae

Chinese Hainamana

chip, potato- rīwai parai, tītipa, tipi taewa

chip maramara, kongakonga
chipboard papa maramara
chipped hawa
chiropractor kaikōwhakiwhaki, kaiwhakanao tuarā
chirp pī, pekī, ketekete, waiari
chisel whao, mataora, uhi
chocolate tiakerete
choice mea whiriwhiri, kōwhiritanga
choir koaea
choke (strangle) nati, tārona, kōwaowao
choked tanea, rāoa
cholera korara
cholesterol ngakototo
choose whiriwhiri
chop (meat cut) (n.) rara
chop (v.) poro, topetope, tapahi
choppy karekare
chorus huihuinga reo
chosen whiriwhiria
Christian Karaitiana
Christmas Kirihimete
chromium konupūmura
chronic mau tonu
chuckle kata puku
church (building) whare karakia
church (religion) hāhi
Church of England Mihingare
church service karakia whakamoemiti
chute hūrere
cicada kihikihi, tātarakihi, kiki whenua
cigar hikā
cigarette hikareti
cigarette lighter pūahi
cinders ngārehu, pungarehu
cinema whare pikitia
cinnamon hinamona

circle around āmio haere, huri haere
circle porohita, āwhio, kōpae
circuit ara iahiko
circuit, parallel - ara whakarara
circuitous āwhio, taiāwhio
circular porowhita
circulate porotititi, huri haere
circumference pae
circumstance āhuatanga, tū
citizen tangata whenua
city taone nui
civil war kai-ā-kiri, riri tarā whare
civilise whakarata
civilisation nohanga iwi mōhio
claim kerēme, tono, tapatapa
claimant kaitono
clamp (n.) puritanga, purimau
clamp (v.) pēhi, pupuri, kuku
clan hapū, hapori
clap pakipaki (pakia)
clap, thunder - papa whatitiri
clappers tokere, pākōkō
clarify whakamārama
clarity māramatanga
clash pā, papā
clasp (tightly) rarawe, whakakopa, taupiri
class karaehe, rōpū
classify whakarōpū, kōmaka
clause aho, rara, aho piri, aho tū
claw (n.) maikuku, matihao
claw (v.) rapi
clay ūku, ukui,
clean mā
clean sweep haupapa hāro
cleaning tahitahi, whakapai
cleanse horoi
clear (away) whakawātea, waere
clear (ground) ngaki taru, mārakerake

clear (nose) tā te ihu
clear (throat) wharo
clear (view) mārama, ātea
clear (weather) matatea, mahea
clearing wāhi mārakerake,
　waerenga
clearly āta, mārama
cleats matihao
clenched kamu, kumu, kuku,
　kakati
clergy hunga minita, minita hāhi
clerk hekeretari, kaimahi tari,
　karaka
clever mōhio, kakama
click ngetengete, ngotongoto
client kaitono, tangata rato
cliff pari, tūpari, paritū
climate āhua o te rangi
climax whakaharaharatanga,
　teiteitanga
climb tūpiki, piki, kake
cling piri/pipiri, nanapi, taupiri,
　rarapa
clinic whare hauora
clip tapahi, puri
clip, paper - rawhi
cloak kākahu, korowai, ngeri
clock karaka
clog up taipuru, kuka, kuta
clogged purutiti, puru
close (near) tata
close (v.) kati, kapi, whakapā,
　whakakopi
close (with lid) (v.) taupoki,
　kōpani
close together (near) piri mai,
　tata, tōpuni, pipiri
closed up kapi, pā
closing date rā e kati ai
closure whakakapinga, kotinga
clot (n.) tepe, puketoto, katinga

clot (v.) uka
cloth hākaru
clothe (dress) whakakākahu,
　whakamau kākahu
clothes kākahu, pūweru, pūeru,
　mai
cloud kapua, ao, titi
cloudless ātea
cloudy kōngū, tāmaru, ehu
clover koroa, korouwa
clown kaiwhakakata, kaihangareka
club karapu, rōpū
club (weapon) mere, patu, rākau,
　taiaha
clue tohu
clump of trees pu rākau,
　uru rākau
clumsy hauwarea, pakihawa
cluster kāhui, tautau, mui
clutch (engine) kānuku
clutch (grab) mamau, rarapi,
　aurara
coach (trainer) kaitohutohu,
　kaiwhakaako, kōti
coal waro
coalition kotahitanga
coarse taratara, kaitara
coast tahatai, ākau, tātahi
coat koti
coathanger iringa koti
coax whakapatipati
cobbler kaimahi hū
cobweb tukutuku,
　wharepungāwerewere
cocaine rehukeka
cock (rooster) tame heihei,
　pīkaokao
cockabully uruao, hawai,
　kokopara
cockle pipi, ahitua, tuangi
cockroach kokoroihe

cocoa koukou
coconut kokonati
cod, blue - pākirikiri
cod, red - matuawhāpuku, rarai
cod, rock - rāwaru
code (computer) tohu pūmanawa
code, secret - uhingaro
coffee kāwhi
coffin kāwhena
cog wheel wira pokapū, hāupa
cohesion piringatahi
coil niko, kowiri, pōkai
coin kapa, moni
coincide tāpiri, orua
coincidence tāpiritanga, oruatanga
colander koputaputa, tātari
cold makariri, kōpeke, mātao
cold (sickness) rewharewha,
  maremare
cold-hearted whakawiriwiri,
  tūkino
colic haku, kuku, pohopiri
collaborate mahi ngatahi
collapse hinga, tanuku, ngahoro
collar kara, kakī o te hāte
collarbone wheua o te kakī,
  ā o te kakī, paemanu
colleague hoamahi
collect kohi, hui, whakaemi,
  whakamine
collector kaikohikohi
college kāreti, kura teitei
college of education whare
  takiura
collide paoro, tūtuki
collision tūtukitanga, paoro
colloquialism kīwaha
colon (punctuation) irarua, pītaki
colonel kānara
colony koroni, taiwhenua
colour kara, ātanga, tae

column pou, poutahi, rārangi
coma, in a - kei te hemo,
  e hemo ana
comb (n. & v.) heru, koma, wani
combat riri, whawhai, tū atu
combination tuhononga,
  tāpiritanga
combine whakakotahi, arongatahi
combustion pahunga, tahunga
come tae mai, haere mai
come upon tūpono
comedian tangata hātekēhi
comet unahiroa, upokoroa
comfort oranga ngākau,
  whakamārie
comfortable pai, āhuru, mahana,
  hāneanea
comforter kaiwhakamarie
comic (n.) kōmeke
comical hātekēhi, rawe
comma pika, pīroi
command whakahau, tono
commandment ture
commando tohu taua kōkiri,
  whakatoke
commemorate whakamahara
commend whakamihi
commentator kaiwhakaatu
commerce tauhokohoko
commercial mahimoni
commercial fisherman kaihī ika
  hoko
commission komihana, whakaae
commit (crime) mahi hē, hara
commit (resources) āta whakarite
  pūtea
commitment kaingākau
committed to ū ki, tino ū ki
committee komiti
commodity taonga hoko, rawa,
  taputapu

common (usual) māori, noaiho

common (worthless) hauarea

commotion raruraru, āheihei

communal nō te iwi

communicate whakamōhio whakawhiti whakaaro

communique kupu whai mana

communism tōpūtanga-ā-iwi, noho ki tā Marx whakaaro

community hapori, iwi kāinga

community centre wāhi huihuinga

community group rōpū-ā-iwi

community service whakatau āwhina i te iwi, ratonga ki te iwi

compact (tight) whāiti, pororehu, paerehu

compact disc kopaepae puoru

companion hoa, takahoa

companionship piringatahi

company (business) kamupene, umanga

company (group) rangapū, rōpū, kāhui

compare whakarite, whakataurite

compartment wehenga

compass kāpehu, paenga, taonga kimi huarahi

compassion arohanui, āroharoha

compatible rite, whakaritenga

compel akiaki, ā, whakahau

compensate whakaea, utu

compensation kapeneihana, whakaeatanga, heihana, utu

compete tauwhāinga, whakataetae, taupatupatu

competent kaiaka, ngaio, mātau, māia

competition whakataetae, tauwhāinga

competitor kaiwhakataetae

complacent kiriora

complain amuamu, haku

complaint whakapae

complete (*v.*) whakatutuki, whakaoti

completed rite, mutu, oti, pau

completely katoa, *verb* + rawa

completion whakaotinga, tutukitanga

complex matatini, whīwhiwhi

complicated tāwhiwhi, pakeke

complications pōauautanga

compliment mihi, whakamihi

comply hāngai, tautuku

compose tito, hanga

composer kaitito waiata, kaihanga waiata

compost tongi, rongoā pōkoro

compound (science) pūhui, horonga matanga, whakaranu

comprehension māramatanga, mohiotanga

comprehensive whānui

compress whakawhāiti, kotē, kurutē

compression pēhanga nui

compulsory whakature, here

compute tātai

computer roro hiko

computer field whakaaturanga āpure

comrade hoa pūmau

concave pakonga, kohu, areare

concede tuku

conceit whakahīhī

conceited whakaparana

conceive (child) tō, whakaira

conceived hapū, tō

concentration (of mind) hiringa, hihiritanga

concentration (of substance) whakaerotanga, tepe, totoka

C

concept whakaaro, ariā, hiringa o te mahara

conception whakatō tamariki

concern (worry) āwangawanga, whakatāuteute, matapopore, auētanga

concerning ki, mō, e pā ana ki

concert kōnohete

concession tukunga noatanga

conciliate hohou rongo, tāpore

concise poto

conclude whakaoti

concluded oti, mutu

conclusion whakatau mutunga

conclusion, come to - tutuki rawa ake

conclusion, in - hei whaka-mutunga

concrete raima

concur whakaae

concurrent rārangi pūrite

concussion pōro, whitinga roro

condemn whakahē, whakatau te mate

condensation tōhau, hāuaua, tōtā

condense whakapoto, totā, whakawhāiti

condition āhuatanga

condition (if...) pūtake

conditional āhuaranga

conditions ture ka ūhia ki runga, āhuatanga mahi

condolence aroha pūmau, mamae tahi

condom pūkoro ure, uhi ure

conduct (behaviour) whanonga

conduct (*v.*) whakahaere, arataki

conduct (transmit) pāho

conductor (electric) pūkawa iahiko

(bus, etc.) kaitiaki (pahi)

(orchestral) kaiwhakahaere

(physics) kaipāho

cone of tree pākano, hua inohi

cone shaped korere

conference hui

confess whāki, whaaki

confidence māiatanga, manawanui

confident māia, mātau

confidential tapu, muna

confine whakahere, roherohe

confirm whakaū, whakapumau

confirmed tūturu

confiscate muru

conform whakaae, whai

confront anga ki, ahu atu

confronting whakaanga atu ki, ki mua i

confuse whakapōhēhē, whakararu, pōkaikaha

confusion pōauautanga, pōhēhētanga

congeal tepe, totoka, kōpā, kuku

congenital mai i te whānautanga

conger-eel ngōiro, koiro

congratulate mihi, whakamihi atu

congregate huihui, whakamine

congregation whakaminenga

conjunction kupuhono, tūhono, pūtahitanga

connect hono, pā, āpiti, kapiti

connection hononga, pānga, āpititanga

connoiseur tohunga whiriwhiri

conquer tae, whakahinga, raupatu

conquered hinga

conscience hinengaro, mōhio ki te tika me te hē

conscientious ngākau tohu, ihupuku

conscious mōhio, mahara, oho

consecrate whakatapu

consecutive e aru ana, e whai ana, rārangi

consensus whakatau a te katoa

consent whakaae

consequence (result) mea i puta, tukunga iho

consequently nō reira, heoi anō

conservation taiao, tiaki taonga a Papatūānuku

conservative tūpato

conserve tiaki, tohu, rokiroki

consider whakaaro

considerate (anxious) manawa popore, ngākau mahara

consideration whakaarohanga

consign tuku

consignment tukunga

consist i roto

consistent with uru mai, rite ki

consolation tupoho

console (v.) whakamārie

consolidate whakaū, whakatōpū

conspicuous tiori, kohure, mārama

conspiracy tinihanga, kara, whakangārahu

conspirator kaikakai

conspire whakarau kakai, whiu kara

constable kātipa, pirihimana

constant pūmau, tau pūmau

constantly tonu

constellation tira whetū, tātai whetū

constipated tina te kōpū

constipation kōroke

constitution kaupapa-ā-ture

construct hanga, whakatū

consul māngai kāwanatanga, kairauhī

consult akoako, uiui

consultation rūnanga, whakawhiti whakaaro

consumed, totally - pau katoa, orotā

consumer kaihokohoko, kaiwhakapau

contact whakaatu atu, whakapā

contact points pānga

contagious mauhoro, kapo

contain mau ki roto, pupuri

container (closed) tokanga

container (open) paepae, pōha, ipu, kūmete

contaminate paru, whakakino

contemporary no te wā tonu

contempt whakahāwea, atamai, whakamanioro

contend for tauwhāinga, tautohetohe

contented tatū, toka te manawa, nā

contest tautohenga, pakanga

contestant kaiwhakataetae

continent tuawhenua, whenua rawhaki

continual turoa, tonu, whāroa noa

continuation roanga atu

continuous rōnaki, tāhuhu

contraceptive ārai hapū

contract (agreement) (n.) puka- puka whakaritenga, kirimana

contract (v.) noti, komeme

contractor kaitono

contradict whakahē, totohe, tātā

contradiction rerekētanga

contradictions ōna kino ōna pai

contrary ātete

contrast rerekētanga

contribute whai wāhi ki, hoatu koha

contribution tākoha, koha, kakamo

contributor kaikoha, kaihoatu

control (*n.*) mana whakahaere

control (*v.*) whakarite, pupuri, whakahaere take

controversial tautohe

controversy whawhai, tautohenga

convalescent tūmahu, mātūtū, okioki

convene karanga mai, whakamene mai

convenient haratau, ātaahua

converging ūngutu

conversation kōrerōrero, kōrero

conversion hurihanga, tahuritanga

conversion (rugby) whana whakaū

convex koropuku, tiriwhana

convict (*n.*) mauhere, herehere

convict (*v.*) whakahara, whakawā

convolvulus pōhue, panake, wenerangi

convoy taua poti, taupaepae

convulsion hukihuki, hūkeke

coo kū

cook (*n.*) kuki, ringa wera, tūmau

cook (*v.*) tao, tahu, kōhue

cooked maoa, maoka

cooker tō

cookhouse whare umu, kāuta

cool hauangi, mātaotao

cooperate mahi tahi

cooperative ohu, ngākau āwhina

coordinate (*v.*) whakarite, whakahiato, tuitui

copier mihīni whakaahua

copper kapa, konukura

copulate ai, onioni, mahimahi

copy whai, whakatāra, whakaahua, kape, tauira

copyright manatā

coral wheo, kutakuta, kāoa

cord taura

cord, electric taura hiko, uaua hiko

cordial (drink) waireka

core uho, whatu, kiko

cork puru, kāka, pangu

corkscrew wiri, takawiri, huripuru

cormorant kawau, kāruhiruhi

corn kānga, kānga waru

corn (on foot) tona, tonatona, pāpua

corner kokonga, koki, ngao, poti

cornflakes kāngarere

coronary mate manawa

coronation koroneihana, karaunatanga

coroner kaiwhakawā o te koti mo nga tūpāpaku

corporal kāpara

corporation kaporeihana

corpse manu pirau a Tiki, tūpāpaku

corpulent mōmona

correct tika, whakatika, pitika

correspond (equal) ōrite

corridor kauhanga roa

corroborate whakatūturu

corrugated iron haeana ngarungaru

corrugation ngaru, kōawaawa

corrupt pirau, hē, kino

corruption piraunga, hanehane, huhu

cosmonaut kairere whaitua

cost utu

cosy whakaawhiawhi

cot moenga pēpi

cot death mate pouraka

cotton thread miro

C

couch nohoanga roa, hōpa
cough maremare, hāmaremare, wharo
council rūnanga, kaunihera
councillor mema o te kaunihera
counsel waha kōrero, rōia
counsel (v.) tohutohu
counsellor kaitohutohu, tumu kōrero
count tatau, kaute
counter tūpapa
counter claim pānui tautohe
counterfeit tāhae
counterpart ritenga
countless manotini, ekore nei e taea te tatau, tataukore
country whenua, motu
countryside tuawhenua
couple tōpū, taurua, punarua, takirua
coupon tīkiti
courage toa, māia, tara
courageous māia, manawanui, whakatara
courier kaiwaewae, karere
court (games) papa
court (woo) whai, whakawhaiāipo
court of law kōti
courteous whakaaro rangatira, hūmārika, ngāwari
courtesy whakaaro atawhai
courtyard marae, tahua
cousin kaihana, teina/tuakana (see brother/sister)
cover (lid) taupoki, pōtae
cover (v.) hīpoki, uhi, taupoki, kopani, whakakapi
covered kapi
cow kau
coward hauwarea, tāwiri, tautauā
cowardice tāwiri, kopī, kopīpipi

cowboy kaupoai
cower piri, tuohu, whakaririka
cowshed wharekau
coyote koiota
C.P.R. (cardiopulmonary resuscitation) whakaora manawa-pukapuka
crab pāpaka, waerau
crack matiti, wāwahinga, pao, wāhi
crack (in skin) tāpā
crack (landslip) ngātata
crack (sound) kekē, patō, pakō
crackle ngatete, pāhūhū
cradle ōhanga, moenga pēpi, poipoi, pouraka
craft (art) mahi toi, tohungatanga
craftsman tohunga
crafty nanakia
craggy taratara
cram (into mouth) apu
cramp uhu, uauawhiti, hakoko, parerori
cramp, leg - kaurapa
cramped matangerengere
crane (machine) tokorangi, hāpai, wakaranga, whakahiki
crash paoro, tūtuki, wheoro
crash-helmet pōtae mārō
crate kereiti
crawl ngaoki, ngōki
crayfish kōura, kēkēwai, kēwai, pawharu
crazy pōrangi
creak ngakeke, pākēkē
cream kirīmi, kaho
cream, whipped - kirīmi pāhukahuka
crease whakakopa
create hanga, whakatū
creation hanga

creative wairua auaha
creator kaihanga
creature kirihe, kararehe, kaiora
creche wāhi tiaki pēpi
credentials pukapuka tautoko
credit moni tika kia utu
credit card puka nama
creditor kaituku nama
creek awawhāiti
creep ngaoki, konihi, maiki
cremate/cremation tahu ki te ahi, tahu tupāpaku
crescent pewa, piko
cress, water - wātakirihi
crest piki, hurutihi, upane
crevice matata, kapiti, matatātanga
crew nga hēramana, te waka
cricket (game) kirikiti
cricket (insect) pihareinga, kikipounamu
crime hara, takahi i te ture
criminal tangata hara/haratū
crimson pākurakura, pūwhero
cringe whakamaoko, hūiki
crinkle mingo
cripple hauā, kopa, kohapa
crisis wā tino raruraru
crisp mato
criterion kaupapa, paearu
critical (fault finding) amuamu, kōrero hē
critical (important) taumaha, tino whai tikanga
criticism amuamu, whakarā, whakahēnga
criticise whakapae, whakahē
croak kakū, pakakū, whakar‚oa
crock pot kārakaraka
crockery uku
crocodile moko ngārara, ngārara kaiora

crooked hapehape, tītaha, kohapa, hapa
crop (harvest) kotinga (wīti), hua (whenua/rākau), ngāhuru
cross (n.) ripeka
cross (v.) whiti, whakawhiti, tāpeka, tākiato
cross reference whakaaturanga whiti
cross-examine uiui
cross-eyed kanohi rewha
crossbar (goal) kaho, rōau
crossroads ripekanga, pekanga, pūtahitanga
crouch whakapeke, tūohu
crow kōkako
crowd (n.) huihuinga, whakaminenga
crowd (v.) inaki, popoke, pūruru, apū, apuru, karapoti
crowded kōpipiri, whāiti, apiapi
crown of head tipuaki, tumuaki
crown (v.) karauna
crucial whai tikanga, hira
crucifix rīpeka
crucify rīpeka
crude hauwarea, koropū, paruparu
crude oil hinu kōhatu
cruel kino rawa, whakawehi
cruise āta haere
crumb kongakonga
crumble (by hand) kōnatunatu
crumble (down) horo, ngahoro, ngawhere, tanuku
crumbled kongakonga, mōwhaki, ngakongako, mōhungahunga
crumple kopenu, hūkere, hūmenge
crush kōwari, whakakopenu, kongakonga

C

crusher whakapē

crust kiri mārō, kiripaka, kiriparāoa

crutch (support) tokowae, turupou

cry tangi, auē, wē

cry (bird) tio, tangi, koekoe

crystal atamaha, kōhatu piata

CT scanner matawai roro

cub punua, kūao

cube whangaono, mataono rite

cuckoo, shining - pīpīwharauroa, nakonako

cucumber kamokamo, kūkama

cuddle awhi

cue tohu, tokotoko

cuff, shirt - whatianga, hūmene

culmination pūāwaitanga, mutunga

culprit tangata nāna te hē

cultivate whakatō, ngaki, tāmata

cultivation mahinga kai, māra, ngakinga

cultural activities taha tikanga, mahi whakangahau

cultural difference mauri o ia iwi

culture, Māori - Māoritanga

culvert waikeri

cunning kakama, māminga

cup kapu, ipu

cupboard kāpata

curator kaitiaki

curb pupuri

cure (heal) whakaora, rongo,

cured (healed) ora

curious (strange) rerekē

curl up hūmene, takawiri, riporipo, mingo

curly hair mingimingi, karamengemenge

currency moni

current ia, auhoki, roma, riporipo

currently o naianei

curry kai kakati, kare

curse kangakanga, kohukohu

cursory tūao

curt (abrupt) kōrero wani, kōrero pōngaru

curtain ārai

curve piko, niko

curved tāwhana, tīwhana

cushion pera, aupuru, urunga, kuihana

custard wai tōhua, kahetete

custodian kaitiaki

custody (child) whakatau tiaki tamariki

custom ritenga, tikanga

customer kaiutu

cut tapahi, kokoti, kōripi

cut down tope, tua, tātā

cut off haukoti

cut open ripiripi, poka

cut up poro, motu, haehae, tūtangatanga

cut with scissors kutikuti

cutter (instrument) kotikoti

cuttlefish wheke, ngū

cutty grass rautahi

cycle (phase) huri

cycle (ride) eke paihikara

cyclist kaieke paihikara

cyclone āwhiowhio, huripari

cylinder porotakaroa, puoto

cynic pōkaikaha

cynical whakahāwea, whakahī, pūhohe

cyst whēwhē

D

dab muku, hārau
dabchick weweia
dad pāpā, matua
daffodil tirara
dagger oka
daily ia rā ia rā
dairy toa hoko miraka
dais atamira, tūāpapa
daisy parani
dam (river) matatara, pāpuni, pā
damage pakarutanga, tūkino
damaged pakaru, kino
damages (expenses) utunga
Dame (title) Kahurangi
damn whakataua te mate,
  whakatau hē
damp mākūkū, haukū
dance (modern) kanikani
dandruff inaho, pakitea
danger tata mate
dangle tawheta, iri, tāwēwē,
  hāwere
dare māia, tautapatapa, wero
dark (colour) āhua pango, parauri
dark, darkness pōuri,
  pōuri kerekere
darling tau, muna, whaiāipo
dart (weapon) pere, teka, neti
dash (rush) kōkiri, rere haere,
  omaki
dashboard papa tirohanga
data mea kua whaiti mai,
  raraunga
database putunga kōrero
date (day) rā

date (fruit) kano nikau, kaihuia,
  teiti
date due rā whakahoki
date, make a whakarite wā
daughter tamāhine
daughter-in-law hunaonga
dawdle karioi, āta haere,
  whakaroaroa
dawn, full - haeata, atatū
dawn ata hāpara, putanga o te rā
day rā, rangi
day (next) aoake, awake
day after tomorrow ātahirā
day and night i te ao i te pō
day off rangi whakatā
daydream wawata
daytime awatea
dazed ānewanewa, wairangi
dazzled whēkite, kōreko
deacon rīkona
deactivate whakakaurapa,
  whakanoa
dead mate, hemo
deadline rā kati,
  paunga o te tāima
deadly whakamate
deaf turi, taringa noaiho
deafen whakaturi
deal (cards) toha, tira, whiuwhiu
dealer kaihoko
dealt with poto, pai, ukupapa, ea
dean manutaki, tumuaki
dear (costly) utu nui
dear (love) tau, hika, tau o te ate
death hemonga, matenga rawa

debar aukati
debase whakaiti, whakakino
debatable matawaenga
debate taupatupatu,
  whakawhitiwhiti whakaaro
debris kongakonga, porohanga
debt nama
debt, bad - nama kāore i utua
debtor kaitangonama
debut putanga tuatahi
decade ngahurutanga, tekau tau
decathlon tauwhainga ngahuru
decay pirau, pōpopo
decayed tooth niho tunga
decaying memeha
deceased tūpāpaku, hunga mate
deceit tinihanga, tāhae, teka,
  parau
deceitful rauhanga, raureka
deceive tinihanga, nukurau,
  rūpahu, māminga
deceleration whakapūhoitanga
decent tika, whanonga tika,
  ngākau pai
decentralise wehewehe, tuku noa
deception hianga
deceptive rauhanga, tinihanga
decide whakatau, whakarite, hua,
  whakatakoto
decided kua tau, kua rite, tutuki
decimal number tau-ā-ira
decimetre tēhimete
decision whakataunga
decision, make a - hanga kaupapa,
  whakatakoto whakaaro
decisive whakahau tahi
deck raho, paparaho
deck (of cards) putu kāri
declaration whakapuakitanga
declare whakaatu, kītūturu,
  tātaku

decline (refuse) whakakore,
  kāhore e whakaae
decompose pirau, kurupopo,
  hinamoa, pōpopo
decontamination purenga,
  whakanoa
decorate whakapaipai, rākai
decorator kaiwhakapaipai,
  kairākai
decoy maimoa, ongaonga,
  manutīoriori
decrease iti haere, heke iho
decree pānui whai mana
dedicate whakaihi, whakamana,
  whakatapu, tāpae
deduct tango
deed mahi
deed (legal) tiiti
deep hohonu, matomato
deepfreeze pā hukapapa, pā tio
deer tia
default hapa, hapanga
defeat (v.) whakahinga, piro
defeated hinga, mate, piro, piti
defect ngoikoretanga, hē
defector tangata tahuti
defence whakamarumaru,
  ārai hoariri
defenceless āraikore
defend wawao, ārai hoariri
defendant tangata e whakapaetia
  ana
defender tuarā, kaiārai, kaiwawao
defensible taea te wawao,
  whakaaro whai tikanga
defensive papare
defer hiki te wā
defiance whakatuma, ātetetanga
defiant whakatumatuma, māia
deficiency pāharatanga,
  hohoretanga

deficient wharepā, hapa
deficit nama, tarepa
define whakatau, tautuhi
defined whakarāpopoto
definite tūturu
definitely tika ana hoki, tino tika
definition tikanga, tautuhinga, kupu whakamārama
definitive whakatūturu, pūkapo, pūmau
deflate whakahūhū, heke
deflation hekenga wāriu
deflect karo, whakakotiti
deforest waerea, whakaheuheu
deformed haka, ngongengonge, turihaka, ngunu
deformity hakanga
defraud tāhae
defuse (situation) whakamārie, hohou rongo
defy whakatumatuma, whakatimatima
degenerate heke iho, tipuheke
degrade whakakino, whakaiti
degrading parangetungetu, hakirara
degree mēhua, ine
degree of difficulty uaua
dehydrate whakamaroke
deity Io-matuakore, kaihanga, runga rawa
dejected pōuri, auhi te ngākau, auwhi, tapou
delay whakaroa, takaware, roanga, taruna
delayed rangitaro
delegate (*n.*) māngai, reo kāwana, riwhi
delegate (*v.*) tono
delegation rōpū tono
delete whakakāhore, tapahi

deliberately āta (*before verb*), mārika
delicate marore, pārore, ngoikore, tūwai
delicious reka rawa, kakato
delighted manawarū, tino koa, āhuareka
delightful āhumehume
delirious pōrangi, kutukutuahi, tīhāhā
delirium ngutungutuahi, purori, kutukutuahi
deliver tuku, rato, hoatu, mau
deliverance whakawāteatanga
delivery (birth) whakawhānau
deluded pōhēhē, pāhewahewa, pākirakira, pahewa
delusion whakaaro horihori, pōhēhētanga
demand tono, whakahau, whao, totohe
demand, on - inā whakahaua
demeanour tū, āhua
demobilise whakamarara
democracy tā te nuinga i whakatau ai
democrat tangata tuku mana ki te iwi
demolish whakahoro, turaki
demon hātana, atua ngau, nanakia
demonic tipua
demonstrate whakaatu
demonstration whakaaturanga
demonstrator kaiwhakatutu
demoralise manene, whakakino, whakaahaaha
demote whakaheke mana
den rua, ana raiona, kahunga
denial whakakore
denomination momo

D

denote tohu

denounce whakapae,
whakahorihori

dense mātotoru, ururua, ngaruru

density mātotorutanga

dent poka, komeme

dental tiaki niho, ā-niho

dentist pouniho, kaitiaki niho,
rata niho

denture niho whakanoho,
niho kēhua

denunciation ātetetanga

deny whakakāhore, whakaparau,
whakatito

deodorant kakara, rautangi

depart haere atu, wehe atu, riro

departed from makere mai/atu

department tari, wāhanga,
manatū

departmental ā tari

departure rironga, wehenga,
haerenga

dependable pono, pou whirinaki

dependent piri, whakawhirinaki,
whakamauru

deplete pau

deplorable weriweri, kiriwetiweti

deportation pana i te whenua

depose whakataka i te torona,
pana, tute

deposit whakatakoto

deposit (money) moni whakatau,
moni tāpui

depot kōpapa

depraved hīkaka

depreciate iti haere te wāriu,
whakahekenga

depreciation hekenga wāriu

depress whakapēhi,
whakangoikore

depressed hākerekere, pōuri

depressing whakapāhi

deprive wetewete, tupe

depth te hōhonu

deputation teputeihana,
rōpū whaikōrero

deputise rīwhi, whakakapi

deputy tēputi, kairiwhi, kaitiriwā

derelict mahue, hāhā, tūhea

derisive pūhohe

derive puta mai, pū mai

derrick pou maitai

descend heke

descendant uri, mokopuna,
aitanga

descent heketanga, hekenga

describe whakaatu i te āhua

description whakaāhuatanga,
whakaaturanga

desecrate whakanoa, takahi mana

desert (leave) whakarere, mahue

desert (wilderness) koraha,
mārakerake, hāhā

desertion whakarerenga

deserve tika ana mo, whai wāhi

design tauira

design (building) hoahoa, hanga

designate tohutohu, whakaingoa,
tapatapa, tautapa

designation ingoa

designer kaitātai

designer jeans tāngari motuhake

desirable minamina e te mano,
hiahiatia, rawe

desire (crave) tukoro, tutoko

desire (inclination) aronui

desire (*n. & v.*) hiahia, pirangi,
ingo, koroingo

desires (general) awhero

desk tēpu tuhi, tēpu ako

desolate whenua hāhā,
mokemoke

despair mate te ngākau, ngākau kore

desperate ngākau kore, āwherokore, mōrearea

despise whakaiti, whakakāhore, whakahāwea

despite ahakoa

dessert kai reka, kīnaki, purini

destination tauranga haere ai, piringa, ūnga

destined whakaritea, ahu ana, tohua

destiny oranga ake, mutunga iho

destitute rawakore, pōhara

destitution rawakore

destroy whakangaro, whakahoro, turaki

destroy (smash) wāwāhi, takakino

destruction ngaromanga, orotā, urupatu

destructive orotā

detach wehe, wete, matara

detachment wehenga kētanga, rōpū hōia motuhake

detail wāhanga iti, mokamoka

detain pupuri, tautāwhi

detect rongo, kite, hopu, mau

detection rapu hara, hopukanga

detective kairapu hara

detention puritanga, tautāwhi

deter pupuri, ārai atu

detergent hōpi akuaku

deteriorate tāmi, tupuheke

determination manawanui, hiringa

determine whakatau, whakaoti, hua

determine (priorities) rapua te mea tuatahi

determined māia, ngana, mārō

deterrent taupare, whakaita

detest whakakino, whakahouhou

detour kōtiti, ara tīpoki

detoxification (detox) tango tāoke (paihana)

detract ngautuarā, whakaiti

detrimental kino, whakawhara

devaluation mimiti haere te wāriu

devastate urupatu, urupoki, ātete

devastation meinga hei ururua, aneatanga

develop (*v. intr.*) tupu ake, rea, whanake, whai hua

develop (*v. tr.*) whakatūtuki, whakatinana, whakapakari

developer kaiwhakaahu

development tupu, pakari haere, whakapakari

deviate whakahipa, peka atu, kotiti

device purere

devil rēwera, atua kikokiko, hātana, tupua

devious nanakia

devise hanga, whakangārahu

devolution tuku rangatiratanga

devotion arohanui, whakaū, whakangākau

devour horomi, apuapu, whāo

devout ngākau karakia, whakapono

dew tōmairangi, haukū

dexterity harataunga

diabetes mate huka

diabolical puku hātana

diagnose rapu mate, tātari, whakatau

diagonal hōkai, hauroki

diagram hoahoa, whakaahua, huahuatanga

dial (face) mata, tohu kā

dial (*v.*) ringi, waea ki

dialect reo-ā-takiwā

dialogue whakawhiti whakaaro
diameter tawā, rangiwhiti, ngawhā
diamond taimana, tapawhā
diaphragm (anatomy) pātūrei
diaphragm (contraceptive) pā wai tātea, pātātea
diarrhoea tikotiko, rererere, torohī
diary pukapuka rātaka
dice maka rota
dice meat tapatapahi
dictate pānui-ā-waha, whaka-hauhau
dictator rangatira tonotono, rangtira tūtahi
dictionary pukapuka rārangi kupu, tikinare, papakupu
die hemo, mate, hinga
diet whakatinanga ki te kai, whakatiki
differ puta kē, rerekē
difference rerekētanga, kāore i rite
different rerekē, puta kē, kē atu
differentiate wehewehe, tītore
difficult pakeke, uaua
difficulties, in - raruraru ana
diffident ahaaha
diffuse tohatoha, tūrererere, marara
dig keri, kari, ketu, kō
dig up hahu, huke
digger kaikeri, mīhini koko
digit mati, whika
dignified amaru, āhua rangatira
dignitary rangatira
dignity tū rangatira, āhua rangatira
digress kotiti te kōrero, kāweka, tīweka
dilapidated taretare, pūwhāwhā

dilate whakanui, roha
dilemma matawaenga
dilute waimeha, pokepoke
dim light hina, kākarauri
dimensions āhuatanga, ine, korahi
diminish whakaruhi, whakaiti
dimple ngongo
din turituri, hoihoi, tararau
dine kai (tina)
dingy pōkē
dining room ruma kai, whare kai
dinner kai, tina
diocese pihopatanga, tiohehi
dip koutuutu, toutou, utu, ruku
diploma tiwhikete, pūkairua
diplomat takawaenga kāwana-tanga
diplomatic maioha
direct (v.) whakahaere
direct (adj., adv.) tika, tautika, rawa
direction huarahi, aronga, aronui
directions tohutohu
director kaiwhakahaere, tumuaki
directory rārangi kōpaki, rārangi ingoa
directory, telephone - rārangi nama waea
dirge apakura
dirt paru
dirty paru, poke, mōrikarika
disabled hauā
disadvantage ngoikoretanga
disadvantaged rawakore, ngoikore
disagree/ment taupatupatu, whakahē
disappear hanumi, nunumi
disappointed rarua
disappointment matekiri, pāpouri
disapproval whakahē, ātetetanga
disapprove whakahē, ātete

disarm tupea ngā pū
disarm by persuasion tupea
disarray pōraruraru, poauau
disassociate noho wehe
disaster aituā, parekura
disastrous kiriwetiweti, maikiroa
disband whakamarara, whakakore
disbelieve whakateka, whakahori
disc porotiti, kīwhi, poro,whio
discard whakarere, kōpae, pare
discernable mārama
discharge (release) tuku kia haere
disciple ākonga
disciplinary action whiu, hāmene
discipline arahi tika, raupapa
disclaim kape, whakakāhore
disco paeoru
discoloured ehu, koehu
discomfort hūhi, mamae, auhi
disconcerted pohēhē, pororarararu
disconnect wete
disconnected (words) tupurangi,
　reo nakunaku
disconsolate pōuri, mokemoke,
　rohai
discontent riri, amuamu, pāhunu,
　nanu
discontented matangurunguru,
　tūreikura
discontinue whakamutu
discount hekenga utu
discourage whakapāhunu,
　whakatūoi
discourteous takahi mana
discover kite, hura
discoverer kaitorotoro
discovery whakahuranga, kitenga
discredit whakahāwea
discreet marire, matawhāiti
discreetly hakune
discretion whakaaro nui, tūpato

discriminate tauwehewehe,
　whiriwhiri
discus poroāwhio, kīwhi
discuss whakawhiti whakaaro,
　whiriwhiri
discussion kōrerorero, runanga
disdain whakahihi, hikaka
disease mate, tahumaero
disease, skin hakihaki
disease, venereal - (VD) tokatoka,
　paipai
disentangle wewete, ui
disfavour mauāhara, kino, hae
disfigure haehae
disgorge whakaruaki
disgrace whakamā, hane, tāwai
disgruntled pukuriri, whakaahu
disguise whakaahua kē
disgust whakarihariha, matakawa
dish rīhi, paepae
dishcloth ūkui horoi
dishearten whakapāwera
dishevelled tīwanawana, hūtoki
dishonest hianga, tinihanga
dishonour takahi mana, whakaiti
dishonourable māteatea
dishwasher mihini horoi rīhi,
　pūrere horoi maitai
disillusion matekiri
disillusionment matekiritanga,
　matatewha ngā kanohi
disinclined koroiroi, iwingohe,
　ngākaukore
disinfectant rongoā horoi, tipi
disintegrate horo, kongakonga
disinterment hahunga tupāpaku
disjointed nakunaku
diskette kopaepae
dislike whakakino, kāhore e pai ki
dislodge wete, whakanuku
dismantle wetewete

D

dismay   pōuri, pōraru
dismiss   pana, tono atu, whakataka
dismount   heke, tuku, makere, tatū
disobedience   korewhakarongo
disobedient   taringa turi,
   kore whakarongo
disobey   takahi, takatakahī
disorganise   pororaru
disorganised   takoto hukihuki,
   kūwawa
disown   mahue, whakahoe, ākiri,
   whakarei
disparage   whakakino, ngautuarā,
   hahani
dispatch   tuku, tono, kupu
dispensation   whakawāteatanga,
   tukunga
disperse   tītaritari, tohatoha,
   korara, rui tiri
dispersed   kōtiwhatiwha, marara
displace   hiki, pana, katote
display   (n.) whakakitenga,
   whakaaritanga
display   (v.) whakakite, hora
dispose of   ruke, porowhiu, pana
disposition   āhuatanga, tuakiri
disproportionate   pāhikahika
disprove   whakakore, whakaparau
dispute   tautohe, wenewene
disqualify   whakakore,
   whakatupe
disregard   piki, whakahāwea
disrepair   pakaru, whakahapanga
disreputable   hanga whakahāwea,
   rongo kino
disrespect   takahi mana
disrupt   whakapōrearea,
   whakakino, whakawhati
dissatisfy   whakaahu, wenewene
dissect   tuaki, poka, mutumutu,
   tapahi

dissected   motu
dissection   tuakanga
dissent   whakakāhore, whakahē
dissipate   whakapau, whakaeto
dissolve   memeha, whakaeto
dissuade   whakapāhunu,
   whakapeau
distance   tawhiti, mamao, roa
distil   māturuturu
distinct (clear)   mārama
distinction   rerekētanga, rongonui,
   ritenga wehewehe
distinguish between   wehewehe,
   waitohu
distort   whakapeka, whakapiko
distortion   piari, hahaka
distracted   pororaru, manawarū
distress   auhi, mamate, mamae,
   āwangawanga
distressed   ngākau pōuri, mamate,
   pōkeka
distribute   tohatoha, hora, rui
distribution   whakaratonga
distributor   kaitohatoha
district   takiwā, topito, rohe, tiriwā
district court   koti-ā-rohe
distrust   whakahori, whakateka
disturb   whakakorikori,
   whakararuraru
disturbance   tutū te puehu,
   pororaru
disuse   mahue
ditch   waikeri, awakeri
ditto   kia pērā anō
dive for   ruku
diverge   haere weherua, kōtiti
divergent   rerekē
divert   whakakōtiti, whakatītaha,
   kaupare
divide   wehewehe, tohatoha, motu
divided   motumotu, rītua, wāhia

dividend   moni i hua, hea

divine   no te atua, tino tapu

diving pool   hōpua ruku

divinity   atuatanga

division   wāhanga, wehenga, ritua

division (army)   mātua, whare

divorce   wehenga mārena

dizziness   ānini, āmai, rorohuri

dizzy   āmai, pōānini, ārohi/rohi

DNA molecule   pī tauira

do   mea, mahi

dock (wharf)   taunga poti, waapu

docker   kaiuta (poti)

docket   puka whakamana utu, rihīti

dockyard   papa hanga kaipuke

doctor   rata, tākuta

doctorate   tākutatanga, tohu wānanga tuatoru, tohu kairangi

doctrine   whakaakoranga, whakapono, mātāpono

document   whai tikanga, tuhinga

dodge (a blow)   karo, wheta

dodge about   hikohiko, kōtiti

dog   kurī, kīrehe

dogmatic   whakatuanui

dole   utu koremahi, penihana

doll   tāre, karetao

dollar sign   pīwaka

dollar   tāra

dolphin   aihe, terehu, upokohue

domain   rangatiratanga, rohe

domestic   no te kāinga, tara ā whare

Domestic Purposes Benefit   Takuhe Matua Takitahi

dominance   tu rangatira

dominant   whai mana, whakarangatira

dominate   tanu

domineering   whakahīhī, whakatopatopa

dominion   rangatiratanga, tominiana

donation   koha, takoha, aroha

done (finished)   oti, taea

done (what can be -?)   kia ahatia? me pēhea?

donkey   kaihe, hīhō

donor   kaihomai, kaihoatu

don't   kaua e, kei, kauaka hei, aua e

doom   aituā whakaweti, mate, turakitanga

door   kūwaha, tatau, whatitoka

doorsill   paepae poto

doorway   kūwaha, kūaha

dope (drug)   rauhea

dormant   e moe ana, taharangi

dormitory   whare puni, whare moe

Dory, John -   kuparu, pukeru

dosage   inenga

dot   tongi, ira

dotted   iraira

double   tāpara, taurua, kikorua, tōpū

double back   hoki whakamuri

double cross   tuku, tuku hē, tinihanga

double up (body)   koropeke

doubled   aparua

doubles   takirua

doubt, in-   rangirua, ihupuku, āwangawanga

doubtful   pōkaikaha, weherua, kārangirangi

doubtless   kāhore ekore

douse (fire)   tinei

dove   kūkū, kūkupa, kererū

dowel   titi, whao rākau

down payment   moni tāpui, utu tuatahi

Down's syndrome   mate puira kehe

D

down(wards) iho, ki raro
downgrade whakaiti wāriu
downpour ua tātā
downstairs pā raro
downstream awa whakararo
downward whakararo
dowry koha/hākari mārena
doze wāhi moe, kānewha
dozen tekau mā rua
drag tō, kume, kukume
drag net kaharoa
dragon tarakona
dragonfly kapowai, tarakona
drain (n.) awakeri, waikeri
drain (v.) rere atu
drain pipe waiputa
drainboard papa rerewai
drama (play) kōrero whakatū,
    mahi a Maui
draughts (game) porotaka, mū,
    mūwhiti
draw (selection) whiriwhiringa
draw (a game) orite, rite
drawer (furniture) toroa, hautō
drawing board papa tuhi
drawing pin pine whakairi
drawing whakaāhua
dreadful wehi, wetiweti,
    maruwehi
dream moemoeā, moehewa,
    maruāpō
dreamy pohewa, hākirikiri
dreary mōrearea
dredge koko, kārau, rou
dregs ota, nganga, waipara
drench (rain) kōpiro, kueo
dress (n.) kākahu, pūeru, weru, mai
dress (v.) kākahu, whakakākahu
dressing (medicinal) takai
dressing gown kāhana
dribble (drool) turuturu

dried maroke, mimiti, paku
drift tere, pae, maanu
drift net kaharoa
driftnet fishing kawau moeroa
driftwood pakatai moana,
    tāwhaowhao
drill (tool) wiri, haorete, tirira
drill bit wirikoi, tūwiri
drink inu, unu
drinker (alcoholic) kairama,
    kaipia, porohaurangi
drip patapata, turuturu, pātere
drive (animals) whiu, ā
drive (car, etc) taraiwa,
    whakahaere
drive out pei
driver taraiwa, kaitoko waka
driving force ānga, kōkiri
drizzle hāuaua, pūnehu
drone (buzz) rōria
drool over whakawaiwai, hāware
droop tārewa
drop, be dropped (v.) makere,
    marere, taka, horo, ngahoro
drop kick whanataka
drop (of liquid) pata, kōpata
drop (out of school) makere i te
    kura
dropsy kōpū tetere, puku kōwhao
drought kore wai, tauraki, maroke
drown toromi, toremi, paremo
drowsy hiamoe, matemoe
drug habit mate warawara
drugs (illegal) rongoā whakananu,
    tarukino
drugs (medicine) rongoā
drum taramu, pahū, pākiri, patatō
drunk haurangi
drunkard porohaurangi
dry (v.) whakamaroke, tauera,
    tauraki

dry *(adj.)* maroke
dual takirua, paparua
dubious pōkaikaha, rangirua
duck rakiraki, pārera, korowhiowhio
duck under rumaki
due nama
duet waiata punarua
dugout canoe waka tiwai, tīkohu
dull (sky) pōrukuruku, pārūrū
duly rite
dumb wahangū
dummy, baby's - whakarata, ngote
dung tūtae, hamuti, haumuti
dungarees tāngari
dunk tou
duplicate tāruarua
duplicator mihini tauira pepa

duration roa
during i te ...
dusk kākarauri, kaunenehu, porehu
dust *(n.)* puehu
dust *(v.)* tahitahi, muku
dustbin ipupara
duster ukui puehu
dustpan tai puehu
Dutch Tatimana
duty (tax) tiuti, tāke
dwarf tauwhena, whena, roiroi whene
dwindle iti haere, mimiti
dye wairākau
dying whakahemo
dynamite tainamaiti, taipohū
dyslexia mate moraru kupu

E

each ia... ia..., tēnā... tēnā, tētahi
eager kaikā, hihiri, ārita
eagerly mahorahora, āritarita
eagle ēkara
ear taringa
ear-lobe hoi, pokopoko, toke
ear-pendant mau-taringa, kapeu
earl eara
early moata, horo mai
earn whiwhi moni, utunga
earnest whiwhita
earth (soil) oneone, paru
earth (world) ao
earth mother Papatūānuku
earth oven hāngi, umu
earthquake rūwhenua
ease whakangāwari, mauru
easily māmā noaiho
east tai rāwhiti, taha marangai
Easter Aranga
easterly hau rāwhiti
easy māmā, ngāwari
easygoing hanga noa
eat kai
eat greedily kaihoro
ebb-tide tai timu, tai heke
ebony eponi, rākau mangu
eccentric autaia, tupua
echo paoro, kō, oro, kowaro
eclipse (moon) pounga o te
 marama
ecology rangahau taiao
economics ohaoha, ōhanga
economise whakamoamoa
ecstasy manawarū

eczema pōpaka
eddy ripo, auhoki, hauripo
edge taha, taitapa
edgy āmaimai, āwangawanga
edit whakatikatika
edition tānga pukapuka
editor kaiwhakatika
educate whakaako
educated mōhio, whakaakona
education mātauranga,
 whakaakoranga
eel tuna, tuere, pia
eel-pot hīnaki, punga
eerie kēhua
effect hua, meatanga, ariā,
 tukunga iho
effeminate tāne matetāne
efficiency kakama
effluent wai para
effort kaha
egg hua manu, hēki
egg white whakakahu, kahu
egg yolk tōhua
egret matuku-moana
Egyptian Ihipiana
eiderdown papanārua
eight waru
eighty waru tekau
either ... or rānei ... rānei, rainei
eject pana, pei ki waho
elaborate āta whakamārama,
 whakaranea
elastic (flexible) tāwariwari
elastic (rubber) inarapa
elasticity ngohenga, kōpētanga

elbow tuke, whatīanga
elder (brother/sister) tuakana, hāmua
elder child muanga
elderly kaumātua
eldest child mātāmua
elect whiriwhiri, whakatu
electable offence whiriwhiri whakatau
election pōtitanga
electorate rohe pōti
electric current ia hiko
electric shock whiti hiko
electrical energy pūngao hiko
electrician kaihiko, kaimahi hiko
electricity hiko
electrify whakahiko, whakaoho
electrocardiogram hikonga huahuaki
electrocute mate whitihiko
electro-magnet autō hiko
electron irahiko
electronic mail karere rorohiko
element, chemical - pūmotu, horomatanga, urutapunga
elements āhuatanga, wāhanga
elephant arewhana
elevated (platform) pourewa
elevator ararewa
eleven tekau ma tahi
eligible arotau, tika
eliminate whakakore
elocution whakahua kupu
elope paheke
eloquence korokoro tūi
else (someone) tētahi atu
elsewhere tētahi atu wāhi, ki hea rānei
E-mail karere hiko
embalm whakapakoko
embankment maioro

embark eke
embarrass whakamā, whakapōrahu
embassy kainga rua o te kāwanatanga
embed mau
embers ngārehu
embitter whakapūkawa
emblem tohu
emblem (of God) amorangi
embody whakatinana
embolism puru o te ia toto
embrace awhi, pā ana ki, piri tahi
embracing topetū
embroider tuitui, whakapaipai
embryo kākano
emend whakatika
emerge puta mai
emergency mate whawhati tata, ohorere
emergency service ratonga ohorere
emery pepa hōanga
emigrant manene atu
emigrate heke atu, maunu atu
eminent rangatira, ikeike
emission tuku, whakaputanga
emit pahupahu, whakataka, whakahā
emotion hinengaro, tokomauri, manawa
emphasise whakapūmau
empire emepaea
employ (people) tuku mahi ki
employee kaimahi
employer kaituku mahi
employment tūranga mahi, mahi
empower whakamana
emptiness tahangatanga, tīareare, piako
empty (vacant) takoto kau ana, piako

E

empty out whakapiako, maringi
enable whakamana, āhei
enamel, tooth - reu, pakiri
encase whakawhāiti, kōpani
enchant manawareka, rehia
encircle taiāwhio, hao
encircle with rope natinati
enclose tuku, rau, rāihe
enclosure raunga
encompass awhi, rawhi
encourage tautoko, whakamanawa
encroachment auraratanga
encrusted kiri taratara
end (completion) otinga,
   tukunga iho
end (extremity) pito, tōpito, moka
end (finish) mutunga,
   whakamutunga
endanger tuku ki te mate,
   whakamōrea
endeavour whakapau kaha, tohe
ended mutu, oti, pahi
endless mutunga kore,
   pūmau tonu
endorse tautoko, whakaae,
   whakamana
endowed (with) whakawhiwhi
endowment moni tuku iho,
   putea moni matua
endurance tohe
enemy hoariri
energetic whakauaua, hihiri, kaha
energy ngoi, kaha, pūngao
energy (nuclear) hiko karihi
enforce āki i te mana, whakaū
engaged (betrothed) taumau
engaged in takatū ana
engine mīhini, pūkaha, initia
engineer enetinia, kaipūkaha
engineering pūkahatanga
English Ingarihi, Reo Pakehā

engrave whakairo
engraver kaiwhakairo
engulf hanumi, roromi
enhance whakakaha ake,
   whakarei
enigma panga, muna, paki
enjoy koa, hari, hākinakina
enjoy rights whiwhi painga
enjoyable pārekareka, rekareka
enlarge whakanui, whakarahi
enlargement whakarahinga
enlighten whakamārama
enlist whakauru, haina, taunaki
enmesh tāwhiwhi, tāweka
enmity mauāhara
ennoble whakarangatira
enormous nui whakaharahara,
   tino kaitā
enough ka nui, rawa ake, ake
   (*after adjective*)
enough! kāti, heoi anō, ka nui
enquire pātai, ui
enquiry uiuinga
enrol whakauru te ingoa
ensign haki
ensilage karaehe toroi
enslave whakahere
ensure whakapūmau, whakatika
entangle tākeke, whakahei,
   tāwhiwhi
enter (register) whakauru
enter tomo, kuhu, uru, hou ki roto
entertain manaaki, atawhai,
   whakamanuhiri
entertainment mahi whakangahau,
   rēhia
enthusiasm kaikā, ngākaunui,
   ngākau whakapuke
entire katoakatoa
entitle whai kerēme, whakaingoa,
   tapa, whai wāhi

entrails whēkau, ngākau, puku
entrance tomokanga, kūwaha, ngutu, urunga
entrust hoatu hei tautiaki
envelop (v.) kopaki
envelope kōpaki reta, pūhera
envious pūhaehae, harawene
environment ao taiawhio, taiao, aotūroa
envy hae
ephemeral rangitahi
epilepsy mate hūkiki, mate ruriruri
epilogue kōrero tāpiri
episode wāhanga
equal rite, ōrite, hōrite
equalise whakarite, inea
equality ririte
equate ōrite
equation whārite, ōritetanga
equator kōpae waenganui
equestrian kaieke hōiho
equip utauta, whakarawe
equipment utauta, taputapu, pānga tākaro
equipped whai
equivalent te rite, hau rite
era tau whai tikanga
eradicate whakakāhore, haepapa
erase muku, horoi, ūkui
erect (put up) whakatū, whakaara
erect (upright) tū, tutū, tu tika
erection whakatū, hanga
erode ngaungau, whakahoro
erosion tūnguru, pūnguru, horo whenua, whakahoro
erotic karihika, hiahia onioni, taera
err kōtiti haere, taka ki te hē
erratic kōtītiti
erupt hū, pahū, pākaru

escalate nui haere, whakakaha
escalator aranekeneke
escape (get away) oma, puta, wehe atu
escaped pahiko, ora pito
escaper kaioma, kairere
escort (v.) haere tahi
especially mārika, tino (before verb), ake anō
espresso kāwhi pēhia
essence uho, waiwai, hā
essential tino pūtake
establish pou, whakapūmau, whakatū, whakaū
established ū, pūmau, tūāuki, taketake
estate agent takawaenga hoko whare/whenua
estimate āta tatau, whakatau tata
estimation whakataunga tata
estrange whakawehe, mōriroriro
estuary ngutuawa, wahapū
eternal mutunga kore, ora tonu
eternity wā mutunga kore
ethical take mana tangata
ethnic tikanga ā-iwi
eucalyptus purukamu
eucharist hākari tapu, Miha, ukaritia
euthanasia whakamate mamaekore
evacuate hōnea, ngaro atu, whakatahi
evaluate whakawā, whakamātautau
evaporate mimiti, eto
evaporate (to make) whakaeto, whakangaro wai
evasive karo, parori
even tautika, taurite
evening ahiahi
event tauwhāinga

E

eventual i roto i te wā
eventually rawa atu (*after verb*),
  roa rawa, mutunga iho
ever mo āke tonu atu, tonu
evergreen māota
everlasting mutunga kore, ora tonu
every (each) ia, ia tangata
every day ia rā ia rā
evict pana, pei ki waho
eviction peinga, pananga
evidence kōrero a te kaititiro,
  whakaaturanga
evident mārama
evil kino, whiro
evolution tupunga, mārohatanga,
  whanaketanga
evolve tupu ake, puta mai
ewe hipi uwha, io
exact tino tika, tika pū, hāngai
  tonu
exaggerate whakarahi, whakanui
  hangarau
examination whakamātautau
examine (inspect) āta titiro, torohī
example tauira
exasperate whakahōhā
excavate huke, keri
excellence pai, hiranga
Excellency (Title) Tou
  Whakaritenga
excellent rawe, kairangatira,
  hiranga
except hāunga
exception rerekētanga
exceptional rawe
excess hau, tāwere, nui rawa, inati
exchange hoko, whakawhiti
excise (tax/duty) moni tāke
excitable whakaongaonga
excite nanawe, hawene
excited nanawe, hūrere, huamo

exciting whakaihihihi, wana, ihi
exclaim karanga
exclamation karanga, umere,
  tiwaha
exclamation mark tohu hauhā,
  pīoho
exclude mahue
excluding hāunga, āunga
exclusive tapu, tāporo, motuhake
excrement tiko, haumuti, paru,
  tūtae
excuse (*v.*) whakatikatika, takunga
execute (kill) whakamate
executive kaiwhakahaere
exemplary rangatira, pai, tauira
exempt whakawātea
exercise (body) korikori tinana,
  whakaataata
exert whakauaua, whakapau kaha
exhale whakahā, pupuhi
exhaust (car) pāipa auahi
exhaust (use up) whakapau,
  whakaruhi, rūhā
exhibit whakaari, whakaataata
exhibition whakakitenga
exhibitor kaiwhakaatu
exhortation whakangahau,
  whakamanawa
exhume hahu tupāpaku, ehu
exile manene, noho manene
exist noho, ora, puta
existence oranga
existing system āhuatanga kua
  takoto kē
exit putanga, whakamutu
expand whakawhānui, whakarea
expansion whakawhānuitanga,
  whakareatanga
expect tūmanako, tatari
expedition ope, haerenga, pahī,
  waitaua

expel pana ki waho, tūwhiti, pei

expendable mea noaiho, iti, wenewene

expense moni whakapau, utu

expensive nui te utu

experienced waia, taunga, tautōhito

experiment whakamātau

expert (specialist) pouwhiro, tohunga

expertise tohungatanga, mōkohakoha

explain whakamārama

explicit mārama, pū

explode pahū, pakū, papā

explore āta tirotiro, toro, ārohi, rangahau, hōpara

explorer kaipōkai whenua, kaitorotoro

explosion pahū, hū, pakūtanga

export hoko ki tāwāhi, hokotai

expose hura, puare, kōhure, whakaari

exposed mārakerake

expulsion peinga, pananga

extend whakawhānui, whakaroa

extended mārō, umaraha, hōrapa

extension whakawhānui-tanga

extent nui, roanga, whānui

exterior ā-waho

extinct pau, mōtītī, ngaro, weto

extinguished pirau, poko, weto

extort apo, tango moni

extra āpiti, tua, unu

extradition pananga

extraordinary autaia, mīharo, whakaharahara

extravagant (wasteful) maumau, whakapau moni

extremely tino

exude mapi, patī, pātītī

exult whakamanamana, whakahākoakoa

eye kanohi, karu, whatu, mata

eye shadow panikamo

eye socket kape

eyeball kamo

eyebrow tukemata, pewa, peru

eyelash kamonga, kemokemo

eyelid kamo, rewha

eyewitness kaititiro

E

F

fable   pakiwaitara
facade   roro o te whare, āhuatanga
face   (*n.*) kanohi, mata
face   (*v.*) anga ki, ahu atu/mai
face value (maths)   uara mati
facial eczema   karukaru hipi
facilitate   kimi huarahi
facing   kei mua i (te) aroaro,
   anganui mai/atu
facsimile machine   waea
   whakaahua
fact   he mea pūmau, mea pono
factory   wheketere
fade   memeha, iti haere
faeces   hamuti
fahrenheit, degrees -   ohutua
fail   hinga, ngaro, hē, makere
failure   takanga, hinga, wetonga,
   matenga
faint   (*v.*) hemo, hauaitu
faint   (*adj.*) māwhe, hātea
fair (just)   tika, i runga i te pai,
   pono
fair skin   kiritea, kiri mā
fair weather   paki
fairly (rather)   āhua + *adjective*
fairy   patupaiarehe, tūrehu
fairytale   kōrero paki
faith healer   tohunga whakaora-
   ā-wairua
faith   whakapono
faithful   pono, tūturu
fake   rūpahu, teka, meho
fall (drop)   taka, tanuku, hinga,
   ngāhoro

fall apart   pakaru
fall asleep   warea
fall out (disagree)   kōhetehete,
   whakahē
fallacy   hē, pōhēhē
falling star   kōkiri, tūnui-ā-rangi
fallout, nuclear -   para iratuki
false   hē, horihori, tito, parau
false start   hapa, timata hori
falter (hesitate)   whakaroa,
   tawhitawhi
fame   rongonui
familiar   waia, taunga
family   whānau
family support   takuhe whānau
family tree   whakapapa, tātai
famine   wā matekai, wā tūpuhi
famous   rongonui, ingoa nui
fan (aficionado)   kaiwhaiwhai
fan (for wafting)   pakihau
fan   (*v.*) kōwhiuwhiu, pōwaiwai
fan out   wherawhera
fanatic   kiriweti, tūkaha, porangi
fantail   pīwaiwaka, pīwakawaka
fantastic!   ka mau te wehi!,
   pārekareka
farewell! (to one going)   haere rā!
farewell! (to one staying)
   e noho rā! hei kōnei!
farewell   (*v.*) poroporoaki, poroaki
farm   (*n.*) pāmu
farm   (*v.*) ahuwhenua,
   mahi whenua
farmer   kaipaamu, kaiahuwhenua
farmyard   papanga (paamu)

farther kō atu

fascinate manawarū

fashion momo kākahu o te wā, tikanga o te wā

fast (quick) horo, tere, hohoro, kama

fast (starve) nohopuku, whakatiki

fasten whakaū, whakamau, whakarawa, here

fat (grease) hinu, ngako

fat (obese) mōmona

fatal whakamate

fate (end) tukunga iho

fate (nemesis) aitu, aituā

father-in-law hungawai, hunarei

father pāpā, matua tāne

fatherhood matuatanga

fatherless matuakore

fatigue ngenge, ngoikore

fatten whakamōmona

fatty hinuhinu

fault hē, hapa

fault-finding whakahē, wani, ngautuarā

favour (v.) aronui, aro, whakaae, hānga mai/atu

favourable arotau, atawhai

favourite makau, tino pai

fax waea whakaahua

fear mataku, wehi

feast hākari, haukai, whakatiki

feat mahi nanakia

feather piki, hou, huruhuru

feather, red - kura/raukura

feature āhuatanga, tohu

federation whetereihana

fee utu

feeble ngoikore, iwikore

feed whāngai

feedback paoro whakahoki, urupare

feel rongo (rangona), whīra, ariā, whāwhā

feelers (crayfish) hihi, weri, kawekawe

feelers (insect) pūtihi, pihi, puhihi

feelings hinengaro, whakaaro

feijoa pītoa

feint māminga, wheta, whakahopo

feline tā te tori, tā te ngeru

fell (chop down) tua, tope, turaki

felt pen pene whītau

female (womanly) wahine, ira wahine

female animal uwha, uha

feminism tohe mana wahine

fence (enclosure) taiepa, taiapa, taepa

fence (with sword) matātuhi hoari

fend off ārai atu, whaka-ngungu, pārai

ferment toroī, moī

fermented kōpiro, mara

fern pikopiko, kiwakiwa, ponga

fern-root, bracken - aruhe, roi, renga

fern frond, coiled - koru

ferocious autaia, whakamataku

ferry (n.) poti whakawhiti, waka kopikopiko

ferry (v.) whakawhiti

fertile land whenua mōmona

fertile whai hua, haumako

fertilise whakahapū, whakatō

fetch tiki, kawe

fetish mauri, māwe, manea

feud wheinga, toheriri

fever kirikā, pīwa, eku

feverish kauanu

few torutoru, ruarua, itiiti

fiance taumau, whaiāipo, tahu

fibre muka, akaaka, kaka, weu
fibre optics transmission tuku kōrero-ā-kaka
fibreglass papamuka
fickle taurangi, matuarua
fiction pakiwaitara, kōrero paki, take waihanga
fictitious teka, rūpahu, horihori
fiddle (violin) whira
fidelity pono
fidget oreore, manawarū
field whīra, taiepa, pātiki
field, sports - papa tākaro, topa
field, - ball (v.) hopu
fielder kaihopu, kaitopa
fiend hātana, whiro, rewera
fierce āritarita, nanakia, muha
fiery pukākā, pukuriri
fifteen tekau ma rima
fifteenth te tekau ma rima
fifty rima tekau
fig piki, whauwhau
fight whawhai, riri
fight back rautupu, tu atu, whawhai atu
fighter toa, hōia, kikopuku
figure (body) tinana, ropi, hanga
figure (shape) āhua, whakaahua, hoahoa
figurehead tauihu, tētē, tekoteko
file (office) kōnae, pūkohi
file (rasp) whairu, tiwani, waru
file reference tohu kōnae kōrero
fill whakakī
fill space whakakapi
fill with liquid utu
filled kī, kī pai, kapa
film pikitia, rīpene whakaahua, takuata
film producer kaitukuata
film projector pūrere tukuata

filmstrip ripene whakaahua
filter tātari
filter (v.) tātari
filthy pirau, piro
fin of fish tira, urutira, paihau
final(championship) whiringa toa
final (last) whakamutunga
final notice tono whakamutunga
finalise whakaoti
finally rawa (after verb)
finance moni āwhina, pūtea
financial year tau pūtea
financier kaitohatoha pūtea
find kite
find fault whakahē, eke
finder (computer) pūmanawā kimi
finding otinga
fine (good) pārekareka, rawe
fine (penalty) whaina
fine weather paki
finger matihao, matimati
finger (handle) romiromi
finger (little) kōiti
finger (middle) māpere
finger, ring - mānawa
fingerboard papa piana, papa pātuhi
fingernail maikuku, matikuku, kotikara
fingerprint tapumati
finish (complete) oti, whakaoti
finish (stop) mutu, whakamutu
finished (used up) pau
fire ahi, kāpura
fire (weapon) pupuhi (puhia)
fire alarm pere whakaoho kāpura
fire escape tipa kāpura, whatinga ahi
fire extinguisher whakaweto ahi, poko ahi

fire service ratonga ahi,
    rōpū tinei ahi
firebreak whakarake kāpura
fireguard ārai ahi
fireplace pākai-ahi, takuahi
fireproof werakore
firewood wahie
firm (adj.) ū, mau mārō, uka, tina
firm (business) umanga
first tuatahi, wawe, mātua
first born mātāmua
first born female tapairu
first light tākiritanga o te ata
first officer āpiha matua
fish (n.) ika, ngohi
fish (v.) hī ika, hao, toitoi
fish-hook matau
fisheries tauranga ika
fisherman kaihī
fishing ground taunga ika
fishing industry ahumoana
fishing line aho
fishing net kupenga, kaharoa,
    hao
fishing rod matira, tautara
fist ringa meke
fistful kapu, kapuranga
fit (clothes) ō
fit (convulsion) ruriruri, hukiki
fit (healthy) ora, kaha, whiti,
    hauora
fit into whiti ki roto,
    uru pai ki roto
fitness taha oranga
fitting (try out) whakamātau
five rima
fix whakamau, whakatina,
    whakatika, whakaū
fix, in a - kei te raruraru
fixed ū, mau, pūmau, tina
fixed asset rawa pūmau

fixture, sports - whakarite kēmu
fizz koropupū, hihī, hī
flabbergasted tumeke
flabby wairuhi, ngohungohu
flag kara, haki
flagon ipu
flagpole pou haki, pou kara
flair (talent) pūmanawa
flake rau, whā
flame mura, hana
flange ngutu paipa
flank taha, kaokao
flannel ūkui, tauera iti
flap (n.) paki, tāreparepa
flap (v.) kapakapa, takarure
flapjack parāoa parai,
    parāoa takakau
flare mumura, papahū
flare up mura, toro, papā
flash hikohiko, rapa, muramura,
    uira
flask takawai, kotimutu
flat papa, haupapa, kāinga noho
flat surface papatahi, paparahi
flat, lay something -
    whakatāpapa
flattened takapapā, parehe, papa-
    tahi
flatter whakapatipati, eneene,
    mirimiri
flattery patipati
flavour hā, reka, tāwara, kakara
flaw ngoikoretanga
flaw (in timber) tōrōkiri
flax harakeke, kōrari
flax (dressed) muka
flea puruhi, keha, tuiau
fledgling pipi, kōhungahunga
flee omaoma, whati, turere, rere
fleet of canoes kaupapa,
    tāruru waka

flesh kikokiko
flic-flac tupana rapa
flick tākiri, tīkapekape
flicker kopura, pūrēhua
flier paerata, kaiwhakarere
flight of stairs arapiki, pikinga
flimsy rahirahi
flinch kōemi, kōrapa
fling whiu, maka, panga, ākiri
flint matā, kiripaka
flintlock ngutu parera, kauamo
flip takapore, porotēteke
flirt hemahema, whakaipo
flit kokirikiri, kowhiti
float (n.) poito, kārewa
float (v.) mānu, tere, rewa, rere
flock of birds pōkai, tupapa,
   kāhui
flog wepu, whiu
flood waipuke
floor papa, raho, whoroa
floor (storey) kaupapa, rewanga
floor plan hoahoa papa
floor, first - papatahi
floor, ground - papatu
flop (failure) koretake, hinga
floppy disc kōpae pīngore
florist kaihoko putiputi
flounder (fish) pātiki
flounder about kowheta
flour parāoa purere
flourish tipu, tupu ake, whai hua
floury māngaro
flow (run) tārere, tere, rere
flow (tide) pari
flow (together) kūtere
flower (blossom) putiputi,
   puāwai
flowering pūāwaitanga
fluctuate rere atu rere mai,
   ripo atu ripo mai

flue tīmere
fluff kerehunga, perehunga
fluffy tāhunahuna
fluid huatau, kūtere, taurangi
fluorescent kōrekoreko, mataaho
fluorine hau kōwhai
flurry (squall) apū
flush (cards) whare kotahi
flushed (angry) uraura
fluster hūkiki, ārangi
flute kōauau, pūtorino
flutter kapakapa, pepe
fly (insect) ngaro, rango
fly (soar) tere, rere, whakatopa,
   kopakopa
fly headlong rere whakateka
flyblown popo, iroiro
flying fox taura rere
flying tackle rutu rere
flying visit peka ohorere
flyover ara runga
flyswat papaki rango
flywheel tōhito
foal kūao, punua hoiho
foam huka/huka, pūhuka
focus hāngai, arotahi
fodder mauti, kai kararehe, hei
foe hoariri
foetus kahu, kōngahungahu
fog kohu, pukohu
foil (aluminium) pepa hiriwa,
   pepa konumohe
fold (v.) whakakopi, pōkai, tākai,
   kopa
folded aparua, whētui
folder kōpaki
foliage raurau
folio whārangi
folk-song mōteatea
follow whai, aru
follower akonga

following whāinga, e whai ake nei
following wind hau whainga
fond of rekareka, matareka, mateoha
fondle mirimiri, haumiri, takamori
food kai
food chain mekameka kai, kaitīni
food (supplies) ō
fool hākawa, hukehuke
foolish kūware, heahea, poauau
foot waewae, take, pū
foot (measure) putu
football whutupāoro, whana poikiri
foothills take maunga, take puke
foothold wāhi tū
footnote kupu tāpiri
footpath ara hīkoi
footprint whārua, tapuwae
footrest kaupeka
footstep tapuwae, takahi
for mō, mā, hei, hai
for (because) ina, hoki (*after predicate*)
forbid whakakāhore
forbidding paraheahea
force, come into mana te ture
force (compel) āki, taikaha
force kaha, tōpana
force open kōara
forcefully taumaha
forcibly remove kāhaki, kāwhaki
ford kauanga wai
forearm tāhau o te ringa, kikowhiti
foregone conclusion whakatau noa
forehead rae
foreigner tangata rāwaho, tauiwi, tipua
foreman pāhi

foresee matakite, waitohu
forest ngahere, Waonui a Tāne
forethought whai whakaaro
forever āke āke, āke tonu atu, mau tonu
foreword kupu whakataki
forfeit whaina, whakahapa
forge (counterfeit) mahi tāhae
forgery whakatapeha, aweke
forget wareware
forgetful hinengaro, makere, wareware
forgive muru, hohou te rongo
forgotten wareware
fork paoka, mārau, whāka
fork (garden) tihoka māra
forked stick mārau
forklift waka uta
form (paper) puka
form (shape) āhua
formal contract whakarite mana
formalise whakamana, whakatika
format (disc) whakatakoto
formation hanga, whakariterite, ako
formative whakaahua
formative years whanaketanga
formerly i mua
formula, maths - tauira tātai
formulate policy whakatakoto kaupapa
forthcoming e ahu mai nei
fortification pā, parepare, maioro
fortnightly ia rua wiki
fortunately waimarie, i pai ai
fortune (luck) waimarie,
fortune (money) moni nui rawa
forty whā tekau
forum wānanga
forward whakamua
foster tautoko, ahu, whāngai

F

foster child whāngai, ,tawhai
foster parent matua whāngai
foul (sport) hapa
found kitea
foundation tūtake, tūranga, taketake, kaupapa
foundation (institute) tūāpapa, karuhi
founder (initiator) papahoro, kaiwhakaū
fount puna
fountain punawai taratītī
fountain pen penepuna
four whā
four at a time takiwhā
four sided porowhā
fourth tuawhā
fourth toe mānawa
fowl heihei, tīkaokao
fox pokiha
foyer hōro tomokanga, paepae
fraction wāhi, hautau, wāhanga
fracture(bone) whati
fragile rahirahi, pīrahirahi
fragment ngato, kongakonga
frail ngoikore, tūwai
framework kaupapa, anga
fraternity rōpū atawhai
fraud tinihanga
fray(-ed) taretare, tāwekoweko
freak tupua
freckle ira, iraira
free wātea, ,tea, māhorahora
free (gratis) marere, kāhore he utu
free (liberate) tuku kia haere, whakawātea
free from tapu whakanoa
freeze (v.) whakahukapapa, whakahaupapa
freezer pākatio, papakeo
freezing works whare patumiti

freight utanga, kawekawe
freighter poti utanga
French Wīwī
frenzied pōrangi, wairangi
frequently tonu, tini ngā tāima, putuputu
fresh (food) kaimata, hou, mōata
fresh (growth) ururua
fresh air pūangi, hauhau
fresh water wai māori, wai hou
friction hika, orooro, waniwani
Friday Paraire
fridge pouaka hukapapa
friend hoa
friendless mokemoke, korehoa
fright pāwerawera, mataku
frighten whakamataku
frightened mataku, wehi
frigid makariri, anuanu, kōpeke
fringe kawekawe, kurupatu
frivolous hangahanga noa iho
frog pēpeke, poroka
from i, atui, mai rāno
front mua
front (of house) whatitoka, roro
front (of person) aroaro
frontiers rohe whakatakoto
frost bite mate hukapuri
frost(y) huka, haupapa, hukapapa
froth hukahuka
frown koromingi, tiro kau
frozen tio, pātiotio
fruit hua rākau
fruit stone anga
fruitful whai hua, makuru
frustrate taupare atu
fry (v.) parai
frying pan parai
fuel konga, waro, hinu
fulfil tutuki, whakatutuki
fulfilled rite, ea

full kī, renga, kipuha
full moon rākaunui, tohua
full of holes putaputa
full stop irakati, pītū
fullback whurupēke, pou muri
fumble hūrapa
fume (feel mad) whakatakariri
fumes au (paitini)
fun hākinakina, hari, koa
functional whai taka
fund (money) tahua moni, pūtea moni
fund raising mahi moni
fundamental pū o te take, taketake
funeral nehunga, uhunga
funeral director kaiwhakarite uhunga

fungus tūtae kēhua, harore
funnel kōrere, tīmere
funny whakakatakata, hangarau
fur huruhuru
furious tino riri, wairangi
furnace oumu rino
furniture utauta ā-whare, taputapu o te whare
furrow ripa, awaawa
further kō atu, tua atu
fury riri
fuse wiki
fuse (together) hono
fussy mārehe(-rehe)
futile koretake, maumau
future a muri ake nei, wā heke mai nei
fuzz kerehunga, putētē

F

G

gable (of house) maihi

gadget taputapu, taonga

gain painga, hua, whiwhi, whakawhiwhi

gala rā hākari nui, rā hokohoko

gale āwhā, tūpuhi

gall bladder kouawai

gallon kārani

gallop tupeke, hārapa

gamble petipeti, purei moni

gambler kaipeti

game tākaro, rēhia, purei

game (of set) kaupeka

gang rōpū

gangrene kikohunga

gangway araheke

gaol (jail) whare herehere

gap āputa, wāhiruatanga, kōhao

gape matata, kowhera, kana

garage whare motokā, karāti

garden māra, mahinga kai, kāri

garlic kāriki

garrison puni hōia

garter kume tōkena, kāta

gas hau, korohu, kāhi

gas cooker tō kapuni

gas cylinder puoto haumāori

gash āhiwahiwa, ripi, haratua

gasp (for breath) kiha, tāre, pupuha, ngāngā

gate kuhunga, kēti, ngutu pā

gatecrash pokonoa te uru, whakaete

gatepost pou kēti

gateway kū(w)aha, tomokanga

gather (collect) kohi, whakakao, whakaemi

gather (convene) whakamine, mene, hui/huihui

gauge ōrite (*penehini*), mēhua

gay (happy) hari, koa, manahau

gay (homosexual) tāne mate tāne, takatāpui

gaze titiro matatau, mātakitaki

gear (mechanical) panoni

gear lever tokonuku

gearbox waka niho, pouwaka kia

gelignite whakapohū, kāpohū

gender iratāne, irawahine

gene ira

genealogy whakapapa, kāwai, tātai

general (army) tianara

general election poti kāwanatanga

general knowledge mātauranga whānui

general roll (voting) rārangi whānui

generate whakatō, puāwai

generate electricity huri hiko

generation whakatupuranga, whakapaparanga

generous atawhai, rangatira

genitals tawhito

genius tohunga mīharo, tipua

gentile tauiwi

gentle mārire, humārika, mārū

gently āta (*before verb*)

genuine houtapu, tino tika, tupu, motuhenga

geography mātauranga, whenua
germ ngarara moroiti
German Tiamana
gesture tohu, rotarota
get (obtain) whiwhi ki, riro i +
  subject, tae
get off (climb down) heke
  mai/iho
get out of way! pouri ake!
  puta atu!
get (the feeling) puta mai te
  rongo
get up ara
geyser puia, waiariki
ghost kēhua, kīhau, pakepakehā
giant tangata roroa,
  maero nui rawa
giddy āmai, āmiomio
gift koha, mea homai noa
gifted (talented) pūmanawā ki
gigantic nui whakaharahara
giggle tīhohe, pākirikiri, kata
gills pihapiha
gin tini
giraffe hirāwhe, tīrapa
girdle whītiki
girl kōtiro, hine, kōhine
girl! e ko!, e hine!
give away whiu, hoatu, whāki
give back whakahoki
give in (yield) hinga
give out (distribute) horahora,
  whakarato
give up tuku, whakamutu
give way tautuku, tukukoa
give/n hōmai, hōatu
giver ringa māhorahora, kaihoatu
glacier awa kōpaka
gladden whakaharihari
gladness hari
glamour ātaahua, waiwaiā

glance mawhiti, titiro
gland repe
glare (scowl) whetē
glare of fire kōnakonako
glass karaehe
glasses (specs) karu mōwhiti
glassy mōhinuhinu
glaze whakapīata, mōhinuhinu
gleam kanapa, uira, pīata
glib māngai maeneene
glide tauhōkai, tipi, reti
glider waka rerehau
glimmer kōpura, whēriko,
  kātoretore
glint hikohiko, kōhā
glisten iraira, kapukapu
globe ao kōpio, ao māhere
gloomy pouriuri, matapouri
glorify whakakorōria
glory korōria, hākinakina
gloss piatatanga
glossy mōhinuhinu
glove karapu, kahu ringa
glow pūhana, mura, kakā,
  mumura
glow-worm pūrātoke, titiwai
glue kāpia, wai whakapiri
glut apu, tūwhena
glutton kaihoro, pukunui
gnash tetēā, whakatetēā
gnat waeroa
gnaw ngau, kakati
go haere (atu), makara, hanatu,
  whano
go! e oma!, haere, pouri ake
go after whai, aru
go around āwhio, huri haere
go aside peka
go away hanatu, haere atu, riro
go back hoki whakamuri
go down (sun) tō te rā

G

go on one side whakataha
go on! hoatu!, whoatu!
go out (light) poko, weto, pirau
go out (tide) timu
go over (examine) hihira, āta titiro
go (to and fro) kōpikopiko
go (with) haere tahi
go wrong tupono hē
go-between takawaenga
go-slow whakapōturi
go, have a - whakamātau
goal whāinga, kōrā, ū
goal line pae ū, rārangi tae
goat, billy - koati toa
goat, nanny - koati uwha, nanekoti, nanenane
god atua, Io-te matuakore, Runga Rawa
goddess mareikura
godparent matua wairua
godwit kūaka
goitre tenga
gold koura
goldfish morihana
golf korōwha, hau paoro
golf club patu haupaoro
gone riro, ngaro, pau
gone by hori, hapa
gone for good oti atu
gonorrhoea mate paipai
good pai (*pl.* papai), tika
good for nothing koretake noaiho
Good Friday Paraire Tapu
good humour ngahau, hūmārika
good job! e koe!, kaitoa!
good natured ngāwari, hūmārire
goodbye (to one going) haere rā
goodbye (to one staying) hei kōnei ra, e noho rā
goodness te pai, painga, whakapainga

goods tawa, hanga, taonga
goods train tereina utanga
goose kuihi
gooseberry kuihipere
gospel rongo pai
gossip pakiwaitara, paki, whawhe
gouge out tāwhārua, tikaro
gourd hue, tahā
gout koute
govern whakahaere tikanga
governing rangtiratanga
government kāwanatanga
governor kāwana
governor general kāwana tianara
grab kōrapurapu, mau, mamau
graceful ātaahua, tau, huatau
gracious ngākau aroha
grade (*n.*) āhuatanga, koeke, taumata
gradient pikinga
gradual āta
graduate (*n.*) tauira, tāura, paetahi
graduate (*v.*) puta hei
graduation whiwhi tohu mātauranga
graffiti tuhituhi anuanu
grain pata kānga
gram karama
grammar papa wetereo, whakariterite kōrero
granary whata witi
grand whakahirahira
grandchild mokopuna
grandfather tipuna tāne, tupuna (*pl.* tūpuna), karani pāpā
grandmother tipuna wahine, tupuna (*pl.* tūpuna), karani māmā
grandstand nohoanga mātaki, karapitipiti
granite kawikawi

grant (*n.*) toha moni, takuhe, koha, takoha
grant (*v.*) tuku, whakaāe
grant permission tuku mana
grants (money) whakawhiwhinga pūtea
grape karēpe, aka waina
grapefruit kerēpi-whurutu
grapevine aka waina
graph inetohu, tōpū hōtuku
graphics whakairoiro hoahoa
grasp tango, rarau, mamau
grasping hold huirapa
grass karāihe, mauti
grasshopper kōwhitiwhiti, māwhitiwhiti
grate (*v.*) pakepakē, waru, kauoro
grateful whakawhetai, whakamoemiti
grater kūoro, waru
grating (*n.*) tītara, ri
gratuitous homai/atu noa
grave (*n.*) poka, rua
grave (solemn) hōhonu, taumaha
gravel kirikiri
gravity tō-ā-papa, kukume o te ao
gravy wairenga, wairanu, whāranu
graze (touch) miri, hohoni, tahitahi, pāhore
grease hinu
greaseproof pepa ārai hinu
great nui (*pl.* nunui), rahi
greatly tino
greed apo, touapo, matekai
greedy pukukai, kaihoro, pukunui
green colour kākāriki, kirīni
green vegetables korare
green (bowling) papa maita
greenfly weo
greengrocer kaihoko huawhenua

greenstone pounamu, inanga, kahurangi, tangiwai
Greenwich Mean Time (GMT) pae tāima o te ao
greet mihi, kupu oha
grenade pohū ringa
grey pūmā, puhina
grey warbler riroriro, koriroriro
grid mātiti
grief-stricken pāmamae, pūkatokato
grievance pōrahurahu, aureretanga
grieve mamae te ngākau, māpura, pōuri
grill (cook) tahu, tunutunu
grim whakawiri, muha
grimace pūkana
grime paru, para
grin menemene, pakiri, mingomingo kata
grind kauoro, huri
grindstone hōanga huri
grip pupuri, kākati, rou
gristle pakaua, uaua kiko
grit (in eye) pura
grit one's teeth kākati
gritty kirikiri, māngēngenge
groan auēā aurere, ngunguru puku
grog rama
groggy rorirori
groin tapatapa, tapa o te kūhā
groom (tidy oneself) wani
groom, bride - tāne mārena hou
groomsman hoa takatāpui
groove awaawa, haehae
grooved kōawawa
groper hāpuka, kuparu
gross rauemi katoa
ground whenua, one

G

ground rules kaupapa
groundlark pīhoihoi
groundless koretake, kaupapakore
groundsheet whāriki inarapa,
  tāporena
groundwork whakatake
group whakahuihui, rōpū
group therapy whakaoranga-ā-
  rōpū
grovel koropiko
grow whakatupu, rea, tipu
growl ngengere, ngunguru
growth tupu, tipu, turuki, ururua
grub (insect) huhu, kutukutu,
  mokoroa, tunga rākau
grubby paruparu
grudge amuamu, kaiponu
grumble amuamu, hakuhaku
grumpy pukuriri, kutukutuahi
grunt nguru
G.S.T. tāke hokohoko
guarantee whakapūmau,
  kupu taurangi
guard (v.) tiaki, rauhī
guard (sentry) kaitiaki, tūtei
guard (sport) kaiārai
guarded matatū, tūpato
guardian kaitiaki
guess hua, ohia noa, raparapa
guest manuhiri
guide (n.) kaiārahi

guide (v.) ārahi, hautū
guided missile rākate ārahi
guideline kaupapa arataki
guillotine, office - poro pepa
guilt hara, hē, whai hara
guilty mau tūturu,
  mau tangetange
guitar kitā
gulf whanga nui
gull (godwit) kuaka, taranui
gullet korokoro
gully kōawa
gulp whaupa, horopuku-tanga
gum (glue) pia whakapiri
gumboot kamupūtu
gums (mouth) pūniho, tako,
  ngangore
gun pū
gunpowder paura
gunwale niao, rauawa
gurgle kokō, tatangi
gurnard kumukumu, kumikumi
gush (v.) hīrere
gut fish tuaki, huke
guts whēkau
gutter awakeri, rere tuanui, kōrere
gym mats whāriki takahuri
gymnasium whare taka porepore
gymnastics taka porepore
gynaecology mātauranga kōpū
  wahine

H

habit   āhuatanga, ritenga, tikanga
habit (accustomed to)   taunga,
  waia, *verb* + ai
habitable   pai hei nohoanga
hack   hahau, ripi, poroporo
hacksaw   kani maitai, kanini,
  kani haehae
haemorrhage   ikura, tahe toto
haemorrhoid   tero puta
hagfish   tuere
haggle   tautohe te utu
hailstones   ua nganga, ua whatu
hair   huruhuru, makawe
hairy   pāhuruhuru
half   hāwhe
half moon   ōhua
half time   wā haurua
half-caste   hāwhe-kaihe
half-hearted   ngoikore, hauaitu
half-past   hawhepāhi, hāpāhi
half-witted   kūare, pōauau
halfway line   paewehe
halfway   waenganui
hall   urumanga, hōro
hallucination   moemoeā
halt   tuā whakatū
halve   hāwhe, tapahi
ham   poaka totea
hamburger   hamipēka
hammer   hama, pao, kuru, pākuru
hammerhead shark   mangōpare,
  kakere
hamper (basket)   tokanga nui
hand   ringa/ringaringa
hand down   tuku iho

hand to mouth   korekore noa,
  pōhara
hand-pick   āta whiriwhiri, taupuhi
handbag   pāhi, kete
handcuffs   rinoringa, meka tawhiti
handful   kapunga, kamunga
handicap   hape, whakararu
handicrafts   mahi-ā-ringa
handkerchief   aikiha
handle (manage)   whakahaere, tae
handle   (*n.*) kakau, puritanga
handle   (*v.*) whāwhā, popoi, hārau
handover   tuku
handrail   puringa ringa
handshake   rūrū, harirū
handsome   ātaahua, purotu
handspring   tūpana
handstand   porotēteke
handwriting   tuhi-ā-ringa
hang (dangle)   iri, tare, tārewa
hang by neck   tārona, tārore
hang gliding   rererangi
hang (in clusters)   tautau, rāpoi
hang on!   kia mau! pupuri
hang on a moment   taihoa,
  āta whakarongo
hang up   whakairi
hanger, coat -   irikaka, tare kākahu
hanging   tarenga, tārewa, iringa
hanging loose   mātangatanga
haphazard   whakaaro kore,
  pōrahurahu, kotiti
happen   riro, puta, tūpono
happiness   hari, koa
happy   hari, koa

harass, sexually -   whakatīwheta
  hemahema
harbour   wahapū
hard (firm)   pakeke, māro
hard covering   anga, utonga
hard disc   kōpae matua
hard drug   rehunanu
hard hearted   taringa turi,
  ngākau pakeke
hard-case (funny)   hāte-kēhi
hard-working   pukumahi, mamahi
hardback book   anga mārō
hardboard   papa mārō
hardship   mamae, uauatanga,
  whakawiritanga
hardware (computer)   purere
  rorohiko
hare   hea
harm   kino, whara, whakamamae
harmful   whakakino, takakino
harmless   waimarie, hūmarie
harmonious   whakaaro tahi,
  tangi reka
harmony   noho rangimārie,
  oruorua
harness   hānihi, whītiki
harp   hāpa, haapa
harpoon   haeana rāti
harrier hawk   kāhu
harrow   karawhaea, rakaraka
harrowing   rakuraku
harsh   kawa, matangerengere
harvest-time   ngahuru, hauha-
  kenga
harvest   (v.) hauhake, kotinga
hassle   pōraruraru
hasten   tuoma, hohoro, rere
hat   pōtae
hat trick   takitoru whiwhinga
hat-stand   iringa pōtae
hatch   pao, puta

hatchet   pātītī, toki, piharoa
hate   mauāhara, whakakino
haul   tō, kume, huhuti
haunt   kuku, poke
haunted   kukua
have   kei a
have not   kāhore + *possessive*,
  kāhore ōku mea
have time   whai wā, whai tāima
hawk   kāhu, karewarewa
hay   hei
haystack   tākehei
haze   kohu, rehu
hazy   kōrehurehu
he   ia
head   mātenga, upoko, māhunga,
  toihau
head (of fish)   pero
head (of grain)   puku
head (of river)   hikuawa
head ball (soccer)   pā upoko
head off   haukoti
headache   ānini, ngāruru
headband   tīpare
headboard   papa peru, papa hamo
headdress   tīpare, tia, kōtaha,
  tikitiki
headfirst dive   rere tūpou
heading   ūpoko, whakaūpoko
headland   matarae, rae, kūrae,
  more
headlight   rāitimua, rama raua
headline   ūpoko, taitara
headlong   tūpou
headmaster/mistress   tumuaki
headquarters   marae matua,
  tari takuahi
headstone   kōhatu
  whakamaharatanga
headwind   hau tūmū, hau pāuma
heal   whakaora

healed ora
healer kaiwhakaora
health hauora, oranga, waiora
health (best of) ora matomato
health clinic whare paia
health facility ratonga hauora
healthy toiora, pakari, hauora
heap (pile) pū, pūkai, tahua, taupū
heap up (v.) ahuahu, whakaahuahu, pūranga, pūkai
heap, lie in a putu, pū, tāwheta, ahu
hear rongo, whakarongo
hear hear! koia ra!
heard pā te reo, hau, rangona
hearing (inquiry) whakauiuinga, whakawā
hearing (sense) rongonga, rongo
hearse waka tūpāpaku
heart ngākau, manawa
heart (cards) hāte
heart attack manawatū
heart murmur kōkihi manawa
heartbeat kapakapa manawa, pōtuki
heartburn pohongawhā, tokopā
heartland tuawhenua
heartless ngākau pakeke
heartwood kāpara, kōhiwi, taikākā
heat mahana, wera
heat (race) whiringa
heater whakamahana
heathen tauiwi, mohoao
heatwave pakapaka
heaven rangi
heavy taimaha, taumaha
heavy-duty pakari, kaha
hebe (shrub) koromiko
Hebrew Hiperu

heckle taunu
hectare hekitā
hectic pōrangi, pōhauhau haere
hedge heti, maruhau, pātūtū
hedgehog tuatete, hetiheti
heel rekereke
heel over tītaha
hefty pakari, pūioio, kōpaka
heifer kūao kau, hewha
height teitei, ikeike, roa, tiketike
heinous whakawiriwiri
heirloom manatunga, kura
helicopter herikopeta, pōwaiwai
hell rarohēnga, iweri
hello (good wish) kia ora
helmet pōtae māro
help āwhina
helper kaiāwhina
helpless paraheahea, ngoikore
hem remu
hemmed in pākakatia, karapotia
hen heihei
hence nō reira
henceforth a muri ake nei
hepatitis mate kōwhai, mate ate kakā
her (possessive) tōna (pl. ōna), tāna (pl. āna)
her (self) ia
herald kaipānui, karere
herb rau kakara
herbivorous kai otaota
herd (mob) kāhui, māpu
herd (muster) atiati, ā, tāwhiu
here kōnei
hereditary tuku iho
heritage taha tuku iho, taonga tuku iho
hernia whaturama
hero toa, māia, tuatangata
heroin rehunanu

H

259

heroine   wahine toa
heron, blue -   kākatai,
   matuku moana
heron, white -   kōtuku
herring   aua, kātaha
hers   nāna, nōna, āna, ōna
herself   ia tonu
hesitate   tawhitawhi
hibernate   aumoe hōtoke
hiccough   tokomauri, tokopuhake
hidden   ngaro, hunahuna
hide (conceal)   huna, kuhu,
   hīpoki, whakangaro
hide oneself   whakapeke
hideous   whakarihariha,
   hautupua, weriweri
hiding place   piringa, hunanga
high   teitei, tiketike, ikeike, roa
High Commissioner   Māngai
   Kāwenatanga
High Court   Kōti Matua
high blood pressure   taikaha o te
   ia toto
high rank   tūranga teitei
high school   haikura, kura tuarua
high tide   pari, tumu
highway   huanui, huarahi
hike   haere ma raro, hīkoi
hill   puke
hill-top   taumata
hillside   kaokao o te maunga
hilly   pukepuke
him   ia
hind (deer)   tia uwha
hindquarters   takamuri, papa
hinder   ārai, tinaku,
   whakakōiroiro
hinge   īnihi, whatīanga, whata
hip   hope, humu, himu
hip-bone   papa toiake
hippopotamus   hipohipo

hire   rīhi, utu mo te wā
his   tāna/tōna, *pl.* āna/ōna, tana,
   nōna/nāna
hiss   hū, huhū, hihī
historic   onamata
history   mahi a ngā tūpuna, hītori,
   mātauranga onamata
hit   patu, hau, moto, kuru
hit song   waiata rorotu
hit wicket   ū pohe
hit, be -   pā, whara, tū
hitch   huti, tākiri
hoard   pūtea, whakaputu
hoarse   whango
hoax   māminga, tinihanga
hobble (fetter)   waehauā
hobble (limp)   totitoti
hockey   hōki, haupoi, haki
hoe   (*n.*) tipitipi, karaone, hetiheti
hoe   (*v.*) kari whenua
hogget   punua hipi, hōkete
hoist   huti ake
hold   pupuri, mamau
hold back   pupuri, whakatōmuri
hold down   pupuri iho,
   pēhi ki raro
hold (of ship)   riu
hold out   tohe roa
hold still   āta noho
hold tight!   kia ita!
hold, lay of -   nanao (naomia)
holder (container)   pouaka, kete
hole   poka, rua, kōwhao, puare
holes, full of -   putaputa
holiday   hararei, wā kore mahi
holistic medicine   rongoā whānui
hollow gourd   piako, puango
hollow (in ground)   whārua,
   pokorua, pokoruarua
holy   tapu
home (base)   papa kāinga

home-coming hokinga mai
home, feel at āhuru, ngaio
home kāinga, toi whenua
homebrew paikaka
homeland kāinga tupu
homeless kāinga kore, manene, pōhara
homosexual (man) tāne mate tāne, tāne moe tāne
homosexual (woman) wahine mate wahine
honesty mahi tika, mahi pono
honey honi, miere
honeycomb honikoma, aremiere
honeymoon wā rekanga kanohi, hanimunu
honeysuckle rewarewa
honour (*n.*) hōnore
honourable tino tika
hood pōtae, pōtae monaki
hoof maikuku hōiho
hook kape, weku, matau, pīhuka, hūka
hook and eye piko pewa
hooker (rugby) kaikape
hooligan korokē pōrangi
hoop mōwhiti, pīrori, tāwhiti
hoot of owl koukou, peho, tangi
hop hītoko, hīteke, pekepeke
hope tumanako
hopeful awhero, hiahia
hopeless koretake, hauwarea
hopper, seed - kōrere kakano
hops hāpī
horizon pae, taharangi, tahatū
horizontal pae, whakapae
hormone wai ira, pūora repe
horn (cattle) maire, pīhi, haona
horn (musical) pū, pūtara, pūtoto
horrible mōrikarika, weriweri, whakamataku

horrify whakamataku
horror whakawehi, tūwiri, whakamataku
horse hōiho
horse racing purei hōiho
horticulture ahumāra, ahuota, whakatupu kāri
hose down mapu
hose pāipa, ngongo wai
hospital hōhipera, hōhipere
hospitality manaaki, taurima
host tangata whenua, kaimanaaki
hostage mauhere hei taumau
hostel kāinga taiohi
hostile kairiri, pukuriri
hostilities pakanga, whawhai
hot wera, pāwera
hot spring waiariki, ngāwhā
hot-tempered kiriweti
hotel hōtēra, pāparakaute
hour hāora
house whare
house (*v.*) whakanoho
house-trained rata ki te noho whare
household whānau, whāmere
housemaid hāwini
hover whakatopa
hovercraft waka mania hau, waka tōpaki
how pēhea?, pēwhea?
how many e hia?
how much? e hia?, he aha te utu
however heoi, hoianō, kia ahatia
howl ngawē, auē, whakaparoro
hub pokapū
hubcap taupoki wira
huddle torohū
hug awhi, kēkeke
huge nui whakaharahara
hum tāmanu, hāmumu, whewheo

H

human tā te tangata
human rights mana tangata
humane ngākau atawhai,
  manaaki
humankind uri tangata, ira tangata
humble humārire, māhaki,
  whakaiti
humbug hamupaka
humdrum hōhā
humid takawai, pīpīwai
humidity haumākū, pīpīwai
humiliate whakaiti
humility ngākau pāpaku, māhaki
humorous whakakata, hangareka
humour wairua nēnene,
  whakakata
hump hiwi
hunchback tuarā tuapuku
hundred rau
hundred-weight hānarete,
  hanaweiti
hunger/hungry hiakai, hemokai,
  matekai
hunt whaiwhai, kimi, rapu,
  whakangau
hurdle taiapa

hurricane tūpuhi, huripari,
  taupoki
hurry tere haere, whakahoro
hurt, be - whara, tū, ngaua,
  pāmamae
hurtle parahutihuti
husband tāne, hoa tāne
hush! turituri!, hoihoi!, kāti
husky voice whango
hustle ā, tute
hut wharau, wāhi whare
hydrant maero ngutu, tukuwai
hydro-electric hurihiko
hydro-carbon pūwaro
hydrogen hauwai
hyena haiana
hygiene horoinga kia mā,
  tikanga akuaku
hymn hīmene
hyphen pīhono, tohuhono
hypnosis rorotu, whakamoe
hypocrite ngutu kau
hypothesis whakaaringa
  whakaaro
hysteria mate wairangi
hysterical wairangi

I

I ahau, au
ice haupapa, hukapapa, tio
ice-cream aihikirīmi
ice-skater kairere hukapapa
iceberg motuhuka
icicle tiotau
icy haupapa
idea whakaaro, mōhio
idealism whai tauira pai
identify tohu, whakaatu, tāutu
identity ingoa, tuakiri
idiom kupu taukī, kōrero taukī
idiot pōrangi, kīkiki, pouāwai
idol whakapakoko
idolise ngākaunui
if me, mehemea, ki te (mea)
if not ki te kore, me i kore
if only mehemea noa
ignite whakakā
ignition pātimata
ignominious whakamā, rōrā
ignorant kuware, kuare
ignore whakaiti, whakanoa
ill māuiui, tūroro, pāngia e te mate
ill health matemate, hangamate
ill-treat tūkino, whakawiri
illegal hē, pokanoa, kore ture
illegality kore mana
illegitimate pōriro, meamea
illiterate kūare ki te tuhi me te
  pānui
illogical pōrewarewa
illumination whakamāramatanga
illusion moemoeā, hewahewa
illustrate whakatauira, whakaāhua

illustrator kaiwhakaahua, kaitā
imaginary mea whakakitea mai,
  pohewa
imagine whakaaro noa, matakite
imagine, wrongly - pohēhē
imitate whai, whakatau
imitation whakatauanga
immediate ināianei tonu
immense nui whakaharahara
immerse tou ki te wai
immigrant manene
immigrate heke mai
imminent tata tonu mai,
  āianei puta
immobile tū tonu
immoral karihika, kino, paru
immortal ora tonu ake ake,
  mutunga kore
immune whakamarumaru,
  rauhītia
immunise ārai mate
immunity wātea i te mate
impact pā mai, tukinga, papā-
  tanga
impatient pōnānā, pukuriri,
  tākare, kiriweti
impatiently pōtatutatu
impede haukoti, ārai, taupare
impediment kati, aukati, tauārai
impediment of speech hauātanga
imperfect pokapoka, riwha,
  takarepa
impertinent haututū, toroihi,
  āhuaatua
impervious pītongatonga, māro

impetuous kaikā, āritarita, manawarere, kowheta

impetus pana, tute

implement (*n.*) taputapu mahi

implement policy whakatinana kaupapa

implicate hīrau

implicit kei roto tonu, piri tahi

imply whakaatu, tohu

import hoko mai i tāwāhi, whakauru mai

importance mana, hira, mananui

important whai tikanga, hōhonu, hira, whakahirahira

impose whakahau, pou, uta

impossible ekore e taea

impotent parahea, tūpaku, kōpīpī

impracticable uaua te whakaoti

impregnable whakawhenua, tū tonu

impregnate whakatō

impress on whakamōhio mai

impression āhuatanga

impressive whakamīharo

imprison mauhere, whakarau

imprisonment whakaraunga, noho herehere

improbable rangirua, whakamāpuna, kārangirangi

improve (perk up) pai haere, puāwai, piki

improve (upgrade) whakapai atu/ake, whakawhānui, whakaohoohō ake

improvise hangahanga

imprudent kūware

impudent tutū, whakatoi, whakatenetene

impulse pana, pirangi, rere

impulsive tūkaha, rere tōtōā

impure paru, para

impute whakatau

in kei roto i, i roto i, ki, rō

in, will be - hei, hai, hei roto

inability kahakore, ngoikore

inaccurate hē, kotiti

inactive noho hū, māngere, houtete, makuku

inarticulate tapepe, pakoki, nanu

inattentive muhukai, pohepohe

inaudible hīrea, hakiri

inbreeding ngau whiore

inbuilt whakaurua

incapable koretake, kahakore, ngoikore

incapacitate whakaruhi

incarnate ā-tinana

incautious hīkaka, manawarere

incentive whakangahau, toitoi, manawarū

incest kai-whiore, ngauwhiore, irawaru

inch inihi

incident takanga, tūponotanga

incinerate tahu ki te ahi

incite ueue

inclination hiahia, aro, āronui

incline tītaha, heke

include tāpiri mai, take mai, tae noa ki

inclusive tāpiti, urutomo, āpiti

income utu, hua, rauemi, whiwhinga

incompetent kūare, koretake

incomplete hukihuki, tarepa

inconsiderate ngākau kaiapo, kaiponu, pakirara, pōrahu

inconsistent hārakiraki, kōtītiti, maiorooro

incontinent mate tōngāmimi, hīkaka

inconvenience whakapōrearea

incorporated manatōpū
incorporation kaporeihana
incorrect hē
incorruptible ekore e pirau,
tika tonu
increase neke atu, whakapiki,
nui haere
incredible tino mīharo,
teka mārika
incur riro mai
incurable whakamate,
manako kore
indecision āwangawanga,
rangirua
indeed hoki, mārika, anō, koinā
indefinable rehua
indefinite noa
indefiniteness noatanga
indelible pūmau, mau tonu
independence mana motuhake
independent (not involved) nō
waho
indescribable ekore e taea te
whakahua
indestructible toitū, mau tonu,
kore rawa e ngaro, matatū
index whakaaturanga tere,
rārangi kupu, kuputohu
index (v.) ohu-ā-kupu
index finger matikara, karoa
Indians, American - kiriwhero
indicate whakaatu, tohu
indication tohu whakamārama
indicator whakaatu (raiti tohu)
indict whakapae
indifference whakaaro kore
indigenous toi tupu, taketake
indigestion tokopā, tokopaha
indignant riri, whakatakariri
indignity whakaheke tupu,
whakaiti

indirect tītaha, kōtiti
indiscipline mohowao,
tāwēwēnoa
indiscreet mākūware,
manawarere
indisputable mārama, hua
indissoluble mau tonu
indistinct mōnehunehu,
pūrehurehu
individual takitahi
individuality tuakiri, tangata ake
indivisible wehekore
indoor bowls purei maita i rō
whare
indoor roto whare
induce whakawai, mōunu,
whakawherewhere
induction arataki
indulge whakawaireka, tuku,
popore
industry (manufacture) ahumai,
mahi
ineffective kore hua, hauwarea,
koretake
inefficient hauwarea
ineligible ekore e tau, kore e āhei
inequality ritekore
inert mate, whakaroau
inertia tūpuku, ukauka
inevitable kore e taea te karo
inexact noa
inexhaustible kaha tonu
inexperienced ihupuku, kūare
infancy kōhungatanga,
tamarikitanga
infant kōhungahunga, pēpi
infantry hōia hīkoi
infatuation whakawairangi,
kanehe
infect ngau, whakapoke
infected pāngia, whakapokea

infection mate
inferior iti iho te wāriu, i raro i
infernal nō te iweri, no rarohenga
inferno pūkākā, iweri, kāpura
infertile rautahi, pukupā, pārekereke
infertile (land) pākihi
infertility pākoko
infest mui, poki, ohu
infestation pokipoki
infinite mutunga kore
infinity paenga kore, mutunga kore
infirm tūroro
inflame whakakā, whakaoho
inflamed toretore
inflammatory whakakakā
inflate puhapuha, pupuhi
inflation ekenga o te wāriu
inflict whakapā, whakawhiu
influence (affect) kawe mana, hāngai mai/atu
influence (aura) mana, āhuatanga hei arataki
influence (bad) kukuti (kūtia)
influential whai mana
influenza rewharewha, whurū
influx mui, whakamui, hounga, tomonga
inform whakaatu, mea atu, whakamōhio, pānui
informal noa
informed mārama
informer kaituku, kaiwhāki
infringe takahi
infuriate whakariri, whakanguha
infusion tāpiri
ingenious kakama, pūmanawa,
ingratiating popore
ingratitude mihi kore, whakaaro kore

ingredients, add - kīnaki, whakaranu
ingredients whāranu, whakauru
inhabitant tangata whenua, iwi kāinga
inhale ngā, whakangā, whakataka manawa
inhaler whakangongo kume, papu
inherent pūmau
inherit whiwhi, whakatau, tango mai
inheritance oha, manatunga, mea tuku iho, whakareretanga
inhospitable whenua hāhā, manaaki kore, kiripiro
inhuman ngākau kino, ngākau whakawiri
inimitable tōtahi, ekore e taea te whakarite
initial tuatahi, mātua
initiate tīmata
initiation tīmatanga, tomo
initiative kōkiri, kakama
inject wero ki te ngira
injunction aukati, whakahōtaetae
injure takakino, tūkino
injured whara, tū
injury aituā, whara, mate
injustice hara, takahi mana, tūkino
ink ingiki, māmangu
inland roto, uta, tuawhenua, whakaroto
inlet whanga, kokuru
inlet stroke horohau
inmost roto rawa
inn hotēra
innate no te whānautanga, mauhere
innocent harakore, kore mōhio

innovative wairua hihiko, wana, auaha

innumerable manomano, e hia mano, mano tini

inopportune kāhore e tika te wā, poka noa

inorganic mea hanga

input uru atu, kōkuhu

inquest uiui mo te tūpāpaku

inquire pātai, ui

inquiry patapātai, uiuinga

inquisitive pakiki

insane pōrangi

insanitary āhua mate, poke

inscription whakairo, tuhi

insect ngārara, pēpeke, mū

insecticide patu ngārara

insecure pāhekeheke

insecurity noho āwangawanga

insensitive ūpoko mārō, ngākau pakeke

inseparable piritonu

insert (v.) whakauru, puru, kuhu

insertion whakatōnga, kuhunga

inshore ki uta

inside i roto i

insidious nanakia

insight matakite, mōhio

insignia tohu

insignificant hauarea

insincere rūpahu, kōrero teka

insipid waimeha, mākihakiha

insist tohe, uaua

insolent whakatoi, pīnanauhea

insomnia mate koheko

inspect mātakitaki, āta titiro

inspector kaitirotiro

inspire whakaara, whakahiwa

instability pāhekeheke

install hanga, whakanoho

instance (example) tauira

instantaneous i taua wā tonu, inamata

instead tētahi atu

instinct rongo, aro

instruct tohutohu, whakaako

instructive whai tohu

instructor kaitohutohu, kaiwhakaako

instrument(tool) taputapu

insubordinate tutu, haututū

insufficient kōpaka, pahara, takarepa, hohore

insulator ārai, kaupare

insult kanga, whakahāwea, whakatoi

insurance inihua

insurrection whana, mahi tutū, ātete

intact paruhi katoa, mau tonu

intake tango mai

intake of food horomi kai

intake of people urunga mai

intangible memeha

integrate whakakotahi, whakauru

intellect hinengaro

intellectually handicapped hunga hauā hinengaro

intelligent mōhio

intend mea

intense hōhonu, kakati

intensity kaha, nui, pakari

intensive tōtōpū, āta

intent on mau tonu ki, whakatau ki

intention whakaaro

intentional mauritau

intently whakatau, matatau

interaction whakawhitiwhiti, whakaaro tahi

intercede īnoi

intercept haukoti, kotipū

I

interchange whakawhiti
intercom whōunu takawaenga
intercourse (sexual) onioni,
  mahimahi, ai
intercourse (social) tutakitanga
interest (profit) hua moni, itarete
interest (v.) aro, hiahia, pirangi,
  whai takenga
interesting pai ki te whakarongo
interface hononga tahi
interfere raweke, hārau, rahurahu
interior roto, tō roto
interior (of land) ki uta,
  tuawhenua
intermarry moe whakawhiti,
  moe tauiwi
intermediary takawaenga
intermittent tāmutumutu,
  kōhikohiko
internal whakaroto, raroto
internally i roto, huna
international no te ao nui
Interpol Rōpū Pirihimana o te Ao
interpret whaka*māori*,
  whaka*pākehā*
interracial waenganui i nga iwi,
  ā iwi
interrogate uiui, patapatai
interrupt aruaru, inake
interruption pōrearea, whatinga,
  kaiwaenga, kokoti
interval takiwā, wā, ā puta
intervene hohou rongo, wawao,
  whakatau
interview uiuinga
intestine whēkau, puku
intimidate whakamataku,
  whakahakahaka
into ki roto ki/i
intoxicant waipiro, rama
intoxicate whakahaurangi

intransigent pakeke, ūpoko mārō
intricate whakairoiro, pikopiko
intrigue whakangārahu
introduce (person) whakamōhio
introduce (thing) whakauru,
  kuhu
introduction whakataki,
  whakamōhio
intrusion (social) urutomo,
  whakararu-ā-noho
intuition matakite, pūmanawa
invade whakaeke, urutomo, uru
invader kaiwhakaeke,
  hoariri whakaeke
invalid (sick) tūroro, maki,
  matengia ana
invalid (worthless) koretake
invariable pūmau, tūturu
invasion urutomo, whakaekenga
invent (make up) tito hanga
inventor kaihanga, kaitito
inventory rārangi taonga
inverse kōaro, taupoki
invertebrate kirihe whaituara
investigate (inquire) kimi, āta
  titiro, āta uiui, ketuketu
investigator kaitirotiro, kaihōpara
investment pūtea penapena,
  moni pūtea
investor kaiwhakarato moni
invincible ekore e whakaekea,
  tū tonu, ukauka
inviolate tapu tonu
invisible kāhore nei e kitea,
  ngaro, huna
invitation reo karanga, pōwhiri,
  tono
invite tono, pōwhiri
invoice puka nama
involuntary kāhuki, oho
involve whai pānga, whakauru

inward whakaroto
Irish Airihi
irksome hōhā, hīrawerawe
iron (press) haeana
iron haeana, rino, maitai
irony kupu hākiki
irradiate whakapīata
irrational rorirori, koretake
irregular whakahipahipa, kōhikohiko
irreligious whakapono kore
irreparable tūkino
irresolute āwangawanga
irresponsible wairangi
irreverent takahi mana, tōtōā
irrigate uwhiuwhi ki te wai, hawai

irritable pukuriri, kārangi
irritate ongaonga, namunamu, mangeo
is *show by word position (see Brief Grammar)*
island motu, moutere
isolate whakawehe, mawehe
isolated wehea rawatia, taratahi
issue *(v.)* whakaputa, tuku
it tērā, ia, *(repeat noun)*
italic titaha
itch mangeo, rekareka, hakihaki
item take, mea
itinerant kaipaoe, tipiwhenua
itinerary tikanga haere
its tōna/tāna, ōna/āna
ivory rei, ipori

I

J

jab   wero, poka
jack, lifting -   hiki, whakarewa, tieki
jacket   koti poto, tiakete
jackknife   naihi piko
jackpot   pūtaonga
jade   pounamu, waipounamu
jagged   taratara, mākini, koikoi
jail   whare herehere
jam   tiamu, hāmu
jamb   pou, whakawai, tuturu
jandal   hūrekereke
Japanese   Hapanihi
jar (container)   pounamu
jar (shock)   rutu, paoro
jarring sound   pāorooro, wheoro
javelin   tao, tete
jaw   kauae, kauwae
jawbone   paewai
jealous   haehae, harawene, pukā
jealousy   pūhaehae, pūngaengae
jeans   tarau tāngari
jeer   tāwai, taunu
jell   ete, eke
jelly   kai kori, hēri
jellyfish   petipeti moana, tepetepe, maremare tai
jerk   korowhiti, tuke, rutu, nape
jerk (up and down)   tiemi
jersey   poraka, kānahi
jest   hangareka, kārikarika, hangarau, whakanene
Jesus Christ   Hehu Karaiti, Ihu Karaiti
jet   pūkaha-hū

jet of gas   pūtororē
jet plane   rererangi pūkaha-hū
jetlag   ngenge rererangi
jetsam   tītītai, punipuni, kōkīkī
jetty   wāpu, tauranga poti
Jew   Hūrai
jewel   rei, kahurangi
jib (balk)   whakahē
jiggle   whakakorikori, tīemiemi, whakaoreore
jigsaw puzzle   panga hono
jilt   whakarere, paheke
jingle   tatangi
jitters   āmaimai, ihiihi
job (work)   mahi
job description   kaupapa-ā-mahi
jock strap   tātua raho
jockey   tiōki, kaieke hōiho
jog   tuoma
John Dory   kuparu, pukeru
join (enter)   uru ki roto, kuhu, pā, hui mai/atu
join (together)   apiti, hono, whakauru
joiner   kāmura
joinery   taitapa
joint (articulated)   monamona, pona
joint (connection)   hononga, taihonotanga
jointly   ngātahi
joist   kurupae
joke (jest)   kōrero kaweka, kōrero kata, tinihanga
jot   tuhituhi, iota

journal rātaka
journalist kaituhi kōrero,
kairīpoata
journey haerenga, rerenga
joy hari, koa, hākoakoa
joyful harikoa, ngākau hari
jubilee tiuperi, hākari
judge (adjudicate) whiriwhiri,
whakawā
judge (justice) tiati, kaiwhakawā
judge (selector) kaiwhiriwhiri
judgement whakawākanga
judicial no te kōti, ā ture
judiciary hunga whakawā
judo hūto, ruturutu
judoka kairutu
jug hāka, tiaka, ipu
juggle whiuwhiu
juice ranu, wai, ngongo, tae,
taitea, whāranu, whakaranu
jump peke, mokowhiti, tarapeke
jumper (jersey) paraka, poraka
junction hononga, puruatanga,
junction-box kōhaohao
jungle mōtotorutanga ngahere,
wao nui

jungle gym pikipiki
junior teina, taina
junk otaota
junk food kai paraurehe
junket waiū korikori,
miraka korikori
junkie kaiwarawara tarukino
jurisdiction mana whakahaere,
mana ture
jury tekau ma rua, hūri,
rōpū whakawā
just (fair) tika, tōtika
just, only - noa, kātahi
just (then) inā tonu
justice mahi tika, mahi tōkeke
justifiable tōtika
justified tika
justify whakapai, whakatika,
whakarite paetahi
justly i runga i te tika
jut out tauwhare, kou
juvenile nō te rangatahi,
taitamariki
juxtapose tāpiri, āpiti

J

K

kangaroo kangaru
karate karāti
kauri gum kāpia
keel takere, tangere
keen kaikaha, kakama
keep tiaki, pupuri, mau ki
keep close to whakapiri, rūna
keep in place whakamau,
  taumau, pupuri
keep up with ū tonu ki
keeper kaitiaki
keg kāho
kelp rimurapa, pakake
kennel whare kurī
kerb pae-ara
kernel iho, whatu, kākano, karihi
kerosene karahīnī
ketchup wairanu tomato
kettle tīkera
key kī
key signature tohu kī
keyboard (computer) papa pātuhi
keyhole puare ki
kick whana, kiki
kicker kaiwhana
kickoff tīmata
kid (goat) punua koati, tamaiti
kidnap kahaki
kidney tākihi, whatikuhu
kill patu kia mate, whakamate,
  kōhuru
killed hinga, mate
killer kaipatu
killing patunga
kiln umu perēki

kilo kiro
kilogram kirokaramu
kilometre kiromēta
kilt rāpaki, panekoti Kotimana
kind (helpful) ngākau aroha,
  atawhai
kind (type) tū, momo, tūmomo
kindergarten kura pūhou,
  kura kōhunga-hunga
kindle tahu, hika, tou, tūngi
kindling tungitungi
kindness atawhai, manaaki
king kīngi
kingdom rangatiratanga,
  kīngitanga
kingfish warehenga, haku
kingfisher kōtare
kink koromeke
kiss kihi
kit kete
kitbag tueke
kitchen kīhini, kāuta
kite manu autē, pākau,
kitten punua ngeru, kuao pūihi
kiwifruit huakiwi
kleptomania mate ringarau
knapsack tueke
knead pokepoke
knee turi, pona
knee-cap popoki
kneel tūturi, koropiko
knees bent turipēpeke
knickers maromaro
knife naihi, māripi, oka piha
knit (v.) tuitui, whatu wūru

knitting needle pātui whatu
knob, door - puritanga, pātene, reke
knock pātōtō, pātukituki
knock over rutu, pātuki
knocker, door - pūtōtō
knot pona, kono, pūtiki, tapona
knot (timber) pūpeka, mona
knotty timber pūioio
know mōhio, mātau

knowledge mātauranga, mōhiotanga, toi
knuckle pona, monamona
knuckle-bones kaimakamaka, kōruru,
Koran Korāna
koru sign pikopiko rarauhe
kumara kūmara, kōreherehe
kumara, dried - kao

K

L

label   pepa-ingoa, tohu piri
laboratory   taiwhanga pūtaiao
laborious   uaua, papatoiake
labour   mahi ā ringa,
   whakamamae
Labour Party   Reipa
labourer   kaimahi, ihu oneone
lace (fabric)   hikuhiku, rēhi,
   pawero
lacebark tree   hoihere, wheuwhi,
   houhi
lack   kore, mate, kōpaka, hapa
lactic   no te waiū
ladder   arawhata, arahanga,
   arohata
ladle   kōutuutu, koko
lady   kahurangi, tapairu
ladybird   mumutawa, ngoikura,
   kui
lag (behind)   takamuri
lager (beer)   pia kaho
lagging (wrapping)   kōpaki paipa
lagoon   hāpua, muriwai, pūroto
laid out (stretched)   whārōrō,
   mārōrō, ngāhora
lake   roto, moana
lamb   reme
lame   hauā, hapehape, kopa
lament (n.)   mōteatea, tukeke,
   apakura, auraki
lament (v.)   tangi, uhunga, aue
laminate   whakapaparanga
lamp   raiti, rama, rātana
lamprey   piharau, puhikoro
lampshade   maru raiti

lance   tao, huata, rāti
lance corporal   kāpara iti
land   whenua, oneone, taiwhenua
land agent   kaituhi whenua,
   kaihoko whenua
land, face of the -   mata o te
   whenua
land (v.)   tatū, whakaū, tau,
   whakatau
landing place   tauranga,
   ūnga waka
landless   whenua kore, iwi konene
landlord/lady   kaireti whare
landowner   kaipupuri whenua
landscape   kāinga kanohi
landslip   horowhenua
landwards   ki uta, whakauta
lane (track)   ara kuiti
language   reo
language, sign -   reo-ā-ringa,
   reo rotarota
lanky   tokoroa, kawekawe
lantern   rātana
lap (lick)   miti, pakipaki
lap (of track)   huringa
lap-dog   mōkai kurī
lapel   whētui
lapse   kaewa, taka
lapse in karakia   tapepe
lard   hinu poaka
larder   pātaka
large   nui, rahi
lark (bird)   whāioio, pīhoihoi
larva   uhu, huhu
laryngitis   mate korokoro

larynx paeoro, pouaka reo
laser beam haeata puaho, reihā
laser printer pūrere tā taiaho
lash together whakamau, aukaha
lasso taura hopu kau, whāpiko
last (final) whakamutunga,
  mātāmuri, toenga
last night inapō, nōnapō
last resort tino hēmanawatanga
last week wiki kua taha ake nei
last year tērā tau
last, at - nāwai ā, kātahi anō
lasting mau tonu, ukiuki, taketake
latch rawa, whakarawa
late tūreiti, tōmuri, takaroa
late (deceased) kua mate
lately inaianei, inanoanei
latent e moe ana, torohū
later ā taihoa, a muri ake nei
latex wai inarapa
lath (batten) kaho
latrine whare paku, heketua
latter tōmuri
laugh kata, katakata
launch, to - whakarewa,
  whakamānu, tō, karewa
launching pad papa tuku
laundrette toa horoi kākahu
laundry basket pūtea, pūtē
lava rangitoto
lavatory whare paku, whare mimi
law ture
law-abiding tūtika
law, according to e ai ki te ture
lawful tika, whaimana
lawless turekore
lawn pangakuti
lawyer rōia
laxative rongoā whakatiko
lay (down policy) whakatakoto
  kaupapa

lay (open) wawāhi
lay (out) tahora, whakatau
lay (place) (v.) whakatakoto,
  waiho, tāpae
layer kaupapa, papanga,
  whakapaparanga
layout (plan) whakatakotoranga,
  hoahoa
lazy mangere, rare, tūkeke
lead (v.) ārahi, arataki, taki, ahu
lead (metal) matā, konumata
lead astray whakakotiti,
  whakapōhēhē, whakakonuka
leader kaea, kaiārahi, kaihautū
leaf (page) whārangi
leaf (of plant) rau, whā
leaflet puka
leak/age turuturu, urukōwhao,
  rere kōhao
leaky turuturu
lean (skinny) tūpuhi, tūwai
lean (against) wharara ki,
  whakawhirinaki, whakamauru
lean meat pūioio
lean-to wharau, manutahi
leap mahiti, tarapeke, tūpeke,
  whiti
leap about pekerangi
learn ako
learner akonga
lease rīhi
least te iti rawa
leather rera, kiri kararehe
leathery kiriuka
leave (depart) haere atu, wehe atu
leave (behind) waiho, whakarere
leaven rēwena
lecture kauhau
lecturer pūkenga
ledge kārupe, whata
ledger pukapuka kaute

L

leek rīki, ririki
left behind mahue, toe, waiho
left-handed ringa mauī
leftover toenga, para
leg waewae
legacy taonga tuku iho
legal ā-ture, nō te ture
legal decision whakatau whai
  mana
legal system tikanga ture
legalise tuku-ā-ture
legend kōrero pūrākau,
  pakiwaitara
legible tuhituhi mārama
legislate hanga ture
legislation ture Paremata
legislative i raro i te ture
legislator kaihanga ture
legitimate tika, tā te ture
legitimise whakamana
leisure noho noa iho, hararei,
  wā whakatā
lemon rēmana
lemon sole pātiki tōtara
lemon squash waipē rēmana
lemonade wai rēmana, waireka
lemonfish pioke, mangō
lend tuku mo te wā
length roa
lengthen whakaroa
lenient ngāwari, mārire
lens whatu, mōwhiti pūata
Lent Rēneti, wā whakatiki
leopard rēpata
leotards kahupiri
leprosy tūwhenua, tūhawaiki
lesbian wahine mate wahine,
  wahine moe wahine,
  wahine takāpui
less iti iho
lessee kaitango rīhi

lessen iti haere, whakaiti
lesson akoranga
lessor kaituku rīhi
lest kei, koi
let (lease) rēti, rīhi
let down tuku iho, whakaheke
lethal whakamate
lethargic momoe, tūrūruhi,
  ngoikore
letter (missive) reta
letter (phoneme) oro, pū
letter (of credit) reta moni kia
  utua
lettuce rētuhi, arata
leukemia mate ruru toto
level (academic) taurangi, āhua,
  taumata
level (flat) paparite, tautika
level (tool) rēwara
lever hua
liability taunaha, pīkaunga, nama
liable herea ki te kaupapa,
  āhei ki te utu
liaise kōrero tahi, noho tahi,
  takawaenga
liaison takawaenga,
  whakapiringa
liaison officer kaitakawaenga
liar kaikōrero teka, rūpahu
libel pānui hē, whakakino-ā-tuhi
liberal whānui te whakaaro,
  atawhai
liberate whakawātea, wewete,
  wetekina
liberator kaiwhakaora,
  kaiwhakawete
liberty wātea i ngā tikanga here,
  wāteatanga
librarian kaitiaki pukapuka
library whare mātauranga
licence raihana

lick mitimiti
lid taupoki
lie (untruth) teka, tito, rūpahu, horihori
lie across pae, paeroa
lie down takoto, tāhinga
lie in heap putu, kauika, pūkai, pūhāngaiti
lie (scattered) horahora
lieutenant rūtene
life ora, oranga, wairua ora, manawa,
life insurance inihua ora
lifeless mate, hemo, tūpāpaku
lifelong ā-mate-noa, pūmau
lift (elevator) hiki tāngata, ararewa
lift (v.) hāpai, hiki
lifted up mōrunga, maranga
ligament nape, uaua, iaia
light (fire) (v.) tahu
light (weight) māmā, puhau
light bulb rāiti, rama
lighten (make bright) whaka-mārama
lighten (reduce weight) whaka-māmā
lighter (flame) whakakā
lighthouse whare rāiti hei tohu
lightning uira
lightning rod tira uira
like (be fond of) pai ki, hiahia
like (similar) taurite, ōrite, rite
like that pēnā, pēraka, pērā, whērā
like this pēnei, whēnei
likely tērā pea, āhua nei
likeness ōritetanga, ritenga, āhuatanga
likewise hoki, waihoki
liking hiahia, mataareka, pai

lily riria, rengarenga
limb peke, kaupeka
lime raima
limestone pākeho, ngako
limit rohe, kotinga, raina
limitation whakawhāititanga
limited whāiti noa
limited (funding) pūtea paku nei
limitless rohekore
limp (slack) parure
limp (walk) totitoti, toti haere
limpet ngākihi, piritoka
line (string) aho, raina, tārawa
lineage whakapaparanga, tātai, kāwai
linear rārangi
linement hinu mirimiri, rongoā whakamahana
linen rīnena
liner (ship) kaipuke
ling hoka, hokarari
linger whakaroa, āta haere
lingerie āhumehume
lining whakapaparanga
link here o te mekameka, hono(nga), taura here
linkage hononga
linoleum kahupeka
lintel pari, kārupe, kōrupe
lion raiona
lip ngutu
lip service āwhina-ā-ngutu
lipstick pani ngutu
liquefy rewa
liquid wai, teretere, inu
liquidate whakaea nama, whakakore
liquor rama
liquor, strong wai whakahaurangi
liquorice rikiriki
lisp ārero tehe

list (register) rārangi
list (tilt) tītaha
listen whakarongo, raronga
listener kaiwhakarongo
listless hāngenge, ngoikore
listless, grow - tārure, ngoikore,
  rohea
literal ā-kupu
literate mōhio ki te pānui
  pukapuka
literature āhua momo tuhituhi
lithe ngohe, ngāwari
litre rita
litter (off-spring) punipuni
litter (rubbish) otaota, parahanga
little iti, nohinohi (pl. nonohi),
  pakupaku
little person roiroi whene
liturgy tikanga karakia
live (dwell) noho
live (happily) āta noho
livelihood mahi whakakiko,
  umanga
lively hauora, ngahau
liver ate, ate whanewhane
livestock kararehe pāmu
living room rūma noho
lizard moko, ngārara
load (n.) wahanga, pikaunga,
  kawenga
load (v.) uta
load equipment utauta
load gun whāngai pū
loaf rohi parāoa
loam one matua
loan pūtea taurewa
loathe mauāhara
loathsome whakahouhou,
  whakarihariha, weriweri
lob panga teitei
lobby tomokanga

lobe (of ear) hoi, pokopoko,
  toke taringa
local ā-rohe, paetata
local anaesthetic rongoā whaka-
  kēkerewai
local authority mana-ā-rohe
local government kāwanatanga-ā-
  rohe
local people tangata whenua
locality rohe, wāhi
locally i te takiwā
lock (of door) raka
lock (of hair) pū makawe,
  io makawe
lock (rugby) kaiwhītiki
locker wāhi kāpata
locksmith kaimahi kī
lockup whare herehere
locomotive tereina
locust tātarakihi, pihareinga
lodge (stay) mau, komo
lodgings kāinga noho
log poro rākau, rākau
logic whakaaro mārama,
  whakaarotahi
logo moko
loiter whakaroa, tatari
lolly rare
lone mokemoke, mōrearea
lonely mokemoke, mehameha
long (lengthy) roa, tūroa
long ago nonamata, i nehera
long for hihiri, hiahia
long jump kairērere
long past nehe, o nehe rā
long-standing tūroa
long-suffering manawanui
long term mo te wā roa
longevity mauriroa
longing warawara, kōingo,
  manako, matenui

longitude rārangi tū
look titiro
look after tiaki
look at (inspect) whakawā, tirotiro
look down on (despise) whaka-hāwea
look for rapu, kimi, ārohi, haha
look on mātakitaki
look out! kia tūpato
look up (improve) pai atu
look up to whakamihi, whakamīharo
looking glass whakaata
loop koru
loose (free) taka, tangatanga, tarepa
loose (of a post) tungāngā
loose (not tight) taurangi, tārewa
loosen wetewete, mawheto, korokoro
loot pārau, parakete
lop poroporo
lopsided tītaha
lord ariki
lore tikanga ā iwi
lorry taraka
lose ngaro, piro, hinga
loss hapanga, rarunga
loss of status whakaheke tupu
lost ngaro, makere, kore
lot (many) tini, maha, nui
lottery rota
Lotto Rōtō
loud tangi nui, hū, pehū
loudspeaker whakanui reo
lounge rūma noho
louse kutu
love aroha

love charm ātahu
love song waiata whaiāipo, ruri
love-struck wewehe
lovechild pōriro
lovely hūmārie, ātaahua
lover tahu, makau, tau, whaiāipo
loving aroha, atawhai
low (shallow) pāpaku, hakahaka
low tide timu, tai mimiti
low-born ware, tūtūā
lower (v.) tuku ki raro, whakaheke
lowly mahaki, humarire, ware
loyal piri pono
loyalty pūmautanga, ngākau pono
lubricant whakamaene, hinu
lubricate mania
lucid mārama
luck waimarie
luckily māringanui, waimarie
lucky waimarie
lucrative whai hua
ludicrous katakata, manuware
luggage kawenga, mauranga
lull whakanā, aupaki
lullaby oriori, pōpō
lunacy pōrangi
lunatic pōrangi
lunch tina
lunge rere, whātoro, rāti
lungs pukapuka, ate wharowharo
lure poapoa, pātari
lurk whakapupuni
lush growth pāhautea, matomato
lust ngākau puremu
luxuriant hira, huhua, māpua, ngahoro
luxury houkura, hāneanea**

L

M

macaroni makaroni
machete toki māripi
machine mīhini, pūrere
machine-gun pū mīhini
mackerel tawatawa
mackintosh meketoiho
macron tohu tō, pīmakarona
mad pōrangi
madam whaea
made mahia, hanga
magazine makahīni, moheni
maggot iroiro, kutukutu, iro
magic mākutu, māui
magistrate mahitareta,
  kaiwhakawā manaiti
magnesium konuhina
magnet autā, haeana kumemau,
  rino kume
magnetism maneatanga
magnificent rawe, ahurei,
  nui whakaharahara
magnify whakanui
magnifying glass puata
  whakanui
magnitude rahi, nui, kaitā
magpie kōkako, makipai
maid kōtiro tumau, takakau,
  hāwini
mail mēra
main tino, matua
mainland tuawhenua
mainstream auraki, whakatatū,
  tino rerenga
maintain whakaū
maintenance tiakitanga

maize kānga
majestic rangatira
majesty mananui, tū rangatira
major-general meiha-tianara
majority nuinga
make hanga, whaihanga
make known whakaputa, pānui
make out (discern) kite
make up (atone) hohou rongo,
  whakahāngai
make up (cosmetics) pani kanohi,
  kanohi whakapaipai
make up mind tau te whakaaro
make-believe māminga,
  whakatakune
make-do whakamōmori
maker kaihanga, kaimahi
malaria eku
malcontent kaiamuamu,
  pukukino
male (animal) toa, tame, pūru, tāne
male gender ira tāne
malevolent whiro, ngākau kino
malformed hauā, hakoko, manau
malfunction pakaru, mahi hē
malignant kino, whakamate
mallet kuru, tā
malnutrition whakatiki, kore kai,
  kai kino
mammal kararehe ngote ū
mammary ū, uma
man tāne, tangata, ira tangata
man-of-war manuao
manage (direct) whakahaere
manageable ngāwari, māmā

manager kaitiaki, kaiwhakahaere
mane (animal) makawe
mange waihakihaki
manger takotoranga kai
mangrove fish parore, parakoka
mangrove mānawa
mangy waihakihaki
manhandle pupuri-ā-ringa, rarahu
mania mate porangi
maniac pōrangi
manifestation whakakitenga
manifesto pānui kaupapa
manipulate whakarere, waihanga, waihanga
mankind ira tangata
manliness tūtangata
manner āhua
mannish whakatāne
manoeuvre nekeneke, whakaoreore
manslaughter whakamate tangata
manta fish rō
mantelpiece kārupe
mantis whai
manual (by hand) ā-ringa
manufacture hanga
manufacturer kaihanga
manure wai rākau (liquid), tongi, maniua
manuscript tuhituhinga
many nui, maha, tini, pio
Māori perspective wairua Māori, tirohanga Māori
map mapi, mahere whenua
marathon omaoma a Tōhē
marble hītimi, māpere
marblefish kehe, kawikawi, koeae
march hīkoi, rangatū
mare hōiho ūha, kātua

margin rohe, taha, paenga
marijuana rauhea
marina tauranga poti
marinate whakapūkara-ā-wai, whakamara
marine nō te moana
marine reserve tāpui taimoana
maritime nō te rere moana
mark tohutohu, whakatohu
mark up whakapiki utu
marked waitohu, iraira
market mākete
market garden mahinga huawhenua
marlin takeketonga
marmite īhipani
maroon (strand) pae
maroon (colour) ura
marquee māki
marriage mārena, mārenatanga, moe
marriage, de facto - moe māori, moe puku
marrow (veg) kamokamo
marrow, bone - wai mongamonga
marry moe wahine/tāne, hono mārena
Mars Matawhero
marsh repo
marvel (v.) whakamīharo, whakamihi
marvellous tino pai rawa, mīharo
mascara taekamo
mascot mōkai
masculine tautāne
mash penupenu, whakapē
masher penu
mask pae kanohi
mason kaimahi perēki
Mass (religious service) Miha
mass, solid - papatipu

M

massacre parekura, tārukenga, whārona awatea,
massage romiromi, mirimiri
massive nui whakaharahara
mast māhi, rewa
mastectomy pokanga ū
master rangatira, māhita
master of ceremonies (M.C.) kaiwhakahaere
master's degree tohu paerua, tohu wānanga tuarua
masterly tohunga
masterpiece taonga whakahira-hira
mastitis mate titikau
masturbate hika kikokiko, kiko kōtaratara
mat whāriki, takapau
match (game) kēmu
match (light) māti, kaunati
match up taupatu, taurite, whakapā
matchplay tauwhāinga
mate hoa takatāpui
material (fabric) papanga, kākahu, ārai
maternity kōkātanga
maternity home whare kōhanga
maths formula tauira tātai
mathematics nga mahi whika, pāngarau
matrimony mārena
matron kuia, whaea
matron, hospital - nāhi tumuaki, kaiwhakahaere hōhipere
matted rapa, rīrapa
matter (science) matū
matter, it doesn't - hei ahakoa
matting whāriki
mattock mārau, mātiki, pākururoa

mattress matarehi, moenga, whāriki moenga
mature pakari, maoa, kokā
maturity pakeketanga, tū pakari, maoa
maul (rugby) kōkiri tū
maximum te tino nui, te nui rawa, kīnga
maximum security aukati pākaha
maybe pea, tēnā pea
mayfly piriwai
mayhem tukitukinga, tīrangorango
Mayor Meia, Mēa, koromatua
me ahau, au
meadow pākihi, raorao, matarae
meal kai
mealy māngaro
mean (denote) tikanga
mean (stingy) kaiponu, matapiko, apo
meaning tikanga, ritenga
meaning, having - whai take
meaningful whai tikanga
means ara, huruhuru
meantime i taua wā, mea ake nei
measles karawaka, mītera
measure ine, mēiha, tiēke, mēhua
measurement mēhua, mēiha, ine, inenga
measuring tape taura ine, tīeke, ripene mēhua
meat mīti, kikokiko
mechanic tohunga mihīni
medal mētara
meddle tutu, raweke, haukeke
media huarahi rongo kōrero, pāpāho
mediate takawaenga
medical facilities whare hauora
medical research rangahau mahinga rongoā

medicine rongoā, wai rākau
medium waenganui, weheruatanga
medusa (jellyfish) pūkahukahu
meek waimarie, māhaki
meet tūtaki, huihui, whakataki
meet (roads) pūtahi
meeting hui, tūtakitanga
megaphone whakanui reo
melancholy pōuriuri, mānatunatu
melanoma kiritona pukupuku
mellow maoa
melodious rōreka, tangireka
melody rangi waiata
melon merengi, mārana
melt rewa, koero
member tangata o tua whare, mema
membership mematanga
membrane kiriuhi, tewe
membrane, foetal - kahu
memento manatunga, maharatanga
memorable whakamaumahara
memorandum whakaaturanga, manatu, pānui
memorise maumahara, pupuri
menace whakamataku, whakaweti
mend tapi, whakatika
menstruation werawera ā-toto, tahe
mental handicap hau, hinengaro
mental health services tiaki hunga pōrangi
mental health oranga hinengaro
mental illness mate hinengaro
mentality hinengaro
mention kī, kōrero, mea, whakahua
merchandise taonga hokohoko
merchant kaihoko taonga

merciful atawhai, ngāwari
mercury konuoi
Mercury (planet) Whiro, Takero
mercy aroha, tohu, atawhai
merge hanumi, hono
merit pai
merry koa, harakoa
mesh mata, papa, tākekenga
message kupu, kōrero
messenger karere, kaiwaewae
metal rino, maitai, mētara
meteor toka ātea, kōtiritiri
meter mehua, ōrite
methane pūwaro tahi
method tikanga, āhuatanga mahi
methodical whakatepe, whakariterite
Methodist Wēteriana, Metoriti
meticulous mahi utiuti
metre mita
metric system pūnaha rau
mezzanine atamira, papa waenga
microbe ngārara moroiti
microbiology mātauranga koiora moroiti
microdot tongi meroiti
microfilm tukuata meroiti
microphone taonga whakanui reo, uruoro
microscope whatu whakanui, tiro mārama
microwave oven umu ngaru iti
midday rā-tū, poupoutanga o te rā
middle waenganui, waenga
midge naonao
midget itiiti, whena
midnight weherua pō, tūrotowaenga
midsummer raumati
might (power) kaha, ihi, mana
mighty whakahira, mārohirohi

M

283

migraine ānini
migrate heke
migration hekenga
migratory hekeheke
mild ngāwari, māhaki, marino
mildew hekaheka, hauku, puruheka
mile maero
milk miraka, waiu
milker kaiwhakatētē kau
milking miraka, whakatētētanga
milkshake mīraka whakaranu
Milky Way Ika o te Rangi, Mangōroa, Roiata
mill mira
millet miriti
millimetre mirimeta
million miriona
millstone kōhatu hoanga
milt huaparu, huatea
mimic whakahuahua
mince meat miti kōnatunatu
mind (intellect) hinengaro
mind, never - ! hei aha!
mind, to make up - whakamau whakaaro
mine nāku, nōku, āku, ōku
mine (coal, etc.) rua (waro)
mine (explosive) pohū
miner kaikeri (waro)
mineral water wai ōpapa
mingle kōmitimiti, whakaranu
miniature kitakita, nohinohi
minimise whakaiti
minimum iti rawa
minister minita
ministry (caring) mahi atawhai
mink miniki
minnow kāeaea
minor (under age) tamariki
minority itinga, torutoru

mint flavour hīoi
minus tango
minuscule matariki
minute (time) meneti
minute (tiny) iti rawa, meroiti
miracle merekara
mirror whakaata, mira, karāhe
mirror line paeata
misadventure aituā
misapprehension pōhēhētanga
misappropriate tāhae, whēnako
misbehave mahi tutū
miscalculate tātai hē
miscarriage (pregnancy) materoto
miscellaneous tūāhua katoa, huhua noa
mischief hīanga, mahi hīanga, hanariki
mischievous tutu
misconduct (sport) reho, hē
miser matapiko, makitaunu
miserable auwhi, matapōuri, pōuri
misery pōuritanga
misfit autaia
misfortune aituā
misgiving āwangawanga
misguided pahewa, wawau
mishandle haukeke, whāwhā hē, nanao hē
mishap aitu, aituā
misjudge horihori
mislead whakakotiti
mispronounce kōwiriwiri kupu
misrepresent kōrero tito, kōrero teka
miss whakataha, pahemo, taha
miss (form of address) e whae!
miss out hapa, kāore i te whiwhi
miss target tohipa
misshapen haka, hake, pīari

missile matārere, pere

missing ngaro

missionary karere o te Rongo Pai, mihinare

misspell tuhi hē

misspent moumou

mist kohu, pūnehu, kōrehu, pūrehu

mistake hē, pōauau, pōhēhē, pīhē

mistress (lover) hoa wahine, whaiāipo

mistrust hokirua, matakana, hoto

misunderstand pōhēhē

mitigate whakangāwari

mitten karapu kope

mix substances ranu, whakawhenumi, whakaranu

mix (with water) pokepoke, korori

mix-up (muddle) raruraru, pōhēhē, pōrahurahu

mixture whakaranunga, ranunga

mob mano tineinei, māpu

mobile whakanekeneke

mock whakatoi, tītoi, tāwai

model tauira, whakakite kākahu

modem whakarerekē ngaru

moderate waimarie, ngāwari

moderately tūā... (prefix)

moderator kaiwhakatau

modern hou, onaianei

modernise whakahou

modest humarie, whakaiti

modification whakarerekētanga

modify whakarerekē

modulate whakangāwari, whakatikatika

module (education) kōwae ako

moist mākū (kū)

moisten whakamākū

moisture mākū, haukū

molar niho pū

mole (animal) mōra

molecule rāpoi ngota

molest raweke, whakakino

molten rewa

moment hēkene, wā poto

momentary puta whakarere

momentous whai tikanga rawa

momentum neke rāhaki, āinga

monarch butterfly kahuku

Monday Mane, Rā Tahi

money moni, herengi

money-lender kaitaupua moni

mongrel mangarū

monitor tirotiro-ā-wā

monitor (computer) pane

monk monaki

monkey maki, hako

mono-cultural tikanga tōtahi

monogram moko

monopoly whakatopatopa, apunga kaipākihi

monotony hōhā

monster ngārara nui, taniwha (water)

monstrosity mōrikarika

monstrous tipua, weriweri

month kaupeka, marama

monument tohu whakamaharatanga

mood wairua

moon marama

moonbeam atarau

moonlight atarau, ata marama, ata māhina

moor (tie up) here poti

mooring tauranga

moorland whenua akeake

mop ūkui

mope mapu, takarure

moral tika, kaupapa o te kōrero

morale wairua kaha, wairua whakakake

moralise whakakaupapa mo te noho tika

morbid āhua mate, pōuri

more nui atu, ētahi atu

more or less tatangia, ahokirā

moreover ka mutu, heoi anō, kātahi

morepork ruru

morgue whare tūpāpaku

Mormon Mōmona

morning ata, ata tū, ata pō

morphine rehunanu (rongoā)

mortal pīrau, matemate

mortar (cement) raima

mortar (gun) pū mōtā

mortgage mōkete

mosque whare Korāna

mosquito waeroa, ngaeroa

moss pūkahukahu, pūkohukohu

most te nuinga

motel mōtēra

moth pūrerehua, pēpepe

moth-eaten taretare, pōpopo

mother whaea, matua wahine, māmā, ūkaipō

mother earth Papatūānuku

mother tongue reo tupu

mother-in-law hungawai, hungarei

motherland toi whenua

motion nekenga, oreore

motion (legal) mōtini

motivate whakapakepake, whakaara

motive pūtake, kaupapa

motor pūrere, mīhini

motor-car motokā

motorbike motopāika

motorway huarahi aranui

motto whakataukī, pepeha

mould (fungus) heka, pīrau

mould (shape) whakaahua, waihanga ritenga, tauira inarapa

mouldy waitau, puruhekaheka

moult kounu

mound ahu, haupū, puke

mount (v.) eke, piki

mount (display) whakaatu

mountain maunga

mountain beech tāwhairauriki

mountain (peak) taumata

mountain (range) paemaunga

mountaineer piki maunga

mourn tangi, uhunga, taukiri

mournful pōuri, taukiri

mourning tangihanga, uhunga, pōuritanga

mouse kiore iti

moustache hurungutu, pāhau

mouth māngai, waha

mouth, open - whakahāmama

mouth, river - ngutuawa, wahapū

mouthguard ārai waha

mouth-watering whakamākūkū, mōwaiwai

movable taea te nekeneke

movable property rawa neke

move (in game) mū

move (shift) nuku, neke, korikori, whanake

move motion mōtini

move towards ahu

movie pikitia

mow tapahi karaehe

mower moua

much nui

much (better) pai kē atu

mucus hupe, kea

mud paru

muddle whakahēhē, pōraruraru

muddy paruparu, ehu, powharu
mudguard paeparu
muesli mūrihi
muffle tāpeka, whakakopa
muffle (one-self up) whaka-
  ngenengene
muffler (vehicle) puta auahi
mug maka, panikena
muggy weather pūmāhu, takawai
mulch apu raurau, hora maniua
mule muera
mull over whakaaroaro
mullet kanae, aua, kopuwai
multi tini, maha
multi-national nō te ao whānui
multi-racial iwi maha
multiple taurea, maha
multiple sclerosis mate whakauka
  pūtau
multiply (maths) whakarau,
  whakarea
mumble kowhete, hāmeme
mumps mate kōpuku korokoro
munch kamu
murder kōhuru
murky pōuriuri
murmur kōhumuhumu, ngunguru
muscle uaua, iaia, maihara, ioio
museum papa tongarewa,
  muheama
mushroom harore
mushy kōpē
music rangi waiata, pūoru
music scale raupapa tohu tangi

musical instrument mea
  whakatangitangi
musical note tohu tangi
musician kaiwhakatangi
musket (double- barrel) tūpara
musket (flintlock) ngutu parera
mussel kuku, kūtai,
mussel, (fresh-water) kākahi, kāeo
mussel, horse - waharoa, hururoa
must (as command) me + *verb*,
  kia + *verb*
muster whiu, tāwhiu
musty puruhekaheka, hōpuru
mutate whakarerekē
mute wahangū
mutilate mutumutu, takarepa
mutiny whakakeke, tutū ki te ture
mutton mātene, mīti hipi
mutton bird tītī, oi
mutual mahi tahi, whakaaro tahi
muzzle (animal) mōkā,
  whakamokā, pōnini
muzzle (gun) ngongo
my tāku/āku, tōku/ōku
myopia kahurua
myself ahau anō
mysterious tupua, māminga
mystery mea huna, mea ngaro,
  muna
myth pūrākau, pakiwaitara
mythical purākau
mythology kōrero o Neherā,
  pūrākau

M

N

nag (v.) kōwhetewhete, amuamu
nail (v.) titi, whakamau
nail (metal) nēra, whao
nail (of finger/toe) kotikara, maikuku, matikuku
naive heahea, ngākau tamariki
naked kirikau, tahanga
name (n.) ingoa
name-plate papa ingoa
name, give - hua, tapa, whakaingoa
namely arā
nanny whaea, kaitiaki
nanny-goat nanekoti
nap (of cloth) kerehunga
nappy, baby's - kope, kōre, nāpū
narcotic rehunanu
narrate pānui, kōrero
narrator kaikōrero
narrow whāiti, kuiti, kawiti
narrow escape ora iti
narrow-minded whakahīhī, mōhio
nasal no te ihu, whango
nasty kino, weriweri, piro
nation iwi, motu katoa
national ā-iwi, no te motu, nō te whenua whānui
national affairs take whānui o te motu
national anthem waiata a te motu
national debt nama o te motu
national guidelines arataki o te motu
national park rohe mō te iwi whānui

National Party Nahinara
nationality momo iwi
native tangata whenua, māori, toi
natives tāngata whenua, toi
natural nō te tangata, māori
natural death mate tarāwhare
natural gas hau māori
natural (resource) hau-ā-papa, rawa whenua
naturalised tangata whenuatia
naturalist kairangahau taiao
Nature personified Haumietiketike
naughty tutū, ka kino!, kino, mākoi, hanariki
nausea whakapai ruaki, paipai ruaki
nautical nō te moana, nō te waka
navel pito, ihonga
navigable taea te whakatere
navigate whakatere (moana)
navigator kaumoana, amotawa, kaiwhakatere
neap tide tai ririki, tai kōwāwā, tai torepuku
near (v.) tahi, kei te taha, (adj.) tata, pātata, pūnui
nearby pātata
nearly tata pū, tatangia
nearside tēnei taha, kō mai
neat tika, kua tau kē!, pūhangaiti
necessary tino pūtake, mea nui, hiahiatia
necessity hiahia, uaratanga
neck kakī, porokakī, tākakī, ua
neck pendant hei, mau kakī

necklace hei tiki, tāhei
nectarine neketana
need(s) uaratanga, ingoingo,
  hiahia, huene
needle ngira, mātuhi, patui
needlework tuituinga
needy pōhara, mahue
negative kāhore, kāhore-tanga,
  kore
negative (neutral wire) pito iho
negative charge hihi iho
neglect (v.) whakarere,
  whakahapa, tikape
negligent wareware, kore
  whakaaro
negligible iti noaiho
negotiate whakawhiti whakaaro
negotiation whakaritenga
negro kiri mangu, mangumangu
neigh tupererū, whengu
neighbour hoa noho tata,
  whakaritenga
neighbourhood takiwā, tiriwā
neon hauhō
nephew irāmutu, tama, tamaiti
Neptune Tangaroa
nerve io, uaua, ioio
nervous matangurunguru
nest kōhanga, ōwhanga
nestle whakaahuru
net (n.) kupenga, koko kahawai,
  kaharoa
net, crayfish - pouraka
net, games - mātiratira
net, shrimp - whakapuru
net (v.) hao
netball netipaoro
nettle ongaonga, pūnitanita,
  taraonga
network tūhonohonotanga pae,
  hononga

network, join - hono
neurosis mate āwangawanga
neurotic pōrārā tonu
neutral kūpapa
neutralise whakaruhi,
  whakakūpapa
neutron iramoe
never kore rawa
never (+ verb) kia kaua rawa e ...,
  kei
never mind! hei aha!, auaatu!
nevertheless otirā, ahakoa, hei
  aha koa
new hou, hōu
New Testament Kawenata Hou
new year tau hou
newcomer waewae tapu, tangata
  tauhou
news rongo kōrero o te wā,
  kupu rongo
news, according to the - e ai ki
  ngā kōrero
newspaper niupepa, nūpepa
newsreader kaipāho
next (coming) e heke iho ana,
  tētahi atu, panuku
next (day) aonga ake
next (of kin) whanaunga tata
next (to) kei te taha
nib, pen - timopene
nibble titongi, kōhonihoni, hārau,
  timotimo
nice reka, pai, rawe, ka tau
nick (mark) panihi, tongari,
  pakini
nickel konumāuka
nickname ingoa kārangaranga,
  ingoa tāpiri
nicotine nikotīni
niece tamāhine, irāmutu,
  tamaiti whakaangi

N

niggle whakatara, nanamu, patete
night pō
night-dress kākahu moe
night watchman kaimataara o te pō
night, last - inapō
nightfall pōnga
nightly ia pō ia pō
nightmare kuku, moepapa
nil kāhore, horekau, kore
nimble kakama
nine iwa
ninety iwa tekau
ninth tuaiwa
nip kukuti, kākati, kuku, kini
nipple kōmata, ū
nit riha
nitrogen hauota
no kāo!, kāhore, ehē, tē
no good koretake
nobility kāwai rangatira
noble rangatira, whatukura
noble (lady) tapairu, kahurangi
nobody horekau tangata, ware
nocturnal ohopō, moerā
nod tūngou, tūohu
nodule tonatona
noise turituri, hoihoi, whakararā, hīrearea, tīoro
noiseless whakahū
noisy hoihoi, turituri, tawetawē
nomad iwi haerere, taurangi, manene
nominal ā-ingoa, ririki
nominate whakaingoa, tautapa
nomination tapatanga
nominee tautapa
non-existence korenga
non-fiction (book) pukapuka take tūturu
non-intervention noho motuhake
non-member rāwaho

non-molestation order whakatau kaupare
non-profit-making hua kore
non-stick pirikore
non-stop tahi tonu, haere tonu
non-threatening tumakore
nondescript hanga noa
none horekau
nonetheless ahakoa
nonsense pōhauhau, koretake, kutukutu-ahi
nook kona, kokonga
noon poupoutanga o te rā
noose piko, koro (o te rore), tāwhiti, koromāhanga, rore, niko
nor kāhore rānei
normal tā te tikanga, tō te ritenga, māori
north raki, raro, muriwhenua, tai tokerau
north-east karapu
north-west tapatiu
northward ki raro, ki te raki
nose ihu
nose flute kōau pongaihu
nosedive tūpou
nosey pākiki
nostalgia murimuri aroha, kaimomotu
nostril pūtāihu, pongāihu
not ehara i te + *noun*, kāhore (*with verbs*)
not only hāunga
not yet kāhore anō, kīanō
not, do - kaua e + *verb*, aua e + *verb*, kauaka hei + *verb*
notable whai tikanga, rangatira
notation tuhi whika
notch kāniwha, kakari
note (money) moni pepa
note (musical) tohu waiata

note (memo) whakaaturanga, tuhinga

notebook puka-tuhi

notepaper whārangi-tuhi, pepa-tuhi

nothing kore

nothingness te kore

notice (advert) pānui, pānuitanga

notice (v.) kite, āro

noticeboard papa pānui

notification whakaaturanga

notify whakamōhio, whakaatu

notion whakaaro, ariā

notorious rongo mōiriiri, ingoa kino

notornis takahē

nought hore, kāhore

noun tūingoa, kupu ingoa

nourish whāngai

novel (adj.) hōu, rerekē

novel (story) kōrero pūrākau, pakiwaitara

novice tauhou

now inaianei, āianei

now (first time) kātahi anō

now then! tēnā!, na

now, from - on a muri ake nei

nowadays ēnei rā

nozzle ihu, waha

nuclear karihi

nuclear armed rākau karihi

nuclear bomb pahū karihi

nuclear energy pūngao karihi

nuclear physics akoranga karihi

nuclear powered hiko karihi

Nuclear-free New Zealand Aotearoa Karihi-Kau

nucleus whatu, karihi ngota, tūrito

nude kirikau, tahanga

nudge tute, tuketuke

nuisance hōhā, taitāhae, haututū

nullify whakanoa, whakakore

numb matarekereke, hūmeketia, matangerengere, uhu

number nama, whika, tātai

number, decimal - tau-ā-ira

number, even - taurua

numberless tātaikore, miriona, manomano tini

numeral tātai, whika

numerous huhua, maha, manotini

nun whaea tapu, none

nuptials mārenatanga

nurse (n.) nāhi, nēhi

nurse (v.) tiaki, whakatapuhi, kumanu

nurse (baby) piripoho, hiki

nurse, charge - tapuhi matua

nursery wāhi tiaki kōhungahunga, kōhanga,

nursing home kāinga tiaki tūroro

nut nati, whatu hua rākau, karihi hua rākau

nutcracker huaki nati

nutshell anga, nganga

nuzzle whakaahuru

nylon nairona

N

O

o'clock karaka
oak tree oke
oar hoe
oarsman/woman kaihoe
oath (curse) kangakanga, kohu
oath (formal) oati, kupu taurangi
oatmeal ōtimira
oats ōti
obedience whakarongo
obedient ngāwari, whakarongo
obese mōmona
obey āta whakarongo, rongo
objection nawe, whakahē
objective (aim) whāinga, wawata, tūmanako
obligation herenga, nama
obliterate whakangaro, wawāhi, whakakore
oblivion wareatanga, te kore, te pō
oblivious wareware
oblong tapawhā
obnoxious whakarihariha
obscene karihika, mōtekoteko
obscure kaurehu, māhina, rehu, whakapōrearea
observant hiwa, kakama, korita, matakana
observation mātakitaki
observe (watch) mātakitaki, tirotiro, kite
observer kaimātakitaki
obsessive pokepoke, kuku
obsidian matā tūhua
obsolete tino tawhito, nonehe, ruha

obstacle ārai, pā, taupare
obstinate taringa rākau, hoi
obstruct ārai, pā
obstruction haukoti, kati, taupare
obtain(-ed) riro i, whiwhi ki
obvious mārama, marake
occasion wā, takunetanga
occasional ia wā ia wā
occult mea huna, wānanga, tipua
occupancy nōhanga
occupant tangata e noho nei, kainoho
occupation (job) mahi, umanga, whakatāuteute
occupy kapi, noho
occur taka
ocean moana nui
ochre karamea, kōkōwai
octagon tapawaru (rite)
octane pūwaro waru
octopus wheke
ocular nō te kanohi
oculist kaitiaki kanohi
odd tauhara, tautahi
odds (betting) tautaunga
odometer ine hauroa
odour haunga, piro, hā, kehakeha
of o, a, nō, nā
off to side tahaki
off and on taratahi
off guard ware noa
off-key rongo kawa, porokawa
offcut poronga
offence hara, hē, mahi hē
offend hara

offended pāpouri
offender tangata hara, kaimahi hē
offensive weriweri, mōrihariha, whakapiro
offer hoatu, tuku, whakatotoro, tāpae
offering koha, whakamakanga, whakaherenga
office tari
Office, Race Relations - Tari Whakawhanaunga-ā-Iwi
officer āpiha
officer, traffic - āpiha tiaki huarahi
official (*adj.*) nō te ture
officiate whakahaere tikanga
offset (compare) whakariterite
offset print tā whakaahua
offshoot wene, rerenga, peka
offsider kaitautoko, hoa mahi
offspring uri, tamariki
often rite tonu, *verb* + ai, tini taima
oil hinu
oil (perfume) rautangi
oil-rig papahinu
oilfield rohe papahinu
oily hinuhinu
ointment pureke, rongoā pani
old tawhito, pakeke
old-fashioned no mua, onamata, oneherā
old man kaumātua, koeke, koroheke, pakeke
Old Testament Kawenata Tawhito
old woman kuia, rūruhi, ruahine
olive ōriwa
Olympic Games Taumāhekeheke o te Ao
Ombudsman Kaiwawao, Kaitiaki Mana Tangata
omelette omareta, hēki kōrori

omen aituā, tohu mate, takiari, inati, koara
ominous kaiora, kōara, tāmaki
omission whakarere
omit kape, tīpoka, whakarere
omitted mahue
omnipotent kaha rawa, tino nui
on i/kei runga
on all sides taka noa
on demand inā whakahaua
on ramp pekauru
on the other hand ēngari
once wā kotahi
once (formerly) i mua
once (upon a time) i ngā rā o mua, i ngā wā onamata
oncology mātai mate pukupuku
one tahi, kotahi, tētahi
one (another) tētahi tētahi
one-sided whakaaro tītaha
one-way aratahi
onerous taumaha
ongoing haere tonu ana
onion aniana, riki
onlooker kaititiro, kaimātakitaki
only noa, anake/nahe, kau, ka mutu anō ki
onrush (of water) upoko wai
onslaught huakitanga
onward whakamua
ooze pipī, patī, pātītī, kūtere
opaque tāpouri, hinakipōuri, māhinahina
open (*adj.*) puare, tuwhera, mārakerake, māhorahora
open country tahora
open out tūhāngai, wherawhera, manahua
open question kāhore anō kia tatū
open up huaki, puaki, whakatuwhera, whakapuare

O

open (waters)　au o te moana
open (wide)　tūwhera, kōwhera
open-minded　whānui, ngāwari
opener　huaki
opening　tūwheratanga,
　whakapuakitanga
opening (ceremony)　kawa
　whakapuare, whakahuakitanga
operate (policy)　whakatūtuki
　kaupapa
operate (surgically)　tapahi, poka
operate　whakahaere, whakamahi
operation (maths)　pāheko
operation, come into -　wana mai
　(te ture)
operator　kaiwhakamahi
opiate　rehunanu
opinion　whakaaro, titiro,
　kaupapa whakaaro
opium　rehunanu
opossum　paihamu
opponent　hoariri, hoa tauwhāinga
opportunity　wā kia puta, wā tika,
　huarahi kua wātea mai
opportunity, give -　tuku,
　whakatakoto tikanga
opportunity, have -　whai wāhi ki
oppose　whawhai atu, ārai,
　tautohe
opposite　hāngai, anganui
opposite position　kōaro
opposition　āpitihana, hoariri,
　whawhainga, mautohe
oppress　pēhi, tāmi iho, aupēhi
oppressor　kaiwhakawhiu,
　kaiwhakawiri
opt　whiriwhiri, whakatau
opt out　puta
optician　kaimōwhiti
optimism　mariu, whakaaro pai
optimist　kirimariu

optimum　tika rawa, pai rawa,
　nui rawa
option　ara, huarahi, whiringa,
　ara hei whainga
opulence　tino hāneanea,
　whai rawa
opulent　whai rawa, utu nui
or　rānei (*after word qualified*), rainei
oracle　matakite
oral　ā-waha
orange (fruit)　ārani
orange (coloured)　pārakaraka,
　karaka
oration　whaikōrero
orator　pūkōrero, manu kōrero
orbit　āwhio, huarahi āwhio
orchard　uru rākau hua
orchestra　ōkerehā, pēne pūoruoru
orchid　paratawhiti, hutukiwi
ordain　whakatapu, whakarite,
　momotu
ordeal　mōrearea, mamaetanga
order (command)　ōta, whakahau,
　tono
order, in - that　kia, kia + *verb* + ai
order, to give -　tono, whakahau,
　ngare
ordinary　noa
organ (of body)　whēkau
organ, musical -　ōkena, ōkana
organisation　rōpū whakariterite,
　rōpū whakatikatika, tikanga
organise　whakahaere, whakarite
organiser　kaiwhakarite
organist　kaiwhakatangi ōkena
orientation　whakawaia,
　whakataunga
origin　pūtake, ūkaipo, pū, toi
original　toi, kaupapa, taketake
originate　tīmata, whakatakune,
　take

ornament whakapaipai, rei, rākai
ornament (of greenstone) kuru pounamu
ornamental whakapaipai
ornate whakarākei
orphan tamaiti pani, whāngai
orphanage whare tiaki pani
orthodox haratau, tika
oscillate piupiu, kōpiupiu, ngaere
ostensible mārama, takune
ostentatious whakahīhī, hahaki, rangiwhata
osteopath kaiwhakaora wheua
other tērā, ērā, tētahi
other day i tērā rā, inakuarā
other hand engari, ērangi
other people iwi kē
other side rāwāhi, tāwahi, tua
otherwise pēnei kē, rerekē, ki te kore
ought me + *verb*
ounce aunihi
our ta/to mātou, ta/to tātou, ā/o mātou, ā/o tātou
ourselves mātou ake, tāua, tātou
out (absent) kua haere kē, kei waho
out (extinguished) piro, pirau, poko
out of breath hēmanawa, pau te hau
out of date tawhito, hapa
out of order pakaru, pokapoka
out of reach āritarita noa, kaiawe
out of work kore mahi
out-tray paepae reta atu
outback tuawhenua
outbreak urutā
outbuilding wharau tāpiri
outburst pahūtanga
outcast whati, whakahoe, peinga

outcome tukunga iho, hua, whakatūtuki
outcry auētanga
outdoor o waho
outer space ātea tawhiti
outfit kākahu
outflow whakatetere, whakaputa
outgoings utunga
outgrow tipu ake, kōwaowao
outing haerēre
outlaw pihareinga, whaka pakonga
outlay moni whakatakoto
outlet putanga, puahatanga
outline whakatakoto, whakarārangi, titiro whānui
outlook tirohanga
outlying kei tawhiti, tūhāhā
outnumber tini ake, hipa, rahi atu
outpatient tūroro torotoro
outpost porewa tautiaki
output hua, whakaputa
outrageous whakarihariha, mōrihariha
outrigger ama, amatiatia
outright oti rawa, hāngai atu
outside ki waho
outspoken waha kōrero, whakaputa whakaaro
outstanding tino rawe
outstanding debt nama tonu
outstretched totoro, whera, tāwhanga-whanga
outward mōwaho
outweigh hira ake
outwit nukarau, tinihanga, rorerau
outworn ruha, pū nguru
oval porohita tītaha, matahua, porotītaha
ovary whare kano

O

ovation mihi nui, ūmere
oven umu
over ki runga ki, ma runga
over (finished) mutu, oti
over and above tua atu
overalls tangari
overbalanced titoki, taka
overboard roto wai
overburden taumaha rawa
overcast whakapōrearea, kēkēao, kōpiupiu
overcharge utu tāhae
overcoat kotinui
overcome mate, weto, tae
overcrowd apiapi, kiki, opurua
overdose (O.D.) tuwhena rawa, areare whakapuhake
overdraft moni nama, moni tuhene, pau rawa
overdue takaroa, tūreiti, hapa
overeat mōrikarika, puku kai
overestimate tatau horihori
overflow waipuke, pūrena, huri, puhake
overflowing waipuke
overgrown ururua, heuheu, kōwaowao
overhang tauwhare, matahao
overhaul whakatika, pahemo
overhead ki runga
overhead projector rauata
overlap inaki, tāpiki
overlook mahue, tīpoka
overnight mō te pō, ia pō

overpower turaki, whakaruhi
overrated tairangaranga, tahuperatia
overrun pōpoki, poka
overseas tāwāhi
oversee tirotiro
overshadow marumaru
oversize tino nui
oversleep moeroa
overstayer noho roa, noho tūwhene
overtake paneke, rokohanga, mau
overthrow tahuri, kuru hipa, turaki, taupoki
overtime mahiroa, haora tūwhene
overturn tahuri, turaki, hurihanga, huripoki
overview tirohanga whānui
overwhelm apuru, huri
owe nama
owl ruru, koukou
own (personal) ake (e.g. tōku ake)
own (possess) whai + *noun*, whiwhi, āna
own up (confess) whāki
owner (of) tangata nōna te ..., rangatira
ownership rangatiratanga
ox okiha
oxygen hā ora
oyster-catcher tōrea
oyster tio, karauria, ngākihi, repe
ozone hau ārai

P

pace (step) hīkoi, toihā
Pacific Islanders Hunga o ngā Moutere
pacify hohou rongo, whakamarie
pack (load) pīkaunga, kawenga
package pāhi, mokihi, pūhera
packaging pōkaitanga, takai
packet pēkete, takai
packhorse hōiho tarapēke
packing case pouaka whakamātā
pact whakaritenga, maunga rongo, whakaaetanga
pad paetaka, ngungu, kapu
pad, writing - puka tuhituhi
paddle hoe
paddle, steering - hoe urungi
paddling (sport) parepare, whakapuru
paddling pool papawai pōhutuhutu
paddock taiepa, whira, pātiki
padre tiaparani, minita hāhi
page whārangi
paid for ea, rite, utu
pain mamae, kikini, kakati
painkiller rongoā whakamāuru
painless mamae kore
painstaking hihiri, tūpato, mārehe
paint peita, pani, tā, tae, waituhi
painter (artist) tohunga pēita
painting (art) waituhi
pair pea, pūrua, tokorua
pairs, in - takirua
pakeha kiri mā, kiritea
palatable reka

palate (taste) korokoro, piki-arero
pale (complexion) mā, tuatea, kōmā
pallet kauamo
palm nikau, kaihuia
palm (hand) kapu, paro
palmistry matakite ringa
palpitate papaki, pātukituki
palsy pararutiki
pampas grass toetoe
pamper morimori
pamphlet pānui whakamārama
pan parai, ipu tahu, kōhua
pancake panekeke, powaitaka
pane karaehe wini, pihanga
panel (people) rōpū whiriwhiri, nohoanga tiati
panel (wall) tūparu, tukutuku
panelbeater kaiwhakapapa
pang pākini
panic mataku, hopohopo
panic-stricken tūmekemeke, pāwera
pannier kete kōpae
panorama tirohanga kanohi
pant whakaeaea, hotuhotu, mapu
panties maromaro
pantry pātaka
pants (trousers) tarau
pantyhose marowae, pirikiri
papaya pōpō
paper pepa, pukapuka, niupepa
parable kupu whakarite
parachute heketau, kapohau
parade porohehio, whakatūtū

P

297

paradise　paratiho, pararaiha
paradise duck　pūtangitangi
paragraph　whiti, kōwae, pourangi
parakeet　kākāriki
parallel lines　whakarara
parallel parking　tau whakarara
paralyse　pararaiha, pōrewarewa
paralysed　pararutiki, kōpā
paralysis　mate iotanga
paralytic　pararutiki
paramount chief　tumu whakarae,
　ariki nui
parapet　pātatara
paraphrase　whakapuaki kē
parasite　pirinoa, parakūkā
paratrooper　hōia takarangi
parcel　kōpaki, pūhera
parched　maroke rawa, pakupaku
pardon　muru hara, tohungia
parent　matua
parish　pāriha/e
parity　rite pū
parking warden　kātipa papa waka
Parkinson's disease　mate paiori
Parliament　Pāremata
parlour　rūma noho
parole　tukuihere, kupu pono
parrot　kākā, kea, pōrete
parry (a blow)　whakangungu,
　karo
parsley　pāhiri
parsnip　pāhinipi
parson　minita
parson bird　tūī, kōkō
part (piece of)　wāhi, wāhanga
part-time work　mahi o nga wā,
　mahi hangere
part, take -　uru
participant　tangata whai pānga
participate　uru mai ki,
　whai wāhi ki

participation　whai wāhitanga,
　urunga
particle　korakora, pakuriki,
　matūriki
particular　ake, hakune
particular, in -　te mea nui
particulars (data)　whakaaturanga
parting　wehenga
partition　pakitara wehewehe,
　wāwāhi, roherohe, tararua
partly　āhua
partner　hoa mahi tahi
party (feast)　hākari
party (group)　ope, pahī, tira, rōpū
paspalum　tuhui
pass　whakawātea, tikiti, hipa
pass (away)　memeha, mate, hemo
pass (behind)　nunumi
pass (throw)　kuru, whiu
pass by　pahure, hipa, pahemo
pass down　tuku iho, heke iho
pass exam　pāhi, riro i a ia,
　puta i te whakamātautau
pass out (faint)　takarangi, tīrehe,
　tāporepore
pass sentence　whakataua
pass through　puta
pass, mountain -　kapiti
passage　putanga, ara, haerenga
passed over　hapa
passenger　pāhihi
passer-by　tangata haērere, taha noa
passing　tahanga, hipanga
passing lane　arahipa
passion (ardour)　tokomauri, aurere
passion-fruit　kōhia, riritoki
passionate　tūkaha, remurere
passive　ngoikore, ngāwari
passport　pukapuka uruwhenua,
　pukapuka tuku
password　kupu waitohu

past wā o mua, wā o Nehe
past (the hour) pāhi
paste pia whakapiri
pastor minita, hepara, pirihi
pastry tāparaha
pasture pātiki karaihe, tarutaru
pat paki, taupaki, popo, hokomirimiri
patch pāpaki, pāti, tāpuni, whakakiko
patchwork kōpurepure
patent (licence) raihana
paternalistic whakatopatopa
path/way huanui
pathetic hinapōuri, aroha, koretake
pathfinder kaiārahi
patience manawanui
patient (sick) tūroro
patiently i runga i te rangimarie, mārie
patio tūāpapa
patrol ope tirotiro, tautiaki
patrol car waka rauhī
patron kaitautoko, whakaruruhau
patronage tautoko
patronise (condescend) whaka-parahako
pattern hoahoa, tauira
pauper pōhara, rawakore
pause okioki
pavement paeara
pavilion mahau
paw (foot) waewae, matihao
pawpaw (fruit) pōpō
pay utu
pay heed āro atu
pay visit toro, peka atu
paymaster kaitātari moni
payment utu, utunga
payroll pūtea moni utu kaimahi
pea huapī, pī

peace rangimarie, āiotanga, maungārongo
peace (make) hohou i te rongo, tau te mauri, whakaāio
peace offering puruwaha, koha hohou rongo
peace-keeping rongomau
peacemaker whakaāio whenua
peach pititi
peacock pīkao
peak tihi, tara, keo, pare pōtae
peal tangi pere, tatangi
peanut pinati
pear pea
pearl peara
peasant kaiahuwhenua
peat onerei
pebble kirikiri, kōhatuhatu
peck tongi, timotimo
peculiar (strange) autaia, motuhake
peculiarity rerekētanga
pedal kaupeka, petara
pedestal pūtake
pedestrian kaiwaewae, haere raro
pedestrian crossing ara kaiwae, ara hīkoi
pedigree whakapapa, kāwai rangatira
pedlar kaihokohoko, tangata oruoru
pee mimi
peek mātaki, whakataretare
peel (*n.*) kiri
peel (*v.*) waru, tīhore
peeler māripi waru, naihi waru
peep tiro, pekī
peer whakaritenga, ariki
peer group hunga ōrite
peer through piātaata
peg (stick) titi, poupou, tīrau

P

peg, clothes - timau
pelican perikana
pellet (shot) pokepoke
pelt (throw) epa, whakaruke
pelvis papatoiake
pen, animal - rāihe
pen, writing - pene
Penal Division Wāhanga
Whakamana Whiu
penalise whiu
penalty whiu
penance mahi ripenetā
pencil pene rākau
pencil sharpener whakakoi pene
pendant hei tiki, hei taringa,
koko, tautau
pending taihoa ake nei, tārewa
penetrate uru, wero, titi, tomo
penetrating werowero, poka,
uruhanga
penguin kororā, hoiho
penis ure, tara, tehe, ngarengare
penny kapa
pension penihana
pensioner whai penihana
pent up kaupēhia
people tangata, iwi, hunga
pep-talk whakahau,
whakakorikori
pep-up (animate) whakakaha,
kinaki
pepper pepa
peppers (vegetable) kikini
peptic nō te puku
per mā, i, ia
per annum ia tau
per capita ia tangata
percent paihēneti, ā-rau
perception tirohanga, kitenga
perceptive mōhio, kakama
perch (fish) pohuiakaroa

perch tau, pae
percolate mama iho, tātari,
koropupū
percolator whakamama kāwhi
percussion taramutanga
perfect pai rawa atu, tika pū
perfection painga rawa atu
perforate whao, wero
perforated tūwatawata,
ngangengange
perform mahi
performance (concert) mahi
whakakite (konohete)
performer kaitutū
perfume rautangi, kakara
perhaps pea, ekene, akene
peril whakapawera, tata mate
perilous whakamataku, mōrearea
perimeter āwhiotanga, paenga,
ripa
period wā, takiwā, tau, wāhanga
period (menstrual) tahe
periodic ia wā ia wā, pokapoka
periodical (magazine) pukapuka
putaputa
periscope poutiro
perishable ka pirau
periwinkle karahu, tītiko
perjury oati teka
perk painga
perk-up whakaoho, whakakaha
permanent tūturu, pumau,
mō āke tonu atu
permission tukunga, whakaae
permit (n.) puka tuku
permit (v.) tuku, tuku mana
permutation rerekētanga
perpendicular hāngai, rārangi tū,
poupou tonu
perpetual mutunga kore, pūmau
perpetuate whakapūmau

perpetuity ake tonu atu
perplexed raruraru, raru, raupeka
perplexity whakaaro pōraru
persecute whakawhiu, pehi, tūkino
persevere tohe
persevering pāuaua, mautonu
persist tohe, tū tonu
persistent taikaha, tū, putohe
person tangata, tuakiri, korokē
person, notable - (V.I.P.) rangatira pū, ahurangi
personal taha tangata
personal computer rorohiko motuhake
personal development whaka-pakari
personal name tūmoko
personality whaiaro, mauri, tuakiri
Personnel Kaitiaki Kaimahi Officer
perspective, Māori - ki tā te Māori titiro, ki tā te wairua Māori
perspire werawera
persuade whakapati, whakawhere
pest nanakia, hōhā
pester whakahōhā, whakatoi, pākiki,
pesticide paihana
pestilence mate urutā
pet mōkai, mokamōkai
petal raupua
petition inoinga, petihana
petitioner kaiinoi, kaipetihana
petrel kuaka, tītī wainui, oī, tāiko, karetai, tuanui, kuia
petrify whakakōhatu
petrol penehīni
petrol gauge ōrite kōhinu
petrol station pā penehīni

petticoat panekoti, āhumehume, hītau
phantom kēhua, kīhau, pō mariko
pharmacist kēmihi, kaimatū
phase wā
phase (in) āta whakauru
phase (out) whakakore haere
pheasant peihana
phenomenal nui noa atu, tino rerekē
phenomenon putanga mīharo
phial ipuipu
philosopher pūkenga
philosophical taumauri
philosophy whakamātau, rapu hinengaro
phlegm mare, kea, hūpā
phobia mate wehi
phone whounu, waea kōrero
phoney horihori, whakatau
phosphorus pūtūtae-whetū
photocopier pūrere whakaāhua
photocopy kape whakaahua
photograph (n.) whakaahua
photograph (v.) tango whakaāhua
photographer kaitango whakaāhua
phrase kīanga
physical ā-tinana
physical abuse tūkino ā-tinana
physical contact pā tinana
physical exercise kori tinana
physically handicapped whara
physics ahupūngao
physiotherapist kaimiri uaua, kairomiromi
physique tipu o te tinana
piano piana
piccolo pikoro
pick (select) whiriwhiri
pick at timotimo

P

pick (flowers)   kato, kohi
pick out (glean)   tīpao, tīpakopako
pick out (perceive dimly)   kite
  rehu
pickaxe   keriwhenua, pika
picket (protest)   tauaro kaimahi
pickle   pīkara
picnic   pikiniki, pōkeka
picture   whakaahua
picture frame   kōpari
pictures (cinema)   pikitia,
  whare pikitia
picturesque   ātaahua
pie   pae
piece   wāhi, maramara, pīhi
piece (broken off)   porohanga
piece of string   mokataura
piece together   raupapa
pied tit   kōmiromiro
pier   aratai
pierce   wero, poka
piercing   tīhaehae
piercing (noise)   tioro
piety   noho tapu, wairua karakia
pig   poaka
pig-dog   kurī whakangau
pigeon toed   hapehape
pigeon, wood -   kūkupa, kererū,
  kūkū
pigment   tae, wai ngārahu
pigsty   whare poaka
pikelet   paekete, pōwaitengi
pilchard   mohimohi
pilcher (plastic pants)   kōre
  paratiki
pile (heap)   tahua, pūkai, putu,
  putunga
pile (nap)   kahupapa
pile up   pūruru, whakaputu
pile-up   tūtukitanga
piles (haemorrhoids)   tero puta

pilgrim   manene
pill   pire
pillage   kaiā, muru
pillar   pou
pillow   pera, urunga, kōpaki
pillow case   pera kēhi
pilot (marine)   kaiurungi, paerata
pilot light   pū whakamura
pilot whale   paraki pihi,
  ūpokohue
pimple   huahua, kiritona
pin   pine
pin-up   whakaahua kōtiro ātaahua
pincers   pīnohi, kuku, timo
pinch   kikini, nonoti, kukuti
pinchbar   hua maitai
pine (long for)   mate i te aroha,
  konau, hiangongo
pine tree   paina, matai, miro,
  rimu, kahikatea
pineapple   paināporo
pingpong   tēpu tēnehi
pink   māwhero
pinnacle   tihi
pinpoint   pūwāhi, tongi
pioneer   pōkai whenua, tuatahi
pious   tapu, kaha ki te karakia
pip   kākano, pata, karihi
pipe   paipa, kōrere
pipe, musical -   pū
piper (fish)   hangehange, ihe,
  kareha
piper   kaitioro paipa
pirate, sea -   kaiā moana
pistol   pītara, pū hurihuri
piston   pātuki
piston ring   tawhe pātuki
pit   rua, poka, mārua
pita bread   pāpita
pitch (field)   papatākaro
pitch (throw)   epa, kuru, whiu

pitch dark pōtangotango, pōuriuri
pitch of roof hoahoa, tuanui
pitch tent whakatū
pitcher (softball) kaiepa
pith iho
pitiless kino nanakia
pity aroha, āhitu
pivot takahuri
pivotal pūtake
placard pānuitanga
place (put) waiho, whakatakoto, maka
place (site) wāhi, ūnga, tūranga, tūnga
place kick whana tū-ā-nuku
place name tūtakiwā
placement whakanoho
placid mārire, tū, māhuruhuru
plague urutā, muinga
plaice mohoao
plain (clear) mārama
plain (grassland) mānia, raorao
plain (ordinary) noa iho, māori
plaintiff kaiwhakapae
plaintive tīkape
plait whiri, rāranga
plan (arrange) whakatakoto tikanga
plan kaupapa, tikanga, hoahoa, whakamahere
plane (tool) waru
planet ao ātea
plank papa rākau
planning hanga tikanga, whakatau, whakatakoto kaupapa
plant (cultivate) whakatō, ono, tou, rūmaki
plant (herb) otaota, tipu, taru
plantation māra, kāri
plaque tohu moko, tuhinga pānui
plaster (n.) raima piri

plaster (v.) whakapiri, whakapuru
plastic paratiki
plastic surgery whakarapa kiri hou
plate perēti
plateau mānia
platform pūhara, atamira
play tākaro, kori, purei, hianga
play (fountain) pupuha
play (instrument) whakatangi
play (sport) hākinakina
play (theatrical) mahi whakaari
play dough kerepeti
play the ball ū ki te poi
playback whakahoki
player kaitākaro
playful manahau
playground papa tākaro
playoff whiringa toa
playtime wā tākaro
plead inoi, tohe
pleasant āhuareka, reka, pūrotu
please (v.) whakawaireka
pleased pai, manawareka
pleasure hari, koa, mea whakahari
pleat numi, kōnumi
pledge oati, takoha, kī tauranga
Pleiades Matariki
plentiful tini, maha, huhua, hira
plenty huhua, maha, tini, rahi, nui
pliable ngāwari, ngohe, kōpē
pliers kūmau
plight raruraru
plod takahi
plot (cultivation) ngakinga
plotter kaikaiwaiū
plough parau
plover turiwhatu, tuturuatu, kohutapu, parore
pluck whawhaki, huti, unu
plug puru, kāremu

P

plug hole putanga wai, waiputa
plum paramu
plumb line tāwēwē, whakahāngai
plumber parama
plump kunekune, momona
plump bird whaturua
plunder muru, pārure
plunge pou, tūpou
plural takitini
plus tuku atu, me, tapiri, āpiti
ply (thickness) paparua,
  kanoi wūru
plywood rākau kahupapa,
  rākau kopē
pneumonia niumōnia
poach (cook) kōhua, koropupū
pock-marked koroputaputa
pocket pākete, pēke, pūkoro
pod pākano
pod of whales kauika
poem (chanted) waiata, pātere, pao
poem (teaching) oriori
poem (verse) whiti
point (score) whiwhinga, māka
point blank tata pū
point (of land) rae, tūmū whenua,
  raenga
point (of view) tirohanga
point (out) tohutohu, whakaatu
point, decimal - ira tekau
point, on - of whao, tatangia
point, on the - of hono
point, sharp - koi, tara
point, what's the - ! hei aha!
pointed tara, keokeo, mākoi
pointer tokotoko tohu
pointless koretake, heahea,
  kikokore
poise tū rangatira
poison paitini, paihana
poke wero, koko

poker machine pūrere hao
poker, game of - hipikāri, poka
polar bear pea poara
pole toko, pou
pole-vault tūtoko
police, NZ - Ratonga Pirihimana o
  Aotearoa
police station teihana pirihimana
policeman pirihimana
policy take whakahaere, kaupapa
polio mate iotuarā
polish whakapiata
polite manaaki, ngāwari, huatau
political tōrangapū
political party rōpū tōrangapū
politician kaitō rangapū,
  mema pāremata
politics tōrangapū
poll tatau pōti
pollen hae, kōnehu, hune
pollinate whakaaiai, haetanga
pollutant para whakakino
pollute poke, whakanoa
pollution para, paru, tiko, pokenga
Polynesia Moutere o te Moana
  Nui a Kiwa
Polynesian Porinihia, nō ngā
  Moutere
polytechnic kuratini
pompous whakamanamana,
  whakahīhī
pond punawai, hāroto
ponderous taumaha
pontoon kōrewa, poranga
pony kuao hoiho, poniponi
pool hōpua wai, kōpua
pool, swimming - terenga
pool, thermal - waiariki, puia
poor (mediocre) koretake,
  kei raro iho
poor (needy) rawakore, pōhara

poor land whenua pākeka
pop pāko, pāto
pop group tira pūoru,
  pēne manako
pop in (visit) peka atu/mai
pop out puta ki waho
popcorn kānga pāhūhū
Pope Pāpā, Pōpa
poplar pāpara
popular kaingākau, manakohia,
  pai ki te katoa
popularity rongonui
populate nohonoho
porch roro, whakamahau
pork mīti poaka
porpoise pāpahu, aihe, tūpoupou
porridge pāreti
port (harbour) tauranga poti
port, computer - kōhao tūhono
portable taea te hiki,
  whakanekeneke
porter kaiāwhina, kaiamo, kaihari
pose turanga, whakarārangi
pose (imitate) māminga
position tūranga, takotoranga
position, in a - to āhei
positive inetahi, tau ake
possess whiwhi, whai mea
possession taputapu, rawa,
  taonga
possessive weu tohu pānga
possibility tūponotanga
possible tae, āhei
possibly pea
Post, NZ - Poutāpeta
Post Office Poutāpeta
post (mail) mēra, pōhi
post (send) tuku ki te mēra
post mortem tirotiro tupāpaku,
  uiuinga tūpāpaku
post-code tātai poutāpeta

post-hole borer wiri pou taiepa
postage stamp pane kuini
postal ā mēra
postcard pānuituku, kāri
poster pikitia pānui,
  pānui whakaahua
posterity uri whakatupu,
  whakatupuranga
posthumous murimate
postie kaiamo mēra
postmark tā tukureta
postmaster poumāhita
postpone whakatārewa, hiki
posture tū
pot kōhua, pāta, pātara
pot plant otaota ipu
pot-bellied pukutihe, pukuwheti
potassium konurehu
potato rīwai, taewa, parareka, rua
potato masher penu rīwai,
  penu taewa
potato peeler tahi rīwai,
  tahi taewa
potency kahanga, pakaritanga
potential pūmanawā moe
pothole kōhao
potted meat huahua
potter kaipokepoke
pottery pokepoke uku,
  tārai kohua
potty (baby's) paepae pēpi
pouch pūkoro, kopa
poultry heihei
pound (beat) tuki, pao, kuru, āki
pound (money) pāuna
pour riringi, maringi, tārutu,
  tāhoro
pour (in) popou
pouring rain ua tātā
pout whakatūpere nga ngutu,
  tūpere

P

poverty mūhore
poverty stricken rawakore, tuakoka
powder nehu, paura
powder, gun - paura wāwāhi
power kaha, mana whakahaere, ihi
power point kohao hiko
power pole pouhiko
power, electric - hiko
powerful kaha rawa, ngoi
powerless ngoikore, hangenge, rōrā
powerstation pāhiko
practice (drill) whakatū, whakawai
practice mahi, ritenga
practise akoako
praise whakapai, mihi, whakamoemiti
pram waka hari pēpi
prawn koura
pray inoi
prayer inoinga, karakia
praying mantis rō, whē
pre- i mua i
pre-arranged whakaritea noa
pre-school education mātauranga kōhungahunga
preach kauwhau
precaution whakatupato
precious kahurangi
precipice tūpari
precipitous paripari, hūkere
precise pū
precision tika pū
preconceived idea whiriwhiringa noa, whakawā noa
predecessor tōmua
predetermined whakatakotoria
predicament raruraru

predict matakite, tiro ki mua, waitohu, poropiti
prediction matakitenga
preface whakataki
prefect piriwheke, kaihono
prefer hiahia, pai kē, whiriwhiri
preferences, order of - raupapa hiahia
pregnant hapū
prehistoric onamata
prejudice whakawā wawe
prejudicial whakatītaha
preliminary whakataki
preliminary round whiringa
premature waitau, mata
Premier Pirimia
premonition waimate
preparation whakaritenga
prepare whakatau, whakatika, whakataka
prepare food taka kai
prepayment utu tōmua mai
preposition kupu wāhi, pūtūmua
Presbyterian Perehipiteriana
preschool, Māori - kohanga reo
prescribe whakaatu rongoā
prescription puka rongoā, rongoā i whakahaua
presence aroaro, mana
presence (of mind) taumauri, tauwhiro
present (*n.*) koha, whakaaro, aroha, taonga tuku
present (*v.*) tāpae
presentation whakaaturanga, tukunga
presenter kaipānui
preserve tohu, tiaki
preside whakahaere (komiti)
presidency tūnga perehitini
president perehitini, tumuaki

press (journalism) perēhi, niupepa
press (squeeze) pēhanga, pēhi, tāmi
press ahead tohe, whakatorotoro
press conference hui pāpaho
press (down) pēpehi
press noses hongi
pressure pēhanga, tāmi
pressure cooker kōhua perēhi
prestige mana
presumptuous whakahīhī
pretence whakataunga, tinihanga
pretend māminga, hangarau
pretext whakatakune
pretty ataahua, pūrotu
prevailing pūmau
prevailing wind hau ukiuki
prevent whakahōtaetae, ārai, aukati
preview kite wawe
previous mātua (*before verb*), tōmua
prey ika, patunga, kai
price utu
priceless kāmehameha, kore taea te utu
prick wero, wero ngira
prickle (thrill) whakahirahira
prickly taratara, koikoi, tiotio
pride whakahīhī, whakapehapeha
priest pirihi, tohunga, amorangi
primary tuatahi, matua
primary objective tino kaupapa
primary school kura tuatahi
prime tino pai rawa
prime minister pirimia
primeval nonamata, tua whakarere
primitive pūhungahunga, kōkau
prince piriniha

princess pirinitete
principal (*adj.*) matua
principal (head teacher) tumuaki
principle kaupapa, tikanga
print (publish) tā, perēhi
print (script) tuhi mātoha
printer (machine) pūrere tē
printer (person) kaitā
printing tānga
printing press pūrere tā, perehi
prion titi-wainui, pararā
prior i mua
priority mea nui, mea tuatahi
prise open kōwhiti
prism tapatoru pīataata
prison whare herehere
prisoner mauhere
private puku, tapu, tūmataiti
private bag pouaka motuhake
privilege hōnore, painga, rawa
privileged whakapaingia kē, whakarangatira
prize (trophy) paraihe, kaingākau, kahurangi
prize (value) (*v.*) kaingākau, matapōpore
prize-giving tukunga paraihe
prized possession iti kahurangi
probability heipū
probable pea
probably inā pea, tēnā pea
probation tuku whakamātau, poropeihana
probation officer pou-awhi
probationer tangata e whaka-mātauria ana, tākuta akonga
probe rangahau, whakaoreore, wero
problem mate, raruraru
procedure huarahi, raupapa mahi, tikanga

P

proceed　whānui haere, whano, haere atu anō, tahuri
proceeds　moni hua
processing　mahi whakatika
procession　kapa
proclaim　pānui
proclamation　pānuitanga
procreate　ai, whakawhānau, whakatō
procure　whiwhi ki
produce (product)　hua
producer　kaiwhakaari
product　hua
production　whakanaonga, whanonga
profane (violate)　(v.) whakanoa, takahi mana
profession　umanga, mahi-ā-ngaio
professional　toa e utua ana
professor　ahorangi, pūkenga
proficiency　tohu
proficient　matatau
profile　anga, whakaaturanga, kotaha
profit　hua (moni)
profitable　whai hua
profitless　kore hua
profound　hōhonu
profusion　huhua noa, ranea
progeny　uri, aitanga
program, computer -　raupapa tono
programme　whakaari(tanga), mea whakatakoto, rārangi mahi
programmer　kaiwhakariterite
progress　anga whakamua
progressive　ahu whakamua, piki haere
prohibit　whakakore, rāhui, kati
prohibition　katinga
project (scheme)　kaupapa

projection (bulge)　kohuki
projectionist　kaiwhiti pikitia
projector　pūwhiti āhua
prologue　tuwheratanga, kupu whakataki
prolong　kumeroa
prominent　nui, whakahira, whakarae
promiscuous　pūremu, kairau
promise　oati, kī taurangi, whakaari
promontory　kūrae, rae, kūmore
promote　whakapiki, tautoko, whakatairanga
promotion　whakapakari
prompt (punctual)　wawe, moata, horo, tere
prong　mārau
pronoun　huanga kē, tūkapi
pronounce　whakahua
proof (evidence)　whakaaturanga, whakaponotanga, tohu
prop　tautoko, tokotoko, tauteka, poutoko
propagate　whakatohatoha, whakatō kakano
propel　pei, pana
propeller　hurirere, pōwaiwai
proper　tika, arotau
properly　tika, tōtika
property　rawa, taonga, taputapu
prophet　poropiti, porohēte
prophetic　matakite
propitious　raki, momohu
proportion　ōwhenga, hāngai rite
propose　tono, kī, whakatakoto, mōtini
propulsion　āki, peinga, pananga
prosecute　tuku ki te kōti
prosecutor　kaiwhiu, kaiwhakapae
prospector　kaihaurapa

prospects takahanga, huarahi,
tūmanako
prosper tupu, whai hui
prosperity tōnuitanga
prosperous whai rawa,
whai taonga
prostate repe ure
prostitute kairau, wahine pūremu
prostitution mahi kairau
prostrate tuku papa, tīraha
protagonist toa, māia
protect whakangungu,
whakaruruhau
protection maru
protective gear pānga ārai
protein poroutīni
protest amuamu, tautohe
Protestant (churches) Porotehana
protester kaitohe, hunga whakahē
protocol kawa, kaupapa,
tikanga i whakaaetia
proud whakahīhī, whakakake
proud of ngākaunui ki
prove hāpono, whakamātautau
proverb pepeha, whakataukī,
whakatauākī
provide service tuku ratonga
providence manaakitanga
provider kaihoatu, kaiwhāngai
province porowini
provision, dried - paka
provisions kai, ō mō te huarahi
provocation whakatakariri,
whakatenetene
provocative kōrero taki, tuki
provoke whakataritari, whakariri
prowl whakamoka, ninihi
proxy rīwhi, māngai
prudent tūpato, whai whakaaro
prune (cut) kokoti, whakaiti
psalm waiata, hāmi

pseudo whakatakune, horihori
pseudonym ingoa tuhi, ingoa kē
psychiatrist tākuta mate pōrangi
psychic matakite
psychologist tohunga hinengaro,
kaititiro hinengaro
psychology mātauranga hinengaro
tangata
pub hotēra, paparakaute
puberty pakaritanga
public mō te katoa
public works mahi mō te katoa
public, make - pānui, hora,
whakapuare
publish pānui, perēhi,
whakaputa pukapuka
pudding purini
puddle tōhihi
puerile heahea, mahi tamariki
puff puhipuhi, kōuru matangi
puffball tutae atua
pugnacious puku ngangare,
ririhau
pull kukume, tō, tākiri
pull apart heu, wehe
pull down turaki
pull faces pūkana
pull opposite taukumekume
pull up (hoist) huhuti, kōhiti,
nuku, hiki
pullet pīpi heihei
pulley wira whakanuku
pullover puraka
pulp puru, kōrapu, karukaru
pulpy kōpē
pulsate patupatu, kapakapa,
pātuki
pulse mokohiti o te ia toto
pulverise tāpāpā, ngotangota,
hungahunga
pumice pungapunga

P

pump mapu, papu, pana hau
pumpkin paukena
punch meke, pangu, kuru, moto
punch (tool) panihi
punctual ū, tae i te wā tika
punish whiu
pupil (eye) whatu
pupil (student) akonga, tauira
puppet karetao, kararī, tare pekepeke
puppy kuao kurī, punua kurī, papi
purchase hoko mai
purchaser kaihoko
pure mā, urutapu, harakore, horomata
purge pure, horoi, muru
purged oti te pure
purify horoi, whakapai
purity horomatanga
purple pāpura, pōkere
purpose, for what - ? he aha ai?
purpose whāinga poto, tikanga
purr ngunguru
purse pāhi, pēke, pūkoro
pursue aru, whaiwhai
pursuit (chase) whāinga, arumanga
pus ero, pirau
push pana, pei, akiaki

push over whakahinga
puss (cat) puihi
put waiho, maka, uta
put down (deposit) tuku ki raro
put forward whakapuaki, neke whakamua
put into practice whakatinana
put into small space whakawhāiti
put on (don) whakamau, kuhu, whakakākahu
put on (weight) whakamōmona
put out (extinguish) tinei, poko
put out tongue whātero
put together apiti, huihui, whakakaupapa
putrefy whakaero, pirau
putrid piro, pirapirau, kerakera
puzzle panga, kai
puzzled kūraruraru, whakapōauau
puzzling manganga, autaia, ānau, āniwa
pygmy tauwhena
pyjamas kākahu moe
pylon pou hiko
pyramid whanga tapatoru, piramiti
pyromania mate tahu ahi

Q

quack kēkē
quadrangle wāhi tapawhā
quadrant wāhanga tuawhā
quadrilateral tapawhā
quadriplegic (tetraplegic)
  pararutiki
quagmire repo, pōwharu, wharu,
  mawharu
quail (bird) koreke, koitareka
quake wiriwiri
quake, earth - rūwhenua
qualifications tohu mātauranga,
  reta tautoko
qualified whai tohu mātauranga
quality pai, huanga, tikanga
  rangatira
quality of life oranga tinana,
  pai o te noho
quantitative ine tātai
quantity nuinga, te nui
quarantine pūrei kararehe
quarrel kowhete, pakanga, rīriri,
  toheriri
quarrelsome tumatuma, totohe,
  whakatenetene
quarry, stone - rua keri kōhatu
quarter koata, hau whā
quartet tokowhā kaiwaiata
quartz kiripaka, matā
quay tauranga poti
queasy whakapai ruaki
queen kuini
quench tinei
queer rerekē, tāne mate tāne

quench (fire) whakaweto, tinei
quench (thirst) mākona, ngata
query pātai, uiui
quest kimihanga, rapu ara
question pātai, ui
questionable pāhekeheke
questionnaire rārangi pātai
queue rārangi tangata, tūtira
quick ho/horo, tere, kakama
quickly wawe
quicksands ōi, repo
quiet hū, whakangū, waimārie,
  māhaki
quieten whakamauru
quietly āta noho, mārie, mauru,
  haupepe
quicken whakahoro
quilt kuira, papanārua
quince kuinihi
quintet tokorima
quirk rerekētanga, tautahitanga
quit wehe atu, riro atu, wātea,
  mutu, waiho
quite mārika, tika pū, tika rere,
  āhua + *adjective*
quiver (of arrows) pūkoro pere
quiver (shake) kakapa, wiriwiri,
  oreore, korikori
quiver (the hands) whākapakapa
quiz kēmu patapatai, pākiki
quota wāhanga
quotation kōrero, āna ake kupu,
  pepeha

Q

311

R

rabbi rapi
rabbit rāpeti
rabble hunga ware, tūtūā
race (contest) tauwhainga,
  tauomaoma, whakataetae
race (ethnic group) iwi, momo iwi
race course papa purei hōiho
race relations noho-ā-iwi
racial ā iwi
racism whakahāwea iwi
racist kaikiri iwi
rack, clothes - iri kākahu, mātiti
racquet rākete
radar whakaata pāoro
radar detector pūoho hihiani
radial pūmoka
radiance mataaho, pīataata,
  kōrekoreko
radiant kanapa, kanapu, mārama,
  tiaho
radiate tiaho, wherawhera
radiation tokowhiti, parawhiti,
  pūhihi
radiation sickness mate iratuki
radiator retieta, whakapongi
radical wāwāhi tahā,
  whakaaro hohōnu
radio reo irirangi
radio wave hihi irirangi
radioactive ira tukituki
radish rarihi, rātihi
radium konutuki
radius pu moka, putoro
raffle rāwhera
raft mōki, mōkihi

rafter heke
rag ruha, karukaru
rage riri, nguha
ragged taretare
ragwort rangiora
raid whakatorotoro, huaki
raider kaipahua, ope huaki,
  marau
rail rēra, pouheni, rōau
railway rērewē
rain ua, marangai, kōuaua
rain, heavy - āwha
rain forest ngāhere ua, waoku
rainbow āniwaniwa, uenuku,
  atua piko, kahukura
raincoat meketoiho, tāporena
raindrop patapata ua
raise hāpai, whakarewa, hiki,
  whakatu
raise eyebrows rewha, pewa
raise money kohikohi moni,
  mahi moni
raised morunga
raisin kerēpi maroke
rake rakaraka, rakuraku
rally hui
rally (revive) whakahauora
rally (tennis) taupatupatu
ram (butt) tuki
ram (male sheep) hipi toa, rāme
ramble haere noa iho, haerēre
rambling plant aka torotoro
rambling speech kāwekaweka
ramification kōtititanga
ramp ara rōnaki

rancid pirau

rancour pukuriri, mauāhara

random noa, poka noa, mata pōkere, tupurangi

randy taera

range (scope) whānuitanga, roa me te whānui

range, mountain - pae maunga

rank (position) tūranga

rankle horu

ransack muru, hunuhunu

ransom utu, utu tuku

rap (hit) patupatu, pātōtō

rape pawhera, raweke

rapid horo, tere

rapids tāheke

rapier hoari matire

rapist kairaweke wahine, kaipahera

rapt manawarū, tāuteute

rapture wehe, manawareka, kōhara

rare (uncommon) torutoru, onge, puiaki

rash (hasty) kiriweti, hīkaka, matauaua

rash, skin - kōpukupuku, tongatonga uri

rashness hīkaka, kiriweti, pokerenoa

rasp rakuraku, wharo

rasp (tool) tīwani, waru

raspberry rāhipere

rat kiore

ratchet hāupa

ratepayer kaiutu reiti

rates, property - tāke nohoanga, reiti

rather (instead of) otirā, engari (*with negative*)

ratify whakamana

ratio ōwehenga

ration wāhanga

rattle tatangi, tatetate, patatō

rave tīhāhā, whakahāhā

ravenous warawara, hemokai

raw mata, ota, torouka

ray (fish) whai, whai keo, whai repo

ray (sun's) hihi, ihiihi

razor heu

razor-blade mataheu

re-establish whakaū anō

reach (arrive at) tae atu ki, tūpono, tūtuki

reach land ū, tae ki uta

reach out totoro

react tauaro, urupare, whakaarai

read kōrero pukapuka, rīti

read aloud pānui

reader kaikōrero pukapuka, kaipānui

readiness rite, takatū

readjust whakamau anō, whakatika anō

ready rite, reri, takatū

reafforestation whakatupu rākau

real tino

realise huatau, mōhio

realistic tika, whai kiko ana

reality pono, ā tinana, tino pono

reap hauhake, kokoti

reappear puta anō, ea anō

rear (stern) muri, hiku

rear vision mirror whakaata muri

rearguard whakatautopenga, pūmanawa, muriope

reason take, pūtake, kaupapa, hinengaro

reasonable ngākau whai whakaaro

reassurance oranga ngākau

R

reassure　tautoko, whakamāmā, whakaahuru
rebate　whakahoki moni
rebel　(*n*.) hunga tutū, hunga whakakeke
rebel (rise)　(*v*.) mahi tutū, whakaeke, whawhai
rebellious　tutū, whakatoi, whana
rebound　tāwhanawhana, turupā
rebuff　ākiri, whakarere, kape
rebuild　hanga anō, hiki anō
rebuke　kohete, whakatūpehupehu
rebuttal　kupu tātā
recall (reappoint)　whakatū anō
recede　hoki haere, timu
receipt　puka whakamana utu, rīhīti
receive　tango mai
receiver (tennis)　kaiwhakahoki
receiver, official -　āpiha kaitango
receivership　tangohanga
recent　hou, nō nā noa nei
recently　inā tata nei, inakuarā, inakua ake nei
receptacle　paepae, oko rāpihi
reception (party)　hui powhiri, hākari
reception (radio)　tangi mai, tangohanga
receptionist　kaiwhakatau manuhiri
recess (break)　wā whakatā, hiki
recession　wā kore mahi, whakahekenga wāriu
recipe　tohu tao, tikanga tunu kai
recipient　kaitango
reciprocal　hokohoko, tāutuutu
recite　whakahua, takitaki, takutaku
reckless　wairangi, pōrangi
reclaim　tono anō

reclamation　whakaū whenua, tāmata whenua
recline　tīpapa, tīraha, takoto
recluse　mohowao, moke
recognise　mōhio
recoil　tākiri, whana whakamuri, tupana
recollect　mahara
recommend　tohutohu, whakahau, tautoko ā-kupu
recompense　whakahoki, ea
reconcile　hohou rongo, houhanga rongo, whakarite
reconciled　tau te rangimārie, māha
reconciliation　maungarongo
recondition　whakahou
reconnoitre　torotoro, hunuhunu
reconsider　āta taute, whakaaro anō
reconstruct　hanga hou, whakatū anō
record (disc)　kōpae pūoro
record-player　whonokarāwhe, pāpūoru
recorder　rekoata, mīhini hopu reo, kaituhi
records, written -　tuhituhinga, pepa whai tikanga
recover (from illness)　whakaora, piki te ora, ara mai
recreation　whakangahau, tākaro, hākinakina
recreational　hākinakina
recrimination　whakapae, whakawā
recruit　(*n*.) hōia hou, kaimahi hou, ika tauhou
recruit　(*v*.) taritari ope, kimi tangata
rectangle　tapawhā tākonga

rectify whakatika
rectum tero, tongatiko, tou
recumbent takoto ana
recur riro anō, hokihoki
recycle whakahou
red whero
red admiral pūrerehua, kahukura
red blood cell toto pūwhero
red cod hoka
red feather kura
red glow pākura, umurangi
red ochre kōkōwai
red pine rimu
red-haired urukehu
redeem hoko, utu, whakaora
redeemer kaiwhakaora
redevelop whakapai ano, hanga anō
redhot mumura
rediscover hurahou
redistribute tītari anō, rato, tohatoha anō
redistribution ratonga ano
redoubt pā tūwatawata, pā kaha, pā tūhāhā
redoubtable māia, kaiora
redress whakamāhea, utu
reduce whakaiti, whakaheke
redundancy pay utu whakamutu mahi
reed kākaho, kuta, tohetohe
reef toka pūkawa, tāhuna, ākau
reel (thread) pōkai, miro
refer (the matter) tuku, tono
referee rewheri, kaiwawao, kaitautoko
reference (regarding) whakapānga
reference (book) pukapuka whakamārama
reference, our - tohu mai
reference, your - tohu atu

referendum pōtitanga, whakataunga ā iwi
refill whakakī anō
refine tahia te para, whakamahine
reflection whakaata, ataata
reflex action tāwhana
reform whakahou
reformation whakahounga, whakatikanga
reformer kaiwhakahou
refrain from papare
refresh (oneself) whakangā, whakahauora
refrigerate whakahukapapa, whakamātao
refrigerator whiriti, pātaka mātao
refuge piringa, rerenga, kohanga
refugee rerenga, manene
refund whakahoki moni
refusal whakakorenga
refuse (deny) tē rongo, whakakāhore
refute whakakorekore, patu
regarding mō, mō te taha ki a
regardless matakūare, hīkaka
regenerate tipu anō, whakaora
regeneration tupu hou
regime tikanga whakahaere
regiment rangapū hōia, matua
region wāhi, takiwā, rohe
register rēhita, kaituhi
registrar kairēhita
registration rēhitatanga
regret aroha, pā pōuri, kōnohi
regretful pouri, manawapā
regular rite tonu, auau
regulate whakarite
regulation whakaritenga
rehabilitation whakanohonoho
rehabilitation (justice) whaka-aurakitanga

R

rehearse whakawai, whakataka

reimburse whakahoki utu

reincarnation whānau hou

reinforce whakawhaiwhiri, tautoko

reins paraire, reina

reject whakarere, whakakore

rejoice hari, koa

relapse pārore, ngoikore haere

relating to pā ana ki

relation whanaunga, epeepe

relationship tūranga whānau

relative (kin) whanaunga, uri tata, huānga

relax whakatā, whakangā, okioki

relaxed pārore, parohe

release (free) tuku kia haere, puta

relegate pei ki raro, whakaheke

relentless papahūeke, kaikiko

relevant hāngai pū ana, e pā ana ki

reliable mau tonu, ū, pono, taea te whakawhirinaki atu

relics taonga tuku iho

relief (from tension) whakamāmā, oranga ngākau, whakangāwari

religion whakapono, hāhi

relish kīnaki, whakarehu

reload whāngai anō

reluctant kōroiroi, koroukore

rely on whakawhirinaki

remain (left over) toe

remain (stay) noho

remains toenga

remand mau ki te whare herehere

remark (n.) kupu, kōrero

remark (v.) whai kupu

remarkable mīharo, hautupua

remedial whakaoranga

remedy rongoā, whakaora, whakapai, whakatika

remember mahara ki

remembrance whakamaharatanga

remind whakamahara

reminisce kōrero whakamahara, whakahoki mahara

remit (instruction) rimiti, tono, take kōrero

remittance moni tukua

remorse pāmamae, pōuritanga

remorseless kaikiko, autaia, whakaweriweri

remote kei tawhiti, pāmamao, tūhāhā

remote control puataata mamao

removal nekehanga, tangohanga

remove (take) tango, nuku, tauwehe, huaranga

rename whakarerekē te ingoa, tapa hou

rendezvous tūtakitanga, rauhītanga

renegade kaituku, kaikaiwaiū

renege mahi tāhae, kounu

renew whakahou

renounce whakarere, papare

renovate whakahou, hanga hou

renown rongo, rongonui

renowned rongonuitia, māruarua

rent (hire) rīhi

reorientate whakahuri, anga

repair whakapai, whakatika

reparation whakaea, wanea, utu

repay utu

repeal whakakore

repeat tukurua, tārua, tuarua

repeated tāruarua

repel pana, ārai atu

repellant atiati

repent rīpenetā, pōuri

repentance rīpenetatanga

repercussion rarā, paorotanga

replace whakakapi

replacement whakakapinga
replayed ball poi tukuru
replica kape
reply whakahoki, whakautu
report pūrongo, rīpoata,
  rongo kōrero
reporter kaituhi pūrongo,
  kairipoata
repossess taumanu taonga, tango
represent (speak for) hei māngai
represent ōrite, rite tonu ki
representative māngai, kaihautū,
  kairīwhi
repress pēhi, tāmi, pei ki raro
reprieve tohu
reprimand whakatūpehupehu,
  kohete
reprisal ngaki utu, rautupu
reproach kupu pōuri tautohe,
  whakatuaki
reproduce whakahua, hanga hou,
  whakawhānau
reproduction aitanga, hanga,
  tauira, kape
reprove kohete, riri
reptile ngārara, ngāngara
repudiate whakarere
repugnant weriweri, kawa
repulse pana, ārai atu
repulsive wetiweti, wehiwehi,
  mōrikarika
reputation rongo, ingoa pai
request inoi, tono
require hiahia, whakatakoto
require staff whai kaimahi/āpiha
requirement mea tonoa,
  whakaritenga
requisition tangohanga,
  taumaunga
rescue whakaora
rescue breathing ā, whakaora

rescuer kaiwhakaora
research rangahau
researcher kairangahau,
  kairapurapu
resemblance ritenga
resemble rite ki, āhuahua
resent tūkino
resentment mauāhara, hīkaka
reservation (booking) whai
  nohoanga
reservation (sanctuary) purei,
  wāhi tapu, rāhui
reservoir kurawai nui
residence kāinga, whare noho
resign tuku te tūranga,
  wātea te tūranga
resilient tāwhana, manahau
resin kāpia, māpara
resist whawhai atu, riri, ārai
resistance parepare, tohenga
resolution whakataunga, mōtini
resolve whakatau, whakarite
resort, last - parepare whaka-
  mutunga
resource pūtea, mātatiki, puna
resourceful rauhanga
resources, natural - hua ā
  Papatūānuku
respect, treat with - manaaki,
  aroha atu
respectable noho tika
respected whakahōnoretia,
  rongonuitia
respective (each) ia, tēnā ... tēnā
respiration hā, ngā
respond whakautu, anga ki
response whakautu, urupare,
  whakahoki
responsibility mana whakahaere,
  pikaunga, kawenga
rest okioki, whakangā, whakatā

R

rest (remainder) toenga
rest (upon) iri, tau, taupua
rest, come to - tatū, tau
restful mārie, whakaaio
resting place okiokinga, tauranga
restitution whakahoki taonga, utunga
restless okeoke, tūtehu
restore whakahoki, whakahou
restrain pupuri, here
restrained ārikarika, whakatikia
restraint herenga, puritanga
restrict kukuti, whakatiki
restriction tikanga whakatiki, aukatinga
restructure whakahou
result tukunga iho, hua, otinga
resume tīmata anō
resumē whakarāpopotonga
resurface (pop up) whakaea anō
resurface (tar-seal) hīra hou, hīpoki anō
resurrection aranga ake
resuscitation whakaora anō, whakahauora
retain pupuri, mau
retaliate rapu utu, rautipu
retard whakatū, punga
retarded kāore i pūāwai
retarded, mentally - pōhauhau, rorirori
retention pupuri, mau, tango
retentive maumahara, kakama
retire (withdraw) hoki whakamuri
retire from work wātea te tūranga, tuku
retrace hīkoi whakamuri
retract unu, kume, kounu
retreat (go back) hoki whakamuri, hokinga
retreat (refuge) piringa, punanga

retrieve tiki atu
retrograde kino iho
return (go back) hoki, auraki
returns (profits) hua
reunion tūtakitanga hoa, huinga anō
reveal whakakite
revenge utu, ngaki mate
revenge, get - rapu utu
revenged ea (te mate)
revengeful kaikiko
revenue whiwhinga tāke
revere hopohopo, whakahōnore
reverent tapu, whakakoha
reversal hokinga whakamuri, whakahokinga
reverse hoki whakamuri
revert hoki
review mātaki, tiro anō, tātari
revile taunu, whakahāwea
revise whakapai ake
revision whakahounga
revitalise whakahou
revival aranga anō, whakakorikori
revive whakaora, whakahauora
revived paiake
revoke whakakāhore
revolt tutū, whakarere, whana
revolting (horrid) whakarihariha
revolution (uprising) tutū, whananga
revolutionary kiriweti, whakawhana
revolve takahuri, huri
revolver pūhuri
revue konohete
reward utu
rewind takai anō
rhetoric whai kōrero
rheumatism rūmātiki, kaikōiwi
rhinoceros rinorino

rhubarb rūpapa
rhythm mita
rib kaokao, rara
ribbon rīpene
rice raihi
rice bubbles raihi koropupū
rich whai taonga, whai rawa
rid whakawātea, whakamakere
riddance whakarerenga, makanga
riddle panga
riddled putaputa, pōkarakara
ride bare-back kopi kau
rider (person) kaieke
ridge hiwi, pae maunga
ridgepole tāhuhu
ridicule whakahāwea
ridiculous rorirori, rōrā, wawau
rife mui
rifle raiwhara
rift whatinga
right (correct) tika, tōtika
right, individual - mana tangata, rangatiratanga
right, serves you - kaitoa
rights, human - tikanga tangata, mana tangata
rigid torotika, mārō
rigorous pakeke
rim ngutu, tapa
rind (peel) hiako, peha, kiri
ring (boxing) papa mekemeke
ring (circle) rīngi, porohita, mōwhiti
ring (v.) tangi, whakatangi
ring-finger mānawa
ringlet māwhatu
ringworm muna
rinse horoi, opeope
riot whakatupu raruraru, whakatutū
rioter hunga kakai

riotous torere kino
rip tīhae, tīhore, haehae
rip (tidal) kauere
ripe maoa
ripple kare, pōkarekare
rise (go up) eke, piki, rewa
rise from sleep ara, maranga, matike
rising ground pānaki, tuahiwi, pāhaki
risk tata mate, whakararu, tāruke ki te mate
rite karakia, tikanga tapu
rite (at childbirth) waituhi, pure
ritual karakia
rival hoa tauwhainga, tāwhai
rivalry haetanga, tauwhāinga
river awa
riverbank parenga, tāhuna, paretai
riverbed whaiawa
riverside pārengarenga
rivet whao rino, rīwiti
road huarahi, ara, rori, huanui
road code tikanga huarahi
road-block ārai huarahi, whakatūtaki ara
roads, cross - pūtahi
roadside taharori
roam haerēre, taka haere
roar rarā, haruru, pararē
roaring fire ahi pūkākā
roast tunu
roast on spit huki/huki
rob tāhae, whanoke
robber tāhae, kaimuru
robe kākahu rangatira, pueru
robin pītoitoi, toutouwai
rock (lurch) whakapiopio
rock (stone) kāmaka, toka, kōhatu
rock cod rāwaru, taumaka

R

rocket rākete, tākirirangi, karuru

rod katira, matire

roe (fish) hākari, hua paru, hua rākau

rogue tāhae, nanakia

role tūranga

roll call karanga ingoa

roll over hurihuri, porotiti, takahuri

roll up pōkai, takai

roll, voting - rārangi pōti

rolling pin rākau pokepoke

Roman Catholic Katorika

romance whaiāipo

roof tuanui

roof of mouth ngao

room (space) taiwhanga, wāhi, wāteatanga

room (in building) rūma

roost pae manu, taunga heihei

rooster tame heihei, pīkaokao

root (source) take

root (taproot) kōmore

root (of tree) pakiaka, pīakaaka, paiaka

rope taura, kaha, ropi

rose (plant) rōha, roiho

roster rārangi ingoa

rotor pōwaiwai

rot (putrefy) pirau, koero

rotary hurihuri

rotate tītakataka, hurihuri

rotation hurihanga

rotten pirau

rotten wood pūkorukoru, popo

rouge kōkōwai

rough taratara, tāpā, raupā

rough sea ngarungaru, karekare

rough skin tiotio, ueke, māngonge

round porotaka, porowhita, porotiti

round about āwhio, taiāwhio

round eyed tītoretore kanohi

round the point hahani haere, kōpiopio

round up sheep whiu hipi

roundabout, traffic - ara kōpae

roundness porotiti

rouse whakaoho, whakaara

route ara, huarahi

routine tikanga mahi

row (fight) riri, kōhete

row (line) tira, kapa, rārangi

row boat hoe

royal roera, a te Karauna, tapairu

rub ūkui, miri, muku, romiromi

rub off kōmuku, ukui

rub out kōmuru

rubber (eraser) inarapa, tahirapa

rubber band koropewa inarapa, hererapa

rubber stamp moko inarapa, pourapa

rubber tubing ngongo inarapa

rubbery ngorengore

rubbish (debris) otaota, parapara, rāpihi

rubbish bag kete kapurangi

rubbish bin rau kapurangi, ipupara

rubble kapurangi, kongakonga

rubella kōpukupuku

ruby rupi

rucksack tueke

rudder urungi, urunga

rude (impolite) whakatoi

rude (indecent) pohane, whakapohane

ruffian tainanakia

ruffle tara, kuku

rug pōrera, paraikete, whāriki

rugby league rīki

rugby union hutupaoro
rugged toretore, pukepuke
ruin (spoil) takakino, ururua, patu, whakangaro
ruined pakaru, maroro, ngaro
rule tikanga, ritenga
ruler (measure) rūri, rākau ine, tauine
ruling whakatau
rum rama
rumble haruru, ngunguru, whēorooro
rumour wara, wawara, hū
run oma, tūoma, rere
run away tahuti, paheke
run out (reel) hoka, rere
runaway rerenga
rundown ngoikore, pau te kaha
rung kaupae, takahanga
runner kaioma, waetea, kairere

runner-up tuarua
running omaoma
runny kūtere, waiwai
runt pōtiki
runway aratau
rupture (hernia) whaturama
rural tuawhenua, taiwhenua
rural delivery karere tuawhenua
rush kōkiri, whakaeke, huaki, rere
rush (wind) pūkerikeri, kari
rush of water hīrere, tūpou
rushes wīwī, kūwāwā, kuta
rushing wind hau keri
rust waikura
rustling noise ngaehe,tihitihi, wara
rusty waikura
rut kōawaawa
rye grass karaehe rae

R

S

sabbath hāpati
sabbatical wā whakatā,
  wā hararei
sack (bag) pēke
sack (dismiss) pana
sacrament hākarameta
sacred tapu
sacrifice whakahere,
  patunga tapu
sacrifice (human) raukakai
sacrilege takahi tapu,
  whakanoatanga tapu
sad pōuri, hinapōuri, āroharoha
saddle tera, hea, nohoanga
saddleback (bird) tīeke
saddlebag terapeke
saddlecloth whakapuru tera
sadness hinapouri
safe (strong-box) paemoni,
  pouaka tiaki taonga
safe (unhurt) ora
safe keeping whakarurunga,
  marumarutanga
safeguard maru
safety oranga, ora, whakaruru
safety area (judo) rohe wātea
safety belt tātua turu
safety measures whakatūpato-
  tanga
safety pin autui, pine mau
safety rail rōau whakatonu,
  rēra whakatonu
sag pītawitawi, tapore, tāwharu,
  wheoro
sago hēko

sail (n.) hēra, rā, kōmaru
sail (v.) rere, tere
sailor hēremana, kaumoana
saint tangata tapu, hāto
sake, for the - of whakaaro ki
salad huamata
salary utu kaimahi, utu ā-wiki
sale hokohoko
salesperson kaihoko
saliva hūware, tūwhare, hāware,
  huare
salmon hāmana
salt tote, kurutai
saltpetre totepita
saltwater waitai
salty mātaitai, totetote
salute mihi, pōwhiri, tohu-ā-ringa
salvage whakahou, tohu
salvation whakaoranga
same rite, ōrite
sample tauira, tautauira
sample (try out) whakamātau
sanctify whakatapu
sanctions whakawhiu
sanctuary piringa, wāhi tapu
sand onepū, oneone, kirikiri
sand-dune tahuna, taipū,
  tāhuahua
sandal pārairai, korehe
sandbank parehoru
sandfly namu
sandhills tāhuahua, taipū oneone
sandpaper pepa hōanga
sandstone tunaeke, hoanga, keho
sandwich hanawiti

sandy one, kirikiri
sane mōhio, hinengaro hauora
sanguinary kaikōhuru
sanitary parakore
sanitary inspector kaititiro o te ora
sanitary napkin kōrē
sanitary pad kope
sanitation hauora
sap pia, taitea
sapling māhuri, kōhuri
sapphire hāpira
sapwood taitea
sarcasm kupu whakahāwea
sarcastic kōrero kawa,
   whakahāwea
sardine aua, hārini
sash rāpaki, whītiki
satchel kopa, tākopa
satellite waka tāwhio, ao tawhio,
   aorangi
satin kākahu mōhinuhinu
satire whakahāwea, whakarōrā,
   pūhohe
satisfaction tatūtanga, ngata,
   mānawa
satisfied rite te hiahia, nā,
   whiuā mākona
satisfy whakanā, whakawhiu
saturate tōpuni, waiwai
saturation pīpī ki te wai
Saturday Hātarei, Rā Horoi
Saturn Rongo, Parearau
sauce wairanu, whāranu, kinaki
saucepan hōpane, kōhua
saucer hoeha, hōhi
sauna puna koromahu
saunter haere noa
sausage hōtiti, notinoti, tōtiti
sausage roll tōraha tōtiti taparaha
savage kino, tūkino, mohoao
savagery tūkino

save tiaki, whakaora, rauora,
   tohu, penapena
savings pūtea moni,
   moni whakaputu
savings account pūtea penapena
saviour kaiwhakaora
saw (tool) kani, kani mīhini
sawdust kota, para rākau
sawmill mira
say kōrero, kī, mea, whakapuaki
saying whakataukī, pepeha
scab paku, raupapa, pāpaka
scabbard pūkoro
scabies hakihaki
scaffolding rangitupu, tīrewa
scald wera ki te wai, kōhua
scale fish (scrape) unahi, inohi
scale (for weighing) āwhata
scallop, queen - tipa, tupa
scalp kiri angaanga
scalp (of enemy) kawiu
scaly unahinahi
scan āta titiro, titiro whakatau
scandalous rongo hanihani
scanner pūmatawai roro,
   whakaata kimi
scantling papa rākau
scanty rahirahi, pakiwhara
scapula (bone) hakikoko,
   pākaukau
scar nawe, wenewene, riwha
scarce torutoru, ruarua
scare (frighten) whakawehi,
   whakamataku
scarf kāmeta
scarifier karawhaea
scarlet hīwera, whero
scarlet fever kākura
scary whakamataku
scatter rui, hora, whakamarara,
   tohatoha,

S

scatterbrain rorirori, heahea
scattered marara, tīrara
scavenger paraketu, hamuhamu
scene (of play) wāhanga
scenery tūtūnga
scenic hei tirotiro, whakakitekite
scent kakara, tīere, hā, rautangi
sceptic kaitaunu
schedule kupu āpiti, rārangi
signature hainatanga
scheme kaupapa
scholar ākonga, tauira, pia
scholarship karahipi
school kura, whare kura
school certificate kura tiwhikete
school leaver tamaiti mutu te kura
school of fish tara ika, tere ika
school teacher kaiako
schoolbag kopa-kura
science pūtaiao, taha taiao
sciences āhuatanga o te Ao
scientist kaipūtaiao
scissors kutikuti
scoff taunu, tāwai
scold kōwhete
scone kōno, takakau iti
scoop koko
scorch hunuhunu, rārā, pakapaka
scorched tāwera
score (result) kaute, piro
score board papa tātai
score (v.) tae, tapeka, piro
scorer (marker) kaitatau
scores, old - take tārewa
scoria rangitoto
scorn taunu, atamai
scornful taunu, pūhohe
scorpion ngārara timo, hiku timo
scorpion fish matuawhāpuku, rai
Scot/Scotsman Kōtimana
scoundrel taurekareka

scour (rub) ūkui, rari, aka, haurapa
scourer rari
scout tūtei, torotoro
Scrabble (game) ketu kupu
scraggy tātarahake
scramble oke, takaoraora
scrap (piece) mara, parakai, kuha
scrape waru, hāro, raku, huke
scraper kota
scrapped (torn up) nakunaku,
  whakarere
scrappy rikiriki
scraps toenga, maramara, paka
scratch rapirapi, rakuraku,
  ketuketu
scream auē, tioro hāparangi, tiwē
screen, cinema - rīanga, mata,
  papa whiti
screen (v.) rī, ārai, tauārai
screen, protective - whakaruruhau
screw wiri, kōwiri, whakawiri
screwdriver huriwiri
script (text) tuhi-ā-ringa
Scripture Karaipiture,
  Tuhituhi Tapu
scroll (computer) hurinoa
scrotum pūkoro raho
scrounge kaipaoke
scrub (bush) rarauhe, tāwhao,
  tūmatakuru
scrub (clean) horoi, āka
scrubber (cleaner) kaiwaru
scrum kakari, kirimiti
scruple āwangawanga, pohopā
scrupulous uhupoho
scrutineer kaitirotiro
scrutinise āta tirotiro
scuff waru hu, punguru
scuffle āpiti tū
sculptor kaiwhakairo
sculpture whakairo

scum parawai
scurf inaho, pakitea
scurvy mate kāwei, mate hapa
scuttle tahuti
scythe haira
sea moana, tai
sea breeze muritai, hau moana
sea egg kina
sea lion kakerangi, kekeno
sea shell anga, kota
sea snail pūpūtai
sea urchin kina
sea wall paetai
sea water waitai
sea, open - au o te moana
seafarer hēremana, kaumoana
seafood kaimātaitai
seagull karoro, katete, tarapunga
seahorse manaia, kiore moana
seal (animal) kekeno, pakaka
seal (stamp) moko-whakapiri,
  hīra
sealer kaipatu kēkeno
sealion poutoko, kautakoa, kake
seam (cloth) tuinga, maurua
seamstress kaitui
seamy paru, taretare
seaplane wakareretai
search rapu, kimi, rangahau
search warrant raihana kimi,
  tuhinga kupu rapa
searchlight raiti kimi, rama rapa
seashore tahatai, tātahi, ākau,
  takutai
seasick rūaki moana
season (time) wā, wātau, takiwā,
  peka o te tau,
seat nohoanga, tūru
seat (orator's bench) paepae,
  taumata
seaward ki tai, ki waho

seaweed rimurimu, parengo
seaworthy whakapiri, pihi
secede wehe, kounu
secession kounutanga
secluded mokemoke, puni
seclusion noho mōwai
second (instant) hēkena
second tuarua, tautoko
second sight matakite
seconder kaitautoko
secret (adj.) puku
secret (mystery) ngaro, mea ngaro,
  mea huna, muna
secretary kaituhi, hēkeretari
secretive toropuku, huna
sect rōpū wehe, hāhi motuhake
section (land) hua, tēkihana,
  tūāporo whenua
section (part of) wāhanga
sector wāhanga, taha
secure (fix) whakamau, whakaū
secured tawhiwhi
security taituarā, tiaka
security check mataaratanga
sedate (with drug) whakarokiroki
sediment para, parakiwai,
  parawai
seditious takahi mana kāwana-
  tanga
seduce poapoa, pātaritari,
  whakawai, whakapati
see kite
see for oneself kite kōiwi
see out (last out) tautohe
see-saw tiemi, pīoi, pīoni, tīeke
seed pua, purapura, kākano,
  puarere
seed, go to - puarere
seedling parahia (kumara), pihi,
  rea, wanatipu
seek kimi, rapu, rangahau, hāhā

S

seek revenge whai utu
seem te āhua
seer matakite, tohunga
seethe ī, nganangana, koropupū
segregate wehewehe
seismic rū whenua
seize hopu, kapo, rarawhi, herepū
seized mau
seizure hukihuki ohorere
seldom torutoru nei wā, uaua
select kōwhiri, whiriwhiri, kōhari,
  whakapena
selection panel kaitātari
selector kaiwhiriwhiri
self tinana, ake (*after pronoun*),
  aroaro
self importance whakahīhī
self pity aroha-ā-kiri
self-assured pakari, māhaki
self-conscious whakamā, hihira
self-defence ārai mate whaiaro,
  wawao tinana
self-explanatory mārama noa
self-reliant tū tangata
self-respect tū tika, kiri huarangi
self-righteous whakapehapeha
self-sacrifice oha noa,
  whakapau manawanui
self-satisfied kiri manawareka
self-starter pā tīmata
self-sufficient tū motuhake
selfish kaiponu, mōhū, kaiapo,
  matatoua
sell hoko atu
seller kaihoko
sellotape tēpa whakapiri
semblance āhua
semen wai tātea
semi-skilled worker kaimahi
  hakorea
seminar rūnanga

send tono, tuku
send for tono, tiki atu
send-off pana
senile poauau kaumatua
senior tuakana, tōmua, mātāmua
sense rongo, hārau, āronga,
  matatau
sense of humour āronga hātekēhi,
  āronga ngahau
sense, common - whakaaro noa,
  atamai, mōhio noa
sensible whai whakaaro
sensitive ngāwari, aro atu, aroha
sensor pūoko
sensual karihika, āhuareka
sentiment ngākau
sentry hēteri, kaimatire, tūtei
separate (apart) motuhake
separate (divide) wehewehe,
  māwehe, whakawehe, momotu
separation wehenga
separation, legal - whakamana
  wehenga
separator hepareta
sequel roanga, huanga
sequence raupapa upane,
  whakatakotoranga
serenade waiata whaiāipo
sergeant haihana
sergeant-major haihana-meiha
serial raupapa, hātepe
serial story kōrero raupapa
series raraupapa, rārangi
serious taumaha, hōhonu,
  nui whakaharahara
sermon kauwhau
serrated edge mīkara, pūtaratara
serum wai toto
servant hāwini, tūmau, pononga,
  wharerā
serve manaaki, aro atu ki

serve (games) tuku, hau
serve food whiu kai, whakarato
server (tennis) kaituku
serves you right! e koe e koe!,
  kaitoa
service (utility) ratonga mahi,
  umanga, āwhina
service provider kaiwhakarato
service station pā hinu, papa rato
service, medical - umanga
  whakaora
service, religious - hui karakia
servicemen, returned - rōpū hōia,
  rōpū pāraeroa
serviette ūkui māngai
session nohoanga, wāhanga,
  huinga
set (back-drop) tūrākai
set (games) kotinga
set (sun) tō, tōrengi
set apart whakaihi
set boundary rohe
set free tuku kia haere
set on fire tahu
set out (lay out) whakarārangi,
  tātai
set-square tapatoru tākonga
settee hopa, pae hānea
settle tatū, tau, noho tūturu,
  whakatau
settlement (agreement) whaka-
  taunga
settlement (village) kāinga
settler hunga whai whenua,
  kaiwhakanoho whenua
seven whitu
seventh tuawhitu
several ētahi, tokomaha
severance pay utu whakamutu
  mahi
severe uaua, taumaha, pākaha

sew tuitui
sewage system pūnaha paraingaki
sewage parakaingaki
sewing tuituinga
sewing machine mihini tuitui,
  purere tuitui
sex tānetanga, wahinetanga
sex, have - ai, onioni, mahimahi
sextet takiono
sexual abuse raweke, taitōkai
sexual desire taera
sexual harassment whakatīwheta
  hemahema
shabby taretare, karukaru,
  kanukanu
shack kuha kāinga, māhauhau,
  wharau
shade whakamarumaru,
  maru raiti
shade eyes kaupare, tūpare
shaded maru, taumaru
shadow ata, atārangi, ariā, ataata
shag (bird) kawau, kāruhiruhi
shaggy pūhutihuti
shake ueue
shake (liquid) whakakarekare
shake (tremble) ngāueue,
  tāwiriwiri, matangurunguru
shake about wiriwiri, korikori, rū,
  rui
shake hands rūrū, harirū
shallow pāpaku, hakahaka
sham tinihanga
shameful whakamā, āniu,
  mōkīnokino
shampoo hopi makawe
shape āhua
shape (v.) tārei
share (food ration) tōtō kai
share (part of) wāhi, wāhanga,
  pānga wehewehenga, hea

S

shareholder tangata whai pānga
shark mangō, pioke, mako
sharp koi, koikoi
sharpen whakakoi
shatter mongamonga, kongakonga
shave heu, waru
shavings warunga
shawl tarapouahi, katekate
she ia
shear sheep kuti
shearer kaikuti hipi, kaikatikati
shearing kutikuti
shearwater (bird) pakahā, toanui
sheath (holder) pūkoro
shed (shack) wharau, wuruhēti, hēti
sheen pīata
sheep hipi
sheepish whakakumu, whakamā
sheepskin kirihipi
sheer paritū, harapaki
sheet (bed) hīti
sheet (paper) pepa, puka
shelf tarenga, kārupe
shell (armament) pohū nui
shell (covering) anga, papa
shell, remove - kōwhā
shell, sea - kota, papa tio, anga
shellfire waipū
shellfish kaeo, pūpū, pipi
shelter (protect) whakamarumaru
shelter (refuge) whakaruruhau, pātūtū
shelter, take - ruru
shelve tukua ki te taha
shepherd hēpara
sherry hēri
shield hira, pākai, puapua
shift (v.) nuku, neke, whakaneke
shift work mahi tiriwa, mahinga

shifting pānekeneke
shilling hereni, herengi
shimmer whakaira, korakora
shin tātā, tāhau
shin guard āraitā
shine (glow) mura, hahana, tiaho
shine (polish) whakatiaho, whakapīata
shine (sun) hana, ura, whiti
shingle (pebbles) kirikiri
shiny pīataata
ship poti, kaipuke, tima
shipwreck pakarutanga kaipuke, paeārau
shirk pāuhu, paunu, anga kē, whakataha
shirt hāte
shit tiko, tūtae, hamuti
shiver wiriwiri, tuhāwiri, wanawana
shoal (fish) rāngai ika, tere, rara
shoal (sandbank) tāhuna, tuahiwi
shock (surprise) oho, tumeke, whakaoho, hotohoto
shock, electric - whiti hiko
shocking harehare, weriweri
shoe hū
shoelace kaui
shoot (growth) tupu, pihi, wene, toro
shoot (gun) pupuhi
shooting star whetū rērere
shop (purchase) (v.) hoko
shop (store) toa
shopping centre toamaha
shore takutai, ākau, taha moana
shorn kōhumuhumu, tīhore, tīmore
shorn of branches morimori, tūmoremore
short poto

short tempered wetiweti, kiriweti
short winded hau poto
short-circuit ia (hiko) whati, āwhiotanga whati
short-cut poka tata
short-sightedness titiro tata, kahupō
short-term deposit pūtea penapena huapoto
short-term wā poto
short-wave ngaru poto
shortage hapa, kōpaka
shorten whakapoto
shorthand tuhi tere
shortly takitaro ake, meake nei
shorts tarau poto
shot (noise) pakūtanga
shot (pellets) kariri
shot (sport) kuru
shot (weight) matā, hōta
shot putt panga matā
shotgun tūpara, pū hōta
shoulder pokohiwi, pakihiwi
shoulderblade hakikoko, pākaukau
shout pararehe, karanga, tīwaha, hāmama
shove tute, pei, pana, tauteka
shovel hāpara, tākoko, koko
shoveller duck kuruwhengi
show (exhibit) whakakite, whakaatu, tohutohu
show (exhibition) whakakitenga
show off whakaparanga, whakahīhī
showcase pouaka whakakitekite
shower of rain tūā ua, ua tīhengi
showerbath kōrere turuturu
shrapnel maramara pohu
shred (n.) kara, para
shred (v.) ngakungaku, haehae

shredded harotu, nguha
shrewd mōhio, pumahara, kakama
shriek tīoro, tarakeha
shrimp kōuraura, kōurarangi
shrine ahurewa, tūāhu
shrink tīngongo, kūreherehe, kōmae
shrivel whakatarehe, memenge, kūreherehe, ngingio
shrug hikihiki pakihiwi
shrunk kōmae, kawiu
shudder wiwini, ihiihi
shun whakahāwea
shunt (railway) nuku whakarārangi
shut tūtaki, kati, kōpani, pā
shut in hautoki, haukoti
shutter papa kati
shy (balk) (v.) tumeke
shy (reserved) whakamā, pūihi
sick tūroro, mate ana, māuiui
sickle toronaihi
sickly memeha, hanga-mate, matemate
sickness māuiuitanga, mate
sickness benefit takuhe tūroro
side taha, kaokao
side by side āpiti
side wall kōpai, kōpainga
side, other - of object tua
side, other - of the sea tāwāhi
side, to one - tahaki, autaha
sideline pae taha
sidelong kōtahi
sides, both - taharua
sides, on all - taka noa
sidestep karo
sidetrack peka atu, ara taha, whakatītaha
sidewalk pae ara

S

sideways korotaha, tītaha
siding taha rerewē, pekanga tereina
siege whakapaenga, karapotinga
sieve (*n.*) hītari, kōputaputa
sieve (*v.*) tātari
sift tātari
sigh mapu, hotu te manawa, kutare
sight (vision) kite
sight along barrel kerokero
sign haina, tohu
sign (traffic) pouārahi
sign with hands rotarota, kapo
signalman kaitohutohu
signature hainatanga
significance tikanga
significant whai tikanga rawa
signify tikanga
silage mauti, karapepē
silence mūmū, nohopuku, wahangū
silent wahangū, nohopuku
silhouette ata
silicon chip mōtete takawai
silk hiraka
sill paepae, pehipehi, papa
silly heahea, rorirori
silo pākoro mauti
silt kenepuru, parakiwai, parahua
silver hiriwa, kākonu
silver beech tāwhai
silver beet korare
silver fern ponga
silver paper pepa hiriwa
silver-eye tauhou
silverside mīti tote
silversmith kaimahi hiriwa
similar taurite/rite, pēnei
similarity āhuatanga tūriterite, ritenga

simile kupu whakarite
simmer korohuhū
simple māmā noa iho, hāhore
simplify whakamāmā, whakangāwari
simply tonu, mārika
simulate whakatau, whakarite
simultaneous i taua wā tonu, tukutahi
sin hara, hē
since (because) nō te mea, inā hoki, hoki (*after predicate*)
since then mai anō, i muri mai nei
sincere tika, kōrero pono
sincerely yours nāku noa
sincerity ngākau pono
sinew iaia, uaua, ioio
sinewy pakaua
sinful hara, hē
sing waiata, toiere, korihi
singe hunuhunu
singer kaiwaiata
single (one) tōtahi, tapatahi
single (unmarried) takakau, rōpā
single-minded whakaaro tahi
singlet hingareti
singly takitahi
sinister kino, whakaweti
sink (*n.*) puoto, peihana kihini
sink (*v.*) totohu, uru, tapoko
sinker māhē, maihea
sinner tangata hara
sinuous āwhiowhio
sinus ngongo
sip ngongo
siphon paipa ngongo
Sir Tā
sir! e koro, e pā, e rangi
sirloin kiko hope kau
sister (of female) tuakana, teina
sister (of male) tuahine

sister-in-law taokete, auwahine
sit noho
sit exam whakauru
sit on heels tineinei
site tūnga, papanga, paenga
sitting nohoanga, nohanganui
sitting room nohomanga
situation āhuatanga
situation vacant tūranga wātea
six ono
sixth tuaono
size nui, rahi, kaitā
sizzle pākēkē, parai, hihī
skate, ice - panunu tio,
   retireti hukapapa
skateboard papa reti
skeleton tuahiwi, angaanga, kōiwi
sketch tuhi haehae
skewer kōhiku, pūrou
ski panuku hukarere, panunu
ski-pole tokohuka
skid (slip) mania
skier kairerehuka
skiing retihuka, retireti hukarere
skilful mātau, punenga, mōhio,
   tohunga
skill mōhio, tautōhito
skilled person pūkenga, pū,
   tohunga
skim surface tipi, riripi
skimmed milk miraka waiwai
skin kiri, hiako, kiritai, kiriwai
skin (v.) tīhore, hīhore
skin-tight pirikiri, marowai
skink mokomoko
skinny tūwai, tūpuhipuhi
skip (hop) piu
skip (omit) kape
skipper kāpene
skipping rope piu
skirmish kōkiri, haupatu

skirt panekoti
skis (snow/water) papa reti
   (huka/wai)
skit whakakata, whakatoi
skite kōrero whakahīhī, wahanui,
   whakaparanga
skittle (n.) pine rākau, poutuki
skittle (v.) pātuki
skua gull hākoakoa
skull (top of) papahuaki,
   papa o te angaanga
skull pōangaanga, pārihirihi,
   pareho
sky rangi
sky-blue kikorangi
skyscraper whare tino tiketike,
   rakuraku rangi
slab papa
slack (loose) tangatanga
slacken tukutuku, whakakaewa,
   whakangoru
slacks tarau, kahuwae
slam āki, haupatu
slander ngautuarā
slang kōrero noaiho,
   kōrero ā takiwā
slant tītaha, konana, whakatītaha
slap papaki
slash ripiripi, kōripi, tapahi
slasher hūka
slat kārapi, taratara
slate pakohe, ōnewa maru,
   mākoha
slater howaka
slaughter patu, tārukenga
slave mōkai, tūmau, taurekareka
slay whakamate, whiu ki te mate
sledge kōneke
sleek maheni, mohimohi
sleep moe
sleep, put to - moe, whakamoe

S

sleeper, railway - rōau rerewē, kurupae
sleeping bag kōpaki moe
sleeping house whare puni
sleeping pill pire whakamoe
sleepy hiamoe, mate moe
sleepyhead moeroa
sleet hukarere
sleeve ringa
slender tūpuhipuhi, pūhihi
slice tapahi, topetope, kōripi
slice off ripi, poro
slide (film) papapuata, kōataata
slide projector pūrere kōataata
slight tūwai, pūhihi
slim tūpuhipuhi
slimy hāwareware
sling (v.) piu
sling (support) takaiwhata
sling (weapon) kōtaha
slink toropuku, konihi, ninihi
slinky (dress) pirihope, piri tinana
slip (fall) paheke, mania, horo
slip (underwear) āhumehume, panekoti, hītau
slip off pahuhu
slip-rail kēti roau, kēti rēra
slipknot koromāhanga
slipper hiripa, panaena
slippery pāhekeheke, mania, māniania
slipway whakarewa
slit hahae, hōripi
slither about pārikoriko
slobber hārua, whakahāware
slogan whakataukī
slope, gentle - pānanaki, aupikinga
slope, steep - harapaki, rāpaki
sloppy (wet) kōparu, tāpiapia, waia

slot pūaha, ahaaha, kāniwha
slouch pōrohe, parohea
slovenly taretare, hakirara
slow pōturi, pūhoi, āta, akitō, tīraha kau
slow down āta haere, takaroa
sludge parupuru, kenepuru
slug ngata
sluggish turikore, takurutu, pūroto
sluice kēti pāpuni
slump hekenga iho, makeretanga
slur whakahāwea
slurry oneone pokepoka
sly nukurau, māminga
smack papaki
small iti, nohinohi, paku, wāhi (*before noun*)
small item moroiti, ririki, wene
small-minded harawene
smallpox mate koroputaputa
smart (clever) kakama
smart (sting) kakati
smash in pieces tātā
smashed pakaru, paoa, kongakonga
smear pani, miri, muku
smell (odour) haunga, piro
smell (v.) hongi, rongo, hā, whakamātau
smelt (fish) ngorengore, paraki, kōeaea
smelt, young - uruao, pokotehe
smile menemene
smith (blacksmith) parakimete
smog kohupara
smoke paoa, auahi, kauruku, ahuahi
smoke tobacco kai paipa, momi hikareti
smoker kaipaipa

smoky kaurukiruki, ponga
smooth mōhani, māeneene, maheni, moremore
smother tāmi
smoulder mohu, ponguru, poa
smudge ukupara, penu
smug whakahīhī
smuggle mau huna
snag taitā, tāiki
snail ngata, kauri, pūpūrangi
snake nākahi, neke
snap motu, whatiwhati, kē, patō
snapper (fish) tāmure, karatī
snapshot whakaahua hopu noa
snare tāwhiti, māhanga
snarl ngengere
snatch kapo, tākiri
sneak (creep) haere toropuku, konihi
sneaky tautauwhea
sneer tāwai, whakahīhī
sneeze tihe, matihe, mātihetihe, tīhewa
sniff hongihongi
snigger tīhohe
snooker tauwhāinga ārai
snooze newha, kānewhanewha
snore ngongoro, peru te ihu
snorkel ngongohā, ruku ngongohā
snort whangu, whawharu
snot hūpē, paku
snout ihu
snow huka, hukarere
snowfield papahuka
snowman tānehukapapa
snowy pūmā
snub whakahāwea, whakatoatoa
so pēnā, pērā, no reira, hoianō
soak tuku ki te wai, kōpiro
soak up miti, ngongo
soap hopi

soap-powder rehu horoi
soar aloft hokahoka ake, whakatopa
sob hotuhotu
sober taumauri, tau, pūmahara
soccer tiripara, poiwhana
sociable whakahoa
social (community) pāpori, taha o te noho tangata
social welfare toko i te ora
socialism mana hapori
socialist manawa hapori
society rōpū, noho-ā-iwi, porihanga
sock tōkena
socket kōhao
soda houra
sofa hōpa
soft (to touch) ngāwari, ngohengohe, kūteretere
soft sound āta tangi, māriri
soft-drink waireka
softball poiuka
soften whakangāwari
softly mārire
soggy kōparu, pī, waiwai
soil oneone
solar eclipse rā kūtia
solar system Ika Matua a Tangaroa
solder (n.) piuta, konuhono
solder (v.) hono-ā-konu
soldier hōia
sole (alone) anahe, kotahi, mokemoke
sole of foot takahanga, tapuwae, kapukapu, raparapa
sole, lemon - pātiki
solemn tapu, amaru, tū rangatira
solicit inoi, pati
solicitor rōia

S

solid mārō, pakeke, papatipu, ukauka
solidarity kotahitanga, whakawhanaunga
solidify whakapapatipu, whakaū, kukū
soliloquy whakaputa whakaaro
solitary tōtahi, mokemoke
solitude noho mokemoke
soluble rewa
solution, liquid - wairewa
solve (maths) whakaoti, wetewete
solvent whakarewa
solvent abuse hongi kāpia
some ētahi, he
somehow pēhea
someone tētahi, awairānei
somersault takahuri, pōtēteke
something tētahi mea
sometime a te wā, i ētahi wā
somewhat hanga, āhua
somewhere hea
somewhere or other ki hea rānei
son tama tāne, tamaiti
son-in-law hunaonga
sonar paoro
song waiata, tau
sonic pāorooro
soon meākenei, āianei, ākuanei, ākuarā, taro ake, taro kau iho
soon as possible tere tonu, taro ake nei
soot awe, kūkāwhare
soothe whakamārie, mirimiri, whakamaene
soprano reo wahine teitei, reo kōtike
sore mamae, pātito, hakihaki
sorrowful aroha ana te āhua, pōuri
sorry (sad) aroha, pōuri

sort (type of) tū, momo, āhua, āhua nei
sort out whiriwhiri, tātari, whakarōpū
SOS tono whakahauora
soul wairua
sound tangi, hau o te waiata
sound track ara pūoru
sound, dull - haruru
sound, harmonious whaka-rekareka
soundwaves parangēki
soup hupa
sour kawa, kakati
source mātāpuna, take, matatiki
south tonga, ki runga
southeast paeroa, pitonga
Southern Cross Taki o Autahi
southern lights Nga Kurakura o Hinenuitepō
southwest wind pūāwanga, tonga māuru
souvenir manatunga
sovereign (ruler) kīngi, kuini, ariki nui, ariki tapairu
sow (pig) poaka uwha
sow seed rui
sow-thistle pūhā, rauriki
spa puna waiōpapa
space ātea, wāhi, tiriwā
space, outer- ao takiwā, ātea
spacebar pātuhi whakawehe
spaceman kairere whaitua
spade (cards) pēti
spade kō, hō, kāheru, hoto
spaghetti pāketi, noke parāoa
span of bridge tīpae
span, hand - awhe ringa
Spanish Pāniora
spanner tānakuru, mauhuri
spar rākau

spare (extra) motuhake
spare (have mercy) tohu
spark korakora ahi
spark off whakaongaonga, tahu
spark plug puru konga, puru hiko
sparkle tīaho, whakaira
sparse tihetihe, tūrukiruki, takitahi
spasm waitākiri
spastic hukihuki
spatter uwhiuwhi, kōpatapata
spatula koko parai
spawn hua rākau, hua paru, toene
speak kōrero, mea, kī
speaker kaikōrero
speaker's bench paepae, taumata
speaker, skilled - pūkorero,
  kaikōrero
spear (weapon) huata, tao, matarau
special motuhake, hirahira
special character mauri
specialised skill tautōhito whāiti
species momo
specific pū, tino tūturu, motuhake
specific matters take e hāngai pū
  ana
specify āta whakahua
specimen whakaaturanga
speck tongi, kora
speckled kōtiwhatiwha,
  kōtingotingo, tongitongi
spectacle tirohanga
spectacles mōwhiti, karaehe
spectator kaimātakitaki, kaititiro
spectrum, wide - momo āhuatanga
speculate peti, rapa noa,
  whakaaro noa
speed te horo, te tere
speed up whakatere
speedometer ōrite tere, mata-tere
speedy hohoro, tere
spell word tau mai

spell, magic - mākutu, karakia,
  ātahu
spellbound manarū
spelling pūnga kupu
spent pau, ruhi
sperm tao tātea, wai o te ure
spew ruaki
sphere kōpio, pororino
spice raukikini
spider pungāwerewere, ngārara
spike taratara, koi, wero
spill ringi, maringi
spin (thread) miro, whenu
spin off whai hua anō
spinach kōkihi
spinal cord ua
spine tuarā, tuaitara, tuaiwi
spines of fish tara
spinner (fishing) pā kahawai
spiny tūaitara, taratara
spiral āwhiowhio, takarangi,
  tōrino
spirit wairua, kēhua, manawa
spirit level rēwara
spirits, in good - hauora
spiritual taha wairua
spit tuwha, tuha, hūare
spit, roasting- hukihuki
spite kaikino
spite, in - of ahakoa
splash pōhutu, pōrutu, patī
splatter paratī, uwhiuwhi
spleen kōateate, hinengaro
splendid whakahirahira
splendour korōria, ahurei
splice honohono
splint toko whakatika
splinter maramara
split (n.) tapa, matatatanga
split (v.) wāwāhi, tīhore
split ends torokaka taratarakina

S

335

split off hautepe
split open kōwhā, raparapa, powhara, kōara
spoil takakino, pāhua whakakino
spoke of wheel titi
spokesperson reo, māngai
sponge pūngoru, kōpūpūtai
spongy pukahu, pūkahukahu, kōpuka
sponsor tautoko
spontaneous noa
spool taka (miro), porotakaroa
spoon pūnu, koko, pune
sport tākaro, hākinakina
sportswear kākahu whakataetae
spot korotiwha, tongi
spotless parakore
spotlight raiti tiaho, ramataiaho
spout kōrere, paute, pipiha
sprain one's back tanuku tuarā
sprained tanoi, takoki, taui
sprat kupae
sprawl takoto, tīraha, pukoni
spray of flowers rau pūāwai
spray, sea - rehutai
spread (distribute) tohatoha
spread (radiate) torotoro
spread of disease urutā
spread on ground whāriki
sprig (twig) tākupu
sprightly tatara, kakama
spring (coiled) whana, tākiri, kōwiri
spring (v.) peke, tarapeke, kōwhiti, hūpeke
spring (of water) puna
spring (season) kōanga
spring tide tai nunui, huki
sprinkle uwhiuwhi, ruirui, tāuwhiuwhi
sprinter kaikōkiri

sprocket nihomeka
sprout tupu, pihi, tīnaku, toroihi
spur kipakipa
spurt torohī, taratī, paratī, pahī
spy kaitūtai, tūtai, tūtei,
squabble kōhetehete
squad uepū, rōpū
squalid anuanu, mōrihariha, pōpopo
squall rorohū
squalor whakarikarika, hawahawa
squander maumau
square tapawhā rite, porowhā rite
square, all - rite, ōrite
squash kōpē, kōpiri, kōahi, kōpenu
squash drink waipē
squash game poipātū
squat (chunky) hakahaka
squat (crouch) noho hītengitengi
squeak pipi, wē, koekoe
squeaky koē, ngawī
squeal auē, ngawī
squeeze romi, kōpē, whakatē
squelch paratī, pasī pai
squint keko, rewha
squirm takaokeoke
squirrel kirera
squirt tarapī
stab wero, oka
stabilise whakamatua, māhoi, whakawhena
stable (animal) tēpara
stable (firm) ū, mau
stack tāke, tāpae, whakapū, whata
staff (personnel) kaimahi, rōpū mahi
stag tiatoa
stage (platform) whatarangi, atamira, whārangi
stage position tūranga atamira
stage, at what - āhea ... ai

stagger hūrorirori, putuputu, tūrori, hōrorirori
staggered start putuputu
stagnant pūroto
stain whākano (pūtau)
stained poke, poapoa
stainless pokekore
staircase arapiki
stake poupou, tumu, tokotoko
stalactite koeko iri
stalagmite koeko tū
stale pirau, pipirau, kōpuru, tawhito
stalk (of plant) kakau, tā
stall for time taruna, whakaroa, kumeroa
stall wharau hoko, tēpu hoko
stallion tāriana
stamina hiringa, kaha o te tinana, pakaritanga
stammer kakakaka, kīkiki, nanunanu
stamp (impress) tohu, tā
stamp the foot takahi
stamp, postage - pane kuini
stampede rere marara
stance tū
stand (endure) whakamomori
stand (place erect) whakatū
stand (rack) tūranga, tūnga
stand by (wait) tatari
stand in line tūtira
stand legs apart kūwhera
stand off (keep clear) tū mamao
stand-over tactics mōkinokino, tikanga kaioraora
stand to attention takitutu
standard (class) karaihe
standard of living tikanga whaiora
standard, education - paerewa
standard, high - taumata

standing committee komiti whāiti, komiti tū
standing orders tikanga raupapa
standing toe to toe apitutū
standpoint tūranga, tirohanga
staple (wire) mau, tēpara
staple diet kai matua
stapler whakamau, whakatēpara
star whetū
starch tāhi
stare titiro pū, whetē, tiromākutu, mātiro
starfish pekapeka, pātanga-tanga
starling tāringi
starry kōpura
start (begin) tīmata
start up (computer) whakaoho
starter kaitīmata
startle whakaoho
starvation hemokai
starve matekai, hemokai
starving hauhauaitu
state (condition) āhuatanga, auaha
state funded tautokona e te Kāwanatanga
state sector taha ki te Kāwanatanga
stately tū rangatira
statement pūrongo, pānui, ki
statesman kaiarahi o te iwi
static tū noa iho
station teihana
station wagon teihana wākena
stationary tū tonu
stationery pānga tuhituhi
statistic tatauranga, tataunga
statue whakapakoko, whakaāhua
stature tipuranga, tū teiti
status mana tangata, tūnga whai tikanga

S

staunch kaha, pāpuni, pūmau

steady tina, mārō, whakamauru

steak kotinga mīti, tapahanga mīti

steal tāhae, whānako, whēnako

steam mamaoa, korohu, piua, koroahu

steamer tima

steamy pūmāhu

steel maitai, tīra

steep (vertical) tūpoupou, poupou, tūparipari

steep bank tahataha

steep in water kōpiro, waiwai, tou

steeple pourewa mātira

steeplechase tauomaoma taiapa teitei, reihi pekepeke

steer tia, urungi, rūnā

stem kakau, tīwai, tātā

stench piro, pūhonga

stencil (v.) whakatauira

step hīkoi, tapuwae

step in whakauru

step ladder arawhata tūnoa

step-parent matua whāngai

step up kake

step, stair - pae

stepchild tamaiti atawhai, tamaiti a te hoa mārena

stepfather pāpā whakaangi

stepping stone tapuwae kōhatu, ara tiriwae

stereo pāho tangi huarua

stereotype tauira

sterile korekore, pāhoahoa, pukupā

sterilise (disinfect) patuero, ārai popo, whakahoromata

sterilise (neuter) (v.) poka whakapā

stern (rear) kei (o te waka), muri, rapa, noko

stern (strict) whakaioio, uaua

sternpost taurapa

stew mīti paera, tiu

steward tuari

stick (adhere) piri, whakapiri, rapa

stick (wooden) rākau, tokotoko

stick out tongue whētero

stick-dance ti rākau

stick-figure tuhi tuahiwi

stick-insect rō

sticker pānui whakapiri

sticking plaster whāmahu

sticky piripiri, ū, raparapa, hāpiapia

stiff mārō, pakeke, kōpā, mākiri

stifle nanati

stifling pongere

still (even now) tonu

stillborn materoto

stilts poutoti waewae, rākau

stimulant rongoā whakakori

stimulate whakaaraara, whakakorikori

sting (insect) wero, tū, nanamu

sting (pain) kakati

stingray whai

stingy tūmatarau, kaiponu

stink piro, haunga

stir tīkapekape, whakakaurori, whakatutu, kōrori

stirred up tutū

stirrup terapu

stitch tui, tuituinga

stoat toata

stock (cattle) kararehe pāmu

stock (of gun) kaurapa

stock car wakapare

stockade pā, tūwatawata

stocking tōkena

stockpile tōhīanga, putu, whakapuranga

stocktaking kaute taonga

stocky tūpoto

stockyard papanga kararehe, taiepa

stomach puku

stone (rock) kōhatu, pōhatu, kāmaka, ōnewa

stone (weight) tōne

stone, fruit - whatu, nganga, karihi

stoned out of mind rehu i te tarukino

stool tūru

stoop tūpou, tuohu, piko

stop (halt) tū, whakamutu

stop (prevent) ārai, ārei

stop-cock puruwai

stop up puru, pā

stopper (bung) puru

storage whakaputunga, pukeinga, whakapuranga

store (shop) toa, whare hoko

storehouse pātaka, whata, pākoro

storey rewanga, whakapaparanga

storm tūpuhi, āwhā

stormy tūpuhi, paroro

story kōrero paki, pūrākau, kōrero pakiwaitara

storyteller kaipurākau

stout mōmona, kaha, tetere

stove tō, oumu, umu

stow whakapuranga, whakaputu

straddle tirera

straggle tūtārere, tūngāngā, whakatakere

straight torotika, tōtika, heipū

straight as a die tika rere

straight away inaianei tonu

straight on māro tonu, tika

straighten whakatika, whakahāngai

strain (effort) whakapau kaha, riaka

strain (fatigue) ngoikore, tanuku, pau te kaha

strainer (fence) whakamārōrō

strainer (kitchen) kōputaputa

straits, dire - pōharatanga, tata mate

strand (wool) kanoi

stranded pae

strange autaia, rerekē, tipua

stranger tauhou, tautangata, manene, ruranga

strangle noti, tārona, nanati

stranglehold kōnati

strap tarapu, tātua

strategy rautaki, nuka, kaupapa

straw kakau witi

straw, drinking - pū ngote, pū ngongo

stray (wander) haerēre, kōtititi, kaihanu, pakoke haere

streak tarapī, tāekaeka

streaky ropiropi

stream (brook) wai, awa iti, rerenga

streamline whakamaene

street tiriti

street kid tamaiti ihongaro

strength kaha, ngoi

strenuous uaua, tūkaha

stress pēhi, taumahatanga, tō, haureo

stretch (lengthen) whakaroa, toro

stretch forward tautoro

stretch legs hōkarikari, whakatīhaha

stretch tight whakamārō, kume

stretcher whata amo, kauamo, takotoranga tūroro

strict pakeke, pākaha

stride out whakaraka, tāwhai

strife riri, tōtohe, pakanga

S

strike patu, pātukituki, hauhau, hahau, pao, hau, whakaruke
strike (collide) tūtuki
strike (industrial) porotū, taraiki, mutunga mahi
strike a match tihae māti, tahu
strike down turaki
strike home ū
strike sparks pātōtō ahi
strike together papaki
striking ātaahua, tau, mīharo
string tuaina, tiringi, aho, tau
string game whai
strip off kōmuku, unu
striped whakahekeheke, ropiropi, kotikoti
stripped bare maru, tāhorehore, tīhore
strive whakapau kaha, tohe
stroke mirimiri, haumiri, hokomirimiri
stroke (medical) ikura roro
stroke (swimming) tāhoe
stroll about hāereere
strong kaha, pakari
stronghold pā tūwatawata, pā kaha
struck pā, whara, tū
structure anga, hanga
struggle momou, arawheta, nōnoke, takaoraora
strut about whārona, whakatāmaramara
stubble tātākau, paihau poto
stubborn whakatete, pake, upoko māro
stuck fast ita, whakapiria
stud, collar - pātene
stud, ear - titi taringa, mako kōura
stud (building) pou
student ākonga, tauira, pia

studio rūma whakatauria
studious pukumahi, whiwhita
study akoranga, rangahau, ako
study room tari
stuff (fill) puru
stuff (rubbish) parahanga, rāpihi
stuff mouth apu
stuffed puru, apuapu
stuffy hau piro, hēmanawa
stumble tūtuki, tapepe, tārutu
stump of limb mutumutu
stump of tooth niho more
stump of tree tumutumu, take
stunned pōro, warea
stunted pūkiki, hūtoitoi
stupefy pōrewarewa
stupendous nui whakaharahara
stupid rorirori, kūare, heahea
stupor pāhoahoa, pōro
stutter nanunanu, kīkiki, kakakaka
sty (pig) rāihe poaka
style āhua, ritenga, momo, tikanga
sub-committee komiti raro
subconscious rehu moemoeā
subdivided wehewehea, wawae
subdivision wāhanga
subdue whakarata, whakamārire, pēhi
subdued rata
subject (topic) take, kaupapa, matapaki, akoranga
subjected to taurekarekatia, meinga hei pononga
subjective view whakaaro tuakiri
sublime teitei rawa, tino rawe, rekanga kanohi, whai kororia
submachine gun pū aunoa māmā
submarine (boat) waka ruku, kaipuke ruku wai
submerge ruku

submission (proposal) tono, tukunga mai
submissive whakarongo, iro
submit (give in) tuku
submit proposal whakatakoto, tāpae kaupapa
subscribe whakaae, uru ki roto
subscription koha, utu noa
subsequent whai ake ana, o muri mai
subside heke, mimiti wai, mauru
subsided māwhe
subsidence hū whenua, horowhenua, tanuku
subsidise tāpiri, pūtea
subsidy pūtea tāpiri, moni tāpiri
subsistence oranga noatanga
substance matū, mea whai kiko, hanga, tino tikanga
substantiate whakapūmau, whakaū
substitute whakakapi, whakawhiti
substitute (sport) tāpui
subtract tango
suburb moka taone
subversive turaki, manini kē
subway ara raro
succeed tutuki pai
successful whai hua, mōmohu
succession whai atu ana, tauatanga
successor kairīwhi, rīwhi, uri, piki tūranga
succulent tuawhiti, reka rawa
such pēnā, pērā, pēnei
suck ngote, momi
suck in ngongo, ngote
sucker (plant) hihi, hekerua
suckle whakangote
suckling piripoho, punua

suction ngote, momi
suddenly tata tonu, ohorere
suds hōpi huka
sue whakapae-ā-koti
suede kirinane
suet ngako
suffer mamae, pā te mamae
sufficient nui noa atu, ka nui, kāti
suffix arohere matau, kūmuri
suffocate noti, hēmanawa
sugar huka
sugar-cane tātā huka
suggest whakahua
suggestion tohutohu, whakaaro
suicide tārona i a ia anō
suit (clothes) hūtu, pūeru
suit (harmonize) tau
suit (of cards) whare kāri
suitable tau, rawe, tōtika, arotau
suitcase pāhi
suitor tahu, whai-ā-ipo
sulk whakatupere ngutu, whakakeke
sullen haumaruru, whakamoroki
sulphur whānariki
sulphuric acid hīmoemoe ngāwha
sum total pupūtanga, tapeke
summarise whakarāpopoto
summary whakarāpopoto
summary offence hara whakapae
summer raumati
summit tihi, toi, teitei, taumata
summons (legal) hāmene
sump rua
sun rā
sunbathe pāinaina
sunbather kopāina
sunbeam hihi o te rā
sunblock ārai hihirā
sunburn tīkākī (i te rā), manauri i te rā

S

Sunday Rātapu
sunglasses mōwhiti whakamaru
sunk totohu
sunlight mārama o te rā,
hiho o te rā
sunray hihi
sunrise whitinga o te rā
sunset torengitanga o te rā,
tōnga o te rā
sunshade marumaru
sunshine rāhana, rāwhiti
sunstroke rangiroro i te rā
suntan kiri painaina,
kiri rauwhero
superannuation penihana koroua
superb mīharo
superficial kirimoko
superfluous mahuetanga
superhuman atua
superintendant kaiwhakahaere,
kaitiaki
superior tumuaki
superiority hīranga ake
superlative inetoru
supermarket toa hokomaha
supernatural o te ao wairua
supernatural power mana atua
superstition mataku atua,
wehi mea ngaro
superstitious whakataputapu
supervise whakahaere, tiaki
supervision tohutohu, whakatau
supervisor kaiwhakahaere mahi,
rangatira mahi
supper hapa, kai o te ahiahi
supple ngāwari, piwari
supplejack pirita
supplement mea āpiti, tāpiri
supplier kaiwhakarato, kaihomai
supplies taonga, putunga
supply tuku, hoko, hoatu, homai

support (uphold) tautoko, taunaki,
whirinaki
support services ratonga mahi
supporter kaitautoko, tatao,
apataki
suppose whakaaro
supposing mehemea, ki te mea
suppress pēhi, tāmi
supreme kaha rawa
Supreme Court Kōti Matua
sure (certain) ka pono rā,
tino mōhio
sure enough ehara!, tika tonu, āna
surely kāore ekore
surety punga
surf (breakers) karekare, hukahuka,
auheke
surf-ride paheke ngaru, moki
surface mata, kiri, papa
surface (water) kārewa, karetai
surfboard papa retingaru
surge whakapuku, pōrutu, āmai
surly pukuriri
surname ingoa whānau
surpass hipa
surplus toenga, koha
surprise (trap) komutu, hopu,
mau ohorere
surprise (wonder) mīharo
surprising whakamīharo
surrender tuku, hauraro
surround karapoti, pae, hao
surroundings wāhi tata
surveillance titiro
survey rūri, wea, tiro whānui
surveyor kaiwea, kaituhi whenua,
kairūri
survive puta, orapito
survivor makorea tangata, mōrehu
suspect (n.) tangata āhua hihira,
tangata whakapaetia

suspect (v.) tūpato, whakapae
suspend iri, whakatare, whakairi, whakatārewa
suspense māharahara, pohopā, āwangawanga
suspicious whakatūpato, tūpato
sustain tautoko, ukauka, kauneke tauwhiro
swagger haere whakapehapeha
swallow horomi
swallow (bird) warou
swallow whole horopū
swamp repo, mātātā, nowaiwai
swamp hen pūkeko, pākura
swampy pīpī, kūkūwai
swan wani, kakīānau
swap hoko mai hoko atu
swarm (bees) kāhui, rāpoi, mui
swarm around mui, pōī
swastika ripeka piko
swat papaki
sway tīoioi, koiri, whakapioioi
swear (curse) kanga, kupu tiotio
swear (oath) ōati
sweat werawera, kakawa, tihau, tokakawa
sweater poraka
sweaty werawera
sweep ā, tahitahi, purūma
sweepstake peti tahua
sweet reka, rōreka
sweetcorn kānga
sweeten whakareka
sweetheart whaiāipo, kaihou
sweetness rekareka
sweets rare
swell kōpuku, pupuhi, tetere
swell (sea) āmai
swelling (sore) kikohunga
swerve parori, tataha, tītaha

swill, pig - kokinga waru
swim kaukau, kauhoe
swimmer kaikaukau
swimming pool kaukauranga, hōpua
swimming togs kākahu kaukau
swindle tinihanga
swine poaka
swing open kauhuri
swing the hands karawhiu, piupiu
swing, child's - moari noho
swing poipoi, tārere, whakapiu
switch (n.) pana whakakā, pana raiti
switch (v.) whakakā, whakaweto, meinga iho, meinga ake
switchboard papahiko, papa waea
swoop down rere kōkiri, whakatopa
sword hoari
swordfish haku, paea
sworn whakaoatitia
syllable wāhanga kupu, kūoro
syllabus ngā marau
symbiosis taupuhipuhi
symbol tohu
symmetry auaha
sympathetic aronui ana
sympathise aroha atu
sympathy pūaroha, aroha
symptom (of illness) tohu mate
synagogue hinakoha
synchronise whakaōrite
synchronised tukutahi
syndicate rōpū
synod hīnota
synonym kupu ōrite
synonymous rite tonu
synopsis whakarāpopotonga, pānui poto

S

synthesis whakarāpopotonga,
  kōtuitanga
synthetic kēhua, hori
syphilis pākewakewa

syringe ngotewai, pūwero
syrup miere
system pūnaha, whakahaere, ara
systematic nahanaha, tātai

T

tabernacle tapenakara
table tēpu
table (of data) ripanga hōtuku
table-tennis tēpu tēnehi
tablecloth uhi tēpu
tablespoon koko toha
tablet (medicine) parehe
tabulation whakaripanga
tacit haumūmū, nohopuku, huna
tack (nail) pine
tack (sailing) waihape, whakaripi
tackle (grab) rutu, ruturutu,
  tairutu
tacky piripiri
tact arero reka, kupu matareka,
  whai whakaaro
tactful manawa pai
tactics taupaepae, tātai
tadpole papane, punua poroka
tag (game) wi
tag (mark) waitohu
tag (touch) pā (-ngia)
tail (animal) whiore, tēra, waero
tail (bird) remu, kotore, tou
tail (fish/sperm) hiku
tail-bone iwi timu
tailor kaitui
tailwind hauhiku
taint piro, whakakino, poke
take advice āta whakarongo
take away tango atu, hiki atu,
  kawe
take by force kōhaki, kōwhaki,
  whakarau, hopu
take care of tiaki, maimoa

take in (deceive) māminga,
  tinihanga
take in dress whakawhāiti
take into account whai whakaaro
take off (doff) unu, tango, makere
take place tu
take pleasure hari, koa,
  pāre-kareka
take that! anā!, anā to kai!,
  e koe e koe!
take time āta haere
take-home pay utu ki te ringa
takeaways maukai
taken riro, taea
talcum powder nehu paura
tale kōrero, pakiwaitara, pūrākau
talent kaha, pūmanawa, mōhio
talk (n.) whaikōrero
talk (v.) kōrero, mea, kī
talk-back pāho whakahoki
talkative ngutu pī, waha rera
talker kaikōrero
tall roa, teitei, tāroaroa
tallow ngako kau, taupā
tally te maha
tally up kaute, tatau, tare
tame rata
tame (v.) whakarata
tame pet mokamōkai
tamper with raweke
tampon puru taiawa
tan (brown) parauri i te rā, pākākā
tangelo āraniriki
tangible papatupu
tangle pōwhiwhi, rīrapa

tank (container) kurapuri, kurahinu, kurawai

tank (military) mīhini maitai, taika

tanker wakahari hinu

tantamount rite tonu ki

tantrum hukihuki, manawawera, taruke

tap (*n.*) kōrere

tap (knock) pātōtō, patopato

tap dance kanikani pātōtō

tape (*v.*) hopu, tēpa

tape (ribbon) ripene, tēpa

tape measure mehua, tīeke

tape recorder pūrere hoputangi

tape, adhesive - rīpene piri

tape, recording - ripene hopu reo

tapered kāwitiwiti, kōekoeko

tapestry tāniko, tuituinga

tapu, free from - whakanoa, whakahoro

tar tahewaro, mīmiha

target keo

target date rā e tutuki ai

target, on - heipū

tarnish poke

tarpaulin tāporena

tart tāta

taste (*n.*) kai, hā, rongo

taste (*v.*) rongo (rangona)

tasteless ware

tasty reka

tattered taretare, karukaru

tattoo (*n.*) moko

tattoo (*v.*) tā moko

taunt tāwai

taunting chant kaioraora

taut tānekaha, whena

tax tāke, takoha

taxi tākihi

tea tī

tea bags kori tīraurau, pēke tī

tea leaves tīraurau

teach ako, whakaako, whakamōhio

teacher kaiako, kaiwhakaako, māhita, pūkenga

teaching whakaako-ranga, tohutohu

teal pāpango, pāteke

team tīma, kapa

teapot tīpāta

tear (rip) tīhae, haehae

teardrop roimata

tearful matawaia

tease whakatoi, tāwai

teaspoon pūne tī, punu korikori

teat titi, ū, kōmata

teatree mānuka, kahikātoa

technical toi, hangarau

technology putaiao taha tangata, hangarau

teddy bear teti pea

tedious hōhā, takeo

teenager taitamariki, rangatahi

teething tupunga niho

teething ring ngaungau

telecast pāho whakaahua

telegram waea, kupu-ā-waea

telepathy matakite whakaaro

telephone waea, whounu, ringi, waea kōrero

telephone number nama waea

telescope karu whātata

teletext pānui whakaata

televise whakaata, tīwī

television tīwī, pouaka whakaata, terewīhana

telex waea whakaata, waea tuhi

tell whakaatu, mea, whāki, whakahua

tell off kōhete

tell-tale kawekawe kōrero, ngautuarā
teller kaikaute, kaitatau
temper, bad- riri, taikaha
temperament āhuatanga, wairua
temperamental taurangi, tukoki
temperature te mahana, te wera, ine mahana
tempered, even - whakaaio, hūmarie
temple (building) temepara
temple (of the head) rahirahinga
temporary mo te wā, rangitahi
temporary place taupua
tempt whakawai
temptation whakawainga
tempter kaiwhakawai
ten tekau, ngahuru
tenacious piri tonu
tenancy nohonga
tenant kainoho, kairēti
tend towards anga ki, peka ki
tendency whakawhirinakitanga, āronui
tender (soft) tāngohengohe, ngāwari
tender-hearted atawhai, whakangākau
tenderise whakangāwari
tendon io
tendon, Achilles - io peke
tenement whare tini wāhanga
tennis tēnehi
tennis court papatēnehi
tenon and mortise hononga arero puare
tenor (voice) reo tāne teitei, reo tāmāori, reo iere
tense (edgy) rika, whakaririka
tension mārō, tūtakarerewa, manawa popore

tent tēneti
tentacle kawekawe, hihi, kāwai
tentative āwangawanga, whakaaro noa
tenuous rangirua, warawara
tenure pupuritanga
tepid āhua mahana
term, school- wāhanga o te tau
terminal (ending) pito, moka
terminal (fatal) whakamate
terminate whakamutu, poro, whakaoti
terminus mutunga, tauranga pahi
terms of reference ture whaka-haere
terms, in - of te āhua nei
tern taranui, taraiti
terrace tuāpapa, parehua
terrestrial nō te whenua, nō Papatuanuku
terrible wehi, whakaihi, whakamataku
terrier kurī kerikeri
terrific! kei whea mai!
terrified ihiihi, pāwerawera, mataku
terrify whakamataku, whakawehi
terrifying whakamataku
territorial ā-rohe, ā-takiwā
territorial waters rohe moana
territory rohe
terror winiwini, wanawana, wehi, pāwerawera
terrorism mahi kohuru, whakatumatuma
terrorist kaikōhuru
test whakamātautau, tēhi
test-tube rack mātiti ipuipu
test-tube ipuipu
testicles raho
testify kī pono, whakaatu pono

T

testimonial kōrero tautoko

testimony whakaaturanga pono, kupu pono

testing whakamātauranga

tether here

text tuhituhi, tuhinga

textbook pukapuka ako

than i

thank mihi, whakamoemiti, whakapai

thank you kia ora (rawa atu), e tika hoki, taikiu, taikiha

thanksgiving whakamoemiti, whakawhetai

that tēnā, tērā, koirā, koinā

that is koia rā, arā, tērā

thatch rauwhare, tāpatu

thaw rewa, koero

the te, ngā *(pl.)*

the other tētahi, tērā

theatre whare tapere, tiata

theft tāhae, whenako, whānako

their (plural) ō rāua, ā rāua, ō rātou, ā rātou

their (singular) to rāua, tā rāua, to rātou, ta rātou

theism whakapono ki a Io

them rāua (2), rātou (3+)

theme kaupapa

theme song waiata maioha

themselves rāua ake, rātou ake

then kātahi, kāhi, ianā

theology rangahau whakapono

theoretical ki tā te whakaaro, ā-roro

theory ariā, kaupapa

therapeutic whakaora

therapy whakaoranga

there kōnā, kōrā, reira, raka

thereafter a/i muri ake nei

therefore nō/nā reira

thermal wai ariki, puia

thermometer, medical - tātai kirikā, inemahana

thermostat whakaū wera

thesaurus punakupu

these ēnei

thesis take kōrero, whakatakotoranga kaupapa

they rāua (2), rātou (3+), rātau

thick mōtotoru

thicken sauce kukū, ete

thief tāhae, whānako, tōhē

thigh kūhā, kūwhā, heke

thimble temani, temara, pōtae mati

thin (lean) tūai, whiroki, tūpuhi, rahirahi

thin (watery) waimeha

thin skinned kiri kōpīpī

thin with water pokepoke

thing mea, hanga, taru, taputapu

think whakaaro, mahara, hua, mea

think mistakenly pōhēhē

think over whakaaroaro

think seriously āta whakaaro

think, one would - hua atu

third tuatoru

thirst matewai, hiainu

thirteen tekau ma toru

thirty toru tekau

thirty love toru tekau ki te kore

this tēnei, teneki

this place kōnei

thistle pūnitanita

thistledown puarere

thong here kirikau, pātui

thorn koikoi, tātaramoa, tara

thoroughfare huarahi

thoroughly āta, mārire

those ēnā, ērā, wērā

though ahakoa

thought mahara, whakaaro

thoughtful   whai whakaaro, pūmahara
thoughtless   wareware
thousand   mano
thrash   kari, patu, whiu
thrash about   okeoke
thrashing   whiunga, patunga
thread   (*v.*) tui
thread (fibre)   miro, tarete, io
thread (screw)   wiwiri, takawiri
threat   tuma
threaten   whakaweti, kaioraora, whakawehi
three   toru
three of a kind   tokotoru
three-ply   toru papanga
threefold   tōtoru
threshold   paepae
thrift   tiaki moni, kaiponu, whakamoamoa
thrill   wanawana
thrive   tupu tonu, tupu matomato
throat   korokoro, kakī
throb   kapakapa, panapana, hotu
thrombosis   ikura roro
throne   torōna
throng   mano tāngata
throttle (choke)   noti i te kakī, nonoti
throttle (engine)   kātere
through (via)   ma, ma roto i/ki
throughout   puta noa, whānui
throw (cast)   panga, epa, porowhiu, maka
throw away   ākiri, ruke, maka
throw down   turaki, āki
throwing sector   takiwā panga
thrush (bird)   tiutiu, korohea, koropio, piopio
thrust forward   kōkiri, tīhoka, wero, whātoro

thud   ngahoa, haruru
thug   kaikōhuru
thumb   koromatua, tōnui, kōnui, tokonui
thump   kuru, tākurukuru
thunder   whatitiri, whaitiri
thunderbolt   epa
thunderstorm   pāroro
thunderstruck   pōro, mae noa,
Thursday   Tāite, Rā whā
thus   pēnei
thwart (block)   taupare
thwart of boat   taumanu, kiato, ama, paemanu
thyme   tāima
tic   hukihuki, pana, tākiri
tick (parasite)   kutu
ticket   tīkiti
tickle   whakakoekoe, ngāokooko
tidal   paria e te tai
tidal wave   ngaru taitoko
tidal zone   paetai
tide   tai
tidemark   ūpoko o te tai
tidings   rongo kōrero
tidy   (*v.*) whakatika, whakatau, whakawhāiti
tidy   (*adj.*) tau, nahanaha
tie   here, whitiki
tie (draw)   taurite
tie (string) together   herepū, pūtoi
tie in bundle   paihere
tie round   niko
tier   tānga
tiger   taika
tiger beetle   kūī
tight   kikī, mau, itaita
tighten   whakakikī
tightrope   taura kikī
tights   tōkena pirikiri, tarau kirimau

T

tile　taera, papa
till　kia ... rawa
till soil　kari, keri, tāmata, ngaki
till, cash -　tiriwā
tiller　hoe urungi
timber　rākau, papa rākau
timbre　pūoro
time　wā, tāima
time consuming　whakapau tāima
time sheet　puka wāmahi
time-honoured　nō ngā tūpuna,
　nō namata
time, keep in -　hautū
timekeeper　kaimātai wā, kaituki
timer　tohu wā
times (at)　i ētahi wā
times, how many - ?　kia hia?
timetable　wātaka, wā haere,
　wā mahi
timid　wehi, mohoao
timing　whakauru haere
timorous　mataku
tin (container)　kēna, puoto,
　pouaka
tin (metal)　tini
tin opener　tīwara
tingle　tīoro, whaoro, wheo
tinker with　rāwekeweke
tinkle　tatangi
tinsmith　tinimete
tint　tae
tintack　pine whakairi
tiny　tōitiiti
tip (point)　koi
tip (touch)　tūtuki
tip off (hint)　whakamōhio
tip, rubbish -　putunga para
tiptoe　hītekiteki
tired　ngenge, hōhā, maea, ruhi
tireless　kaha tonu
tissue paper　papa muku

tissue, animal -　kikokiko kararehe
tissue, human -　kikokiko tangata
tit (bird)　miromiro
titbit　kīnaki, whakapūwharu
titillate　whakakoekoe
title　ingoa, taitara
to　ki, kia
toad　poroka taratara
toadstool　waewae atua, tutae ruru
toast　(*n. & v.*) tōhi
toast rack　tūnga tōhi, titara tōhi
toaster　whakatōhi
tobacco　tupeka, torori
toboggan　pānukunuku, reti,
　tōreherehe
today　inaianei, tēnei rā, āianei
toddler　kōhungahunga
toe　matimati, koikara
toe (big)　kōnui, koromatua
toe, little -　toiti, koroiti
toenail　kotikara
toffee　rare
together　tahi, ngātahi
together with　hui atu ki
toil　whakapau kaha
toilet (W.C.)　whare paku, heketua
toilet paper　pepa heketua
token　tohu, maioha
token, love -　maimai aroha
tolerance　ngāwaritanga
tolerant (lenient)　hūmārika,
　ngāwari
tolerant (resistant)　ārai mate
tolerate　whakaae, tuku, rata ki
toll call　waea tawhiti,
　waea mamao
tomahawk　pātītī, pīau
tomato　tōmato, tamato
tomb　urupā
tombstone　kōhatu whaka-
　maharatanga

tomfoolery mahi heahea, mahi rorirori
tommy-gun pū tame
tomorrow āpōpō
tomtit miromiro
ton tana, rua tekau hānarete
tone hā, reo
tone down whakamauru
tongs pinohi, kuku
tongue arero
tonic rongo, whakakaha
tonight a te pō nei
tonne tana, mano kirokaramu
tonsil pureke korokoro
too hoki, anō
tool taonga mahi
tooth niho
toothache niho tunga
toothbrush parāhi niho
toothless niho more
toothpaste pēniho, hōpi niho
top runga
top (spinner) pōtaka
top, bottle - taupoki
topdressing rui manuia
topic kaupapa kōrero
topical o te wā
topknot tikitiki
topple hinga, whakahinga, tanuku
topsoil onemata, tātāhou
torch rama, kāpara
torment whakamamae, whakatoi
torn haehaea, pakaru, tīhaea, taretare
tornado āwha, tupuhi kaha
torpedo pohūwai
torrent hīrere
torrid wera, tūmāhoehoe, tūkaha, panapana noa
torso tikihope

tortoise honu whenua
tortuous kowiriwiri, whakairoiro
torture whakamamae, tūkino
toss piu, whiu, maka
total kaute tōpū, hui katoa, tapeka, tōpūtanga
totalisator tiepī
totter turori, tapepa
touch whāwhā, pā, hārau
touchy āritarita
tough uaua, taikaha, pūioio
tour tāwhio, haereere
tourism tāpoi
tourist tūruhi, ruranga
tournament tātāwhāinga, tauwhāinga
tow (pull) tō, kukume
towards ki, whaka (*prefix to local noun*)
towbar pōngere tō
towel tauera, tauwera
towel rail rēra tauera, tōau tauera
tower pourewa
town tāone
toxic paihana, paitini
toy taputapu tākaro, karetao, takawairore
trace (copy) whakaata, makenu
trace (vestige) pakuriki, tarapī
track (pathway) ara, paparahi
track, racing - ara tauwhāinga
tracks (bulldozer) mokamoka kōkō
tract (of land) takiwā whenua
tractable ngāwari, rata
tractor tarakihana
trade mahi-ā-rehe
trade (deal) hokohoko, hohoko
trade union rōpū o nga kaimahi, uniana
trademark waitohu, moko

T

351

tradition tikanga tuku iho,
  tikanga ā-iwi
traffic ngā waka
traffic lights raiti ārahi
traffic service ratonga waka
trafficking hokohoko rongoā
  whakananu
tragedy aituā, kaupapa whiti
tragic kiriwetiweti, whakamate,
  hinapouri
trail (follow) whai, aru
trailer waka kumea, tōanga
trailing plant torotoro
train (teach) whakaako,
  parakitihi, whakawai
train, railway - rerewhenua
trainer kaiwhakaako
training whakangungu,
  whakawai rākau
trait āhuatanga
traitor kūpapa, kaikaiwaiū
trajectory arahanga topa
tram taramu
tramp (hobo) kaipaowe, kaihanu,
  tipiwhenua
tramp (plod) hīkoi, takahi
trample takahi, takatakahī
trampoline papa tūpeke,
  papa tīrengirengi
trance moemoeā
tranquillise miri
transact kawe, whakawhiti
transcend kei runga ake
transcript tuhinga kōrero
transfer whakawhiti
transferred riro i, tukua ki
transfigure whakaputa kē
transfix (on a spit) huki
transform whakaputa kē,
  whakarerekē, whakahou
transformation huringa kētanga

transformer whakamauru hiko
transfusion, blood - whāngai toto
transistor whitiārai
transit whakawhitinga
translate whaka + *language*
  e.g. whaka*wiwi*
translator kaiwhakamāori
transmit pānui, tuku
transparency pūataata
transparent mārama kehokeho,
  purotu, puataata
transport (*n.*) waka hari
transport (*v.*) hari
transverse tāpae
trap tāwhiti, rore, kokoti, hinaki
trapdoor taupoki, kōpani
trapeze mōari, mōrere
trappings tohu tūranga
trash (*n.*) para
trash (*v.*) whiu
trauma ohonga ngaukino
travel hāereere, haerenga,
  takahaere
traveller tangata haere
traveller's cheque tiēke tūruhi
traverse takataka, whakawhiti
trawl tō kupenga, hiroi,
  koko kahawai
trawler waka koko
tray paepae, heri
treacherous nanakia
treachery kōhuru
treacle tirikara
tread takahi
tread, tyre - takahi taea
treason tuku ki te hoariri
treasure taonga
treasure house pātaka o ngā
  taonga tuku iho
treasurer kaitiaki moni
treat (entertain) taurima, manaaki

treat badly tūkino
treatment whakaora mate, haumanu, whakamaimoa
treatment, ill - tūkino, tutū
treaty tiriti
treble (x 3) tātoru
tree rākau
tree fern mamaku, whekī, ponga
tree sap ware kauri, pia, taitea
treetop kāuru
trellis tāiki, taiepa tūwatawata
tremble wiriwiri
tremendous nui whakaharahara, whakahirahira
tremor wiri, rure, wheoi
trench awakeri
trend ia, tikanga
trespass takahi rāhui, hara, hē
trestle kaupae
trevally araara
trial (legal) whakawā
trial (test) whakamātautau, whakataetae
triangle tapatoru
tribal ā-iwi
tribal authority mana ā-iwi
tribe iwi, hapū, mātāwaka
tribunal rūnanga, taraipiūnara
trick māminga, nuka, tinihanga, whakangaio
trick, card - kohi
trickery tinihanga, mahi hīanga
trickle māturuturu
tricky uaua
tricycle taraihikara
tried whakamātauria
triennial ia toru tau
trifle mea noaiho, takunga
trifle (dessert) taraiwhara
trigger keu
trim tahi, whakatika

trim (hair-cut) kuti whakatau
trinity terinita, tokotorutanga
trinket pōria, hanga noaiho
trio tokotoru
trip haere
trip up hīrau
tripe puku kau
tripod toruwae
triumph toa, wikitoria, whaka-manamana
trivial hauarea, hangahanga
trolley tōneke, wākena
trombone pū kumekume, toropona
trophy paraihe, tohu toanga
Tropic of Cancer Kōpae Raro, Ara a Pūanga
Tropic of Capricorn Kōpae Runga, Ara a Whakaahu
trot toitoi
trotter (horse) hōiho toitoi
trotter, pigs - waepoaka
trouble raruraru, aituā, tūkino
trouble, don't - kaua e māhara-hara
troublesome haututū, hōhā
trough kumete
trough of wave awaawa
trousers tarau, tarautete
trout taraute, tarautete
trowel pani, kōpaku
truant tamaiti takē
truce rongoawatea
truck taraka
trudge takahi haere
true pono, tika
true in feeling tū tika, tū pono
truism kupu pono mārika
truly pono, tika tonu
trump tānapu, hai
trumpet tētere, kaea, pūtātara, pūtara

T

trundler tokanga whai wira, tokanga kawe
trunk (body) tinana, tikihope, tumu
trunk, tree - tinana, tīwai, kātua, kohiwi
trust whakapono, tūmanako
Trust Board Poari Kaitiaki (Moni)
trustee kaitiaki, tarahiti
truth te pono, te tika
truthful tika tonu, pono mārika
try (rugby) piro
try hard ngana, whakapau kaha
try on (dress) kuhu
try out whakamātau
tub tāpu
tube kōrere, ngongo
tuberculosis mate kohi-ā-kiko, kohitū
Tuesday Tūrei, rā rua
tuft purepure, puhipuhi
tug (v.) tā, kume
tug-boat waka tō
tui kōkō, tūī
tuition whakaakoranga
tulip turipa
tumble takataka
tumbler (acrobat) kaitakapore
tumour puku
tumult rarī, ngangau
tune (musical) rangi
tunnel arakeri, arapoka, tūrua hauroa
tunnel (v.) koko raro whenua, apu
tunnel, road- ara raro whenua
turbine pūrere āwhio
turf pātītī
turkey korukoru
turmoil rū, ueue, kōrawa
turn (rotate) porotiti, huri
turn aside peka, auraki

turn back hoki
turn inside out huri koaro
turn off light etc whakapirau, meinga iho
turn on light etc meinga ake, whakakā
turn over tahuri, whiti-rārunga
turn over and over tītakataka, hurihuri
turn the back huri kōtua
turn upside down huripoki, taupoki
turn, at every - he piko he piko
turning hurihanga, huringa
turnip tōnapi, nani
turpentine rongoā makamakariri
turret pourewa
turtle honu
tusk rei, niho puta
tussock pātītī
tutor tauira, kaiako, kaiwhakaako
tutorial ako tauira
tweezers kuku
twelfth te tekau mā rua
twelve tekau mā rua
twenty rua tekau
twice kia rua, tānga rua
twig peka, rārā
twilight māhina, ririko
twine tuaina, aho
twinge kikini, konatu mamae
twinkle kapokapo, kōpura
twins māhanga
twist wiri, miri, kōwiri, takawiri
twisted (warped) kōrapa, kōriri
twitch tākiri, arawhiti
twitter pekī, tīhau
two rua
two at a time takirua, huirua
two-edged matarua
twofold kikorua

type (*v.*) patopato, pātōtō kupu
type (species) momo, āhua, taru
typewriter mihīni pato kupu,
  pūrere patopato

typhoid taipō
typhoon hau huripari
typist kaipatopato
tyre taea

T

U

u-turn huri whakamuri
udder ū
UFO rererangi tupua
ugly (repulsive) weriweri, ngārara, makimaki
ukelele ukarere
ulcer (external) mariao, keha
ulcer (internal) kopito
umbilical cord iho, uho
umbrella amarara, marara
umpire amapaea
unable kāore e taea
unaccustomed tauhou, aweke, mohoa, tahangoi
unaltered mau tonu, kita
unanimous kotahi te whakaaro
unarmed ringakore, rākau kore
unassuming humārire, whakamōwai
unauthorised kore mana
unbalanced tahatahi, tītaha
unbearable kore e taea te kawe, taumaha rawa
unbiased rite te whakaaro
unbreakable kore e taea te pakaru
uncanny atua, tipua
uncertain rangirua
unchanged ū, mau tonu
uncharacteristic rerekē
uncivilised mohoao
uncle matua, matua kēkē
unconditional pū
unconnected wetea, tauwehe
unconscious mate, warea, hemo
uncover huaki, hura, huke

uncultivated tupu noa, papatua, toitū
undecided āwangawanga
under i raro i, kei raro etc
underarm serve tuku whakararo
underclothes kahakaha
undergraduate pia, akonga
underground raro i te whenua, huna
undergrowth huru, heuheu
underhand nanakia, tinihanga
underline whakatōmau, rūri
underneath kei raro i
underpants tarau poto
underprivileged rawakore, pōhara
underrate whakaiti
underside taha raro, raro iho
understand mōhio, mātau, kite
undertake whakatau, whakamātau
undertaker kaitaki tupāpaku, kaiwhakarite uhunga
underwater ruku wai, roto wai
underweight tino māmā, iti iho
underworld rarohenga, pō
undesirable houhou
undetected huna, ngaro, puku
undisciplined taringa turi, torere ki te kino
undisturbed rangimārie, ukiuki, toitū
undo wetewete, whakangaro
undress tango, unu kākahu
unearned homai noa mai
uneasy āwangawanga, manawapā

unemployment kore mahi
Unemployment Benefit Takuhe Koremahi
unequal tītaha, tītaka
uneven surface pāhiwihiwi
unexpected matawhawhati
unfair pohewa, tinihanga, kōaro
unfamiliar autaia, tauhou
unfasten wete, whakamatara
unfavourable kōaro, hunu
unfeeling ngākau pakeke
unfinished kohuku, taurangi
unfit ngoikore, karihika
unforgettable maumahara tonu
unforgivable hara mau tonu
unfortunate aituā, mūhore
unfriendly pukuriri, whakakakeke
unfruitful huakore, tīpā
unhappy pōuri
unhealthy matemate
uniform kākahu rite
unify whakakotahi, whakatōpū
unimportant iti, meamea
uninhabited whakarerea, hāhā
union whakakotahitanga, hononga
union, trade - uniana, kotahitanga
unit wāhanga, aronui
unite whakakotahi, hono
United Nations Pāremata Kotahitanga o ngā iwi o te ao
unity kotahitanga
universe taiao, ao nui
university whare wānanga
unjust hē
unjustified ehara i te tika, hē tonu
unlawful waho o te ture, hē
unless ki te kore, meikore
unlikely ekore pea
unload tuku iho, whakapiako
unlock huaki raka
unlucky aituā, whakarapa

unmarried takakau, kiritapu
unmoved ū tonu
unnatural autaia
unoccupied wātea
unofficial na te tangata noa, kore mana
unpaid tārewa, kore utu
unpleasant mōrikarika, whakahouhou
unprofitable kāore he hua, huakore
unprovoked riri noa
unqualified kore tiwhīkete, kore mana
unquestionable pono tūturu
unravel wewete, whakamatara
unreliable ngākau rua, ngoikore
unripe mata, kaimata, ota
unsafe mōrearea
unsettled kōroiroi, hārangi
unshaken pūmau, taketake
unsound mind hinengaro tūrama-rama
unspeakable kore taea te kōrero, mōrikarika
unstable pāhekeheke, katote, totitoti
untidy pōrohe, karukaru
untie wetewete, unu
until kia … rāno, tae noa ki
untouched urutapu
untrue teka, tito, horihori
unusual rerekē
unveil hura
unveiling ceremony hurahanga kōhatu
unwelcome whakahouhou, waingaio
unwell māuiui
unwilling mārō, whakatete, whakatohetohe

U

unwind wetewete
up ki runga, ake
upgrade whakapai ake
upheaval hurihanga nui
uppercut meke whakarunga
uprising whakatū riri
uproot ranga, ketu
upset porohuri, tahuri
upside-down kōaro, porotēteke,
  huripoki
upstairs pā runga
upsurge waipuke, aranga ake
uptight manawa popore, pohopā
upwards ake, whakarunga
urge (craving) hiahia, pīrangi

urge (encourage) āki, ā, ngare,
  whakahauhau
urgent kākari, tino kaikā
urinal whare mimi
urine mimi
us tāua, māua, tātou, mātou
use (utilise) whakamahi, tango
use up whakapau
used to (accustomed) waia, taunga
useful whai tikanga, whai hua
useless koretake, korepai
user kaiwhiwhi
usual o ia rā
usually tonu
utensil (kitchen) taonga, hanga

V

vacancy tūranga kei te wātea
vacant wātea, takoto noa
vacation hararei
vacuum cleaner horo puehu
vagina taiawa
vague mōnehunehu, rehu
vain, in - noa, paraurehe
valet hāwini, tumau
valid pono, whai mana
valley riu, awaawa, tāwhārua
valuable utunui, puiaki, kura
valuation wāriutanga, uara
value wāriu, utu, uara
valve puru kōrere, puruhau
van wakakawe
vandal tamariki wāwāhi tahā,
   kaitakakino
vanish memeha, nunumi
vanity whakapehapeha,
   whakahīhī
vapour mamaoa, rehuwai, korohū
variation rerekētanga, momo
variety momo tikanga
various maha, tūmomo
varnish whakapīrata, wānihi
vary puta kē, rerekē
vase ipu putiputi
vast nui whakaharahara,
   nui noa atu
vat kāho nui rawa
vault (jump) hūpeke
vault (tomb) urupā
vegetable hua whenua, raurēkau
vehicle waka
veil ārai, kōpare

vein iaia toto pango, uaua toto
velvet kahu maene, wereweti
vending machine mihīni hoko
venerate whakahōnore
vengeance rapunga utu,
   ngaki mate
venom paitini, paihini
vent puaretanga
venue wāhi tūtaki, papa
Venus (star) Kōpu, Tāwera (morn-
   ing), Meremere tū ahiahi
   (evening)
verandah mahau, parani
verb kupu mahi
verbatim āna ake kupu, ā kupu
verdict whakaoti tikanga,
   whakatau
verify whakaū, whakatūturu
vermin kutukutu, iroiro
verse whiti
version ki tā tētahi titiro,
   whakaaturanga motuhake
vertebra (cervical) tuahiwi, tangai
vertex tihi, akitū
vertical tūtika, tūmāhoehoe
very tino, rawa, pū, e kī!
vessel (ship) kaipuke, poti
vest himi, hemi
veterinary tākuta kararehe
veto whakakāhore, aukatinga
via ma
viaduct ara runga
vibrate wiri, rū, ngatari
vicar minita pāriha, kairiwhi
vice (evil) kino, whakakino

vice (tool)   purimau
vicinity   takiwā
vicious   ngākau kino, hīkaka
victim   ika, patunga tapu
victor   toa
victory   wikitōria
video   ataata, whitiwhiti āhua
video game   tākaro ataata
video-cassette   rīpene ataata
video-recorder   pūrere ataata
view   tirohanga
vigorous   mātātoa, tūkaha
vile   weriweri, whakarihariha
village   kāinga
vine   aka waina
vinegar   winika
vineyard   māra waina
violate   whakanoa, takahi, tūkino
violate woman   pawhera, raweke
violence   whakarekereke, tūkino
violin   whira
virgin   puhi, takakau, wāhina
virginal   urutapu
Virgo (zodiac)   Puhi
virtue   pai, tūkaha ki te pai
visa   pane uruwhenua
visible   e kitea ana, mārama
vision (eye-sight)   kite

vision (ghost)   moemoeā, kēhua, tūrua pō
visit   toro
visitor   manuhiri, tūwaewae
vital   taketake
vitality   hau, mauriora
vitamin   matū hauora
viz.   arā
vocal (speech)   ā-waha
vogue   tikanga o te wā
voice   reo
void (vacuum)   te kore
volatile   hurihuri, etoeto
volcano   puia
volley   waipū, waitao
volleyball   poirewa, mekepōro
voluminous   rahi rawa
voluntary   i runga i te hiahia, ngākau aroha
volunteer   kaitūao
vomit   ruaki
voracious   orotā
vote   pōti
vow   oati, kī taurangi
vowel   reta paoro, oro puare
voyage   haerenga, rerenga
vulnerable   noho tūwhera

W

wadding whakapuru
waddle hōnekeneke,
  wāke rakiraki
wade kautū
waft whiuwhiu
wag whiuwhiu, pōwaiwai
wages utu (ā-wiki)
wagon wākena
wail auē, tangi
waist hope
waistcoat kahakaha, wēkete
wait for tatari ki, whanga
wait patiently for whakamōmori
waiter kaitono, weita, hāwini
waitress hāwini, ringa wera
walk haere (-ma, -raro), wāke,
  hikoi
wall pātū, pakitara
wallet pāhi, kopa
wallpaper pepa pātū
walnut wonati
waltz warihi
wander ānau, kōtiti haere,
  kōpikopiko
want (wish for) hiahia, pīrangi
want, in - pōhara, rawakore
war pakanga, whawhai
war dance peruperu
ward off parepare, ārai
ward, hospital - riu hohipere
warder tautiaki, kaihere
warehouse whare utanga
warfare kawe riri
warlike kaitaua
warm mahana, āhuru

warm oneself painaina, inaina
warn whakatūpato
warped pikopoto
warrant warati
warrior toa, mātākaikutu
warship manuao
wart tona, kiritona
wary tūpato, matakana
wash horoi
washer porotiti whakapuru
wasp wāpi
wasteful maumau
watch (guard) mātakitaki, tirotiro
watch (wrist) wati
watchful hiwa, matakana
watchman kaitūtei, kaimatāra
water wai
water skis papa retiwai
watercress wātakirihi
waterfall tāheke, hīrere, wairere
watermelon wātamerengi
watertight pihi, piri, whakapiri
watery waiwai, tere
wave (gesture) pōwhiri, piupiu
wave (sea) ngaru, karekare
wavelength roa o te ngaru
waver ngākaurua
wavy karekare
wax-eye (bird) iringatau, pihipihi
wax, bees - wākihi, ware pī
way ara, āhuatanga, huarahi
way, in that - pērā, pēnā
way, in this - pēnei
way, no -! kore rawa
wayward hīanga, kotiti

we tāua, māua, tatou, mātou

weak ngoikore

weak-willed hauwarea

weakness ngoikoretanga, mate

wealth putea taonga

wealthy whai taonga, whai rawa

weapon patu, rākau

wear (dress) mau kākahu

wear (fray) taiākotikoti

wearied hōhā, takeo

weariness māuiuitanga

weary ngenge, māuiui

weather āhua o te rangi, huarere

weave cloth whiriwhiri whatu, raranga

weaver kairaranga

web whare pungāwerewere, tukutuku

wedding mārena

wedge mākahi, wēti

Wednesday Wenerei, Rā Toru

weed (n.) otaota, tarutaru, heuheu

weed (v.) ngaki taru, perepere

week wiki

weekend paunga o te wiki

weep tangi

weft aho, tāhuhu

weigh pauna

weight taimaha, taumaha

weir pā, matatara

weird autaia, tipua, rerekē

welcome pōwhiri, maioha, whakatau

welcome! haere mai!, nau mai!, whakatau mai!

weld hono

welfare oranga, tautoko i te ora

well ora, pai

well then kāti, heoi

well-balanced tōtika

well-established ū, whakamau

well-known rongonui

wend kōtiti haere

Weslyan Wēteriana

west taihauāuru, rā tō

west-wind hauāuru, tāuru

wet māku, haumāku

whale tohoraha, wēra

whalebone hihi tohorā, parāoa

wharf wāpu

what a ...! anō te ...

what about? pēhea?

what of it? hei aha

what place? kei whea?

what? he aha?

wheat wīti

wheel wīra, porohita, tōhita

wheelbarrow huripara

when kia, inā, ua

when? āhea?, nōnahea?

when ... then ..., ka ... ka ...

where from? i hea?, nō hea?

where to? ko hea?, ki hea?

where? kei hea?

whether ... or rānei ... rānei, ahakoa ... ahakoa

which? tēhea? (pl. ēhea?)

while i

while, in a - taro ake nei, āianei

whip wepu, whiu

whirl kōripo, pōwaiwai

whirlpool riporipo, āwhiowhio

whirlwind āwhiowhio

whisky wihiki, weheki

whisper kōwhetewhete, kōhimi, kōhumuhumu

whistle wīhara, whio, korowhio, korowhiti

white mā, tea

white person pākehā, kiritea

white pine kahikatea, kahika

white-eye (bird) tauhou

whitebait　īnanga
whiteboard　papamā
whizz　huhū, rorohū, mapu
who (descriptive clause)　*verb* + nei
　or na *or* rā, ai (*after verb*), nāna
　(*past*), māna (*future*)
who did?　nā wai?
who?　wai? (*pl.* wai mā?)
whoever　ahakoa ko wai
whose?　nā/nō wai?
why?　nā te aha?, he aha ... ai?
wide　whānui, mōmona
widow　pouaru
width　te whānui, hōkai
wife　wahine, hoa wahine
wilderness　koraha
will (testament)　wira, kupu ōhākī
willow　wirou
win (won by)　riro i a ..., wini, toa
wind (blow)　hau, matangi
wind up　takahuri
wind, rainy -　marangai
winding about　kōpikopiko
windmill　mirahau
window　wini, matapihi
window sill　papa matapihi
windpipe　pūkorokoro
windscreen　matapihi mua
windy　hauhau, whakapūangi
wine　waina
wing　parirau, pākau
wink　kimo, kamo, keko
winkle　pūpū, pūpūrore
winner　toa
winter　hōtoke, takurua, makariri
wipe　miri, muku, muru, ūkui
wire　waea
wireless　reo irirangi
wisdom　mātauranga, whakaaronui
wish　hiahia, minamina, pīrangi,
　wawata

witchcraft　mākutu, whaiwhaiā
with　kei, i, i te taha o, me
withdraw　unu, maunu tango
without　horekau, kore
withstand　tū atu, whawhai atu
witness (observe)　kite
witness, eye -　kaiwhakaatu,
　kaititiro
wizard　tohunga mākutu
wobble　tītaka
wolf　wuruhi
womb　kōpu, takotoranga tamariki
women　wāhine
women's refuge　rauhī kōkā
wonder at　mīharo
wonderful　whakamīharo,
　mīharo
wonderland　whenua mīhaaro
wood　rākau
wood-pigeon　kūkupa, kererū
woodhen　weka
woodpile　wahie
wool　wūru, huruhuru
wool shed　wuruhēti
word　kupu
work　mahi
work station　papamahi
worker　kaimahi
worker, hard -　ihu oneone
working bee　ohu
world　ao, taiao
worldwide　puta noa te ao
worm　toke, noke
worm-eaten　kurupopo
worn out　ruha, ngawhewhe
worry　māharahara, āwangawanga
worse　kino iho
worship (adore)　koropiko,
　atorāhio
worth　mana, wāriu, painga
worthless　koretake

W

worthwhile whai tikanga,
  whai hua
wound (flesh) kai-ā-kiri
wounded tū, kai-ā-kiko, whara,
  taotū
woven whatu (ā-ringa), raranga
wrap up takai, pōkai, kōpaki
wreath pare, puapua tauā
wreck pakarutanga, paenga
wreckage paenga
wren kōtipatipa, pīwauwau
wrench (tool) wāwāhi, ngauhuri
wrestle momou, nonoke, whātōtō
wriggle korikori

wring whakawiri, kawiri
wringer whakawiri kākahu
wrinkle/d mene, kūreherehe
wrist kawititanga o te ringa
wristband pare kawiti,
  tākai kawiti
writ hāmene-ā-tuhi
write tuhituhi, tuhi rere (script)
write off whakakore
writhe kowheta, okeoke
wrong hē, pōhēhē, takakino,
  whakahē
wrongdoing hara, mahi kino

XYZ

X-ray whakaahua roto, hihi kōkiri
xenophobia mataku i tauiwi
xylophone pūpūoru

yacht iota, wakarā
yam uwhi, uhi
Yank (American) Marikena
yank (pull) kume, tō, huhuti
yard iāri
yawn kohera te waha
year tau
yearn koroingo, ingoingo
yeast rēwena, īhi
yell tīwaha, hāparangi
yellow kōwhai, punga
yellowhead (bird) mohua,
  mohoua
yelp ngauī, auere
yes āe, āna
yesterday inanahi, nōnanahi
yet anō, tētahi anō
yield (crop) hua
yield (give in) tuku
yoghurt waiū tepe
yoke ioka
yolk tōhua, tōua, hākari
you koe, kōrua, koutou
young taiohi, tamariki
young animal kūao, punua
your tou, tau, ōu, āu, ta/to kōrua,
  ta/to koutou, ā/ō korua,
  ā/ō koutou
youth rangatahi, tamariki
youth (time of) whanaketanga,
  taitamarikitanga

zap patu-ā-hiko
zeal kaha, hihiko
zebra hepapa
zenith tihi, kōmata o te Rangi
zero kore
zig-zag hikohiko
zinc konutea
zip fastener kumemau
zone takiwā, wāhi, rohe
zoo rohe kararehe
zoom lens whatu whakanui

Māori Language and Reference Titles from Reed

The Reed Dictionary of Modern Māori
P.M. Ryan

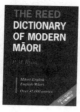

Fully revised and enlarged, this edition of P.M. Ryan's dictionary contains over 45,000 concise entries divided into Māori-English and English-Māori sections, along with grammar and vocabulary sections.

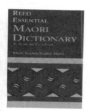

Reed Essential Māori Dictionary
Margaret Sinclair and Ross Calman

The *Reed Essential Māori Dictionary* is simple and concise, making it extremely user-friendly, and is thoroughly up-to-date, using the English and Māori of today. It is unique among Māori-English dictionaries for its breadth of coverage, simplicity, clarity and ease of use, making it ideal for children at beginning and intermediate levels in primary, intermediate and junior secondary classes.

The Reed Concise Māori Dictionary
A.W. Reed, revised by T.S. Karetu

This dictionary, revised and updated several times since its inaugural print run in 1948, is an invaluable reference guide to Māori words we might hear and use every day, with a comprehensive word list in Māori and English.

The Reed Reference Grammar of Māori
Winifred Bauer

The is the first comprehensive grammar of Māori ever written – an invaluable work of reference for all those involved in teaching and learning Māori, particularly at an advanced level.

The Reed Interactive Dictionary of Modern Māori
P.M. Ryan

This computer disk features over 40,000 words, English–Māori and Māori–English, and is fully searchable, with point-and-click operation and on-line help.

Nga Kupu Whakamarama
John Foster

The basic rules necessary to form sentences in Māori, an overview of the grammar and the terms used to explain it, sections on Māori constructions that differ from English and a series of 'test yourself' questions and answers.

He Whakamarama: *Book and audiocassette*
John Foster

An introductory language course with exercises and photographs to reinforce understanding.

He Tuhituhi Māori
John Foster

Well-known Māori texts, translated and the language forms explained in detail.

Teach Yourself Māori
K.T. Harawira

Pronunciation advice, exercises, and an extensive vocabulary list.

Māori Language
David Karena-Holmes

A clear explanation of the main differences between English and Māori in the way words are used and phrases and sentences are constructed.

First Words in Māori
English/Māori and Māori editions
Paul Tilling

Find the names for familiar objects in these brightly coloured scenes of daily life.